Das neue Ravensburger

HOBBY BUCH

Jutta Lammèr

Das neue Ravensburger HOBBY BUCH

Otto Maier Verlag
Ravensburg

CIP-Kurztitelaufnahme der Deutschen Bibliothek

Lammèr, Jutta:
Das neue Ravensburger Hobbybuch / Jutta Lammèr.
[Zeichn.: Petra Mühlenbruch-Butzke].
– Orig.-Ausg. – Ravensburg : Maier, 1985.
ISBN 3-473-42365-3

Originalausgabe

Zeichnungen und Layout: Petra Mühlenbruch-Butzke
Fotos: Jutta Lammèr (soweit nicht anders angegeben)
Satz: acomp, Wemding
Gesamtherstellung: aprinta, Wemding
Printed in Germany

88 87 86 85 4 3 2 1

ISBN 3-473-42365-3

Inhalt

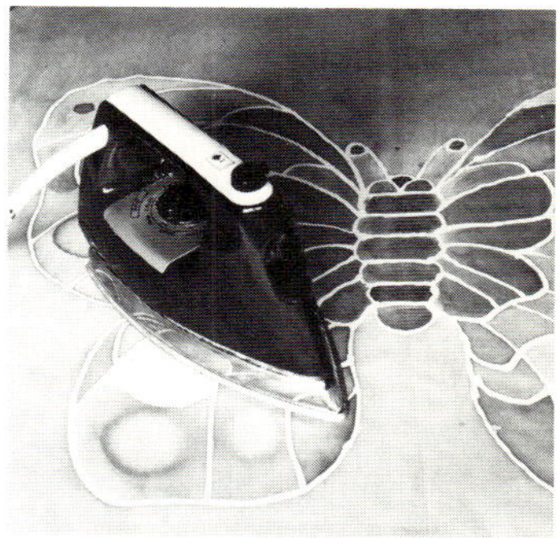

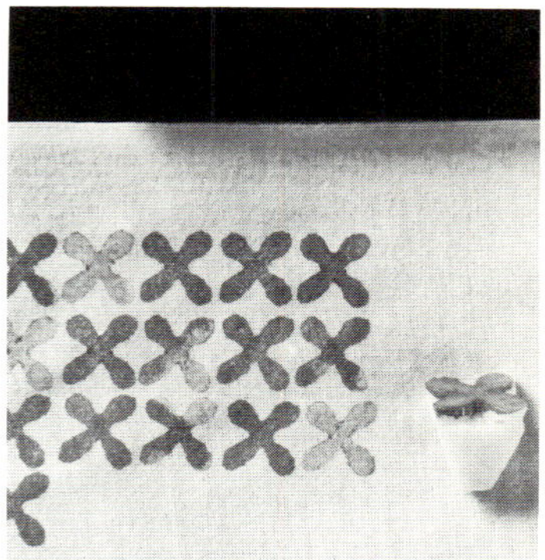

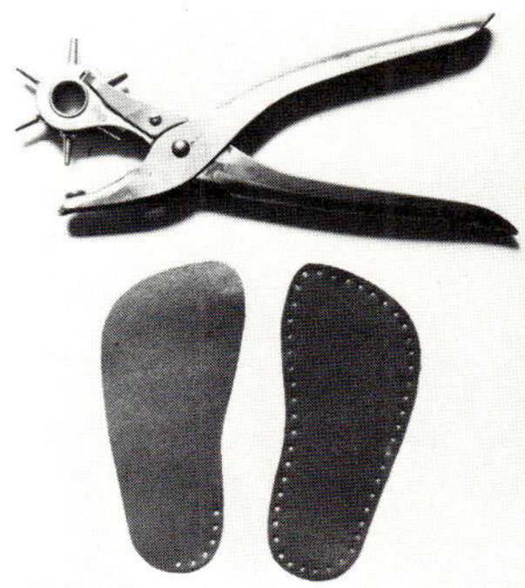

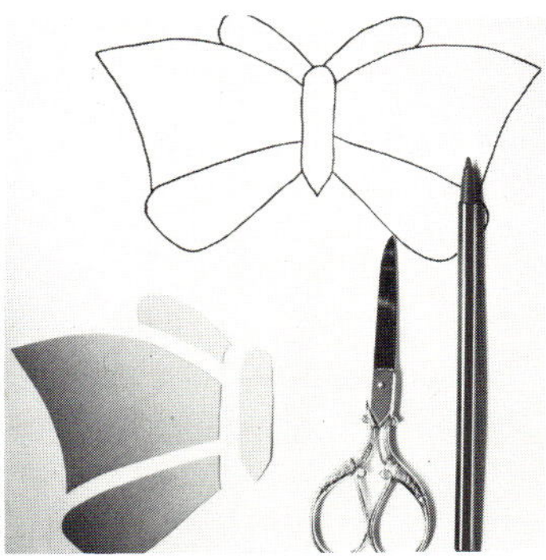

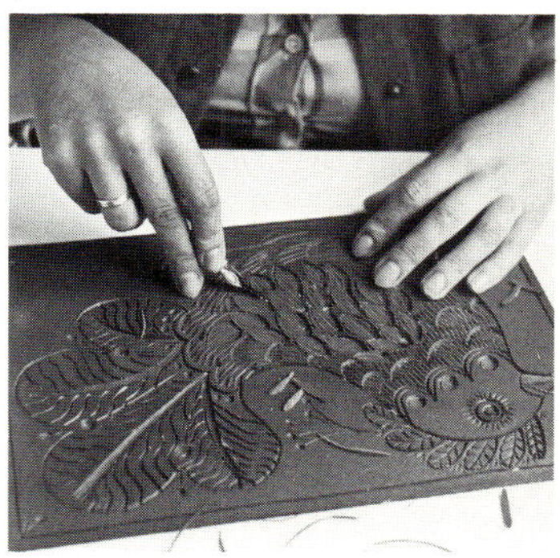

Arbeiten mit Schmelzgranulat

Schmelzgranulat kennt man als Werkstoff im Hobbybereich erst seit etwa 1970, im alltäglichen Leben jedoch wesentlich länger. Behälter für Milchprodukte (Pudding, Joghurt usw.), Ordnungskästen für Kleinmaterial, schützende Klarsichtabdeckungen von Maschinen und Instrumenten sind häufig aus Polystyrol, wie dieses Material heißt. Es handelt sich dabei um ein Öl-Abfallprodukt, das sich unter Hitzeeinwirkung verflüssigt und beliebig verformen läßt. Für Schmelzgranulat wird das Polystyrol durch riesige Lochplatten gepreßt (ähnlich wie bei einem Fleischwolf). Die erkalteten dünnen Stäbe werden danach in körnerkleine Stücke gebrochen. Diese Körner, die es in unterschiedlichen Größen und zahlreichen transparenten Farben gibt, lassen sich, auf eine feuerfeste Unterlage geschüttet, im Backofen wieder zu einer geschlossenen Fläche zusammenschmelzen. Während des Einschmelzens entwickelt sich ein unangenehmer Geruch, der jedoch bei entsprechender Lüftung sehr rasch verfliegt. Die Farben des Schmelzgranulats sind untereinander kombinierbar, sie lassen sich jedoch nicht zu einer neuen Farbe zusammenmischen.

Arbeitsmittel

Außer einem normalen Haushaltsbackofen braucht man:
Schmelzgranulat
Schmelzschalen
Löffel
Spachtel oder Bratenwender
Feuerfeste Ablage
Stahlwolle, Kerze
Metallstricknadel, Perlondraht.

▲ *In einer Rundform geschmolzene Teile, zu Ketten verbunden und an einem Lampenring befestigt, ergaben diesen ungewöhnlichen Leuchtkörper.*

◄ *Gerahmtes Objekt, aus zwölf quadratischen Einzelplatten mit UHU plast zusammengeklebt.*

Aus einzeln in Alu-Formstreifen geschmolzenen Teilen zusammengesetzte Figuren (siehe S. 10/11).

Für weitere Arbeiten im kreativen Bereich braucht man noch:
Schmelzformen
Formstreifen
Flachzange
Spezialkleber.

Schmelzgranulat Man bekommt die Kunststoffkörnchen in kleinen Probierbeuteln zu 50 g oder in Großpackungen zu 250, 500 oder 1000 g. Für den ersten Bedarf sind 250-g-Packungen vorteilhaft. Das Material ist transparent und in vielen leuchtenden Farben im Hobbybedarfshandel zu haben.

Schmelzschalen Bei Anfangsarbeiten sind die Schmelzschalen zugleich auch Schmelzformen. Sie sind aus Feinblech und haben einen geraden, aufgebogenen Rand (wie Eindrückdeckel bei Farbendosen). Es gibt sie rund und eckig.

Löffel Ein beliebiger Löffel dient zum Einfüllen des Granulats in die Schmelzschale oder -form.

Spachtel oder Bratenwender Mit diesem Gerät nimmt man nach dem Schmelzen die heiße Form mit dem Schmelzling aus dem Backofen oder von der Heizplatte.

Feuerfeste Ablage Zum Absetzen des heißen Werkstücks braucht man eine Kachel, einen Mauerstein oder etwas ähnliches, das hitzebeständig ist.

Das kann auch die Abdeckplatte des Herdes, eine kalte Kochplatte, ein gefliester Fußboden oder der Boden des Geschirrspülbeckens sein, wenn er eben ist.

Stahlwolle Feine Stahlwolle braucht man zum Entfernen stehengebliebener Kantenüberstände oder Grate am ausgekühlten Schmelzling und zum Reinigen der Schmelzformen. Man bekommt sie im Haushaltswarengeschäft und in Läden für Bastel- und Heimwerkerbedarf.

Kerze Über der Flamme einer Paraffinkerze (keine Wachskerze) wird der Schmelzling an jenen Stellen wieder etwas angeschmolzen, die durch das Schleifen blind geworden sind. Auch Kratzer und kleine Grate lassen sich so wegschmelzen.

Metallstricknadel Mit der über einer Flamme erhitzten Spitze der Nadel sticht man Löcher zum Durchziehen des Aufhängefadens in das Werkstück. Man kann auch eine dicke Stopfnadel nehmen, die man jedoch mit einer Zange halten muß.

Perlondraht Dünner Perlonfaden, Perlondraht genannt, eignet sich am besten zum Aufhängen transparenter Fensterbilder. Zu kaufen in Geschäften für Heimwerkerbedarf.

Schmelzformen Umrißformen mit geraden Wandungen ohne Boden, die in die Schmelzschalen gesetzt werden. Man bekommt sie dort, wo es Schmelzgranulat gibt. Metallausstechformen für Gebäck können ebenfalls als Schmelzformen dienen.

Formstreifen Aluminiumstreifen zum Biegen von Umrißformen nach eigenen Vorstellungen. Es gibt sie in Breiten von 10–15 mm, abgelängt in Stükken oder in Ringen im Hobbyhandel zu kaufen. Das weiche Metall läßt sich mit den Händen biegen und ist immer wieder verwendbar.

Flachzange Da alle Schmelzformen geschlossen sein müssen, werden Anfang und Ende der Umrißform aus Alustreifen mit der Flachzange zusammengefalzt (Hobby-, Heimwerker- und Werkzeughandel). Mit den Schneidbacken der Zange werden die Streifen geschnitten. Ersatzweise nimmt man dazu eine kräftige Schere.

Spezialkleber Manche Arbeiten werden aus Einzelteilen zusammengefügt. Dazu braucht man einen speziellen Kunststoffkleber, der transparent ist, z. B. UHU plast. Man bekommt ihn in Geschäften für Hobby- und Heimwerkerbedarf, oft auch im Farbenhandel und in Drogerien.

Arbeitsweise

Zu Beginn macht man den Backofen an, die Türen zu und Fenster oder Lüftungsklappe auf. Während sich der Backofen aufheizt, füllt man mit einem Löffel in die saubere trockene Schmelzform eine etwa ½ cm dicke Schicht Schmelzgranulat. Die Körnchen sollen möglichst gleichmäßig verteilt sein und besonders am Rand gut angedrückt werden. Dann wird die Schmelzschale vorsichtig auf ein Backblech gestellt, das in die untere Leiste des Backofens eingeschoben ist. Nach 15–20 Minuten (je nach Stärke der aufgeschütteten Granulatschicht) sind die Körnchen zu einer ebenen Fläche zusammengeschmolzen. Zur Kontrolle kann man die Backofentür zwischendurch öffnen. Bei Verwendung einer Elektrokochplatte stellt man die Schmelzschale direkt auf die vorgeheizte Platte und kann so den Schmelzvorgang beobachten. Mit dem Spachtel oder Bratenwender nimmt man vorsichtig die Schmelzschale aus dem Backofen oder von der Kochplatte und stellt sie auf feuerfestem ebenem Untergrund ab. Ist der Untergrund nicht flach, können sich Schmelzschale und Polystyrol während des Abkühlens verformen. Durch das Kühlen erhärtet die Polystyrolmasse und zieht sich so zusammen (sie knistert und knackt), daß man sie anschließend mühelos aus der Schmelzschale stürzen kann. Ist der Schmelzling restlos ausgekühlt, entfernt man gröbere Unebenheiten und Grate, die sich am Rand gebildet haben, mit einer alten Schere, den Rest mit Stahlwolle. Die Schleifspuren werden über einer brennenden Kerze wieder glattgeschmolzen. Dazu hält man das Werkstück etwa 1 cm von der Flamme entfernt, bis die Masse anschmilzt, jedoch nicht anbrennt. Entflammt sie dennoch, bläst man die Flamme rasch aus und schleift die angezunderte Stelle mit Stahlwolle sauber. In das fertige Werkstück kann man mit einer erhitzten Stricknadelspitze ohne Schwierigkeiten Löcher für den Aufhängefaden einstechen.
Betrachtet man das fertige Werkstück genau, so stellt man fest, daß es auf der Unterseite matt, auf der Gegenseite blank ist. Man kann die Unterseite

***Material für Granulatarbeiten:* Polystyrolkörnchen, Schmelzformen, Bratenwender o. ä., Teelöffel, Stearinkerze, Stahlwolle (links). Über der Flamme einer Stearinkerze werden Grate an den Kanten eines Schmelzlings glattgeschmolzen (rechts).**

über der Flamme einer Kerze anschmelzen, dann wird sie ebenfalls glänzend. Das ist bei größeren Arbeiten sehr mühsam. Der Hobbyhandel bietet eine Spezialfolie an, die vor dem Einfüllen des Granulats in die Schmelzschale gelegt wird. Sie bewirkt, daß der Schmelzling auch auf der Unterseite blank wird.

Weiter stellt man fest, daß sich im ganzen Schmelzling verteilt kleine Luftbläschen befinden. Sie entsprechen dem Materialcharakter und entstehen durch den Luftzwischenraum zwischen den Körnchen. Man kann die Bläschenbildung mindern, indem man nach dem Einfüllen des Granulats mit dem Fingerknöchel von unten an den Boden der Schmelzschale klopft. Zeigt das Werkstück größere Krater, war es zu lange auf der Heizstelle. Dadurch haben sich dicke Blasen gebildet, die nach dem Abkühlen eingesunken sind. Man schafft Abhilfe, indem man Granulat nachstreut und die Arbeit noch einmal im Backofen oder auf der Heizplatte schmilzt.

Bevor man mit einer bereits benutzten Schmelzform weiterarbeitet, muß sie sorgfältig mit Stahlwolle gereinigt werden, damit sich die Polystyrolreste nicht auf den nächsten Schmelzling übertragen.

Nachdem das erste Stück gelungen ist, kann man sich dem kreativen Bereich zuwenden. Die einzelnen Farben des Granulats sind untereinander nicht zu einer neuen Farbe mischbar, jedoch lassen sie sich beliebig zusammenstellen und gemeinsam schmelzen. Zusätzliche Effekte lassen sich erzielen durch Umrühren mit einem heißen Schraubenzieher o. ä. während des Schmelzvorgangs oder durch Eindrücken zuvor in kaltes Wasser getauchter Metallröhrchen in die heiße Masse.

Eine weitere Möglichkeit bietet das Zusammenschmelzen kleinerer Teile zu einer großen Fläche. Das macht man wie folgt: Zuerst schmilzt man in der größten Schale eine Grundplatte aus glasklarem Polystyrol, nimmt sie von der Wärmestelle und stellt sie zum Kühlen ab. Anschließend werden in kleineren Schalen Schmelzlinge hergestellt, die ebenfalls auskühlen müssen. Die kleineren Schmelzlinge werden aus den Formen genommen und auf der noch in der Form befindlichen farblosen Grundplatte angeordnet. Anschließend stellt man alles vorsichtig in den heißen Backofen

Christbaumschmuck, geschmolzen in Umrißformen.

oder auf die Elektrokochplatte und läßt es schmelzen. Dabei sinken die aufgelegten Teile in die Grundplatte ein und bilden mit ihr zusammen eine ebene, dickere Fläche. Nach dem Schmelzen herausnehmen, abkühlen lassen und weiter behandeln wie beschrieben. Die Vogelscheuchen (rechts) entstanden auf diese Weise.

Schmelzformen

Bisher war die Schmelzschale zugleich auch Schmelzform. Auf die Dauer bieten sich aber zu wenige kreative Möglichkeiten. Weiter kommt man schon mit käuflichen Umrißformen, die es in großer Zahl gibt. Es handelt sich hierbei um zu geschlossenen Formen gebogene und verlötete Blechstreifen, die keinen Boden haben. Man setzt sie in eine Schmelzschale und füllt die Form (nicht die Schale) mit Granulat aus. Im übrigen verfährt man wie beschrieben.

Interessant wird die Arbeit jedoch erst, wenn man in eigenen Formen schmilzt. Sie lassen sich mühelos aus Aluminiumstreifen biegen. Bei der Herstellung solcher Formen ist es wich-

Vogelscheuchen. Die großen Platten wurden aus kleineren zusammengeschmolzen.

tig, daß Anfang und Ende des Formstreifens, also die Naht der Form, fest miteinander verbunden sind. Sie darf sich durch die Ausdehnung des Polystyrols während des Schmelzens nicht öffnen. Dazu verbindet man die Streifenenden außerhalb der Form mit einem Doppelfalz, wie er auf dem Foto Seite 24 (rechts) dargestellt ist.

Die selbstgefertigten Umrißformen müssen wie käufliche Formen in eine Schmelzschale gesetzt werden. Es genügt auch, wenn man sie auf ein Stück Blech stellt. Ist der Schmelzvorgang beendet und das Werkstück ausgekühlt, öffnet man den Falz des Formstreifens und zieht den Streifen – notfalls mit Hilfe einer Zange – vom Schmelzling ab. Vor dem nächsten Arbeitsgang müssen Streifen und Unterlage (Blech oder Schmelzschale) von Polystyrolresten befreit werden.

Auch zum Herstellen einer größeren Schmelzschale kann man Alustreifen verwenden, indem man damit ein Backblech abteilt. Dazu schneidet man einen nicht zu dünnen Aluminiumstreifen

Schmelzformen ohne Boden müssen vor dem Einfüllen des Granulats in eine Schmelzschale gestellt werden.

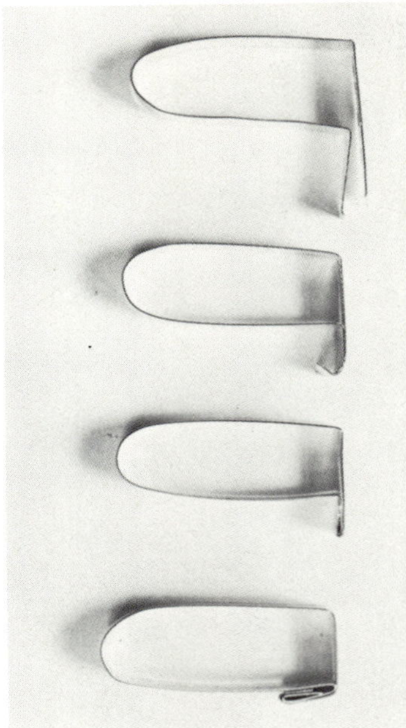

So wird eine Umrißform aus Aluminiumstreifen hergestellt.

zu, der 4 cm länger ist als die abzuteilende Fläche. Dieser Streifen wird an jedem Ende genau 2 cm weit rechtwinklig umgebogen (beide Winkel in dieselbe Richtung), so daß er gerade an den Kanten des Backblechs anstößt. Aus kleineren Alustücken fertigt man zwei Halteklammern an, die über die abgebogenen Winkelschenkel und den Formrand geschoben werden. Danach schneidet man noch einen Blechstreifen zu, der 4 cm länger sein muß, als die zum Schmelzen abgeteilte Fläche breit ist. Er wird ebenfalls an beiden Enden 2 cm weit rechtwinklig gebogen. Man legt ihn als Haltebügel in die Mitte über Formrand und Teilungsstreifen, nachdem man das Granulat eingefüllt hat. Er verhindert, daß sich der Trennstreifen während des Schmelzens durch die Ausdehnung des Styrols verbiegt.

Zellenschmelz
Formen aus dünnen Alustreifen kann man als dekoratives Element in eine Fläche mit einschmelzen. Dazu legt man eine in sich geschlossene Umrißform in eine größere Schmelzschale und füllt beide mit Granulat. Es ist wichtig, daß die Körnchen besonders sorgfältig in die Ecken und Windungen der Aluminiumform gebracht werden, damit keine Löcher entstehen. Bei kleinen Formteilen arbeitet man am besten mit einer Pinzette. Während des Schmelzens kontrolliert man von Zeit zu Zeit die Lage der eingelegten Umrißform. Hat sie sich stellenweise gehoben, kann man sie mit einem Metallinstrument (Schraubenzieher, Messerspitze) wieder herunterdrücken. Dabei darf die Arbeit nicht von der Wärmequelle genommen werden. Auch sollte man beim Herunterdrücken nur das Metall berühren, weil das heiße Polystyrol an dem Instrument hängen bleibt und Fäden zieht. Der Schmelzvorgang ist beendet, wenn die Oberfläche des Granulats gerade zu fließen beginnt. Die Metallform soll nicht überschmolzen werden, sondern reliefartig hervorstehen. Das Foto (S. 15) zeigt eine Arbeit im Zellenschmelz.

Einschmelzen von Trockenpflanzen
Alle flachen Trockenpflanzen eignen sich zum Einschmelzen. Das Granulat sollte glasklar oder sehr hell sein, damit man die Pflanzen später erkennt. Zunächst wird eine nicht zu dicke Platte (½ cm Granulathöhe) in einer Schmelzform hergestellt. Auf der noch heißen Oberfläche drückt man die bereitgelegte Pflanze oder die Pflanzenteile

So wird in einer größeren Form eine Teilmenge geschmolzen.

Die Teile werden mit einer heißen Nadel gelocht und mit Perlonfäden zusammengesetzt (s. S. 7).

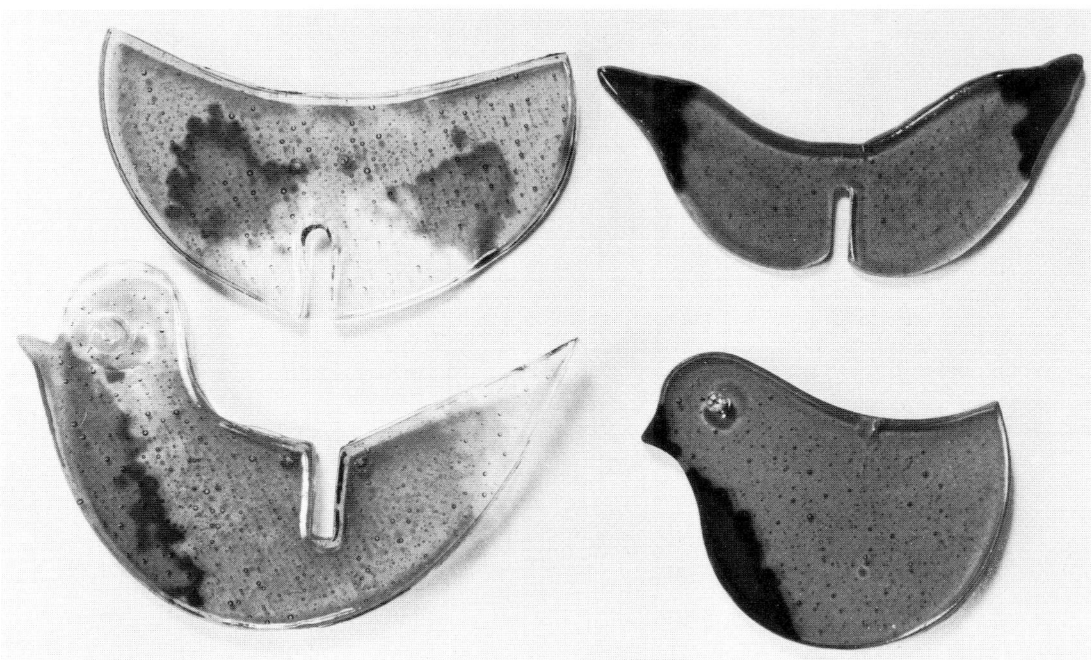

Dreidimensionale Objekte halten besser, wenn man die Formen an den Ansatzstellen in der Stärke des Gegenstücks ausspart und die Teile ineinanderschiebt.

Fensterbild in Zellenschmelztechnik. Die Aluminiumstreifen wurden im Objekt belassen.

mit einem Stäbchen so an, daß nichts hochsteht. Darüber wird eine dünne Schicht glasklares Granulat gestreut. Man stellt alles in den Backofen oder auf die Heizplatte und läßt die obere Schicht zu einer Fläche zerfließen, die die Pflanze bedeckt.

Experimente

Außer dem Polystyrol-Granulat kann man auch andere Polystyrolerzeugnisse schmelzen, z. B. Becher, in denen Götterspeise verkauft wird, Ordnungskästen für Kleinmaterial, Stecknadel- oder Büroklammerdosen, Gewürzbehälter u. ä. Das Material muß glasklar und so spröde sein, daß es unter kräftigem Druck zerspringt. Weichplastik, wie es ebenfalls als Lebensmittelverpackung verwendet wird, eignet sich nicht. Im Zweifelsfall

◄ Einfache Umrißformen aus Aluminiumstreifen, in denen die Teile für das Dorfbild geschmolzen werden.

▼ Für das Dorfbild wird zunächst eine ausreichend große Platte aus farblosem Transparentgranulat geschmolzen. Sie muß bis zum vollständigen Erkalten ganz flach liegen, damit sie sich nicht verbiegt. Die einzeln geschmolzenen farbigen Teile werden nach dem Entformen und Auskühlen mit wenig UHU plast auf die Grundplatte geklebt.

macht man mit einem Splitter des Materials eine Schmelzprobe. Der Nachteil dieses kostenlosen Materials liegt darin, daß es nicht genau dosierbar ist. Sein Vorteil: Man kann damit sehr gut experimentieren, indem man es mit Granulat und Glasperlen oder anderem nicht brennbarem Material kombiniert. Eine weitere Möglichkeit ergibt sich durch Arbeit in verschiedenen Phasen, wobei man die zum Schmelzen vorbereiteten Teile nicht alle zur gleichen Zeit in den Backofen bringt. Die Fotos (rechts) zeigen eine von vielen Möglichkeiten, mit Polystyrolbehältern und Granulat zu experimentieren.

Experiment mit Granulatmaterial, Puddingbechern aus Polystyrol und Glasperlen, angeordnet auf einem Aluminium-Backblech. Der Fortgang des Schmelzprozesses ist rechts zu verfolgen:
Nach zehn Minuten Schmelzzeit sinken die Becher in sich zusammen, während das Granulat noch körnig ist (mittleres Bild).

Nach zwanzig Minuten Gesamtzeit ist auch das Granulat geschmolzen. Die Becher bilden dazwischen kleine Krater und Hügel und umschließen zum Teil die eingestreuten Glasperlen (rechts).

Tips

Sind beim Einstreuen Körnchen einer Farbe unerwünscht auf eine andere gefallen, hebt man sie mit einem angefeuchteten (nicht nassen) Haarpinsel vorsichtig ab.

Den Abkühlungsprozeß eines Schmelzlings kann man beschleunigen, indem man ihn mit Hilfe von Spachtel oder Zange umdreht und auf die Unterseite der Schmelzform einen kalten Wasserstrahl richtet. Nicht die Vorderseite wässern, sie wird blind, solange sie noch heiß ist.

Schmelzlinge sollen erst aus der Form genommen werden, wenn sie restlos abgekühlt sind, sonst besteht die Gefahr, daß sie sich verformen.

Die Kanten eines Schmelzlings werden geschlossener, wenn man am Rand der Schmelzform etwas mehr Granulat aufstreut.

Durchgebrochene Werkstücke kann man im Backofen wieder zusammenschmelzen, indem man sie in die entsprechende Schmelzschale oder -form legt.

Das Material mißlungener Stücke kann man wiederverwenden. Dazu legt man es zwischen Papier und klopft es mit dem Hammer klein.

Krater bilden sich, wenn man den Schmelzling zu lange auf der Wärmequelle läßt. Man kann den Schaden durch Nachstreuen von Granulat und erneutes Schmelzen ausbessern.

Um die durch die Zwischenräume zwischen den Granulatkörnchen entstehenden Luftblasen zu mindern, klopft man mit dem Fingerknöchel gegen den gefüllten Formboden. Dadurch rinnen die Körner dichter zusammen.

Außer Pflanzen kann man auch hitzebeständiges Material zwischen zwei Granulatschichten einschmelzen, z.B. Glasperlen, Metallknöpfe o.ä. Damit die eingeschmolzenen Objekte gut erkennbar sind, sollte man glasklares Granulat verwenden.

Soll ein Gießling durchbohrt werden, erhitzt man eine Metallstricknadel, eine dicke Stopfnadel oder einen dünnen Nagel, über einer Flamme und durchsticht ihn an der vorgesehenen Stelle.
Bei dicken Schichten von beiden Seiten bohren. Arbeitsgerät mit Zange fassen.

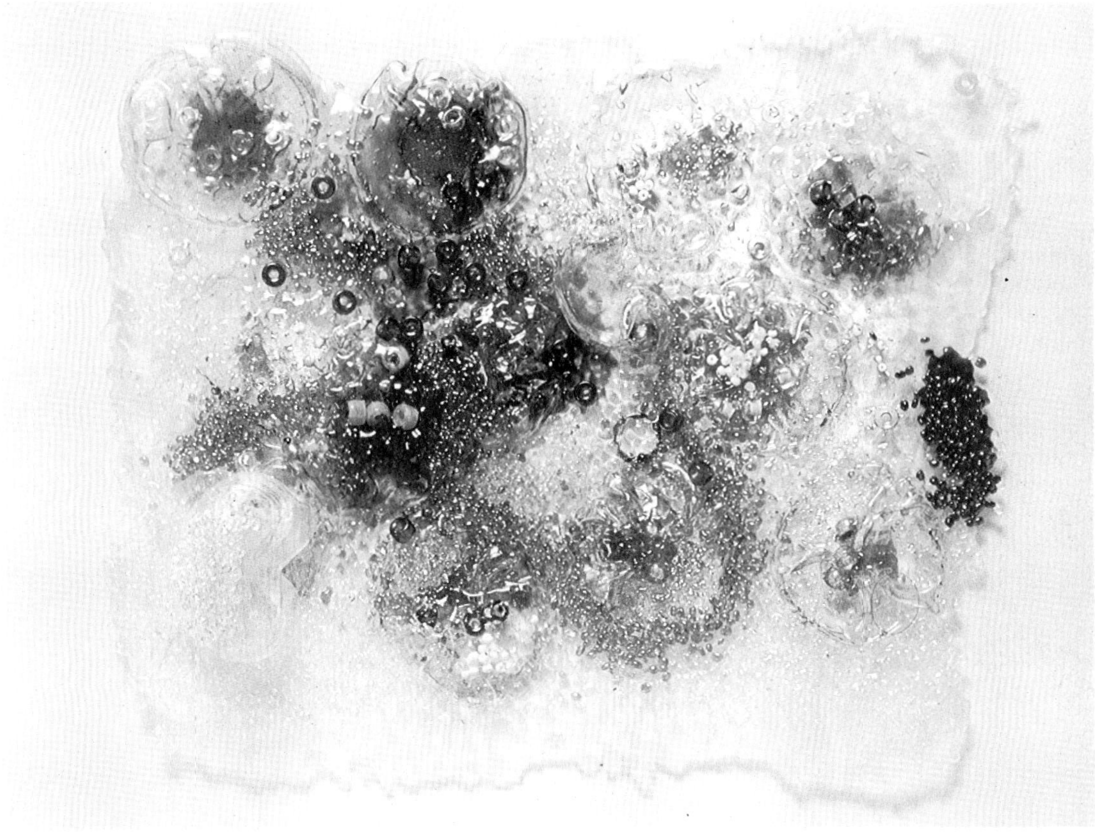

Der Schmelzvorgang ist abgeschlossen. Ergebnis: eine Reliefplatte mit Perleneinschlüssen.

Gießharzarbeiten

Gießharz ist, genauso wie Schmelzgranulat (Seite 6–7), ein Ölabfallprodukt. Man kennt es im Bastelbereich seit knapp zwanzig Jahren. Es gehört zur Gruppe der duroplastischen Kunststoffe, die, einmal ausgehärtet, unauflösbar sind. Ausgangsmaterial sind Polyesterharz und Styrol, die einen dickflüssigen, unangenehm riechenden Sirup ergeben. Durch Zusatz von Härter setzt die Polymerisation ein, eine Verbindung von Harzmolekülen zu Molekülketten und -geflechten. Im Verlauf dieses Prozesses wird die Sirupmasse allmählich immer fester, bis sie von der gallertartigen Masse zum unauflöslichen Block erstarrt. Die durch das Styrol entstehenden unangenehmen Dämpfe gelten zwar als ungefährlich, dennoch sollte man beim Arbeiten möglichst Abstand mit seinen Atmungsorganen halten und im Arbeitsraum ein Fenster öffnen. Keine Zugluft verursachen, denn jedes Stäubchen, das sich auf dem Kunststoffgemisch absetzt, ist nicht mehr zu entfernen. Ist der Harzgießling jedoch ausgehärtet, verschwindet der strenge Geruch völlig. Das Material ist feuergefährlich, man sollte bei der Verarbeitung nicht rauchen.

Gießharz ist nicht modellierfähig. Es wird in mit Trennmittel benetzten Formen gegossen und ist nach dem Aushärten glasklar. Der Reiz dieses Werkstoffs liegt vor allem in der Möglichkeit, Gegenstände beliebiger Art beim Gießen mit einzuschließen und sie damit unwiederbringlich in einem gläsernen Tresor zu versiegeln. Dazu gießt man zunächst eine Grundschicht in die Form und legt, sobald diese fest geworden ist, das einzuschließende Objekt mit der Schauseite nach unten darauf. Dann gießt man eine weitere, bei größeren Objekten eine dritte und vierte Schicht auf. Alle Schichten verbinden sich nahtlos zu einer transparenten Gesamtfläche miteinander.

▲ ***Briefbeschwerer, in einer Halbkugelform gegossen, letzte Gußschicht aus schwarzgetöntem Gießharz.***

◀ ***Konfekt aus Weichgummi wurde bei diesem Objekt in undehydriertem Zustand in Harz eingeschlossen. Als Gießform diente eine Plastik-Spitztüte. Demonstration des Vorgangs auf S. 28/29.***

Arbeitsmittel

Die Arbeit mit Gießharz ist, was die Arbeitsmittel betrifft, nicht sehr aufwendig. Allerdings soll nicht verschwiegen werden, daß das Gießharz nicht gerade billig ist. Man braucht:
Gießharz
Härter
Küchenwaage (oder Plastikbecher zum Abmessen)
Mischgefäß
Rührstäbchen
Trennmittel und Pinsel
Kreppapier
Zeitungen
Aceton.
Außer Material und Hilfsgeräten zum Gießen und Mischen braucht man noch:
Gießformen
Einschlußmaterial
Dehydriermittel (bei Verwendung von frischen Pflanzen)
Abtönfarben.
Für die Abschlußarbeiten am fertigen Gießling werden benötigt:
Schleifpapier
Schleifblock
Polierpaste und Lappen.

Gießharz Das Material wird in zwei Qualitäten angeboten, als normales Gießharz und als Bio-Gießharz. Während das billigere normale Gießharz nicht ganz so feinnetzig ist, d. h. leichte Trübungen aufweisen kann, ist das Bio-Gießharz glasklar und absolut farblos. Die leichten Wolken, die man bei genauem Hinsehen im einfachen Harz erkennen kann, fehlen bei Bio-Material völlig. Auch neigt es weniger zur Blasenbildung beim Rühren und Umfüllen. Die Bezeichnung Bio-Gießharz hängt mit dessen besonderer Eignung zum Einschluß von Insekten zu Anschauungszwecken im Biologie-Unterricht an den Schulen zusammen.
Einfaches Gießharz gibt es auch in Bernstein-Tönung, jedoch ist bei dessen Verwendung zu berücksichtigen, daß auch das eingeschlossene Objekt in veränderter Tönung erscheint.
Gießharz wird in Blechkanistern gehandelt, die es in verschiedenen Größen gibt. Für den Anfang sollte man eine 500-Gramm-Einheit wählen.

Härter Zusatzmittel, das die Aushärtung des Harzmaterials zu einem festen Block bewirkt. Härter gibt es noch vereinzelt in Tuben, er wird jedoch in der Hauptsache in kleinen Plastikfläschchen verkauft. Die Lösung wird dem abgewogenen oder abgemessenen Harz tropfenweise zugefügt. 30 Tropfen entsprechen einem Gramm. Das Mischungsverhältnis von Harz und Härter ist auf der Harzpakkung angegeben, es hängt jedoch auch von der Zimmertemperatur ab.
Härter ist feuergefährlich!

Haushaltswaage Zum Abwiegen der Harzmenge (um den Härterzusatz zu ermitteln) sollte man eine Waage haben, die genau arbeitet. Ersatzweise kann man Plastikbecher nehmen und unter Zuhilfenahme eines Haushalts-Meßbechers die Menge durch Abmessen von Wasser ermitteln.

Mischgefäß Zum Abfüllen von Harz und zum Mischen mit Härter kann man einen einfachen Becher von Joghurt o. ä. verwenden.

Rührstäbchen Ein Holzstäbchen von Speiseeis, besser noch ein sauberes Plastikstäb-

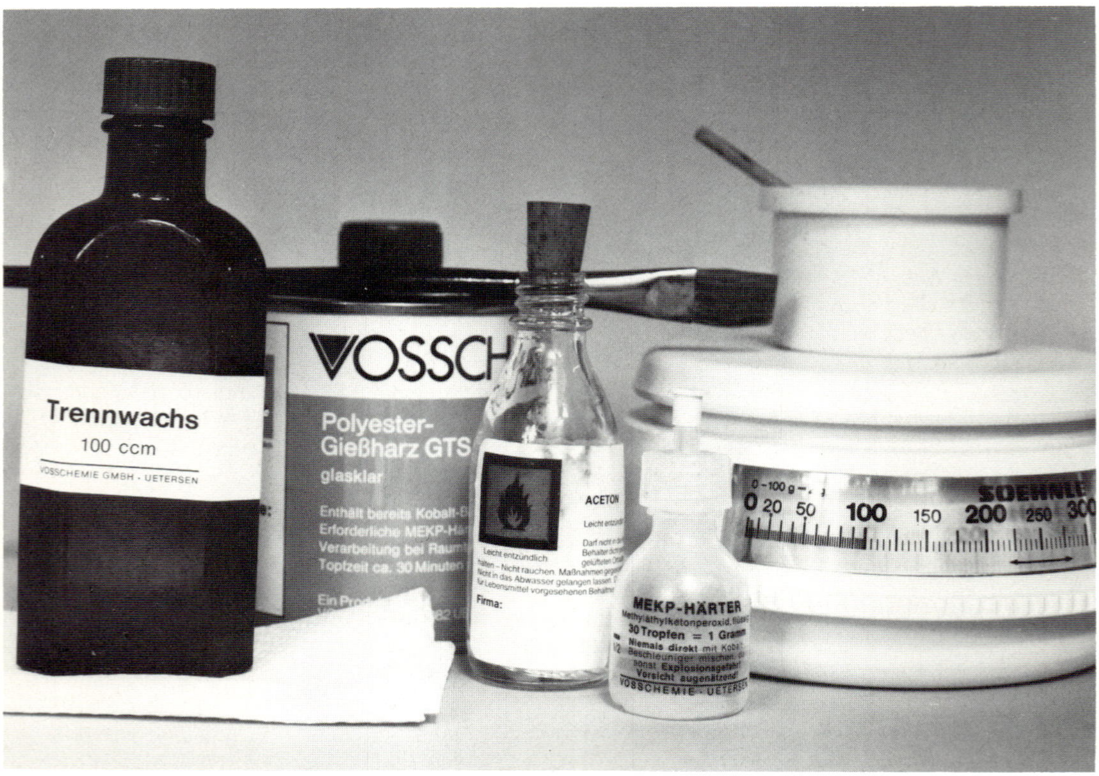

Links und gegenüber: Materialien für Gießharzarbeiten.

chen wird zum Verrühren der Harz-Härter-Mischung benötigt.

Trennmittel und Pinsel Um den Gießling nach dem Aushärten zu entformen, braucht man ein Trennmittel, mit dem die Form zuvor benetzt bzw. ausgestrichen wird. Es gibt Trennmittel, die flüssig sind und die Form mit einem dünnen lackähnlichen Film überziehen. Man trägt das Mittel mit dem Pinsel auf oder schwenkt einfach die Forminnenseite damit aus. Andere Trennmittel auf Wachsbasis sind pastenartig. Sie werden mit einem Pinsel oder dem bloßen Finger aufgetragen.

Kreppapier Die klebrige Gießharzmasse ist schwer von Gegenständen, Fingern und Kleidung zu entfernen, besonders, wenn sie schon auszuhärten beginnt. Man sollte deshalb heruntertropfendes Material sofort mit Kreppapier abwischen.

Zeitungen Den Arbeitsplatz bedeckt man am besten mit mehreren Zeitungslagen, die man bei Verunreinigung während der Arbeit Blatt für Blatt entfernen kann.

Aceton Zum Entfernen von Harzspuren auf Händen, Geräten und Kleidung kann man Aceton nehmen. (Vorsicht: bei Textilien erst an verdeckter Stelle Materialprobe machen.) Es gibt auch spezielle Gießharz-Reinigungsmittel, jedoch sind diese teurer und basieren ebenfalls auf Aceton.

Formen Es gibt Gießformen aus Kunststoff in verschiedenen Ausführungen zu kaufen. Nicht alle sind gleich gut. Beim Kauf muß man darauf achten, daß die Innenfläche einer Form, in der sich die Außenfläche des Gießlings bildet, absolut glatt ist und weder Kratzer noch unebene Stellen hat. Außer käuflichen Formen kann man auch Haushaltsgegenstände mit glatter Innenwandung nehmen. Sie müssen so beschaffen sein, daß sich der Gießling später mühelos entformen läßt.

Einschlußmaterial In Gießharz kann man alles einbetten, solange es in die Gießform paßt und ausreichend umschlossen werden kann. Selbst Konfekt aus Weichgummi (Foto S. 17) übersteht die Prozedur ohne Schaden. Frische Pflanzen sollten vor dem Einschluß dehydriert (entwässert) werden.

Dehydriermittel Mittel, um Pflanzen die Feuchtigkeit zu entziehen, gibt es in flüssiger Form (z. B. Borax oder -gemisch) und als Granulat (Silicagel) in Drogerien und im Hobbyhandel.

Abtönfarben Die Standfläche eines Gießlings, die zuletzt gegossen wird, kann ein glasklar eingegossenes Objekt besonders hervorheben, wenn sie farbig abgesetzt ist. Zu diesem Zweck kann man dem Harzgemisch eine lichtstabile Abtön-Spezialfarbe beimengen. Solche Farben gibt es abgefüllt in Gläsern zu 15 ml.

Schleifpapier Da die letzte Schicht eines Gießlings nicht ganz aushärtet, sondern etwas klebrig bleibt, muß man sie mit Schleifpapier entfernen. Man braucht Schleifpapier für Naßschliff in folgenden Körnungen: 60 oder 80, 120, 180 oder 220, 400, 600 oder 550.

Schleifblock Ein Schleifblock aus Kork ist nützlich beim Bearbeiten kleinerer Flächen. Das Schleifpapier wird um den Schleifklotz gewunden.

Polierpaste und Lappen Polierpaste, mit der der Gießling auf Hochglanz gebracht wird, gibt es in Dosen oder Tuben.

Arbeitsweise

Die Gießform, die innen trocken und sauber sein muß, wird mit Trennmittel benetzt oder ausgestrichen. Während man das Harz mischt, stellt man sie entweder mit der Öffnung nach unten auf ein sauberes Stück Schreibpapier oder man deckt sie damit ab. Harz und Härter werden abgemessen und gemischt. Die Angaben der Herstellerfirmen über die dem Harz zuzusetzende Härtermenge weichen häufig voneinander ab. In der Praxis hat sich – je nach Größe des Objekts – eine Härtermenge zwischen 2 und 4% als optimal erwiesen. Je größer das Objekt ist, um so langsamer sollte die Polymerisation (Bildung des Molekülnetzes) vor sich gehen, um so weniger Härter setzt man dem Harz zu.

Harz und Härter haben als Gemisch eine Topfzeit (Zeitraum der flüssigen Verarbeitungsmöglichkeit) von etwa 30 Minuten. Beide werden langsam und sorgfältig miteinander verrührt. Rührt man zu schnell, bilden sich unnötig viele Blasen. Haben sich Blasen gebildet, hebt man den Mischbecher an und klopft von unten mit dem Fingerknöchel gegen den Boden. Dadurch steigen die Blasen an die Oberfläche des Gemischs und können mit einer Nadel aufgestochen werden. Das blasenfreie Gemisch wird langsam in die Form gegossen, bis diese zu etwa einem Drittel oder etwas weniger gefüllt ist.

Man sollte niemals mehr Harzgemisch anrühren, als man für den ersten Einguß braucht. Hat man zuviel gemischt, sollte man eine zweite präparierte Form zur Hand haben, in die man ebenfalls eine Schicht für ein weiteres Objekt gießt.

Die Form mit dem ersten Schichtguß wird auf eine genau waagerechte glatte Fläche zum Abbinden gestellt und gegen Staub mit einem Stück Schreibpapier geschützt. Zum Abdekken nur glattes Papier verwenden, damit keine herunterfallenden Fasern die Harzschicht verunreinigen. Nach etwa einer Stunde, bei dickeren Schichten später, ist der Guß so fest, daß man das einzuschließende Objekt darauflegen kann. Da die untere Seite des Gießlings die spätere Schauseite des Objekts ist, muß man das Einschlußmaterial ebenfalls mit der Schauseite nach unten auf die Harzschicht legen und vorsichtig mit der Fingerspitze oder einem sauberen Stäbchen so in die klebrige Schicht drücken, daß es beim nächsten Harzguß nicht aufgeschwemmt wird.

Wie beim ersten Guß wird auch für den zweiten Harz mit Härter gemischt, verrührt und blasenfrei in die Form gegossen. Diese Schicht kann bei flachen Einschlüssen (z. B. Blätter, Münzen o. ä.) zugleich die letzte Schicht sein. Sie muß etwas dicker als die erste Schicht gegossen werden, wenn das eingeschlossene Objekt genau in der Mitte sitzen soll. Ist der Einschluß höher, gießt man die zweite Harzschicht so auf, daß er gerade bedeckt ist, läßt diese Schicht erstarren und gießt nach etwa einer Stunde eine weitere Abschlußschicht auf. Diese kann man durch Beimengung eines Farbzusatzes, der nichttranspa-

Ein einfaches Weinglas ist eine billige und interessante Gießform für einen Briefbeschwerer.

rent ist, vom übrigen glasklaren Guß abgrenzen.
Der mit Papier abgedeckte Gießling sollte nach dem letzten Guß mindestens drei bis vier Stunden – größere Stücke entsprechend länger – aushärten, bevor man ihn aus der Form stürzt.
Infolge des Trennmittels läßt sich der Gießling meistens leicht aus der Form nehmen. Bereitet dies Schwierigkeiten, so unterzieht man die Arbeit einem Wechselbad, indem man Form und Gießling zunächst in heißes, danach in eiskaltes Wasser taucht (oder in den Kühlschrank stellt.) Diesen Vorgang nennt man Tempern. Danach ist das Entformen des Gießlings ohne Schwierigkeiten möglich, sofern die Maße der Formöffnung nicht kleiner sind als die des Bodens. In einem solchen Fall müßte die Form zur Entnahme des Gießlings zerstört werden.
Der letzte Arbeitsgang erfordert etwas Geduld: Die obere Schicht des Gießlings, die nie ganz aushärtet, muß einige Millimeter abgeschliffen werden. Das macht man mit Schleifpapieren verschiedener Körnungen, die man flach auf den Tisch legt und mit Klebstreifen befestigt. Man beginnt mit Körnung 60 oder 80, fährt mit 120, dann mit 150 (oder 180) fort und arbeitet nun unter Zuhilfenahme von Wasser mit den anderen feinkörnigen Papieren weiter. Dabei schleift man den Gießling auf jeder Papierkörnung zehn- bis zwanzigmal in geraden waagerechten Hin- und Herbewegungen, dreht ihn um 90 Grad, arbeitet ebenfalls wie beschrieben, dreht ihn erneut, schleift wiederum zehn- bis zwanzigmal und dreht ihn dann noch einmal für die letzten Schleifgänge. Zwischendurch wird der abfal-

Gießharzobjekt, in zwei Schichten gegossen. Die Zündhölzer wurden nach Erstarren der ersten Schicht aufgelegt (oben). Unten wurde ein Weinglas benutzt.

lende Schleif- und abgeriebene Sandpapierstaub sorgfältig entfernt. Abschließend schleift man mit dem feinsten Naßschleifpapier in kreisenden Bewegungen, bis die Fläche zwar matt, jedoch ohne Schleifrillen und Kratzer erscheint. Das stellt man am besten fest, wenn man den Gießling naß abwäscht und abtrocknet. Zum Schluß wird Polierpaste aufgetragen, eingerieben und kräftig nachpoliert. Nun ist das Stück hochglänzend.

Einschluß in mehreren Ebenen
Durch das Aufgießen verschiedener Schichten in einer ausreichend hohen Form kann man auch Einschlüsse in mehreren Ebenen ausführen. Dabei legt man, wie beschrieben, auf die zuerst eingegossene und abgebundene Harzschicht ein Objekt mit der Schauseite nach unten und gießt dies bis zur Hälfte ein. Auf dieser zweiten Ebene kann man um das erste Objekt herum weitere kleinere Teile anordnen und diese mit dem nächsten Guß, mit dem auch der Rest des ersten Objekts bedeckt wird, mit einschließen. Diesen Vorgang kann man innerhalb einer Arbeit mehrmals wiederholen. Der Briefbeschwerer auf Seite 19 entstand auf diese Weise, wobei die letzte Gußschicht schwarz eingefärbt wurde.
Die Konfekttüte auf Seite 18 ist ebenfalls ein Beispiel für mehrschichtigen Einschluß. Hier wurde die Tüte, in der das Weich-

gummi-Konfekt gekauft wurde, als Gießform benutzt. Die ganze Arbeit besteht aus neun Eingüssen, wobei 500 Gramm Gießharz fast restlos verbraucht wurden. Da der untere Einguß nach dem Abbinden genügend Festigkeit für den nächsten gibt, braucht man zur Unterstützung der weichen Gießform nur ein hohes Glas, in das man sie hineinstellt. Der erste Einguß erhärtet, indem man die Tüte hängend befestigt (z. B. mit einer kräftigen Federklammer an einem Türgriff). Damit die Tüte wie zugebunden aussieht, schnürt man sie nach dem frischen drittletzten Einguß mit einem dicken Baumwollband, das später wieder gelöst wird, ab. Um zu verhindern, daß der Tütenrand bei den letzten Eingüssen (jeweils 15 mm hoch) durch das Harzgewicht nach außen kippt, stülpt man einen aus einem Pappstreifen gefertigten weiten Ring darum. Nach dem Erstarren des letzten Eingusses (über Nacht) kann man die Plastikhülle, die als Form gedient hat, einfach abreißen.

Einschluß von Pflanzen

Wie schon erwähnt, müssen frische Pflanzen entwässert werden. Das dauert je nach verwendetem Mittel und Wassergehalt der Pflanze etwa eine Woche bis vier Wochen.
Dehydrieren mit Borax oder käuflichem Dehydriergemisch: Die Blütenblätter und die Ansätze der Blätter sowie die Blütenmitte werden mit einem kleinen Pinsel sorgfältig mit Borax bestrichen und zum Trocknen ausgelegt. Nach etwa drei Wochen sind die Pflanzen getrocknet, ohne daß sie ihre Farbe verloren haben.
Dehydrieren mit Silicagel-Granulat: In einen wasserdichten Behälter (Gefrierschale) wird eine etwa 3 cm hohe Lage Granulat eingefüllt. Die zu entwässernden Blüten werden mit dem Stengelansatz nach unten so auf das Granulat gelegt, daß sie sich gegenseitig nicht berühren. Mit einem Teelöffel wird vorsichtig weiter Granulat auf und zwischen die Blütenblätter gefüllt, bis die Blüten reichlich bedeckt sind. Dann stellt man die präparierten Blüten auf die Seite. Nach etwa einer Woche haben sich die anfangs blauen Körner des Dehydriermittels rosarot gefärbt, und die Blüten sind entwässert. Man kann das Granulat sorgfältig abschütten und später wieder verwenden.
Selbstverständlich kann man auch Blüten einbetten, die man hängend an ihren Stengeln luftgetrocknet hat. Allerdings sind sie außerordentlich empfindlich, und ihre Blätter brechen leicht. Der Hobbyhandel bietet eine Vielzahl präparierter Blumen, Insekten, Seesterne und anderer Objekte zum Einbetten an. Ihnen allen ist jedoch ein persönliches Stück, das man gefunden, gesammelt, hergestellt oder geschenkt bekommen hat, vorzuziehen.

◄ ***Briefbeschwerer aus Gießharz. Zwei haben eine eingefärbte Abschlußschicht.***

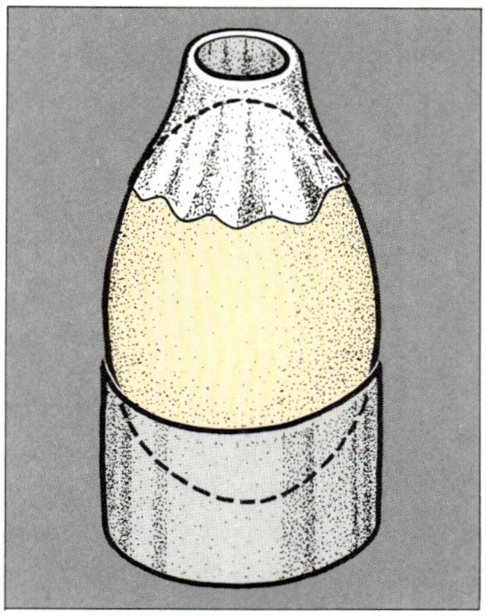

Dieses Ei wurde in einer Eierschale gegossen.

Gießen in Vollformen

Vollformen sind jene Gießformen, die einen vollplastischen Gießling ergeben, z. B. Glühlampen ohne Fassung und Leuchtwendel, Christbaumkugeln oder Eierschalen. Sie alle müssen nach dem Guß zerstört werden, damit man den Gießling entnehmen kann.

Die Eierschale als Gießform

Ein Ei wird an der Spitze so weit ausgebrochen, daß ein etwa pfenniggroßes Loch entsteht.

Arbeitsablauf: Gießharz

1

2

3

4

Gießharz wird in den Mischbecher gefüllt (1).
Der Harzmenge entsprechend wird tropfenweise Härter zugefügt (2).

Mit einem Holz- oder Plastikstäbchen wird das Gemisch gut verrührt (3).
Die Gießform wird gründlich mit Trennmittel ausgestrichen (4).
Die erste Harzschicht – etwa ¹/₃ der Formhöhe – wird eingegossen (5).

Das einzuschließende Objekt wird mit der Schauseite nach unten auf die gallertartig erstarrte Schicht gelegt (6). Die nächste Harzschicht, die das Objekt bedeckt, wird vorsichtig eingegossen (7).

5

6

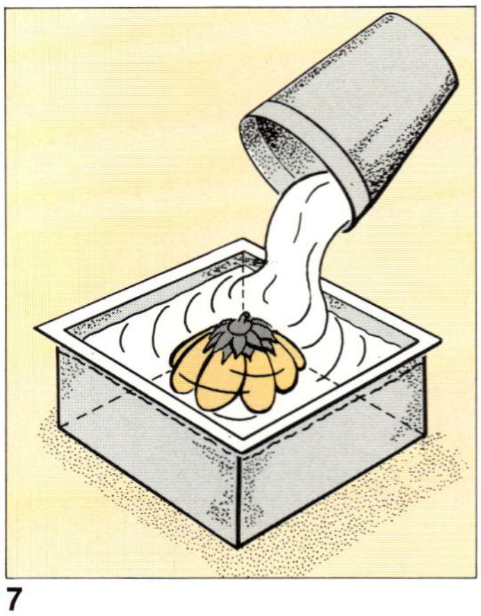

7

8

9

Die Gießform mit dem Gießling wird zum Erhärten auf eine ebene Fläche gestellt und mit einem Blatt Papier bedeckt (8). Zum besseren Entformen wird der Gießling in ein heißes, danach in ein kaltes Wasserbad gelegt (9).

Der Gießling wird aus der Form gestürzt (10).
Die obere Schicht – spätere Unterseite des Gießlings –, die nicht ganz ausgehärtet ist, muß mit Schleifpapier abgetragen werden. Dazu wird das Schleifpapier mit Klebstreifen auf einer ebenen Unterlage befestigt und der Gießling darauf hin und her bewegt (11).

In kreisenden Bewegungen arbeitet man mit Naßschleifpapier nach (12). Dann wird der Gießling mit Paste poliert (13).

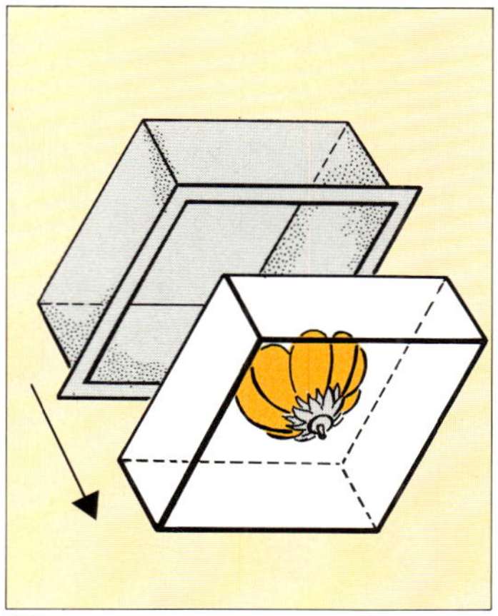

10

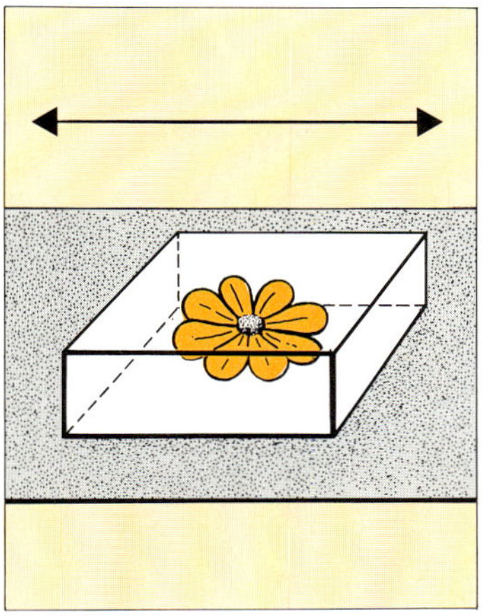

11

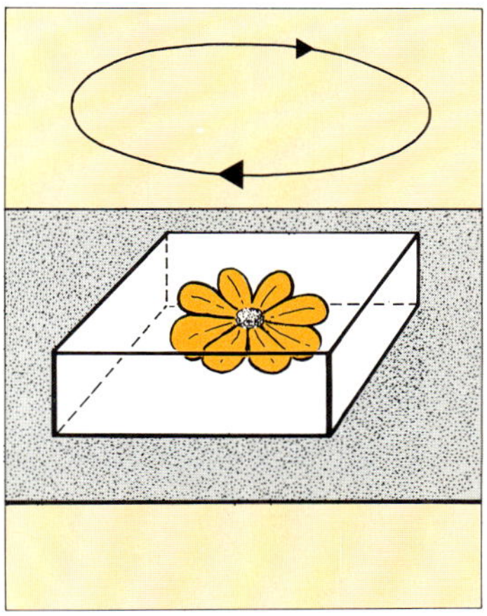

12

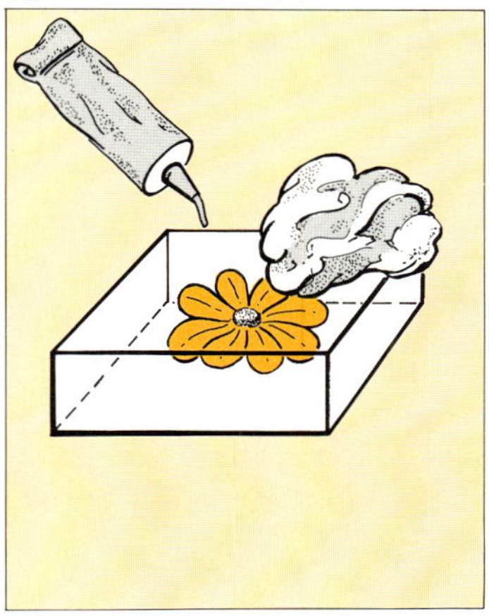

13

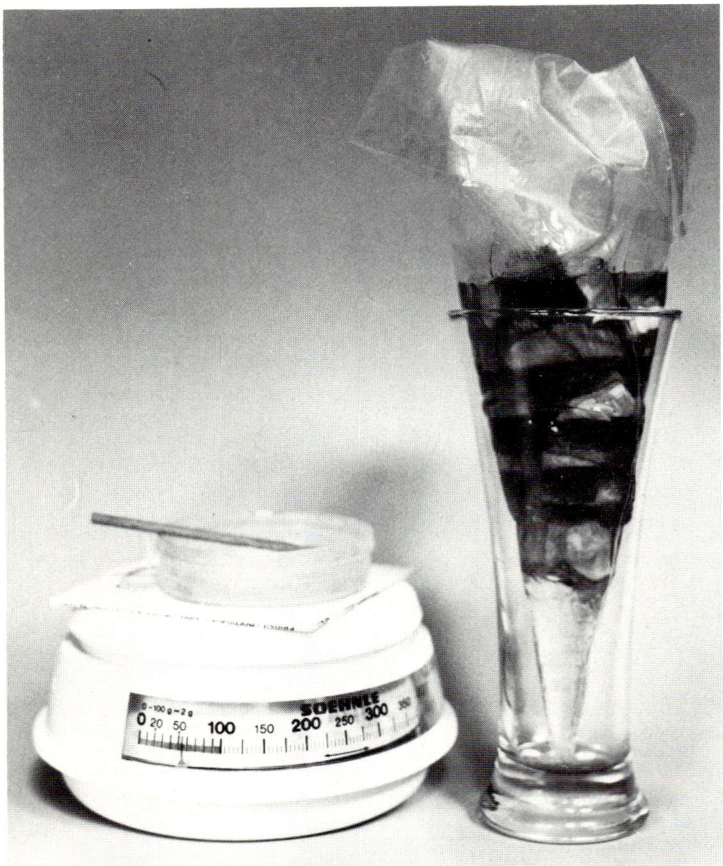

1

Zum Eingießen von Konfekt aus Weichgummi braucht man außer einer Waage zum Abwiegen der anzusetzenden Teilmengen Harz ein hohes schmales Gefäß als Halterung für die aus einer Plastiktüte bestehenden Gießform, Mischbecher, Rührstäbchen, Harz, Härter und Trennmittel (1).
Man gießt schichtweise Harzgemisch ein und fügt nach und nach Konfektstücke hinzu. Damit sich die Form nach oben verjüngt, wird die Tüte einige Zentimeter oberhalb der entsprechenden Schicht locker abgebunden (2).
Ist dieser Einguß erstarrt, löst man die Abbindung, gießt eine weitere Schicht Harzgemisch ein und bindet diese so ab, daß die Hälfte des Eingusses unterhalb, die andere Hälfte oberhalb des Fadens liegt (3).
Vor dem letzten Einguß befestigt man eine Kartonmanschette am Rand der Plastiktüte (4). Nach dem Aushärten wird der Gießling aus der Tüte gelöst (5 u. 6).

2

3

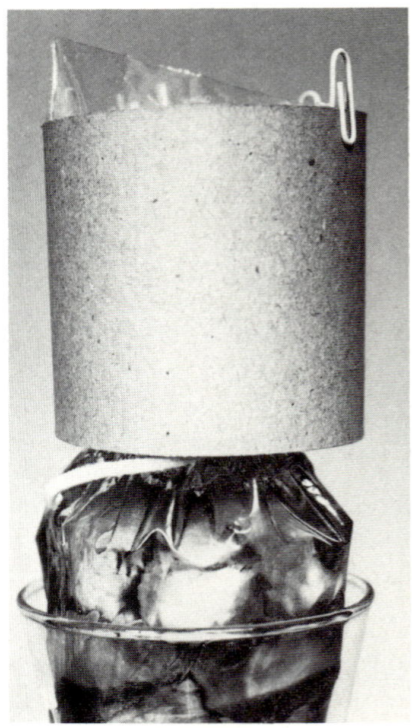
4

Nach dem Entleeren spült man die Schale sauber aus und stellt sie kopfüber zum Trocknen hin. Anschließend wird sie mit Trennlack ausgeschwenkt. Nachdem der Lackfilm trocken ist, wird sie noch einmal, nach abermaligem Trocknen ein drittes Mal ausgeschwenkt. Diese Maßnahme ist nötig, weil die Eierschale sehr porös ist und sich nicht lösen würde, wenn sie stellenweise ohne Trennmittel bliebe.
Um den Harzanguß zu erhöhen, fertigt man aus Knetwachs eine Art Einfüllstutzen an, der etwa 10 mm höher als die gedachte volle Eiform ist. Nun gießt man, wie bereits beschrieben, Harz in einzelnen Schichten ein, wobei man kleine Objekte oder Pflanzen mit einbetten kann. Der letzte Guß muß so hoch sein, daß man später aus dem erhärteten und entformten Gießling die Eirundung mit Säge, Raspel und Sandpapier herausarbeiten kann. Die nachträglich bearbeitete Stelle muß abschließend geschliffen und poliert werden.

Tips

Damit die letzte Harzschicht besser abbindet und man zum Abschluß weniger (manchmal keine) Schleifarbeit hat, bedeckt man sie mit einem Stück Plastikfolie, die man zuvor mit Trennmittel benetzt hat. Die Folie wird aufgelegt, sobald sich eine gallertartige Schicht gebildet hat.

Fertige Objekte lassen sich mit einem Kunststoffkleber zu größeren Gebilden verbinden. Man kann dafür beispielsweise UHU allplast verwenden.

Läßt sich ein Gießling schwer aus der Form lösen, muß man ihn tempern, indem man ihn zunächst in heißes, dann in kaltes Wasser legt (oder in den Kühlschrank).

Blasen im Harzgemisch entfernt man vor dem Gießen, indem man mit dem Fingerknöchel von unten gegen den Formboden klopft und danach die an die Oberfläche gestiegenen Blasen mit einer Nadel aufsticht.

Wolken im Gießling entstehen, wenn man dem Harz zuviel Härter beigemischt hat, so daß die Hitzeentwicklung während des Abbindens zu Spannungen führt.

Zeigt ein Gießling an den Außenrändern Rillen oder (bei runden Formen) Ringe, wurden die Rückstände des vorherigen Gießlings nicht restlos aus der Form entfernt. Vor dem Präparieren der Form stets mit der Fingerkuppe prüfen, ob die Form glatt und makellos ist.

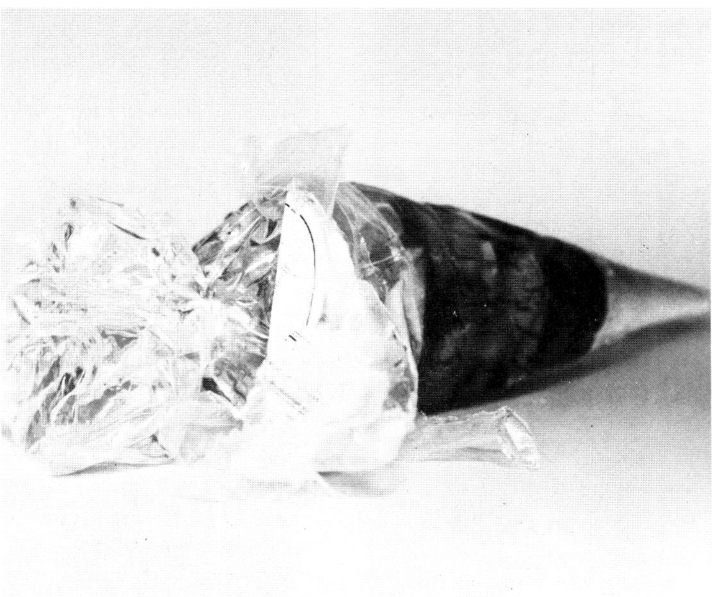

5

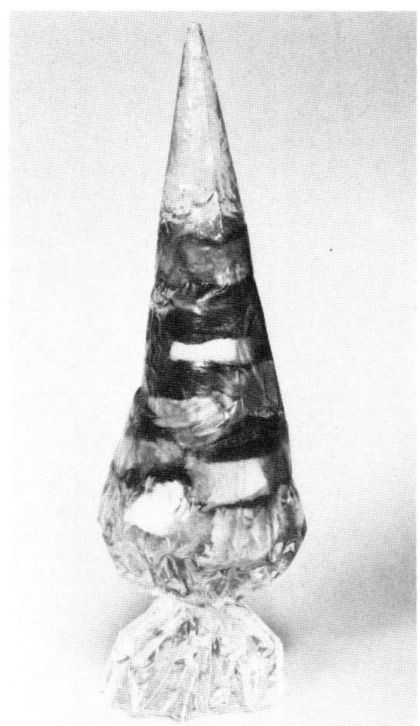

6

Salzteigarbeiten

Salzteigarbeiten haben in Form von Gebildbroten eine lange Tradition. Solche zu Festtagen kunstvoll mit den Händen oder unter Zuhilfenahme von Backmodeln geformten Brotteigwaren wurden in früher Zeit aus einer genießbaren Backmischung hergestellt, jedoch nicht gegessen. Sie hatten lediglich Symbolkraft und wurden dem Brauchtum des jeweiligen Landes entsprechend als Opfergabe oder Geschenk zu besonderen Anlässen dargebracht. Aus Sparsamkeit, aber auch, um die gebackenen Kunstwerke haltbarer zu machen, ging man dazu über, den Teig aus altem Mehl, Salz und Wasser zu bereiten und ihn im Backofen steinhart zu trocknen. Nicht alle Gebildbrote sind aus Salzteig. Salzteig-Backwaren findet man am häufigsten in Polen, Ungarn, der Tschechoslowakei und Griechenland. Aber auch in Südamerika kennt man Figuren aus Salzteig, die mit grellen Farben bemalt und lackiert sind. Als reine Dekorationsstücke und Souvenirs gedacht, werden sie auf jeder großen Fiesta angeboten. Möglicherweise waren es diese farbenfrohen Gebilde, von Touristen nach Europa mitgebracht, die das Arbeiten mit Salzteig bei uns so populär gemacht haben. Die Beliebtheit dieses neuen Hobbys – erste Veröffentlichungen darüber erschienen um 1975 – liegt zum großen Teil auch darin, daß man ohne großen Aufwand rasch zu einem Ergebnis kommen kann. Man braucht nur Mehl, Salz, Wasser und einen Backofen, Dinge also, die in jedem Haushalt vorhanden sind. Mehl und Salz werden zu gleichen Teilen mit einem halben Anteil Wasser vermischt, zu einem modellierfähigen Teig verknetet, geformt und gebacken. Eine Arbeit, die selbst größere Kinder ausführen können.

Arbeitsmittel

Wie erwähnt, gehören wenige Zutaten zur Salzteigbäckerei, jedoch sind einige Hilfsmittel von großem Nutzen:
Mehl
Salz
Wasser
Becher zum Abmessen
Rührschüssel
Aluminium-Haushaltsfolie
Nudelholz
Spitzes Küchenmesser
Backofen.

Zusatzmittel
Speiseöl oder Glycerin
Tapetenkleister
Speisefarbe
Wasserfarbe
Klarlack.

Zum Essen nicht geeignet: Salzteiggebäck aus Mehl, Salz und Wasser. Links: Kleiner Kranz mit Blättern, Früchten und Blüten. Rechts: Lebensbaum mit Paar, 50 cm hoch.

Hilfsmittel
Haarsieb
Knoblauchpresse
Ausstechformen
Leere Milchtüten o. ä.
Geräte, mit denen man ritzen, stechen, prägen und verzieren kann.

Mehl Altes, zum Essen nicht mehr verwendbares Mehl eignet sich gut für Salzteig. Man kann Roggenmehl, Weizenmehl oder ein Gemisch aus beidem nehmen.

Salz Feinkörniges Salz ist am besten geeignet, weil es sich gut im Teiggemisch auflöst. Grobes Salz kann man in einer alten elektrischen Kaffeemühle mit Messerwerk zerkleinern, jedoch werden die Messer dadurch stumpf.

Wasser Man nimmt gewöhnliches ungekochtes Leitungswasser.

Becher Zum Abmessen kann man, wie zu Großmutters Zeiten, eine Tasse oder einen Becher nehmen. Es muß aber für alle Zutaten die gleiche Maßeinheit sein.

Rührschüssel Zum Mischen von Mehl, Salz und Wasser muß die Rührschüssel so groß sein, daß man kräftig darin arbeiten kann, ohne daß der Teig über den Rand steigt. Man kann auch einen Kochtopf nehmen.

Aluminium-Haushaltsfolie Die Folie wird benötigt als Unterlage zum Zerteilen und Modellieren des Teigs und zum Backen.

Nudelholz (Ersatzweise kann man eine Flasche nehmen.) Man braucht das Gerät zum Ausrollen des Teigs.

Spitzes Küchenmesser Zum Zerteilen, Abschaben, Modellieren, Abheben und Festdrücken des Teigs ist ein nicht zu kleines Küchenmesser unentbehrlich.

Backofen Man kann jeden Backofen für Salzteigarbeiten verwenden, ganz gleich, ob es sich um einen Gas- oder Elektroherd, einen Backgrill oder einen Kohleherd handelt.

Mit den bisher genannten Zutaten und Geräten kann man einfache Salzteigbäckereien ausführen. Möchte man vielseitiger arbeiten, braucht man die nachstehend erläuterten Hilfsmittel.

Speiseöl oder Glycerin Gleitmittel, um den Teig geschmeidiger zu machen. Mischungsverhältnis: ein Eßlöffel voll auf eine Tasse Wasser. Vor der Verarbeitung muß der Teig eine Stunde ruhen. Danach ist er trockengeschmeidig.

Tapetenkleister Feucht-geschmeidig wird der Teig, wenn man einer Tasse Wasser einen Eßlöffel voll Tapetenkleister in Pulverform zufügt, bevor man den Teig mischt. Vor der Verarbeitung eine Stunde warten.

Speisefarbe Vor dem Backen kann man den Teig mit Speisefarbe mischen. (Speisefarbe gibt es in der Drogerie.)

Wasserfarbe Gebackene und ausgekühlte Salzteigmodelle kann man mit wasserlöslichen Farben bemalen. Das können Deckfarben aus einem Schulmalkasten, Dispersions- oder Kaseinfarben (z. B. Deka Ziermatt) sein.

Klarlack Lack, matt oder hochglänzend, macht die Salzteigarbeiten feuchtigkeitsbeständiger und staubabweisend. Der Lack sollte zähflüssig und schnelltrocknend sein. Zu dünne Lacke dringen zu tief in die Krume ein.

Haarsieb Teig, durch die Maschen eines Haarsiebs gedrückt, ergibt feine Stränge, aus denen man Haare für Figuren, Felle für Tiere, Nadeln für Bäume usw. machen kann.

Knoblauchpresse Drückt man Salzteig durch eine Knoblauchpresse, entstehen lange Stränge, mit denen man vorbereitete Modelle verzieren bzw. ergänzen kann.

Ausstechformen Mit Plätzchen-Ausstechformen kann man Geschenk- oder Christbaumanhänger in größeren Mengen herstellen. Man kann aber auch andere Geräte zu Ausstechformen umfunktionieren, z. B. Serviettenringe oder Schraubverschlüsse.

Leere Milchtüte Der beschichtete Karton einer Milchtüte eignet sich gut zum Herstellen von Schablonen, die als Schnittmuster auf den Teig gelegt werden, weil er nicht auf dem Teig festklebt.

Sonstige Geräte Stricknadeln zum Einstechen von Lochmustern, Gabeln zum Perforieren in gleichmäßigen Abständen, Kronenkorken zum Eindrücken von Sternmustern, geprägte Knöpfe zum Eindrücken von Mustern, Zahnstocher, Holzstäbchen, Löffelstiele – diese und ähnliche Dinge, die sich in einem Haushalt finden, sind zum Modellieren und Garnieren von Salzteig geeignet. Ebenso kann man geschmeidigen Salzteig mit einer Sahnespritztüte verarbeiten.

Arbeitsweise

Zuerst werden die Zutaten abgemessen: zwei Teile Mehl, zwei Teile Salz, knapp ein Teil Wasser. Lieber etwas zuwenig Wasser nehmen und nachfeuchten. In der Rührschüssel wird alles vermengt und so lange mit den Händen durchgeknetet, bis das Salz vollständig aufgelöst ist und ein geschmeidiger, modellierfähiger Teig entstanden ist. Wer lieber auf dem Tisch knetet, legt ein großes Teigbrett unter den Teigballen.
Am Anfang sind kleine flache Stücke am besten geeignet. Man kann daran den Umgang mit dem Knetmaterial üben und die richtige Trocken- bzw. Backzeit ermitteln. Dazu wird der Teigballen mit einem Nudelholz (Teigrolle) zu einer knapp fingerdicken Schicht gleichmäßig ausgerollt. Mit zuvor in Wasser befeuchteten Ausstechformen kann man nun Teile ausstechen, wie bei normalen Plätzchen.
Man kann auch Streifen mit dem angefeuchteten Messer schneiden und diese zu einem Zopf flechten oder drehen. Verbindet man Anfang und Ende des Zopfes miteinander, entsteht ein Kränzchen, das man mit kleinen ausgestochenen Teilen verzieren kann (siehe Absätze „Drehzopf", „Kranz", „Flechtzopf"). Dazu legt man das Kränzchen auf ein ausreichend großes Stück Alufolie und drückt es gut an, damit sich unter dem Teig keine Luftblasen bilden. Auf der Alufolie wird das Kränzchen dann weiter bearbeitet (mit Ausstechteilchen belegt, durch Eindrücken von Nadel- oder Gabelspitzen verziert usw.).
Mitsamt der Alufolie wird das modellierte Stück in den Backofen auf ein Backblech gelegt. Noch einmal drückt man vorsichtig mit der Fingerkuppe das Backgut herunter, damit es überall aufliegt (meistens verbiegt es sich beim Transport vom Tisch zum Herd).
Die Dauer des Ausbackens (es ist eigentlich nur ein Trockenvor-

Ein Drehzopf aus Salzteig

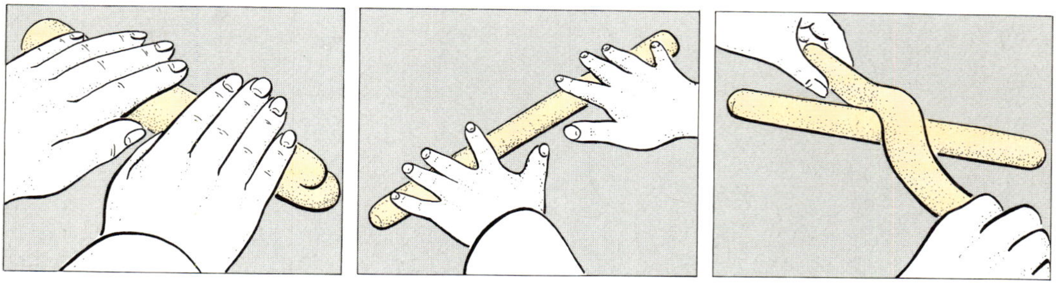

Teigstrang von der Mitte aus mit geschlossenen Fingern rollen. Handflächen allmählich rollend nach außen führen und Finger dabei spreizen. Zwei Teigwülste in der Mitte

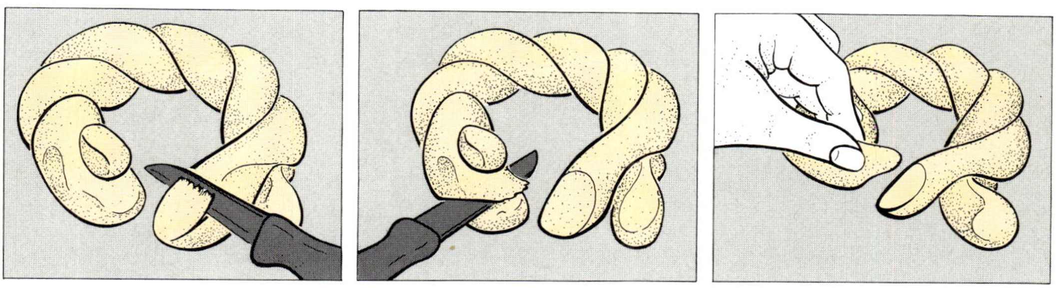

kreuzen und zu beiden Enden fortlaufend übereinanderschlagen. Rechte Wülste auf der Ober-, linke Wülste auf der Unterseite abschrägen. Teile unter Berücksichtigung der Windungen mit etwas Wasser zusammenfügen und glattstreichen.

gang) hängt einmal von der Dikke des Backgutes, zum anderen von der Temperatur ab. Auch die Art des Backblechs ist entscheidend: Schwarzblech gibt mehr Hitze ab als Weißblech. Grundsätzlich kann man von folgenden Richtzeiten ausgehen: Backgut von ½ cm Dicke braucht mindestens drei Stunden Ofenzeit. Dabei backt man eine Stunde bei 75 Grad, zwei Stunden bei 120 Grad und eine weitere Stunde bei 150 Grad Celsius (Weißblech). Bei Schwarzblech muß man in jedem Bereich 25 Grad niedriger einstellen.

Ist das Backgut dicker, multipliziert man die Backzeit der ersten Stufe entsprechend (bei 1,5 cm Dicke also drei Stunden bei 75 Grad), während die Backzeit der beiden höheren Heizstufen unverändert bleibt.

Je langsamer das Backgut bei geringer Temperatur ausgetrocknet wird, um so besser gelingt es. Stellt man den Backofen von vornherein auf zu große Hitze, trocknet das Gebäck auf der Außenseite zu schnell, während es innen noch feucht ist. Als Folge davon reißt die trockene Oberfläche ein, das Gebäck biegt sich aufwärts und wird so verdorben.

Bei extrem dicken Arbeiten kann man das modellierte Backgut einige Tage an der Luft vortrocknen, bevor es in den Ofen kommt.

Nach dem Backen ist der Salzteig hart und weißlich. Soll er gebräunt werden, muß man ihn noch ca. 15 Minuten bei 200 Grad weiterbacken. Dabei kann man Teile, die nicht braun werden sollen, mit Alufolie abdecken.

Im Gegensatz zu manchem anderen Gebäck kann man bei Salzteig ruhig zwischendurch die Backofentür öffnen und das Backgut kontrollieren. Zeigt sich bereits zu Beginn, daß das Backgut an den Außenkanten steigt (sich vom Backblech abhebt), ist entweder die Temperatur zu hoch (das ist möglich bei sehr feuchtem Teig), oder das Backblech wurde zu hoch eingeschoben. Man kann zu diesem Zeitpunkt das Backgut in der Röhre mit einem Löffelstiel vorsichtig herunterdrücken und Gegenmaßnahmen treffen, indem man die Temperatur reduziert oder das Backblech tiefer einschiebt. Das ausgekühlte Gebäck kann man bemalen, lakkieren oder beides.

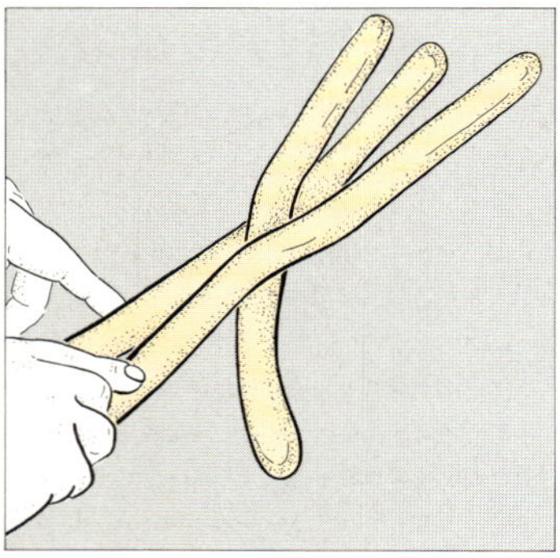

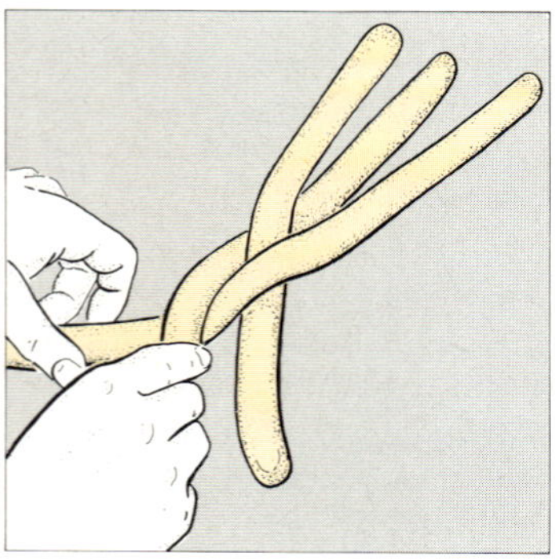

Osterkranz aus einem Flechtzopf. Seine Entstehung wird links gezeigt.

Beim Bemalen sollte man sparsam mit Farben umgehen und sie nur zur Unterstützung einiger Motivteile einsetzen. Übermalt man Salzteig ganzflächig, nimmt man ihm seine Besonderheit: die warme goldgelbe bis braune Tönung. In einem solchen Fall hätte man besser Modelliermasse zum Formen genommen.
Ein Lacküberzug hebt dagegen die natürlichen Bräunungen besonders hervor. Außerdem schützt der Lack, sorgfältig auf beiden Seiten, an allen Kanten und in allen Zwischenräumen aufgetragen, vor Staub und Feuchtigkeit. Ungeschützte Salzteigarbeiten ziehen Feuchtigkeit an, werden allmählich weich und verformen sich, wenn sie nicht in trockenen Räumen aufbewahrt werden.

Der Lack, den man mit einem flachen Borstenpinsel aufträgt, sollte schnelltrocknend und zähflüssig sein. Zu dünner Lack dringt in die Krume ein und schützt die Oberfläche nicht ausreichend. Man sollte deshalb auch keinen Sprühlack verwenden.

Modellierte Details
Das Modellieren von Salzteig bietet sehr viel mehr Möglichkeiten der Gestaltung als das Ausstechen. Wie und was modelliert wird, sei jedem Salzteigbäcker selbst überlassen, jedoch sollte er sich, besonders zu Beginn, erprobter Grundmethoden bedienen. Zöpfe, Kränze, Früchte, Blätter und Blüten, besonders Rosen, sowie kleinere Figuren sind für Salzteiggebilde typische Details.

Flechtkranz mit aufgesetzten Blättern und Blüten.

Drehzopf Der Drehzopf geht, wie viele Modellteile, von Teigwülsten aus. Dazu legt man einen dicken Teigstrang auf den Tisch und rollt ihn unter den dicht nebeneinander liegenden Handflächen mit zunächst geschlossenen Fingern von der Mitte ausgehend aus. Die Handflächen werden allmählich nach außen geführt, die Finger dabei gespreizt (Zeichnungen S. 33). Aus zwei gleich starken und langen Strängen wird der Drehzopf gewunden. Dazu legt man die Stränge in der Mitte kreuzweise so übereinander, daß sich ein flaches X ergibt. Der jeweils auf der linken Seite innen liegende Strang wird über den anderen nach außen geschlagen. Auf der Gegenseite wird der äußere Strang jeweils über den inneren gelegt. Salzteigstränge lassen sich nicht wie anderes Material einfach zusammendrehen! (Siehe auch Zeichnungen S. 33.)

Kranz Sollen gedrehte (oder geflochtene) Stränge zu einem Kranz zusammengefügt werden, kann man das auf einfache Weise tun, indem man die Enden anfeuchtet und zusammenklebt. Diese Methode ist jedoch nur dort anwendbar, wo die Nahtstelle später durch aufgesetzte Verzierungen überdeckt wird.
Einen nahtlosen Kranz erhält man, wenn man die rechts liegenden Teigstränge auf der Oberseite, die links liegenden auf der Unterseite abschrägt, die schrägen Schnittflächen mit etwas Wasser zusammenklebt und die Nahtstellen mit dem Finger glattstreicht (Zeichnungen S.33).

Flechtzopf Wie der Drehzopf, so wird auch die Flechte von der Mitte ausgehend zu beiden En-

den hin gearbeitet. Dabei ist zu beachten, daß die Stränge unterhalb der Mitte (in Abwärtsrichtung) übereinander, auf der Gegenseite untereinander geschlagen werden müssen (Zeichnungen S. 34).
Die Flechte wird genau so zum Kranz oder zu einer anderen geschlossenen Form verbunden wie der Drehzopf.

Früchte Kleine Früchte werden aus Abschnitten von einem Teigstrang gemacht, die man zwischen den Handflächen zu Kugeln dreht. Ein Druck mit einem stumpfen Rundholz in die Kugelmitte macht eine Kirsche daraus. Erdbeeren entstehen, wenn man die Fläche einer größeren Kugel in Runden mit einer Gabel bearbeitet, indem man die Zinken einsticht und beim Herausziehen etwas nach unten drückt. Pflaumen bekommen neben dem Stieleindruck eine senkrecht um die ganze Kugel geführte kleine Kerbe.

Blüten Ausgehend von einem Teigstrang, kann man einfache Blüten formen. Man schneidet für eine Blüte sechs gleich dicke Teigscheiben ab, legt sie flach auf die Unterlage und drückt mit der Fingerkuppe jeweils in die Mitte. Die Teigscheiben werden dadurch an den Rändern etwas dicker und wölben sich aufwärts.
Fünf Teigscheiben ordnet man dann dicht im Kreis an, die sechste Scheibe wird als Blütenmitte darauf gelegt. Damit sie haftet, feuchtet man sie auf der Unterseite etwas an. Mit einem Holzstäbchen oder einer Strick-

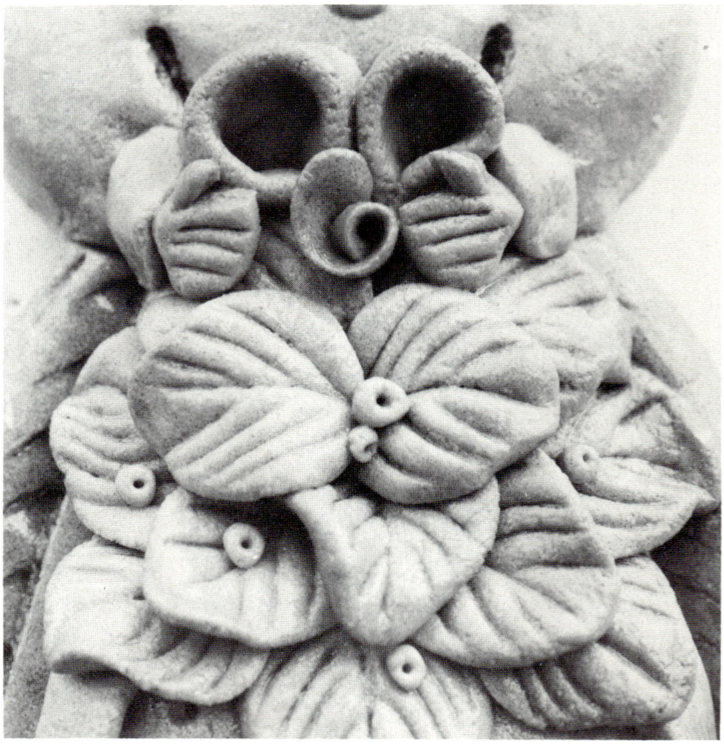

Teilansichten von Blättern, Blüten und Früchten, mit einfachen Hilfsgeräten geformt.

nadel markiert man auf den Blättern kleine Linien (eindrücken, nicht ritzen), die von der Blütenmitte fächerförmig nach außen verlaufen.

Blätter Aus Teigscheiben können Blätter in verschiedenen Formen hergestellt werden. Die Zeichnungen unten zeigen zwei von vielen Möglichkeiten.

Rosen Für eine Rose braucht man neun Teigscheiben, wovon fünf größer sein müssen. Eine der kleineren Scheiben rollt man für die Blütenmitte zusammen und gruppiert, über die Runde gleichmäßig verteilt, drei weitere darum. Als Klebstoff wird Wasser sparsam verwendet. Als letzte Runde werden die fünf größeren Teigscheiben versetzt zu der vorigen Runde angebracht. Die Kanten der Blütenblätter werden zwischen den Fingerspitzen flacher gedrückt und etwas nach außen gebogen (Zeichnungen S. 38).

Einfache Rosenblüten kann man aus einem flachen Teigstreifen rollen. Dazu wird der Streifen an der Seite, die die Blattkanten der Blüte darstellt, etwas flachgedrückt, damit sich der Blütenkelch nach oben öffnet (Zeichnung S. 38).

Teigstränge Für Haare von Figuren, Felle von Tieren, Texturen von Sträuchern und Bäumen usw. braucht man dünne Teigstränge. Kurze feine Fäden entstehen, wenn man den Salzteig, der trocken-geschmeidig sein sollte (Glycerinzusatz), durch ein Haarsieb drückt. Längere und etwas dickere Stränge, ähnlich wie Spaghetti, macht man mit Hilfe einer normalen Knoblauchpresse (Zeichnungen S. 39, oben).

Formen von Früchten, Blüten und Blättern

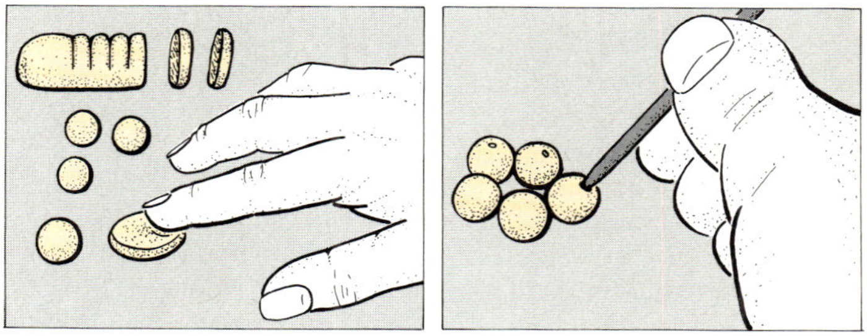

Früchte: Von einem gerollten Teigstrang werden Scheiben abgeschnitten und zwischen den Händen zu Kugeln geformt. Mit einem Holz drückt man die Mitte ein.

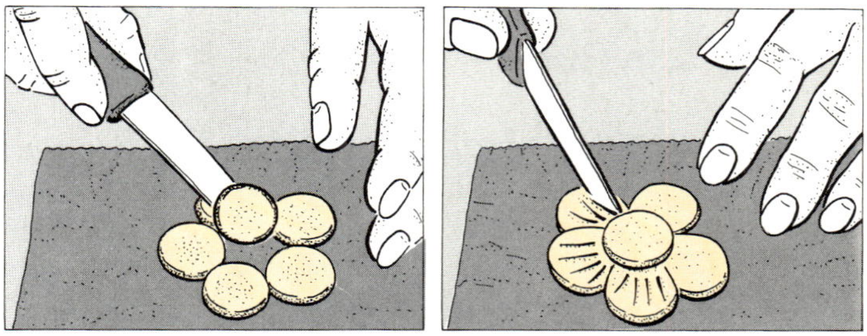

Blüten: Fünf Teigscheiben werden rosettenartig angeordnet. Die sechste Scheibe kommt in die Mitte. Dann strukturiert man die Blätter.

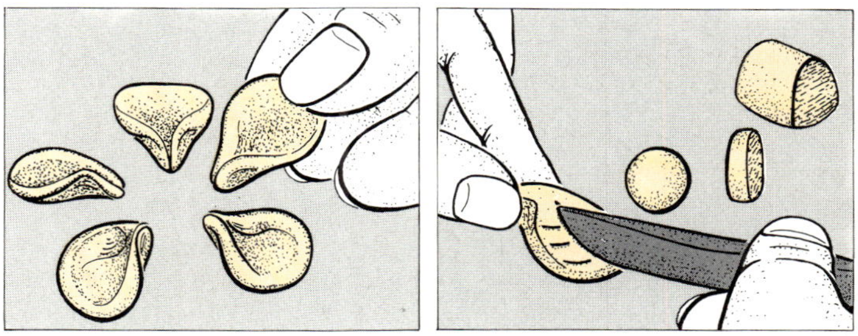

Blätter: Sie sind nicht ganz so einfach herzustellen. Je nach Blattform werden Teigscheiben von einer Rolle etwas länglich geformt und an einem Ende spitz zusammengedrückt. Man kann die Blätter vor dem Formen mit Blattrippen versehen. Die Rippen werden mit einem Stäbchen markiert.

Arbeit mit Schablonen

Zum Arrangieren von modellierten Details einer Komposition braucht man eine Grundplatte. Diese sollte schon eine dem Arrangement entsprechende Form haben. Zur Vereinfachung bei der Herstellung solcher Formen kann man eine Schablone benutzen, die man als Schnittmuster auf den ausgerollten Teig legt. Man fertigt dazu auf einem Blatt Papier eine Umrißzeichnung an, legt das Papier auf Schablonenkarton und schneidet beides zusammen aus. Als Schablonenkarton eignet sich eine leere Milchtüte sehr gut, weil das beschichtete Verpackungsmaterial nicht auf dem Teig klebt. Auch Kuchentabletts und Partyteller aus beschichteter Pappe sind geeignet.

Die Schablone wird auf den Teig gelegt und an den Konturen mit einem nur leicht schräg geführten Küchenmesser umfahren. Man führt damit nicht ziehende, sondern stechende Bewegungen aus, wobei man das Messer bei längeren Schnittlinien zwischendurch in Wasser taucht. Danach wird die Schablone abgenommen, die Schnittkanten des Teigs werden mit dem Finger glattgestrichen und etwas gerundet, so daß sie einen weichen Abschluß bilden. Das Zuschneiden einer größeren Grundform nimmt man am besten auf einem mit Alufolie abgedeckten Backblech vor, um zu vermeiden, daß sich die Grundplatte beim Transport vom Tisch zum Backofen verformt.

Formen in Modeln

Teig mit Hilfe von Modeln (aus Holz geschnitzte Relief-Negativ-Formen) zu gestalten, ist eine uralte Kunst, die früher von den Lebzeltern (Lebkuchenherstellern) geübt wurde.

Formen von Rosen

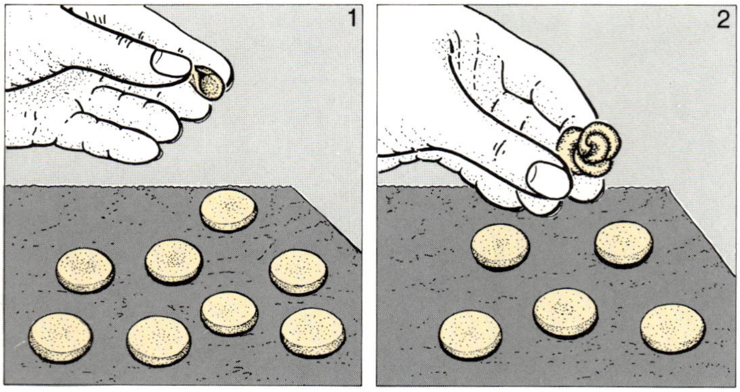

Für eine Rose braucht man neun Teigscheiben, von denen fünf größer sein müssen. Eine kleine Scheibe rollt man zusammen und gruppiert drei kleine darum. Sie werden mit etwas Wasser befestigt. Versetzt zu den vorherigen werden die letzten fünf Scheiben angeordnet und festgeklebt.

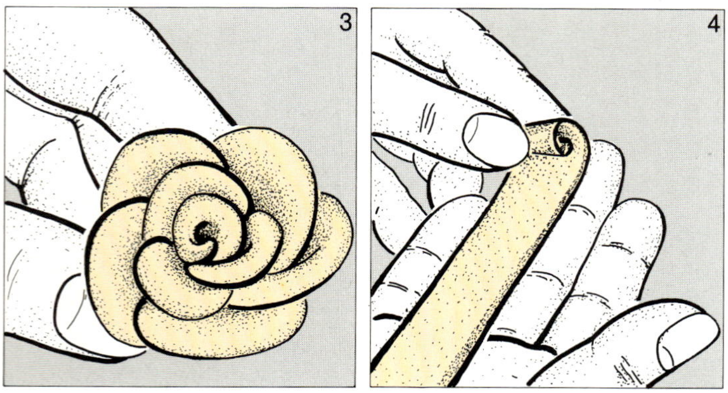

Die Kanten aller Blütenblätter werden etwas flachgedrückt und nach außen gebogen. Einfache Rosen formt man aus einem schmalen Teigstreifen, der von einem Ende her aufgerollt wird. Man drückt ihn an den oberen Blattkanten etwas flach und biegt ihn nach außen.

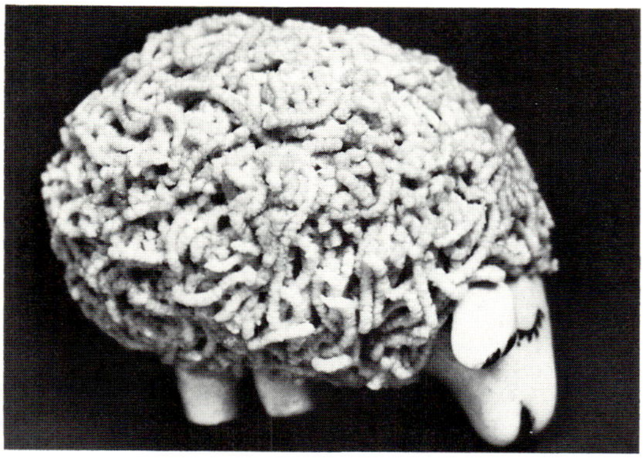

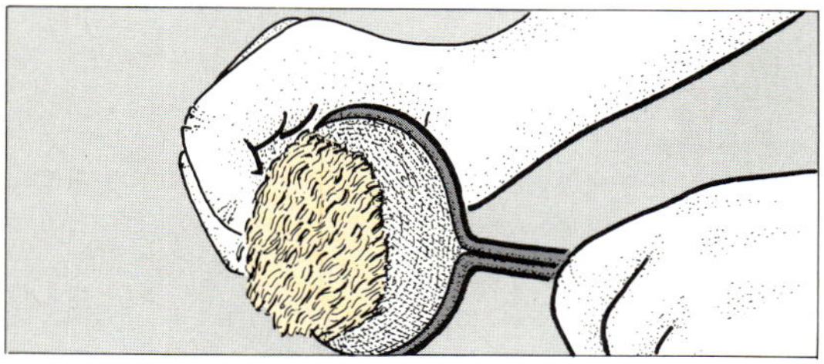

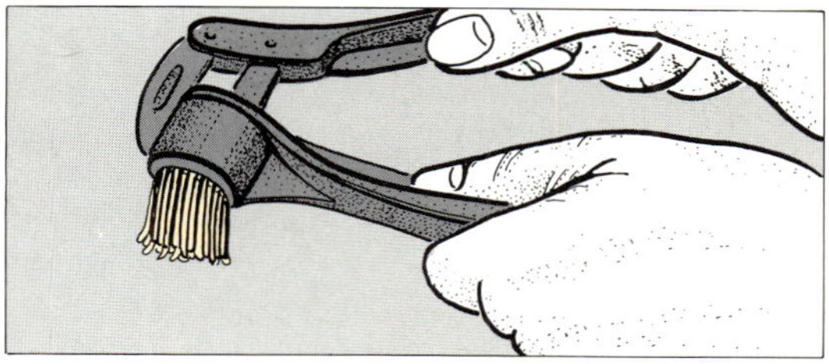

Feine Teigstränge z. B. für Haare an Figuren oder Schafspelz, wie rechts, entstehen, wenn man den Teig durch ein feines Haarsieb oder Teesieb drückt.

Eine Knoblauchpresse ist ein ideales Hilfsgerät zur Herstellung etwas gröberer Teigstränge, die Gras, Stroh oder Nadelgehölz, wie oben, darstellen sollen.

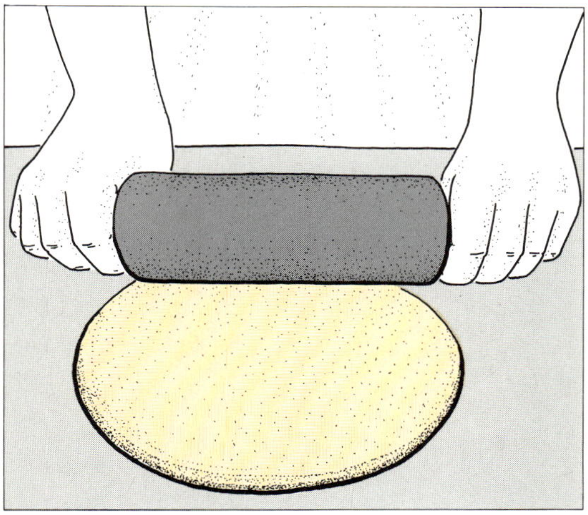

Will man die Grundfläche für ein Modell mit einer Schablone herausarbeiten, muß der Teig zuerst gleichmäßig dick ausgerollt werden. Dazu benutzt man eine Teigrolle.
Die Schablone muß aus gewachstem oder gefettetem Karton sein. Sie wird auf den Teig gelegt. Mit einem leicht schräg geführten Küchenmesser schneidet man den Teig außerhalb der Schablone ab. Eventuell muß man dabei mit der freien Hand die Schablone vorsichtig auf den Teig drücken.

◄ Die Grundplatte (Umrißform) für diesen kleinen Baum wurde aus flachgewalztem Teig mit Hilfe einer Kartonschablone ausgeschnitten. Die einzeln geformten Blüten, Früchte und zusätzlichen Blätter wurden mit Wasser aufgeklebt. Das Backwerk wurde nach einer Ofenzeit von zwei Stunden zum Abkühlen beiseite gestellt und später mit farblosem Lack nachbehandelt.

Salzteiggebäck aus Kreta. ►

Tips

Den Backprozeß einer dickschichtigen Salzteigarbeit kann man verkürzen, indem man das fertig modellierte Stück einige Tage an der Luft vortrocknen läßt.

Salzteig, der mit Speisefarbe behandelt wurde, sollte bei einer Temperatur von höchstens 125 Grad gebacken werden, weil sich sonst die Farben verändern (Backdauer anpassen).

Zum Zusammenfügen von Teilen benutzt man Wasser, das man auf die Unterseite des jeweils anzusetzenden Teils streicht. Wasserflecken auf der Teigoberseite sind nach dem Backen sichtbar. Man vermeidet solche Stellen, indem man die gesamte Oberfläche vor dem Backen mit Wasser bestreicht.

Wölbt sich das Gebäck während der ersten Trockenphase nach oben, ist entweder die Temperatur zu hoch eingestellt oder das Backblech zu weit oben eingeschoben. Manchmal auch beides. Man sollte, solange man noch wenig Erfahrung hat, den Backvorgang während der ersten Viertelstunde kontrollieren. Zu diesem Zeitpunkt lassen sich noch Fehler korrigieren.

Vor dem Überlackieren muß der Teig vollständig durchgetrocknet sein, sonst löst sich der Lackfilm durch noch entweichende Feuchtigkeit wieder.

Will man das Gebäck bemalen, sollte man die vorgesehenen Stellen zuerst weiß grundieren. Die Farben kommen besser zur Geltung. Löcher zum Anbringen von Aufhängefäden sticht man am besten mit einem Strohhalmabschnitt ein, den man beim Backen im Gebäck läßt und später entfernt.

Salzteigmodelle sollten nicht in feuchten Räumen (Küchendampf) und nicht draußen aufgehängt werden, denn das Salz im Teig zieht auch nach dem Backen Luftfeuchtigkeit an. Feucht gewordene Arbeiten kann man im Backofen nachtrocknen. Allerdings verändern sich die Farben dabei.

Beim Modellieren stehender Figuren muß man zur Stabilisierung Holzstäbchen mit einarbeiten, besonders als Verbindung zwischen Körper und Kopf.

Auch Salzteig kann man mit Hilfe solcher Drückmodel formen. Der Teig muß dazu aus feinkörnigem Salz hergestellt werden und ziemlich trocken sein, damit die Konturen des abgedrückten Reliefs deutlich sichtbar werden. Model kann man in Geschäften kaufen, die sich auf dekorative Küchenausstattungen spezialisiert haben. Es müssen nicht unbedingt Holzmodel sein.

Mit flachen Formen aus Blech oder Kunststoff kann man genausogut arbeiten.
Die Form wird mit Mehl bestäubt und der gut durchgeknetete Teig fest hineingedrückt. Das Drücken ist sehr wichtig, damit der Teig alle Vertiefungen der Form ausfüllt. Nun dreht man die Form mit dem Teig um und löst den Teig, sofern er sich nicht stürzen läßt, vorsichtig heraus.

Das macht man am besten gleich auf dem Backblech, damit er sich beim Transport nicht unnötig verzieht. Kleine Korrekturen kann man mit einem Modellierstäbchen oder den Fingern ausführen. Man kann das Gebäck auch auf ein mit Alufolie abgedecktes Holzbrett stürzen, das Brett in Backblechhöhe halten und Gebäck und Folie auf das Blech ziehen.

Töpfern

Die Töpferei gehört zu den ältesten Werktechniken. Durch erhaltene Grabbeigaben lassen sich Rückschlüsse auf die Entstehungsstufen und die Weiterentwicklung der Töpferkunst ziehen. Tonscherben der ältesten Funde weisen außen eine korbartig geflochtene Musterung auf, und es gilt als sicher, daß erste Gefäße geformt wurden, indem man Ton in Korbgeflechte drückte. Erst allmählich ging man dazu über, den Ton aus freier Hand zu modellieren. Die ältesten gebrannten Tonscherben aus der Zeit zwischen 8000 und 7000 v. Chr. wurden in Jericho gefunden, die ältesten Tongefäße jedoch, die man der Zeit um 7000 v. Chr. zuordnet, fand man im Hochland von Anatolien, der heutigen Türkei.
Bei den Ägyptern war die Töpferei um 5000 v. Chr. bekannt. Ebenso in Vorderasien, wo vermutlich um das Jahr 3000 v. Chr. die Töpferscheibe erfunden wurde und dort tausend Jahre später allgemein verbreitet war.
Die Töpferei in Europa läßt sich nicht sehr weit zurückverfolgen, da Christen keine Grabbeigaben in Tongefäßen kennen. Nur wenige Beispiele frühchristlicher Töpferwaren sind erhalten geblieben. Die Geschichte der europäischen Töpferei ist erst seit dem Mittelalter zuverlässig dokumentiert. In Deutschland ist Steinzeug seit dem 14. Jh. bekannt, das durch Brennen spezieller Tonmischungen bei hohen Temperaturen entstand und noch heute fast in unveränderter Zusammensetzung hergestellt wird.
Eine Art Steingut mit extrem

Töpferarbeiten in verschiedenen Techniken, ausgeführt von geübten Laien.

Eckige Blumenvase, aufgebaut aus geschnittenen Tonplatten, innen und außen glasiert.

dichtem Scherben, das in seinen Eigenschaften dem Porzellan sehr nahekommt, entstand in England unter der Bezeichnung „stoneware“, die noch heute ein Begriff ist.
Die Töpferwaren des vorkolumbianischen Amerika unterscheiden sich wesentlich von denen der Alten Welt. Die Töpferscheibe war nicht bekannt, und man baute die Gefäße aus Tonwülsten und Streifen auf.
Ton ist als Ausgangsmaterial unverändert der Werkstoff der Töpfer geblieben, jedoch hat jeder seine eigenen Rezepte, Tonmischungen, Glasuren, Brenndauer, Brenntemperatur und Ofenatmosphäre (Sauerstoffregulierung) betreffend.
Der Handel bietet fertige Tonmischungen an, mit denen auch ein Anfänger sofort arbeiten kann. Zahlreich angebotene Sorten von Engoben und Glasuren lassen genügend Spielraum für eine spannungsreiche Betätigung auf dem großen Experimentierfeld der keramischen Arbeiten.

Begriffsklärung
Keramik ist der Sammelbegriff für alle Gegenstände, die aus Ton oder Tonmischungen geformt und durch den Brand in festes Material umgewandelt wurden. Man unterscheidet Grobkeramik (Dachpfannen, Fliesen, Ziegel) und Feinkeramik (Gefäße, gegenständliche Keramiken wie z. B. Figuren, Plastiken usw.).
Töpfereierzeugnisse werden in zwei große Gruppen eingeteilt: Irdenware und Steinzeug. Der grundlegende Unterschied zwischen beiden besteht darin, daß Irdenware einen porösen, Steinzeug dagegen einen dichten Scherben hat. (Scherben ist die Fachbezeichnung für keramisches Material.) Irdenware wird bei einer niedrigen Temperatur gebrannt, bei der die Bestandteile der Masse noch nicht restlos miteinander verschmelzen. Der Scherben bleibt zunächst feuchtigkeitsdurchlässig und wird erst durch die aufgebrannte Glasur dicht. Das bei höherer Temperatur gebrannte Steinzeug verdichtet sich zu einem nicht porösen glasartigen Scherben. Diesen Brennvorgang nennt man Sintern.
Für die Hobbytöpferei kommt nur die Irdenware in Frage, die wiederum in folgende Typen einzuteilen ist: Terrakotta, Raku, Schlickerware und Schmelzware.

Terrakotta (gebrannte Erde)
Sammelbegriff für alle unglasierte Irdenware. Erzeugnisse der urzeitlichen Töpferei und des Altertums sind zum großen Teil Terrakotten, aber auch die bei uns bekannten rotbraunen Blumentöpfe gehören dazu. Obwohl es Terrakotten in Grauweiß, Gelblich, Rostbraun und Schwarz gibt, sind die meisten Waren rötlich.

Raku Aus Japan stammender Begriff für einen grobkörnigen Keramiktyp, der, mit Schmelzglasur versehen, bei niedriger Temperatur gebrannt wird, jedoch einen raschen Temperaturanstieg während des Brandes verträgt.

Schlickerware In den meisten Fällen handelt es sich um Gefäße aus rotem Ton, die mit weißem, schwarzem oder lederfarbigem (gelbraunem) Tonschlikker (Engobe) dekoriert und mit einer weichen transparenten Bleiglasur überzogen sind. Sie werden bei höherer Temperatur gebrannt als Raku.

Schmelzware Hierzu zählen Majolika, Fayence und Delfter Ware. Der Majolikascherben ist aus dunklem Ton und mit dekkender farbiger Glasur versehen. Fayence (nach der oberitalienischen Stadt Faenza benannt) ist aus gelblichem oder weißgrauem Ton mit weißer dekkender Glasur, die meistens bemalt ist. Typische Dekorfarben für Majolika und Fayencen sind Blau, Braun, Grün und Gelb. Die Delfter Ware (nach der holländischen Stadt Delft benannt) zeigt kobaltblaue Motive, die auf den vorgebrannten hellen Scherben aufgemalt, mit Transparentglasur versehen und gebrannt wurden.

Arbeitsmittel

Die wichtigsten Arbeitsgeräte in der Töpferei sind die Hände. Andere Werkzeuge sind nur Hilfsmittel, das gilt vor allem für frei geformte oder aufgebaute Arbeiten. Eine komplette Ausstattung besteht aus:
Tonmasse
Modellierholz
Drehschiene
Modellierschlinge
Schneidedraht
Messer
Stichel
Holzleisten
Schwamm
Teigrolle
Ränderscheibe
Töpferscheibe
Brennofen/Brennservice.
Zur Weiterbearbeitung der geschrühten (einmal gebrannten) Ware braucht man:
Engoben
Sieb, Borstenpinsel
Glasuren
Spritzball
Flachpinsel
Plastikgefäße.

Tonmasse Der Handel bietet fertige Tonmassen an, die nicht mehr durch Schlagen – eine sehr schwere Arbeit – aufbereitet werden müssen. Die Tone sind modellierfähig und werden in luftdichten Verpackungen geliefert. Schließt man die Behälter nach Entnahme einer Teilmenge wieder luftdicht ab, bleibt der Ton über lange Zeit verwendbar. Einige Töpfereien bieten spezielle Tone zum Aufbauen mit und (zum Drehen) ohne Schamotteanteil an. Man kann jedoch auch mit nur einer Sorte (ohne Schamotte) alle Techniken ausführen. Die kleinste Mengeneinheit sind 10, im Hobbyhandel manchmal auch 5 kg. Man kann zwischen Tonmassen folgender Farben wählen: Grauweiß, Rot, Braun, Schwarz, Weiß und Leder (das ist eine in der Fachsprache gebräuchliche Bezeichnung für ein Gelbgrau, wie es bei Lehm oft vorkommt). Zu jeder Tonmasse wird eine Information über die maximale Brenntemperatur in Celsius mitgeliefert. Sie ist wichtig, wenn man das fertige Stück brennt oder brennen läßt, und sollte vermerkt werden.

Modellierholz Modellierhölzer gibt es in verschiedenen Formen und Qualitäten. Zu Beginn kommt man mit einem Holz, das an beiden Enden unterschiedlich geformt ist, aus. Es sollte aus poliertem Buchsbaum sein. Dieses Material ist hart und verändert sich auch bei längerem Gebrauch nicht wesentlich durch die Feuchtigkeitseinwirkung.

Drehschiene Es gibt Drehschienen aus Holz, Metall und Kunststoff in verschiedenen Formen. Kunststoffgeräte sind sehr rutschig und liegen nicht gut in der Hand. Zudem sollte man Naturwerkstoffe möglichst nicht mit Kunststoffwerkzeugen bearbeiten, das widerspricht besonders beim Töpfern dem Materialgefühl. Schienen aus Hartholz oder feinem biegsamem Feinblech eignen sich besser. Man benutzt die Drehschiene als Gegenführung zur formenden Hand beim Drehen von Gefäßen. Eine Schiene in Dreieck- und eine in Halbmondform sollte man sich anschaffen.

Modellierschlinge Aus Blechstreifen ringförmig, dreieckig oder ähnlich geformtes Instrument, das an einem Holzgriff angebracht ist. Es gibt ein- und doppelseitige Modellierschlingen. Man benutzt sie zum Aushöhlen und Abtragen von Ton.

Schneidedraht Gedrehter dünner Stahldraht, an dessen Enden jeweils ein Holzknebel sitzt. Es gibt auch Geräte, die anstelle des Drahtes eine Perlonschnur haben. Mit dem Schneidedraht werden größere Tonklumpen zerteilt. Man benutzt den Draht auch zum Abnehmen eines Gefäßes von der Drehscheibe (Töpferscheibe, Ränderscheibe).

Messer Das spezielle Töpfermesser hat eine gleichseitig spitz zulaufende Klinge und ist so groß wie ein Kartoffelschälmesser, das man notfalls auch verwenden kann. Mit dem Messer werden Überstände abgeschnitten, Öffnungen in Gefäßwandungen ein- sowie Tonstreifen und -platten zugeschnitten.

Stichel Man nennt dieses Gerät auch Töpfernadel. Man sticht damit Perforierungen ein und benutzt es außerdem zum Markieren und Dekorieren der

Oberfläche. Ersatzweise kann man eine dicke Stopfnadel oder eine feine Stricknadel verwenden.

Holzleisten Zwei gleiche Leisten von ca. 5 mm Stärke dienen als Führungs- und Auflageleisten beim Auswalzen von Ton zu einer gleichmäßig dicken Schicht.

Schwamm Am besten arbeitet man mit einem Naturschwamm, besser noch mit zwei Schwämmen, von denen der größere an einer Seite spitz zulaufen sollte, damit man auch schwerer zugängliche Stellen erreicht und sich die abgeschrägte Form gerundeten Gefäßwandungen am besten anpaßt. Den kleineren Schwamm (das kann ein Abschnitt des großen sein) befestigt man an einer längeren dünnen Holzleiste. Mit diesem Instrument kann man den Innenraum enghalsiger Gefäße bearbeiten. Die Schwämme werden sowohl zum Befeuchten wie auch zum Aufnehmen überschüssigen Wassers und zum Glätten von Flächen benutzt.

Teigrolle Man kann auch einen dicken Rundstab oder eine Flasche für das Auswalzen der Tonmasse zu einer gleichmäßigen Schicht nehmen. Tonstreifen und -platten werden aus einer solchen Schicht geschnitten.

Ränderscheibe Auf einen Standfuß aufgesetzte Metallscheibe mit eingravierten Zentrierrillen, die sich mit der Hand drehen läßt. Sie ist ein gutes Hilfsgerät beim freien Formen mit der Hand und beim Aufbau mit Tonwülsten in Spiralenform. Ersatzweise kann man einen alten Plattenspieler benutzen, den man mit der Hand betätigt.

Töpferscheibe In Sitzhöhe in einem Gestell angebrachte schwere Metallscheibe mit markierten Zentrierrillen, die entweder mit den Füßen durch ein tiefer angebrachtes Schwungrad in Rotation versetzt oder elektrisch betrieben wird. Töpferscheiben sind nicht billig. Man kann sie tageweise bei Töpfereien mieten und sie in die Wohnung bringen lassen oder direkt in der Töpferei daran arbeiten. Töpfereien, die einen Brenndienst haben, sind meistens darauf eingestellt. Auch in manchen Volkshochschulen besteht die Möglichkeit, an einer Töpferscheibe zu arbeiten.

Brennofen/Brennservice In einem Muffelofen, wie er für Emailarbeiten benutzt wird, kann man auch dem Brennraumvolumen entsprechende kleine Arbeiten brennen, sofern der Ofen eine Heizleistung von 900 Grad Celsius erreicht. Will man seine Werkstücke glasieren oder engobieren, muß der Ofen eine Temperatur von über 1000 Grad erreichen.
Fast alle Töpfereien nehmen Arbeiten an, die sie gemeinsam mit anderen in einem ofenfüllenden Sammelbrand brennen.
Der Preis wird nach dem beanspruchten Brennraum (Quadratzentimeter + Höhe) berechnet und ist nicht sehr hoch. Es ist wichtig, daß man seine Arbeiten auf der Unterseite deutlich markiert, um Verwechslungen zu vermeiden. Hobbyläden nehmen in der Regel ebenfalls Brennaufträge an und leiten sie an Fachbetriebe weiter.

Engobe Farbiges oder gefärbtes Tonpulver, das mit Wasser zu einer trägen Emulsion angerührt wird. Mit diesem Farbbrei werden lederhart getrocknete Tongegenstände übergossen, bemalt, besprüht oder durch Tauchen überzogen.

Sieb, Borstenpinsel Auch fertig gekaufte Engoben (Pulver) müssen aufbereitet werden. Nach dem Anmischen mit Wasser streicht man sie durch ein Haarsieb und beschleunigt diesen Vorgang durch Streichen mit einem Borstenpinsel.

Glasur Pulver, transparent, milchig oder in verschiedenen Farben, das mit Wasser zu einer zähflüssigen Emulsion angerührt und durch ein Sieb gestrichen wird (s. Engobe). Man überzieht die zu glasierenden Werkstücke, indem man sie in Glasur eintaucht, sie damit übergießt oder bestreicht. Ton wird in geschrühtem (vorgebranntem) Zustand glasiert.

Spritzball Neben Spezialgeräten aus dem Hobbyhandel oder der Töpferei kann man auch eine Einlaufspritze (Gummiball mit angesetzter Plastikröhre) aus der Apotheke oder eine leere Plastikflasche mit entsprechender Düse benutzen. Mit dem Spritzball, den man mit Engobe füllt, besprüht oder dekoriert man lederhart getrocknete Tonware.

Flachpinsel Zum Auftragen von Engoben oder Glasuren genügt ein einfacher breiter Haar-Flachpinsel.

Plastikgefäße Kleine Eimer und Schüsseln aus Plastik braucht man zum Anrühren von Engoben und Glasuren, zum Begießen, als Tauchgefäße beim Engobieren oder Glasieren usw. Man sollte zwei Schüsseln und einen Eimer in unterschiedlicher Größe haben.

Arbeitsweise

Bevor man mit dem Modellieren beginnt, richtet man seinen Arbeitsplatz ein. Der Raum sollte gut beleuchtet und nicht zu warm sein (in warmen Räumen trocknet die Tonmasse zu schnell aus). Auf dem mit Schutzpapier oder -folie abgedeckten Tisch liegt die eigentliche Arbeitsplatte, auf der der Ton geknetet wird. Diese Platte kann aus unlackiertem bzw. unbeschichtetem Holz sein (großes Küchenbrett), aus Hartfasern (rauhe Seite nach oben) oder Marmor bzw. Kunststein. Am besten arbeitet man auf Holz. Die Platte muß ganz sauber und faserfrei sein, damit nichts den Ton verunreinigen kann. Die Arbeitsgeräte liegen oberhalb der Arbeitsplatte, eine Schüssel mit Wasser und Schwamm steht seitlich. Ein Lappen zum Abtrocknen der Hände zwischendurch sollte bereitliegen.
Als erste Arbeit wird der als gebrauchsfertig gekaufte Ton durchgeknetet, um ihn homogener und geschmeidiger zu machen. Dabei legt man den Tonklumpen auf die Arbeitsplatte, drückt mit dem Ballen der einen Hand kräftig von oben darauf, während man ihn mit der anderen Hand fortlaufend im entgegengesetzten Uhrzeigersinn bei leichtem Abheben und Umschlagen der Kanten dreht. Ist der Ton zu fest, fügt man etwas Wasser hinzu. Er hat die richtige Konsistenz, wenn er geschmeidig ist, ohne schmierend an den

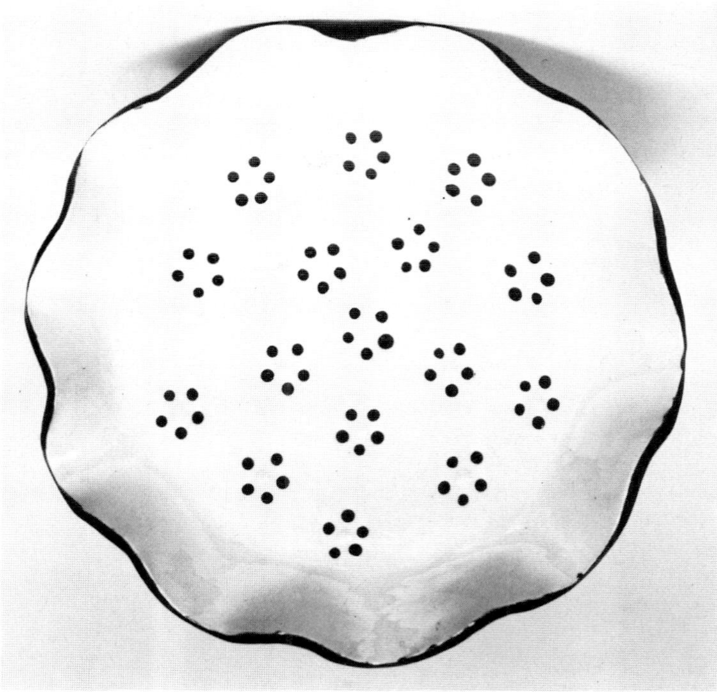

Teller, aus einer flachen Tonscheibe geformt.

Frei geformte Vase mit aufgesetzten Blättern und Ranken.

Gefäß aus einem Tonklumpen: Zunächst wird der Tonklumpen gründlich durchgeknetet.

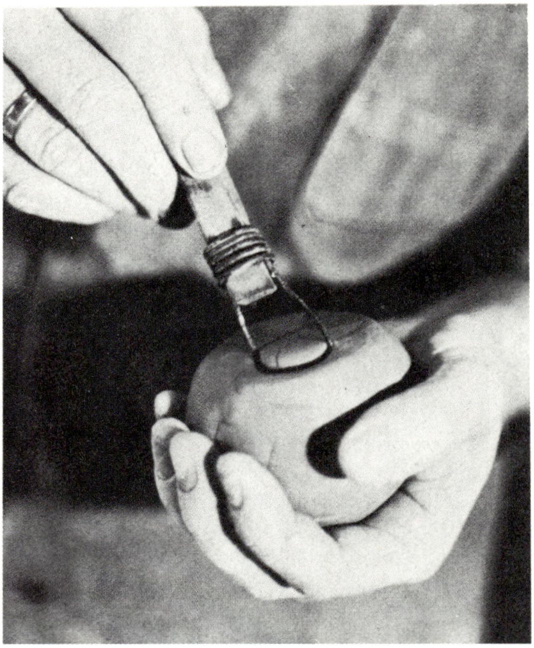

Mit einer Modellierschlinge trägt man schichtweise Tonmasse ab und höhlt den Klumpen aus.

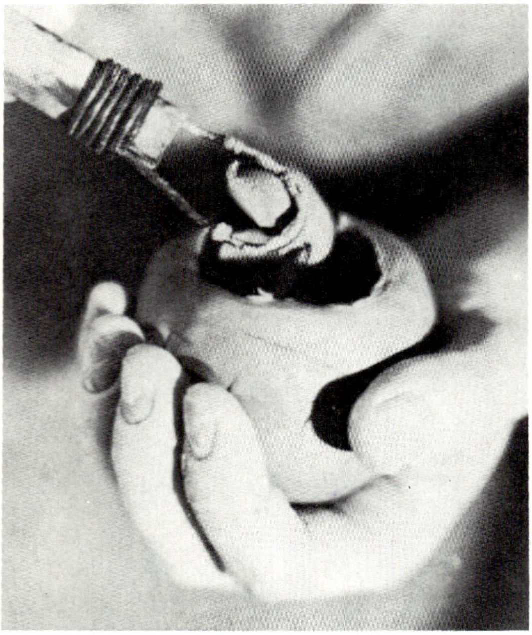

Während des Aushöhlens hält man den Tonklumpen umschlossen, damit er sich nicht verformt.

Abschließend streicht man die Innenwandung glatt und prüft, ob sie gleichmäßig stark ist.

Fingern zu kleben und ohne zu bröckeln. Nach dem Kneten wird das Arbeitsbrett gesäubert, weil abgefallene Bröckchen, die rascher trocknen, den übrigen Ton verunreinigen. Beim Arbeiten mit Ton müssen die Hände stets feucht sein.

Als erste Form stellt man am besten einen kleinen Teller her. Dazu wird der durchknetete Tonklumpen auf ein Stück Papier (Zeitung o. ä.) oder auf einen sauberen, nichtfasernden Lappen gelegt und mit der Faust zu einem flachen Kuchen geschlagen. Danach walzt man ihn zu einer gleichmäßigen, etwa ½ cm dicken Platte aus. Die Platte wird gleichmäßiger, wenn man sie zwischendurch einmal umdreht. Am besten gelingt eine solche Schicht, wenn man an beiden Seiten Holzleisten in entsprechender Stärke neben den Ton legt und die Walzenenden darauf laufen läßt, bis die Tonschicht überall mit den Leisten bündig verläuft. Auf die ausgewalzte Platte wird ein Teller oder Topfdeckel als Schablone aufgelegt und der überstehende Ton mit dem angefeuchteten Messer sauber abgeschnitten.
Mit Fingerdruck von außen und Gegendruck von innen wird der Rand rundherum aufwärts und zugleich in Wellen gebogen. Diese Arbeit läßt sich am besten auf der Ränderscheibe ausführen. Dazu wird das vorbereitete Werkstück wie folgt transportiert:
Man schiebt ein Stück Pappe unter das auf dem Tisch liegende Papier und nimmt das Papier mitsamt der Arbeit hoch. Der Karton wird in Höhe der Ränderscheibe gehalten und das Papier mit der daraufliegenden Arbeit von der Pappe auf die Scheibe gezogen. Auf die gleiche Weise transportiert man das fertig modellierte Werkstück auch zum Trockenplatz. Der Teller kann nun noch engobiert und bemalt, glasiert oder nur roh gebrannt werden. Der Teller auf dem Foto S. 47 wurde weiß glasiert und blau bemalt.

Zwei einfache Gefäße, aus einem Tonklumpen herausgearbeitet.

Freie Formen
Unter freien Formen versteht man aus dem Tonklumpen modellierte Gegenstände, z. B. ein kleines Gefäß. Ein etwa faustgroßer Tonklumpen wird zunächst zwischen den flachen Handflächen zur Kugel geformt und dann durch einen kurzen Schlag mit der Faust an zwei einander gegenüber liegenden Seiten abgeflacht. Mit einer Modellierschlinge oder einem kleinen Löffel wird die Kugel so weit ausgehöhlt, daß rundherum eine gleich dicke Wandung stehenbleibt, die außen und innen mit den Fingern nachgearbeitet und etwas geglättet wird. Dabei werden die Fingerspitzen zwischendurch angefeuchtet. Das Gefäß kann anschließend zum Trocknen beiseite gestellt werden.

Auf die gleiche einfache Weise kann man Eierbecher herstellen: Man formt zunächst einen knapp faustgroßen Tonklumpen auf der Arbeitsplatte zu einer Rolle, deren Dicke dem Umfang des oberen Eierbecher-Randes und deren Länge der Höhe des Eierbechers entspricht. Zuviel Ton schneidet man mit dem Messer ab. Im unteren Drittel drückt man die Rolle zu einer Art Taille zusammen und stößt dann die beiden Enden der Rolle flach. Mit Modellierschlinge oder Löffel wird aus dem oberen Ende die Becheröffnung ausgehöhlt. Die Wandungen werden mit den Fingern nachgearbeitet. Das untere Ende wird zu einem gleichmäßig geformten Standfuß modelliert. Die Überstände werden mit dem Messer kreisrund abgeschnitten. Mit einem Lineal mißt man, ob die Kante rundherum die gleiche Höhe hat, und arbeitet, um sie zu runden, mit den Fingern nach. Das Foto auf S. 49 zeigt zwei einfache, frei geformte Gefäße, die innen ganz und außen verlaufend glasiert wurden.

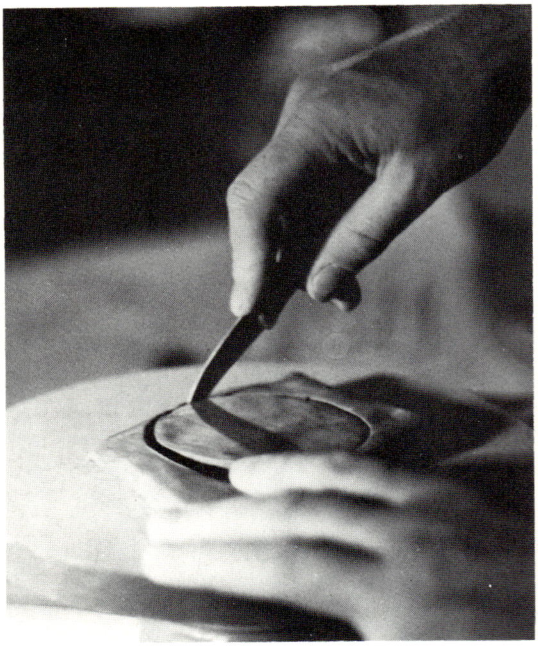

Aufbau mit Tonwülsten: Zunächst schneidet man die Grundplatte aus, auf der aufgebaut werden soll.

Ein gut durchgekneteter und von Blaseneinschlüssen befreiter Tonklumpen wird zur Kugel geformt.

Auf einem flachen Brett oder Arbeitstisch rollt man die Kugel zu einem dicken Strang aus.

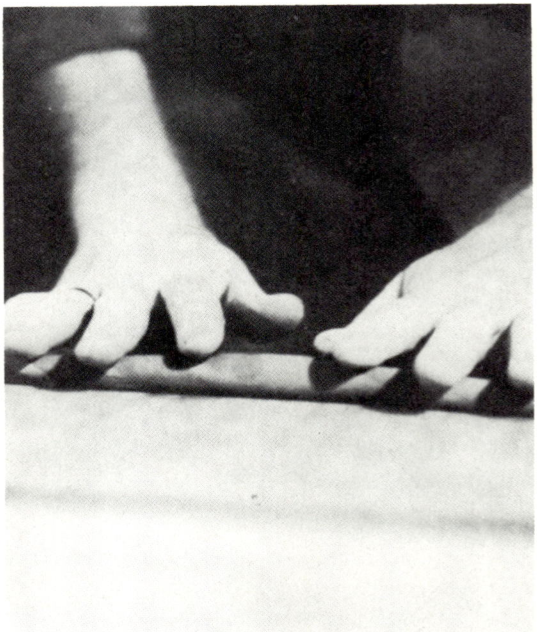

Mit den Fingern beider Hände rollt man den dicken Strang zu einem dünneren Wulst.

Der Gefäßboden wird rundherum an der Auflagefläche des ersten Wulstes mit etwas Schlicker befeuchtet.

Man nimmt den Tonwulst in eine Hand und legt ihn, ohne ihn zu dehnen, auf den Rand des Bodens.

Ende eines alten und Anfang eines neuen Wulstes werden abgeflacht zusammengefügt.

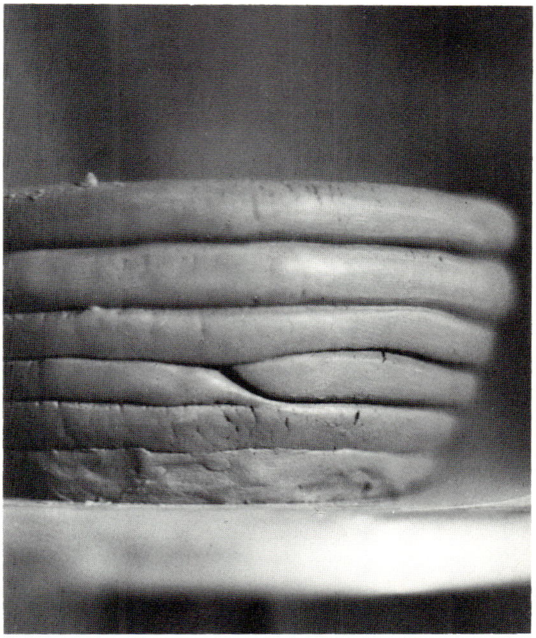

Die einzelnen Windungen werden verstrichen, damit sie sich miteinander verbinden.

Einfacher Henkelkrug, aus Tonwülsten aufgebaut.

Aufbautechnik
Als Aufbaukeramik bezeichnet man alle Arbeiten, die nicht aus dem Klumpen geformt oder gedreht, sondern aus Teilstücken aufgebaut werden. Diese Teilstücke können auf Bodenplatten aufgesetzte Tonwülste, -streifen oder -platten sein.

Aufbau mit Tonwülsten Man bringt zuerst eine etwa 5 mm dicke Tonplatte, die man vorher ausgewalzt hat, auf Arbeitsplatte oder Ränderscheibe und schneidet mit dem Messer die Bodenform – auf dem Foto ist es ein Kreis – aus. Ein etwa faustgroßer Tonklumpen, der gut durchgeknetet sein muß, wird zwischen den Handflächen zur Kugel geformt. Dann legt man ihn auf die Arbeitsfläche und rollt zunächst mit den gespreizten Fingern einer Hand einen dickeren Wulst. Mit dem weiteren Ausrollen verlängert er sich, und man fährt nun mit den gespreizten Fingern beider Hände, jedoch nicht mit den Handflächen fort, bis der Wulst etwas mehr als Bleistiftstärke erreicht hat.
Mit Schlicker (wasserverdünntem Tonbrei) wird der Gefäßboden rundherum an der Auflagestelle des ersten Tonwulstes bestrichen, dann wird der Tonwulst vorsichtig am äußersten Rand auf den Boden gelegt und seiner Länge entsprechend spiralenartig weitergeführt. Der Bodenansatz und die Windungen müssen innen gut verstrichen werden, damit sie zusammenhalten und das Werkstück dicht wird. Auf der Außenseite kann man die Ringstruktur belassen oder ebenfalls verstreichen. Das Ende des alten und der Anfang des neu anzusetzenden Wulstes werden so abgeschrägt, daß sie sich überlappen und zusammen Wulststärke ergeben. Wulst für Wulst wird das Gefäß (es kann auch eine figürliche Arbeit sein) aufgebaut, bis es seine endgültige Höhe hat (Fotos S. 50/51). Die Form kann man beeinflussen, indem man einzelne Windungen leicht nach außen oder innen versetzt und so allmähliche Übergänge schafft.

Aufbau mit Tonstreifen Aus einer 5 mm dick ausgewalzten Tonschicht schneidet man mit Hilfe eines Lineals oder einer Leiste Streifen von gleicher Breite. Der zuvor auf Arbeitsplatte oder Ränderscheibe bereitgelegte zugeschnittene Boden wird mit Schlicker bestrichen. Dann setzt man den ersten Tonstreifen ringförmig auf. Ist er nicht lang genug, setzt man ein Stück dazwischen. Die Nahtstellen sowie die Ansatzstellen am Boden müssen sorgfältig verstrichen werden, so daß sich eine geschlossene Fläche ergibt. Der aufgesetzte Ring wird mit Messer oder Modellierholz so flachgestrichen, daß an den Innen- und Außenkanten ein kleiner Grat entsteht. Beim Aufsetzen des nächsten Ringes werden die Grate innen und außen aufwärts gegen den neuen Ring verstrichen und verdichten ihn so mit dem unteren (Fotos rechts). So fährt man fort, bis zur gewünschten Höhe. Der Unterschied zum Aufbau mit Tonwülsten besteht darin, daß die Ringe hier einzeln geschlossen aufgebaut werden.

Aufbau mit Tonstreifen: Eine gleichmäßig ausgewalzte Platte wird in gleich breite Streifen geschnitten. .

Der zuvor ausgeschnittene Gefäßboden wird an der Auflagefläche des ersten Streifens mit Schlicker benetzt.

Der Tonstreifen wird am Bodenrand aufgesetzt, seine Unterkante sorgfältig innen und außen mit dem Boden verstrichen.

Die Oberkante des Streifens wird abgeflacht, so daß sich ein Überstand bildet, der mit der Fuge des nächsten Ringes verstrichen wird.

Aufbau mit Tonplatten Die erforderlichen Tonplatten kann man entweder zwischen Führungsleisten auswalzen oder mit dem Schneidedraht vom Block schneiden. („Blättern" sagt der Fachmann dazu, weil der Block in einzelne Blätter zerteilt wird.) Zum Blättern legt man den Block zwischen zwei Führungsleisten, die der Stärke der gewünschten Blätter entsprechen, hält den Schneidedraht ganz straff und zieht ihn von außen auf den Körper zu durch den Block. Wie beim Aufbau mit Tonstreifen werden die Platten auf eine vorbereitete, mit Schlicker benetzte Grundplatte gesetzt. Diese Bodenplatte kann eine beliebige Grundform haben. Ansatz- und Nahtstellen der Platten müssen sehr sorgfältig innen und außen verstrichen werden. Abschließend beschneidet oder formt man den Rand so, daß er einen sauberen Abschluß bildet.

Will man eine größere Arbeit aus Tonblättern bauen, muß man erst warten, bis der Unterbau so weit getrocknet ist, daß er das Gewicht des neuen Auftrags tragen kann und sich nicht „hinsetzt", wie der Töpfer sagt. Der Ansatzrand muß jedoch während des Trocknens feucht gehalten werden, damit sich die beiden Teilformen nahtlos miteinander verbinden lassen. Das erreicht man am besten durch Auflegen eines mehrfach zusammengelegten feuchten Tuches.

Tongefäß, über Kernmaterial aufgebaut (oben). Tongefäß, aus Tonplatten aufgebaut und mit einzeln modellierten Teilen garniert (rechts).

Drehen auf der Töpferscheibe
Wer noch nicht mit einer Töpferscheibe gearbeitet hat, muß sich zunächst mit ihrer Technik vertraut machen. Anfänger haben bei fußbetriebenen Scheiben zunächst Schwierigkeiten, die Scheibe gleichmäßig in Schwung und die Hände gleichzeitig möglichst ruhig zu halten.
Töpferscheiben mit obenliegendem Schwungrad (kick-wheel-system) werden mit dem Knie in Rotation versetzt und nur zwischenzeitlich neu angestoßen. Auch hier muß man erst den richtigen Rhythmus finden. Elektrisch betriebene Scheiben laufen von selbst, wobei man verschiedene Geschwindigkeiten einstellen kann.
Das größte Problem für einen Anfänger ist das Zentrieren des Tonklumpens, der mit einem Schwung auf die Mitte der bereits gegen den Uhrzeigersinn rotierenden Scheibe geworfen wird. Man sitzt dabei in Höhe der Scheibe und beugt sich so weit nach vorn, daß die Nase direkt über dem Tonklumpen ist. Bevor der Tonklumpen (etwa 300 bis 500 g) aufgebracht wird, muß die Töpferscheibe angefeuchtet werden. Ist sie zu trocken, haftet der Ton nicht, ist sie zu naß, rutscht der Tonklumpen weg.
Zum Zentrieren stützt man den linken Arm auf den Oberschenkel oder auf den Rand der Wanne, in der die Scheibe läuft. Dabei quetscht die Hand den Ton so lange gegen die Mitte des rotierenden Tellers, bis der Klumpen nicht mehr schleudert. Hände und Ton müssen während der ganzen Arbeit feucht, jedoch nicht naß gehalten werden.
Zunächst muß man das Formen eines Kegels, Ausgangsform aller Arbeiten, erlernen: Daumen und Daumenballen der linken Hand liegen auf dem sich drehenden Klumpen, während die anderen vier Finger dem Außendrängen der Masse entgegenwirken. Man merkt sehr schnell, wie selbst leichte falsche Bewegungen zur Dezentrierung führen.
Anschließend wird der Tonkegel nach unten durchgearbeitet. Man überkreuzt dazu die Daumen und preßt mit den Handflächen den Kegel so weit nach unten, bis die linke Hand wieder die Ausgangsposition wie beim Zentrieren erreicht hat. Die Finger beider Hände verhindern, daß der Kegel zu breit nach außen läuft. Die beschriebenen Bewegungen werden mehrmals in Auf- und Abwärtsrichtung wiederholt. Dann läßt man die entstandene abgeflachte Scheibe noch einige Male unter der leicht aufgelegten rechten Handfläche rotieren.
Um aus einem Tonkuchen ein Gefäß zu formen, muß er allmählich ausgehöhlt werden. Der Fachmann nennt diesen Vorgang „Aufbrechen". Dazu legt man den Daumen der linken Hand außen an, Mittel-, Zeige- und Ringfinger liegen auf der Mitte des Kuchens, der Zeigefinger wird dabei leicht gekrümmt. Der kleine Finger ist angehoben. Die rechte Hand wird auf die gleiche Weise plaziert, wobei der Daumen außen auf dem Daumenballen der linken Hand liegt. Allmählich öffnet sich der Tonkuchen, und die Wandung beginnt aufzusteigen. Man hält die Hände weiter in der beschriebenen Stellung, legt jedoch die Finger der rechten

Gedrehte Schale mit weißer Glasur und kobaltblauem Dekor in Delfter Manier.

1

2

3

4

5

6

7

8

9

Der Tonklumpen wird mit der linken Hand auf der Scheibe zentriert (1). Daumenballen und Daumen der linken Hand liegen unter den Fingern der rechten (2). Handhaltung beim Aufbrechen für ein Gefäß (3). Die gekreuzten Fingerspitzen greifen nach innen, die Daumen führen außen (4). Zum Hochziehen liegen außer dem Zeigefinger alle Finger der rechten Hand außen (5). Beim Einengen wirken alle Außenfinger der Fliehkraft des Tons entgegen (6). Mit der linken Hand faßt man in das Gefäß und drückt die Wandung unten nach außen (7). Zum Hochziehen eines engen Halses arbeitet man mit gekreuzten Fingerspitzen (8). Zum Abschluß wird eine Lippe aus dem oberen Rand modelliert (9).

Hand über die Fingerspitzen der linken.
Der nächste Schritt ist das Einengen und Hochziehen der Wandung. Die linke Hand verbleibt in der gewohnten Stellung und bildet zugleich die Stütze für die rechte. Der rechte Zeigefinger faßt in den Topfrand, während Mittel-, Ringfinger und Daumen außen laufen. Mit diesem Griff wird der Rand zusammengequetscht, während man mit beiden Händen zugleich in einer Aufwärtsbewegung zur Mitte der rotierenden Scheibe drängt. Alle Bewegungen müssen fließend sein, sie dürfen weder plötzlich verändert noch unterbrochen werden. Trotzdem sollte man energisch genug der durch die Zentrifugalkraft nach außen strebenden Masse entgegenwirken.
Man arbeitet auf die beschriebene Weise weiter, bis das Gefäß etwa ⁴⁄₅ seiner vorgesehenen Höhe erreicht hat. Dann steckt man die linke Hand senkrecht in den Zylinder und preßt die Fingerspitzen gegen die Innenwand. Auf der Außenseite wird der entstehende Druck mit den Fingern oder Knöcheln der abgewinkelten Finger der anderen Hand abgefangen. Man kann auch eine Drehschiene benutzen. Man beginnt am Boden des Zylinders und bewegt beide Hände, den Ton durchfurchend, langsam nach oben. Am oberen Rand wird der Druck allmählich verringert, so daß ein dickerer Wulst stehenbleibt, der dem Gefäß mehr Stabilität gibt. Diese Maßnahme hat außerdem den Vorteil, daß das Gefäß sich beim Brennen nicht so leicht verzieht.
Soll das Gefäß sehr enghalsig werden, arbeitet man die obere Wandung von unten nach oben noch mehrmals mit gekreuzten Fingerspitzen nach, wie beim Hochziehen beschrieben. Der rechte Zeigefinger liegt dabei innen auf den abgewinkelten Fingern der linken Hand, während die anderen Finger auf der Außenseite geführt werden.
Ist das Gefäß fertig, tupft man das im Gefäß angesammelte Wasser mit einem an einem Holzstiel befestigten Schwamm ab. Auf der Außenseite wird das überschüssige Wasser ebenfalls mit einem Schwamm aufgenommen. Soll das Gefäß noch eine Lippe bekommen, wird diese zum Schluß bei ruhender Scheibe geformt. (Die Fotos links zeigen das Drehen eines dünnhalsigen Gefäßes mit Lippe in den wichtigsten Phasen.)
Das fertige Gefäß muß anschließend von der Scheibe genommen und zum Trocknen weggestellt werden. Dazu wird der straff gehaltene Schneidedraht quer über den Scheibenteller gespannt und von außen nach innen auf den Körper zu unter dem Boden des Gefäßes hindurchgezogen. Mit einem Messer entfernt man auf dem Teller liegende lockere Tonbrocken, so daß die Scheibe ganz sauber ist. Anschließend wird sie mit Wasser benetzt, und das Gefäß wird langsam von der Mitte zum Rand geschoben. In gleicher Höhe des Tellers hält man eine Platte aus Hartfasern oder Holz, die stabil genug ist, um das Gefäß zu tragen. Auf diese ebenfalls angefeuchtete Platte wird das Gefäß geschoben und zu seinem Trockenplatz transportiert. Dort bleibt es so lange auf der Unterlage stehen, bis es so weit getrocknet ist, daß man es hochheben und auf einen trokkeneren Untergrund stellen kann.
Da bauchige Gefäße leichter nach dem Drehen in sich zusammensinken (sich hinsetzen) als andere Formen, sollte man sie sofort nach Fertigstellung für einige Minuten (nicht länger!) sehr warm stellen und sie erst dann bei normaler Raumtemperatur langsam trocknen lassen.

Henkeln

Das Anbringen von Henkeln und Griffen an Gefäßen nennt der Fachmann „Henkeln" oder „Garnieren". Henkel müssen stets aus der gleichen Tonmasse sein wie das Gefäß, an das sie angesetzt werden, so daß der durch das Trocknen und Brennen hervorgerufene Schwund die gleichen Werte hat. Zur Herstellung eines Henkels rollt man zunächst einen ausreichend großen Tonklumpen zu einem dikken Wulst, den man mit der linken Hand fassend senkrecht hält. Mit der anderen Hand wird durch ziehenden Druck ein entsprechend langer Strang herausgemolken. Man setzt immer wieder unterhalb der haltenden Hand an und arbeitet in Abwärtsrichtung. Zieht man dabei zu stark, reißt der Henkel ab. Das Gefäß, das lederhart getrocknet sein muß, wird an den Ansatzstellen des Henkels mit einem Stichel eingeritzt und mit

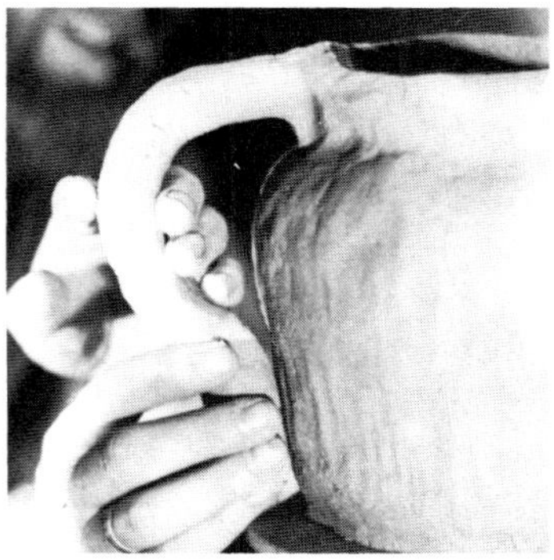

Ansetzen eines Henkels an ein frei geformtes Gefäß.

Schlicker bestrichen. Dann setzt man zuerst oben, anschließend unten den Henkel an, verstreicht die Ansatzstellen so, daß kein Übergang mehr sichtbar ist, und biegt den Henkel in die richtige Form.
Bei ausreichender Erfahrung mit Töpferarbeiten kann man Henkel aus dem oberen dickeren Gefäßrand herausmelken, wenn man dieses Vorhaben bereits beim Modellieren oder Drehen berücksichtigt. Auch das untere Ende des Henkels muß nicht unbedingt verlaufend und verstrichen angesetzt werden. Man kann es z. B. in einer Rundung auslaufend auf das Gefäß aufsetzen.
Auch aus Tonstreifen, die besonders gut durchgeknetet sein müssen, kann man Henkel schneiden und ansetzen. Die stumpf geschnittenen Enden werden mit den Fingern flachgedrückt, so daß sie genügend Haftfläche haben.

Krug mit Lippe und herausgemolkenem Henkel.

Trocknen
Töpferware trocknet am besten in einem gut belüfteten Raum, der zwischen 18 und 20 Grad Celsius warm ist. Die Trockenzeit richtet sich nach Größe und Dicke des Werkstücks und kann zwischen drei Stunden und drei Wochen liegen. Bei hoher Luftfeuchtigkeit trocknet Töpferware langsamer als in trockener Umgebung. Im Sommer kann man seine Arbeiten ruhig im Freien aufstellen. Ist die Außenhaut eines Werkstücks getrocknet, so bezeichnet man es als lederhart. In diesem Stadium, in dem man es schon vorsichtig transportieren kann, ist es genügend stabil für eine Weiterbehandlung (Engobieren, Ritzen, Aufsetzen von Dekorteilen, Ansetzen von Henkeln, Ausschneiden usw.).
Ob eine Tonware ganz trocken ist, kann man feststellen, indem man sie mit Salz bestreut. Hat das Salz über Nacht keine Feuchtigkeit angenommen, ist der Trockenprozeß beendet. Auf keinen Fall darf man jedoch den Trockenprozeß durch Wärmezufuhr beschleunigen. Im Gegenteil, je langsamer ein Werkstück trocknet, um so geringer ist die Gefahr, daß es Risse bekommt. Tonarbeiten mit extrem unterschiedlichen Wandstärken und solche, die gehenkelt oder mit aufgesetzten Verzierungen versehen sind, müssen von Anfang an besonders sorgfältig behandelt werden. Sie brauchen genügend Zeit, um durch und durch die gleiche Konsistenz zu gewinnen und lederhart zu werden, daher sollen sie eher zu kühl als zu warm stehen. In Extremfällen bedeckt man sie in den ersten Stunden, am besten über Nacht, mit einer Plastikfolie, damit die dünneren Teile nicht schon vorzeitig trocknen.

Dekore vor dem Brand

Bei diesen Dekoren unterscheidet man Verzierungen, die ohne zusätzliche Farben oder Mittel angebracht werden, und solche, die das Werkstück durch Farben verändern. Zur ersten Gruppe gehören:
Stempeln
Gravieren
Facettieren
Kannelieren
Garnieren/Applizieren
Durchbrechen.
Fast alle Techniken werden auf lederhart getrocknetem Ton ausgeführt.

Stempeln Zum Stempeln muß der Ton noch weich sein, man nennt diesen Zustand vorlederhart. Als Stempel kann man jeden flachen Gegenstand verwenden, der eine reliefartige Oberfläche hat. So kann man z. B. Stecknadeln rosettenartig in einen Korken stechen und mit den gleich weit hervorstehenden Köpfen ein Muster eindrükken. Man kann mit den offenen Seiten von Verschlußkappen, Kronenkorken und Tablettenröhrchen drucken, mit Knöpfen, Perlen, Münzen usw. Man kann auch Stempel aus Linoleum, PVC oder Holz herstellen. Auch mit eingedrückten und wieder abgehobenen Kornähren, Blättern, Fischgräten u. ä. lassen sich interessante Muster herstellen. Wichtig ist, daß man den Ton nicht verunreinigt (Rückstände sauber absammeln) und daß die Stempel oder als Stempel benutzten Gegenstände vor dem Abdruck eingefeuchtet werden.

Gravieren Für diese Arbeit sollte der Ton lederhart, jedoch nicht zu stark getrocknet sein. Gravuren führt man mit einem angefeuchteten Stichel oder einem anderen spitzen Gegenstand aus. Die geritzten Linien sollten deutlich sichtbar, jedoch nicht so tief sein, daß die Wandungen zu dünn werden. Gravuren kommen deutlicher heraus, wenn der Gegenstand nach dem Schrühbrand glasiert wird.

Facettieren Unter Facettieren versteht man das Abtragen von Masse mit Hilfe eines Messers oder einer Modellierschlinge in gleichen Abständen und gleich großen Teilen. So kann man z. B. die Außenseite eines zylindrischen Gefäßes so facettieren, daß es vieleckig wirkt (Foto unten). Man kann aber auch eine Fläche durch gleichmäßig ausgehobene und angeordnete Ovale fenstern, ähnlich wie bei geschliffenen Gläsern.

Kannelieren Für diese Technik, die auf lederhartem Ton ausgeführt wird, braucht man ein Spezialwerkzeug, das Kanneliereisen. Es besteht aus einem rechtwinklig abgebogenen Metallstreifen mit einem etwa fingergroßen Loch, das genau im Winkelbereich liegt (eine Lochhälfte auf dem geraden, die andere auf dem abgewinkelten Teil). Mit diesem Werkzeug, das angefeuchtet werden muß, zieht man dicht nebeneinander liegende senkrechte Bahnen in die Außenwandung eines zylindrischen Gefäßes und schält damit Tonstreifen heraus, wodurch ein Rillendekor entsteht. Damit die ausgehobenen Bahnen gleichmäßig um das ganze Gefäß ver-

Konfektdose, Wandungen und Deckel facettiert.

teilt werden können, mißt man die Breite der ersten ausgehobenen Bahn ab und teilt die verbleibende Fläche durch Markierungen auf.

Garnieren/Applizieren Hierbei werden separat geformte Tonteile reliefartig aufgesetzt. Geübte können auch ganze Figuren formen und auf das lederharte Stück bringen. Wichtig ist, daß die Tonmasse für die Dekorationsteile die gleiche ist, die für das Gefäß verwendet wurde, um Spannungen beim Trocknen und Brennen zu vermeiden. Zum Applizieren kleiner Teilstükke (dünne Wülste, kleine Kugeln, Rosetten) genügt es, wenn man den lederharten Träger (Tongegenstand) an entsprechender Stelle anfeuchtet, die Verzierung aufbringt und gut festdrückt. Bei größeren Teilen muß die Oberfläche des Trägers mit dem Stichel angeritzt und mit Tonschlicker (wasserverdünntem Tonbrei) benetzt werden, bevor man die Dekorationen aufsetzt und fest andrückt. Handelt es sich um Teile, die ein hohes Eigengewicht haben, wie z. B. beim Zuckertopf auf dem Foto unten, müssen diese erst lederhart getrocknet sein. Am besten ist es, wenn man dabei deren spätere Ansatzstellen mit feuchten Stoffstücken bedeckt, damit sie sich besser mit dem Träger verbinden können.

Durchbrechen Bei der Durchbruchtechnik werden Teile aus dem lederharten Ton mit dem Messer herausgeschnitten. Man ritzt die Konturen zuvor mit dem Stichel oder der Messerspitze an und schneidet die Formen vorsichtig aus. Dabei hält man auf der Innenseite der Wandung die Finger gegen die Kanten der Ausschnittstelle, um dem Druck des Schneidwerkzeugs entgegenzuwirken. Anschließend werden die Schnittkanten sauber verstrichen, so daß die Konturen klar umrissen sind. Mit kleinen Plätzchen-Ausstechformen, die angefeuchtet werden müssen, kann man ebenfalls Durchbrüche machen, muß hier aber besonders auf den Druckausgleich von innen achten.

Zur zweiten Gruppe der farbigen Dekore auf lederhartem Ton gehören die Techniken:
Engobieren
Engobenmalerei
Sgraffito
Stegtechnik.

Engobieren Engobe ist farbiger oder gefärbter Tonbrei (Schlicker), den man als Pulver kaufen und mit Wasser anrühren kann. Unter Engobieren versteht man das vollständige Überziehen eines lederharten Tongegenstandes durch Eintauchen, Begießen, Besprühen oder Bemalen. Teilbehandlung mit Engobe nennt man Engobenmalerei. Es gibt Engoben in den Standardfarben Gelb, Blau, Schwarz, Braun, Grün, Rot und Weiß zu kaufen, die sich durch Zusätze farblich verändern lassen. Das jedoch ist ein Gebiet für erfahrene Töpfer.

Engobenmalerei Die Variationsmöglichkeiten der Engobenmalerei sind groß. Die

Dose mit applizierten Figuren, die vorgetrocknet wurden (links). Ziertopf mit Durchbrüchen, die mit Ausstechformen gemacht wurden (rechts).

nachfolgend aufgeführten Grundtechniken können nur Anstöße für Experimente auf einem interessanten Gebiet geben.
Konzentrische Ringe aus trägfließender Emulsion, die man in einen Spritzball oder ein ähnliches Gefäß mit Spritzdüse gefüllt hat, entstehen, wenn man die Spritzdüse über ein Gefäß hält, das langsam auf der Töpfer- oder Ränderscheibe rotiert. Dabei darf die Düse den Tongegenstand nicht berühren. Dabei muß die Engobe so angerührt werden, daß sie zwar aus der Düse fließt, jedoch nach dem Auftragen nicht verläuft.
Noppen trägt man ebenfalls mit dem Spritzball und breiiger Engobe auf, indem man die Düse dicht über den Scherben führt und rhythmisch auf den Ball bzw. Plastikbehälter drückt.
Mit dem gefüllten Spritzball kann man auch malen, jedoch muß das sehr rasch gehen, damit die Linien gleichmäßig und nicht zu dick werden.
Zum Marmorieren einer ebenen Fläche (Kachel o. ä.) trägt man Engoben in kontrastierenden Farben streifen- oder flächenweise auf und bewegt die Platte ruckartig so, daß die Farben teilweise ineinanderlaufen.

Ähnlich geht man beim Fiedern (Federmalerei) vor. Hier trägt man zunächst eine Grundfarbe dünn auf. In diese nasse Schicht zeichnet man mit dem Spritzball waagerechte Linien in einer Kontrastfarbe (oder mehreren Farben) und läßt sie etwas verlaufen. Danach zieht man mit der Spitze einer Hühnerfeder im rechten Winkel zu den Linien senkrechte Linien in gleichmäßigen Auf- und Abgängen, wodurch sich ein lebhaftes Muster, ähnlich wie bei der Kanne auf dem Foto S. 63, ergibt. Zieht man die Feder nur in einer Richtung in dichten Linien durch die Farbe, entsteht eine Art Flammenmuster.

Sgraffito Der lederharte Gegenstand wird zunächst ganz mit Engobe überstrichen. Wenn die Engobe getrocknet ist, kratzt man mit Stichel, Messerspitze oder einem anderen Werkzeug ein Muster in die Farbschicht.

Stegtechnik Aus dünnen Tonwülsten appliziert man ein Motiv auf den lederharten oder noch feuchten Ton und läßt das Werkstück trocknen. Innerhalb der abgegrenzten Flächen bringt man in einer Kontrastfarbe Engobe auf, während der übrige Scherben naturbelassen bleibt. Man kann jedoch auch das ganze Werkstück mit Engobe begießen und sofort danach die applizierten Tonwülste (Stege) mit einem Schwämmchen freilegen. Diese Technik ist allerdings schwierig und setzt voraus, daß die Engobe die richtige Konsistenz hat und so träge ist, daß sie nicht wieder über die gereinigten Stege fließt. Die Stege lassen sich aber noch in halbtrockenem Zustand des Engobenauftrags freischaben.

Dekore auf Schrühware

Nach dem Erstbrand, auch Roh- oder Schrühbrand genannt, ergeben sich andere Dekorationsmöglichkeiten als auf Rohware: die farbliche Veränderung durch Glasuren und die Keramikmalerei in Auf- oder Unterglasurtechnik. Die Techniken der Keramikmalerei sind in einem besonderen Kapitel auf Seite 66–74 beschrieben.
Glasuren können einen Tongegenstand nicht nur stabiler und dichter, d. h. ganz oder wenig feuchtigkeitsdurchlässig machen, sondern auch griffiger und schöner. Der Fachmann nennt das „Veredeln". Glasuren sind dem geschrühten Scherben aufgeschmolzene glasähnliche Überzüge, bestehend aus Kieselsäure (Quarzsand), Flußmittel und Kaolin (Tonerde). Sie werden häufig nach ihren Flußmitteln benannt, z. B. Alkali-, Blei- oder Borglasuren. Daneben gibt es Bezeichnungen für Glasuren nach deren Herstellungsart: Roh-, Fritte- oder Anflugglasuren. Während erfahrene Töpfer ständig mit Glasuren experimentieren und immer neue Glasur-Versätze (Fachbezeichnung für Glasur-Rezepte) erfinden, sollte der Laie zunächst auf käufliche Fertigglasuren zurückgreifen. Man unterscheidet zwischen Glanz- und Mattglasuren, transparenten und nichttransparenten (opaken), farblosen und farbigen Glasuren. Fertigglasuren haben den Vorteil, daß sie nach dem Auftragen sofort fingertrocken sind und beim Brennen nicht laufen.
Bei der Verwendung von farblosen Transparentglasuren spielt

Gefäß mit zweifarbiger Mattglasur in Rosé und Weiß.

Hier wurden dunkle Linien auf eine hellere Grundschicht gebracht und mit einer Feder verzogen.

die Farbe des geschrühten Scherbens eine große Rolle. Er bildet den Untergrund, der wie unter Glas versiegelt erscheint. Besonders zu berücksichtigen ist die Tonfarbe dann, wenn darauf anschließend Unterglasurmalereien ausgeführt werden sollen. Transparentglasuren werden durch Zugabe von 5–8% Zinnoxid getrübt und bilden dann einen halbdeckenden milchigen Untergrund, wie er z. B. bei der Majolikamalerei erforderlich ist. Zinnglasur kann man wie viele andere Glasuren als fertige Mischung kaufen, die mit Wasser angerührt und durch ein feines Sieb gestrichen werden muß.
Zum Glasieren wird der geschrühte Gegenstand entweder in die Glasur getaucht, mit Glasurbrei übergossen oder mit Hilfe eines Flachpinsels bestrichen.
Soll ein Gefäß innen anders glasiert werden als außen, geht man wie folgt vor: Zuerst glasiert man es außen, indem man es bis zum Rand in Glasur taucht. Nachdem der Auftrag getrocknet ist, schwenkt man

Fachausdrücke

Abnehmen: Gefäß mit dem Schneidedraht von der Drehscheibe trennen.

Aufbaukeramik: Aus Tonwülsten, -streifen oder -platten zusammengefügte Arbeiten (im Gegensatz zu gedrehten Gefäßen).

Aufglasurmalerei: Dekorationstechnik, bei der Spezialfarben auf eine glasierte, jedoch ungebrannte Schicht aufgemalt werden.

Drehen: Formen von Gefäßen auf der rotierenden Töpferscheibe.

Engobe: Farbiger oder gefärbter trägflüssiger Tonbrei zum Überziehen oder Dekorieren von lederharten Werkstücken.

Fayence: Töpferware mit weißdeckender Zinnglasur und farbiger Malerei.

Garnieren: Zusammenfügen einzeln geformter Tonteile, Aufbringen von separat modellierten Verzierungen. Haftmittel: Schlicker.

Glasur: Dicht schmelzender glasartiger Überzug, matt oder hochglänzend, transparent oder opak, farblos oder farbig, der auf den geschrühten Scherben aufgebracht wird.

Glasurbrand/Glattbrand: Aufbrennen der Glasur auf den bereits einmal gebrannten (geschrühten) Scherben.

Kannelieren: Dekortechnik, bei der mit einem Spezialwerkzeug Bahnen aus einer Gefäßwandung abgetragen werden.

Keramik: Sammelbegriff für alle gebrannten Tonwaren.

Lederhart: Trockenphase des Tons, in der die Oberfläche bereits erhärtet, der Kern jedoch noch weich ist.

Scherben: Allgemeinbezeichnung für geschrühte Ware. Früher nur gebräuchlich für geschrühte Gefäßwandungen.

Schlicker: Mit Wasser zu einem Brei verdünnter Ton, der vor allem als Bindemittel beim Zusammensetzen von einzeln geformten Teilen verwendet wird. Farbigen Schlicker nennt man Engobe.

Schrühbrand: Erstbrand knochentrockener Tonware, der sie unauflösbar, jedoch nicht dicht macht.

Schrühware: Töpferware nach dem Erstbrand.

Schwindung: Schrumpfungsprozeß eines Werkstücks infolge Verdunstung des im Ton enthaltenen Wassers. Geht man von einer Richtzahl von 100% für den feuchten Ton aus, so schwindet er nach lederhartem Trocknen auf 95%, in knochentrockenem Zustand auf 93%, nach dem Schrühbrand auf 91% und nach dem Glasurbrand auf 88% seines Gesamtvolumens. Da Tone ihrer Zusammensetzung nach unterschiedlich schwinden, können die hier gemachten Angaben nur Anhaltspunkte sein.

Töpferscheibe: Rotierende Scheibe, elektrisch oder manuell betrieben, auf der Gefäße gedreht werden.

Ton: Ausgangsmaterial für die Töpferei. Die beiden Hauptgruppen sind fetter und magerer Ton. Fetter Ton ist plastischer als magerer, neigt leichter zu Rissen und schwindet stärker. Magerer Ton, dem als Magerungsmittel Sand oder Schamotte zugesetzt wurde, ist porös und nicht so plastisch wie fetter. Er eignet sich besser zum Modellieren und für Aufbautechniken, während man zum Drehen fetten Ton verwendet.

Unterglasurmalerei: Malerei mit Spezialfarben, die auf dem unglasierten geschrühten Werkstück ausgeführt, glasiert und anschließend gebrannt wird.

Vorlederhart: Trockenzustand des Tons kurz nach der Bearbeitung. Man nennt diese Phase auch „fingertrocken".

Zinnglasur: Halbdeckende oder deckende weiße Glasur, die vor allem den Untergrund für Aufglasurmalereien bildet.

das Gefäß innen mit einer anderen Glasur aus, wobei man Fehlstellen am Rand mit dem Pinsel oder der Fingerkuppe ausbessern kann. Gerät Farbe der einen Glasur auf die andere (Spritzer), kann man diese mit einer flach gehaltenen Rasierklinge oder Schneidfeder vorsichtig abkratzen und die Stelle ausbessern. Die Oberkante des Gefäßes, an der Innen- und Außenglasur zusammentreffen, wird ebenfalls sauber abgekratzt und mit einer der Glasuren und einem Pinsel so bemalt, daß sich eine exakte Abschlußlinie ergibt. Das ungleichmäßige Ineinanderfließen zweier kontrastierender Farben läßt den Rand unordentlich und unruhig erscheinen.
Durch Aufbringen von Teilglasuren lassen sich interessante Effekte erzielen, die jedoch sparsam eingesetzt werden sollten. So kann man z. B. einen Teil der Fläche mit einer Kartonschablone abdecken, in die man zuvor ein Muster geschnitten hat. Durch die Öffnungen der Schablone stupft man jeweils von den Schnittkanten zur Mitte mit einem Pinsel Glasurbrei auf. Der Pinsel wird dabei genau senkrecht gehalten, damit keine Glasur unter die Schablonenkanten gerät.
Eine weitere Möglichkeit ist das Aufmalen mit dem Spritzball. Man kann auch, wie bei der Engobenmalerei, Teile der aufgebrachten Glasur wieder entfernen und den geschrühten Scherben freilegen.
Das Krakelieren ist eine Technik, bei der zwei Glasuren unterschiedlicher Viskosität (Zähflüssigkeit) übereinander aufgebracht werden, wobei die obere rascher abkühlt als die darunterliegende. Das hat zur Folge, daß die untere Schicht rissig wird. Denselben Effekt kann man erzielen, wenn man eine Glasur aufbringt, die sich nach dem Brand schneller zusammenzieht als der Scherben.

Schichtdekore

Töpferware kann man nicht nur durch Nachbehandlung der Oberfläche dekorieren, sondern auch dadurch, daß man bereits beim Modellieren (nicht beim Drehen) verschiedenfarbige Tone gemeinsam verarbeitet. Voraussetzung dafür ist, daß alle Tone die gleiche Zusammensetzung und Konsistenz und damit gemeinsame Trocken- und Brennbedingungen haben.
Die einfachste Methode ist das Ineinanderkneten verschiedenfarbiger Tone. Schneidet man aus der Mitte eines solchen Tonklumpens mit dem Schneidedraht zwei Scheiben heraus, legt diese rechtwinklig aufeinander und drückt sie zu einer Fläche zusammen, ergibt sich eine neue Maserung. Man kann solche Scheiben auch in Streifen schneiden, die Streifen untereinander austauschen und wieder zusammenkneten. Die Schale auf dem Foto unten entstand auf diese Weise.
Je länger man mit Tonmaterial arbeitet, um so mehr Variationsmöglichkeiten ergeben sich. Man sollte aber stets nach folgender Grundregel handeln: Je lebhafter das Grundmaterial ist, um so schlichter muß die Form sein oder, anders herum: Je schlichter die Form ist, um so besser eignet sie sich für zusätzliche Verzierungen. Die Töpferei ist eine Technik, deren Kunst in der Zurückhaltung liegt.

Schale aus einer Tonplatte, die von einem mehrfarbigen Tonblock abgeschnitten wurde.

Keramikmalerei

Die bisher ältesten Keramiken stammen aus der letzten Periode der jüngeren Steinzeit. Es sind primitive Gefäße, die dadurch entstanden, daß man Ton in Korbgeflecht einquetschte und so die Form herausarbeitete. Die ersten Dekore waren eingeritzt. Rotpolierte Gefäße mit schwarzgeschmauchtem Rand, wie sie die Ägypter später (Badari-Kultur) hervorbrachten, gelten unter Fachleuten als Höhepunkt der keramischen Geschichte aller Zeiten. Aus der vordynastischen Frühzeit Ägyptens stammen die ersten Gefäße, die eine weiße Bemalung hatten.
Die Muster, in Schlickermalerei ausgeführt (Schlicker = zähflüssiger Tonbrei, häufig durch Metalloxide eingefärbt), waren aus gekreuzten Schraffuren und Dreiecken zusammengestellt.
Die rotgrundigen Tonwaren haben sich über die lange Zeit der Dynastien erhalten, jedoch kamen neue Dekore hinzu, wie beispielsweise weißgrundige Gefäße mit Malereien in kräftigem Rot. Spätere Schmuckmotive stellen Pflanzen, Tiere, Schiffe und Szenen des täglichen Lebens dar. Aus Ägypten stammen auch die ersten echten Glasuren.
Nach der Antike zeichnet sich in Europa keine nennenswerte Entwicklung im keramischen Bereich ab. Erst mit den arabischen Eroberern wurden neue keramische Techniken in Spanien bekannt, von wo aus sie sich nach Norden ausbreiteten. Die wichtigsten Neuentwicklungen jener Zeit, basierend auf arabischen Töpferkünsten, waren die Blei-, Zinn- und Lüsterglasuren, hier besonders die spanisch-maurischen Lüstermalereien.
Im 15. Jh. n. Chr. nahmen die Techniken ihren Weg über Mallorca nach Italien. In dieser Zeit entstand der Begriff Majolika. Bibelszenen, Szenen aus der Antike, heraldische Motive und Blattranken waren die bevorzugten Majolika-Malereien. Die Majolika-Ware aus dunklem Ton mit weißer Glasur wurde in Italien abgelöst durch die sogenannte Florentinische Ware, die eine grünliche Zinnglasur hatte. Man gab ihr nach der oberitalienischen Stadt Faenza die Bezeichnung Fayence. Bald wurde die Fayence-Technik in ganz Europa bekannt. Besonders gepflegt wurde sie im niederländischen Delft, eingeführt durch italienische Töpfer. Später, im 17. Jh., entwickelte Delft eigene Glasuren und Muster, die, angelehnt an chinesisches Blauweiß-Porzellan, nichts mehr mit den italienischen Vorläufern zu tun hatten. 1660 gründeten Delfter Töpfer in Hanau die erste deutsche Manufaktur.

Antiker Henkelkrug mit zweifarbiger Unterglasurmalerei.

Kleiner Teller mit Unterglasurmalerei in Braun- und Grüntönen.

Zu allen Zeiten haben Töpfer experimentiert, um neue Glasuren und Farben zu entwickeln, doch erst die Industrie hat Farben in einer Zusammensetzung hervorgebracht, die es auch ungeübten Laien bzw. dem Hobbymaler ermöglicht, mit etwas Sorgfalt und wenigem Geschick gute Ergebnisse in der Keramikmalerei zu erzielen.

Arbeitsmittel

Bei der Technik handelt es sich um Malerei mit Spezialfarben, die in erster Linie auf geschrühter Ware ausgeführt wird, bevor man sie glasiert und brennt. Mit denselben Farben kann man die Aufglasurmalerei ausführen, hier ist mit Aufglasur die ungebrannte Glasurmasse gemeint.

Für die Unterglasurmalerei braucht man:
Geschrühte Keramik
Farben
Allstabilo-Stift
Pinsel
Rasierklinge
Ränderscheibe
Papiertücher,
Lappen,
Zeitungen.

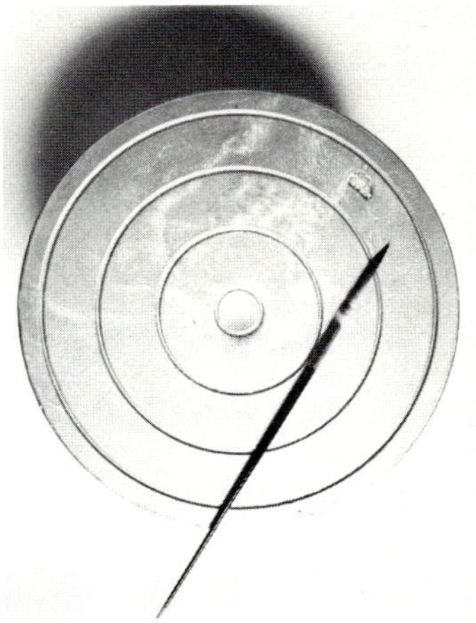

Für die Unterglasurmalerei braucht man außer Schrühware und Farben:
Zinnglasur
Glasurgefäß
Sieb
Gießgefäß, Tauchgefäß
Trockenstützen.

Geschrühte Keramik Fast weiße matte unglasierte Tonware (Schrühware), die einmal bei 850 Grad Celsius gebrannt wurde und nach dem Bemalen und Glasieren noch einmal gebrannt werden muß. Schrühware gibt es in vielen Größen und Formen als Gefäße und als Kacheln.

Farben Sogenannte Majolikafarben (gemahlenes Glas), die mit Wasser verdünnbar und untereinander mischbar sind. Sie entfalten ihre Farbintensität erst nach dem Brennen.

Allstabilo-Stift Zeichenstift, mit dem man Vorzeichnungen auf unglasierter Keramik machen kann. Die gezeichneten Linien verbrennen später rückstandlos.

Pinsel Gute Haarpinsel, wie man sie für die Aquarellmalerei benutzt, eignen sich auch für die Malerei mit Majolikafarben. An Spezialpinseln sollte man einen kurz gebundenen, etwas stumpfen Rosenpinsel haben und einen langhaarigen spitzen Schlepper. (Beide Spezialpinsel auf dem Foto oben neben dem Allstabilo-Stift.) Mit dem Rosenpinsel malt man Blüten und Blätter, mit dem Schlepper Linien und Ränder.

Rasierklinge Falsch aufgemalte Farbe kann man mit einer Rasierklinge wegkratzen.

Ränderscheibe Nützlich, aber nicht unbedingt erforderlich. Bestehend aus einem Standfuß mit Spindel, auf der sich ein lose aufgesetzter Scheibenkopf drehen läßt. Die Scheibe hat eingravierte Rillen, um aufgestellte Gegenstände genauer zentrieren zu können. Die Ränderscheibe, die möglichst schwer sein sollte, ist ein gutes Hilfsmittel beim Bemalen von Gefäßwandungen, ein unentbehrliches beim Rändern von Gefäßen.

Papiertücher, Lappen, Zeitungen Papiertücher werden zum Abtupfen von Wasser- und Farbtropfen und zum Reinigen der Arbeitsgeräte benutzt. Ebenso nichtfasernde Lappen. Mit Zeitungen wird der Arbeitsplatz bedeckt. Sie schützen vor Verunreinigung durch Farbe und sind zudem ein rutschfesterer Untergrund als eine Tischplatte.

Zinnglasur Fein gemahlenes Pulver, das mit Wasser zu einer trägen Emulsion angerührt wird. Die Kenntnis von dem Aussehen der Glasur nach dem Brennen ist wichtig für die Wahl der Farben bei der Bemalung auf der ungebrannten Glasur.

Glasurgefäß Porzellan- oder Emaillegefäß mit steiler Wandung zum Anrühren des Glasurpulvers.

Sieb Haarsieb zum Durchsieben der angerührten Glasur.

Gießgefäß, Tauchgefäß Je nach Größe des zu glasierenden Gegenstandes wird ein Gefäß benötigt, aus dem man entweder die Glasur über den Gegenstand gießen oder in das man ihn eintauchen kann.

Trockenstützen Kleine Holzklötzchen o. ä., auf die man das glasierte Werkstück zum Trocknen (Verdunsten des Wassers) stellen kann.

Alle genannten Arbeitsmittel bekommt man in Töpfereien oder im Hobbybedarfshandel. Hier erhält man auch Auskünfte über Möglichkeiten, die eigenen Arbeiten brennen zu lassen. Der Preis für das Brennen wird meistens nach dem in der Brennkammer beanspruchten Platz berechnet. Er ist nicht sehr hoch.

Arbeitsweise

Sieht man einmal von den meisten in Verbindung mit der Töpferei auszuführenden Maltechniken (Engoben-, Schlickermalerei usw.) ab, unterscheidet man drei Grundtechniken:
Malerei mit Porzellanmalfarben
Unterglasurmalerei mit Majolikafarben
Aufglasurmalerei mit Majolikafarben.

Malerei mit Porzellanmalfarben
Man malt auf glasierter Keramik nach dem Glasurbrand, also auf der glatten blanken Fläche. Die ölhaltigen Porzellanmalfarben, die es malfertig in Tuben im Hobbyhandel zu kaufen gibt (Uhlig), werden bei etwa 1000 Grad Celsius gebrannt. Sie schmelzen und sinken dabei in die ebenfalls anschmelzende Glasur ein.
Selbstverständlich können zum Bemalen nur solche Keramiken genommen werden, deren Schmelzpunkt nicht unter dem der Porzellanmalfarben liegt, z. B. alle industriell gefertigte Ware ist in der Regel geeignet. Nähere Einzelheiten im Kapitel „Porzellanmalerei“ S. 76–92.

Unterglasurmalerei mit Majolikafarben
Die Unterglasurmalerei auf dem geschrühten unglasierten Scherben (so nennt der Fachmann die Töpferware) ist unkompliziert, was die Technik betrifft. Die in Näpfchen gepreßten Farbkuchen werden mit Wasser angerührt und sind genau wie andere Wasserfarben untereinander mischbar. Am besten kauft man sich die Grundausstattung in einer Mischpalette sortiert (siehe Foto S. 68). Die Schwierigkeit besteht in der Beurteilung der Farben, die erst

Ergänzungsmalerei auf glasierter Keramik mit Prozellanmalfarben: Ein gelblicher Ersatzdeckel wurde passend zum Kannendekor bemalt.

Anregungen zum Malen einer einfachen stilisierten Tulpenblüte.

nach dem Brand ihre volle Intensität und Leuchtkraft entwickeln. Es ist deshalb ratsam, zuerst eine Kachel oder Probeplättchen mit allen ungemischten Farben zu bemalen und nach dem Überziehen mit einer Transparentglasur brennen zu lassen. Damit hat man eine Skala der Farben, wie sie ungefähr aussehen. Da die Entwicklung der Farben von Brenntemperatur und Dauer, in öl- oder gasbetriebenen Brennöfen auch von der Ofenatmosphäre (Zufuhr und Entzug von Sauerstoff) abhängt, ist eine präzise Farbstellung nicht möglich.

Bevor man zu malen beginnt, muß der Scherben staub- und fettfrei sein. Man spült ihn deshalb am besten unter fließendem Wasser ab und läßt ihn gut trocknen. Kein Spülmittel benutzen. Hat man Bedenken, ob er wirklich fettfrei ist, kann man die zu bemalende Fläche mit feinem Sandpapier beschleifen, den Schleifstaub abspülen und den Scherben trocknen lassen. Der Trockenprozeß läßt sich im Backofen beschleunigen. Will man nicht direkt mit der farbigen

Bemalung beginnen, zeichnet man das Motiv in Umrissen oder detailliert mit dem Allstabilo-Stift vor. Irrtümlich gezeichnete Linien kann man einfach stehenlassen, sie sind nach dem Brennen nicht mehr zu sehen.
Bei der Motivwahl sollte man nicht nur die Form des zu bemalenden Gegenstandes berücksichtigen, sondern auch bedenken, daß keramische Erzeugnisse rustikaler sind als Porzellan. Die Farben dürfen kräftig, die Motive sollten einfach sein. Bäuerliche Dekore sind allzu feinteiligen Malereien vorzuziehen.
Das Studium alter bemalter Keramikgefäße und -kacheln kann sehr hilfreich sein. Die Abbildungen (links) zeigen am Beispiel einer stilisierten Tulpe nur vier von vielen Möglichkeiten, einer einfachen Form Ausdruck zu geben. Für die Pinselführung gilt das auf Seite 76–92 im Kapitel „Porzellanmalerei" Gesagte.
Ist der Gegenstand fertig bemalt, kann er zum Brennen gebracht werden. Führt eine Töpferei den Brenndienst durch, wird man ihr am besten auch das vor dem Brand nötige Gla-

Keramikteller mit stilisiertem Blumen- und Rankendekor in Unterglasurmalerei, zweifach gerändert.

sieren mit farbloser Glasur übertragen. Nach dem Brennen ist dann die Malerei unter der Glasur versiegelt und fest mit dem Scherben verbunden. Will man den Gegenstand selbst glasieren, muß man wie im folgenden Absatz beschrieben vorgehen.

Aufglasurmalerei mit Majolikafarben

Diese Technik nennt man auch kurz Majolikamalerei. Im Gegensatz zur Unterglasurmalerei wird hier auf eine weißdeckende ungebrannte Zinnglasurschicht gemalt. Glasuren kauft man in Pulverform und rührt sie mit Wasser so an, daß eine malfähige Emulsion entsteht. Pulver und Wasser werden dazu in ein steilwandiges Gefäß gefüllt, gut durchgerührt und anschließend durch ein feines Sieb gegeben.

Beim Glasieren eines Gegenstandes kann man verschiedene Methoden anwenden. Die einfachste Methode ist das Tauchen. Die Glasurmasse wird in ein ausreichend großes Gefäß gefüllt und der Gegenstand wird hineingetaucht. Nach kurzem Abtropfen über dem Tauchgefäß stellt man den Gegenstand auf kleine Stützen zum Trocknen. Vorher wischt man den Fuß, das ist der Stellrand, mit einem Papiertuch oder einem nichtfasernden Lappen sauber, damit er mit der Glasur nicht im Ofen festbrennt.

Eine weitere Methode ist das Gießen. Man faßt den Gegenstand mit den Fingerspitzen, hält ihn über ein Auffanggefäß und begießt ihn mit Glasurmasse. Hat man den Fuß abgewischt und das glasierte Werkstück zum Trocknen abgestellt, werden die Stellen, die durch die Finger abgedeckt waren, mit dem Pinsel oder auch nur mit der Fingerkuppe nachgetupft.

Bei der dritten Methode trägt man die Glasur auf die Rück- oder Innenseite des Werkstücks

Originalgroße Zeichenvorlage zum Schneiden der Schablone für den Teller rechts.

mit dem Pinsel auf, läßt die Arbeit trocknen und glasiert auf die gleiche Weise die anschließend zu bemalende Schauseite. Die Glasurschicht soll deckend in einer Schicht von ca. 1–2 mm aufgebracht werden. Glasiert man mehrere Gegenstände nacheinander, muß die Glasur zwischendurch wieder aufgerührt werden, weil die Pulverteilchen auf den Boden des Glasurgefäßes sinken. Während der Glasurauftrag trocknet, entsteht eine matte rauhe Oberfläche, hervorgerufen durch das verdunstende Wasser.
Es ist nicht ganz einfach, auf der rauhen, stark saugenden Glasurschicht zu malen. Man braucht dazu Pinsel, die viel Farbe aufnehmen, also nicht zu dünn sind, jedoch das Malen feiner Linien ermöglichen. Der Pinsel muß beim Malen stets mit Farbe benetzt und feucht sein. Sobald er trocknet, reißt er die empfindliche Glasurschicht auf und zerstört sie. Eine weitere Schwierigkeit ergibt sich aus dem Umstand, daß man auf der bröseligen Glasurfläche nicht vorzeichnen kann. Der Allstabilo-Stift würde ebenfalls die trokkene Glasurschicht verletzen. Man kann zwar mit Chinesischer Tinte vormalen, die rückstandslos verbrennt, aber sie ist kaum noch zu erhalten. Besser, man gewöhnt sich von vornherein an die freie Malerei. Eine andere Möglichkeit zum Aufbringen eines farbigen Dekors ist die Schablonenmalerei, die anschließend näher erläutert wird.
Ist der Gegenstand fertig bemalt und getrocknet, kann er zum Brennen gebracht werden. Man braucht ihn nicht noch einmal zu glasieren. Die Zinnglasur wird zusammen mit der Malerei gebrannt. Dabei sinken die Malfarben in die Glasur ein und verschmelzen mit ihr.

Schablonenmalerei
Vor allem zur Herstellung von Seriengeschirr, aber auch zum Dekorieren von Einzelteilen ist die Kartonschablone ein gutes Hilfsmittel. Aus wasserabstoßendem Karton (z. B. Milchtüte) oder Ölpapier schneidet man alle Teile eines Motivs so heraus, daß die Öffnungen der Schablone nicht zusammenhängen, sondern durch kleine Stege miteinander verbunden sind (s. Schablone in Originalgröße links, zum Teller unten). Die fertige Schablone wird vorsichtig auf die ungebrannte Glasur gelegt und darf nicht verschoben werden. Mit einem gutgetränkten Farbpinsel tupft man nun von den Schnittkanten zur Mitte jeder Schablonenöffnung Farbe auf den freiliegenden Scherben, während man die Schablone mit den Fingerkuppen der freien Hand so festdrückt, daß sie nicht verschoben wird. Hier braucht man Fingerspitzengefühl im wahren Sinne des Wortes. Hat man alle freien Felder mit Farben ausgefüllt, läßt man die Arbeit trocknen. Erst dann dreht man den bemalten Gegenstand so um, daß die Schablone von selbst herunterfällt. Anschließend malt man aus freier Hand ergänzende Details und überbrückt, falls es das Motiv erfordert, die durch Stege unterbrochenen Teile.
Selbstverständlich kann man die Schablonentechnik auch auf unglasierter Keramik anwenden.

Alter Teller mit Mittelmotiv in Schablonenmalerei. Die Feinheiten wurden aus freier Hand ergänzt.

Eingebrannte Farbproben sind eine gute Hilfe bei der Arbeit.

Tips

Ist eine Bemalung vollständig mißlungen, kann man die Farben mit feinstem Sandpapier ganz abschleifen, den Schleifstaub abwaschen und den Gegenstand nach dem Trocknen erneut bemalen (Unterglasurmalerei).

Ist eine Majolikamalerei auf ungebrannter Glasur mißlungen, wird der Gegenstand in lauwarmem Wasser eingeweicht und die Glasur mitsamt der Bemalung abgewaschen. Zeigen sich Farbspuren auf dem gereinigten Scherben, müssen diese mit feinkörnigem Sandpapier abgeschliffen werden. Danach spült man das Werkstück erneut ab und kann dann von vorn mit dem Glasieren beginnen.

Keramiken mit bereits eingebrannter Glasur kann man mit Porzellanmalfarben bemalen, wenn der Schmelzpunkt der Glasur höher ist als der der Farben.

Kleine Keramikarbeiten kann man auch in einem Muffelofen brennen, wie er für Emailarbeiten verwendet wird. Jedoch muß der Ofen eine Heizleistung von 1000 Grad erreichen.

Feine Ränder oder auch breitere Farbbänder an runden Gefäßen werden mit Hilfe einer Ränderscheibe ausgeführt. Es geht zur Not auch mit einem ausgedienten Plattenspieler, dessen Teller mit der Hand in Schwung gebracht wird.

Wesentliche Merkmale der Keramikmalerei: Pinselstrichspuren (oben) und stilisierte Formen (darunter).

Porzellanmalerei

Porzellan, eine Mischung aus Kaolin, Feldspat und Quarz, wird in China seit dem späten 13. Jh. n. Chr. hergestellt. Das Kaolin, nach dem chinesischen Fundort Kao-ling benannt, wurde bereits seit dem 4. Jh. für Keramik verwendet. Seit dem 16. Jh. ist Porzellan auch in Europa bekannt. Es wurde im 17. Jh. von China und Japan z. T. speziell für den Export und nach Mustern europäischer Besteller hergestellt. Experimente in Europa führten Anfang 18. Jh. in Dresden zum Erfolg durch den Alchimisten J. F. Böttger und den Mathematiker und Physiker E. W. von Tschirnhaus. 1707 gelang die Herstellung von sogenanntem Böttger-Steinzeug, 1717 schließlich wurde das erste gelbliche, später weiße Porzellan hergestellt. Die erste europäische Porzellanmanufaktur wurde 1710 auf der Albrechtsburg in Meißen gegründet und von Böttger geleitet. J. G. Höroldt, der künstlerische Leiter der Manufaktur nach dem Tode Böttgers, entwickelte Farben und Dekore für die Meißner Porzellanmalerei. Jedoch spielten die sogenannten Hausmaler, die undekoriertes Porzellan von der Manufaktur kauften und in eigenen Werkstätten bemalten, eine große Rolle. Im Laufe der Zeit wurden sie aber mehr und mehr von den Manufakturen behindert, die auf den weitaus höheren Gewinn beim Verkauf des eigenen dekorierten Porzellans nicht verzichten wollten. Mit Einführung spezieller Umdruckverfahren nahm das Interesse an handbemaltem Porzellan rapide ab.

Für den Laien ist die Porzellanmalerei ein anspruchsvolles Hobby, das es ihm ermöglicht, Einzelstücke zu schaffen oder fehlende Teile eines Seriengeschirrs nachzumalen.

Arbeitsmittel

Weißes Porzellan gibt es in Fachgeschäften, Warenhäusern und im Hobbybedarfshandel. Porzellan aus dem Hobbyladen ist unverhältnismäßig teuer, zudem ist die Auswahl an Formen nicht sehr groß. Am schönsten ist Weißporzellan aus dem Fachgeschäft, am billigsten, jedoch nicht immer ganz makellos, das aus dem Warenhaus. Als Anfänger sollte man mit Porzellan in einfachen Formen beginnen.
Außer dem Weißporzellan braucht man:
Porzellanfarben
Copaiva-Balsam
Terpentinöl
Stahlspachtel
Glasläufer
Anreibeplatte
Lochpalette
oder: Porzellanmalfarben.

Kinderteller mit fertig angerührten Porzellanmalfarben bemalt und gebrannt.

Teller aus der Manufaktur Meißen, von einem Hausmaler in Heimarbeit bemalt.

Wählt man malfertige Porzellanmalfarben, kann man auf die Geräte und Hilfsmittel zum Anreiben von Porzellanfarben in Pulverform verzichten.
Weiter braucht man:
Spiritus
Schwamm
Allstabilo-Zeichenstift
Schneid- bzw. Kratzfeder
Schreibfeder
Anlegepinsel
Rosenpinsel
Schlepper
Malpinsel für Ölmalerei
Malerbänkchen
Ränderscheibe
Lappen, Papiertücher
Zeitungen
Brennofen/Brennservice.

Porzellanfarben Farbpigmente, die mit Spezialöl angerieben und malfertig gemacht werden müssen. Es gibt sie in vielen Farben in Glasröhrchen, Päckchen (Briefchen) oder als Mal-Set im Hobbybedarfshandel. Porzellanfarben werden bei einer Temperatur von 800 Grad Celsius gebrannt. Man kann da-

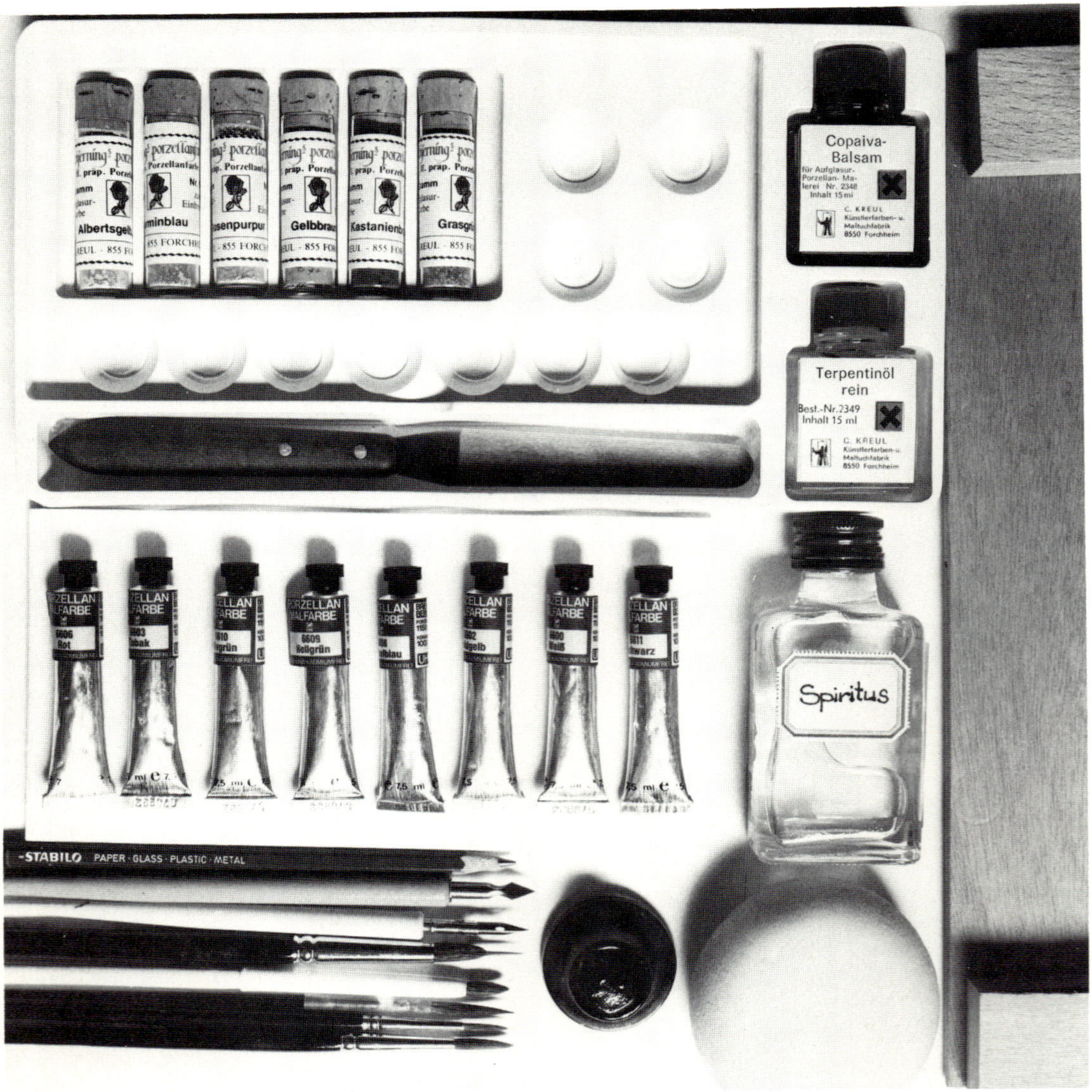

Arbeitsmittel für Porzellanmalerei. In den Glasröhrchen Farbpulver, in den Tuben malfertige Farben.

mit sowohl auf glasiertem Porzellan als auch auf glasierter Keramik malen.

Copaiva-Balsam Dicköl zum Anreiben von Porzellanfarben, insbesondere für lasierende Dekore. Das Mischungsverhältnis von Farbpulver und Balsam beträgt 1 : 1.

Terpentinöl Zum Anreiben von Porzellanfarben bei deckender Malweise. Mischungsverhältnis: 2 Teile Farbpulver, 1 Teil Terpentinöl, 1 Teil Copaiva-Balsam. Eventuell mit etwas Terpentinöl nachdünnen.

Stahlspachtel Zum Anreiben des Farbpulvers mit Öl.

Glasläufer (Pistill) Zum Anreiben des Farbpulvers bzw. zum Zerreiben der Farbpigmente und Mischen mit Öl.

Anreibeplatte Mattglasscheibe, auf deren matter Seite Farbpulver und Dicköl gemischt (angerieben) werden. Für größere Farbmengen ist eine Anreibe-

Eingebrannte Probestriche auf einer Tellerfahne ermöglichen eine gezielte Farbkombination.

schale aus Porzellan besser geeignet.

Lochpalette Zusammenhängende Näpfchen aus Steingut oder Porzellan zum Aufbewahren malfertig angeriebener Farben. Die Palette muß mit Plastikfolie luftdicht verschlossen werden, damit die Farben nicht eintrocknen. Aufbewahrung nur über kurze Zeit möglich. Die Lochpalette ist ein Hilfsgerät, auf das man auch verzichten kann, besonders, wenn man nur gelegentlich Porzellan bemalt.

(Anreibetechnik für Porzellanfarben: Auf die saubere fettfreie Mattglasscheibe (oder Kachel) gibt man mit dem Spachtel etwas Farbpulver auf eine Ecke. Nicht zuviel nehmen, die Farbe vermehrt sich durch Zugabe von Öl. Dem Malvorhaben und Mischungsverhältnis entsprechend (siehe Angaben bei Copaiva-Balsam und Terpentinöl), fügt man zunächst den halben Anteil des Öls hinzu und reibt unter Druck mit Spachtel oder Glasläufer in kreisenden Bewegungen beides zu einem Brei. Dabei wird die Farbe immer wieder zu einem Häufchen zusammengeschoben. Nach und nach wird weiteres Öl hinzugefügt, bis die Farbe gleichmäßig verrührt und zu einem dickflüssigen malfähigen Brei geworden ist. Es empfiehlt sich, Probestriche verschiedener Farben auf einer Tellerfahne zu machen, sie einbrennen zu lassen und das Mischungsverhältnis in eine Art Rezeptheft zu schreiben).

Porzellanmalfarben Malfertige Farben in Tuben (Fa. Uhlig liefert sie blei- und kadmiumfrei), die sich für die Aufglasurmalerei auf Porzellan (Temperatur: 1150–1200 Grad Celsius) und auf Hochbrandkeramik (Temperatur: 1000 Grad) eignen. Die pastosen Farben können mit einigen Tropfen Terpentinöl dünnflüssiger gemacht werden.

Spiritus Zum Reinigen der zu bemalenden Porzellanfläche und zum Entfernen fehlerhaft aufgemalter frischer Farbe (hier kann man auch Terpentinöl nehmen).

Schwamm Schaumstoff-Abschnitt oder Naturschwamm zum Aufbringen einer geschlossenen Farbfläche, des sog. Fonds.

Allstabilo-Zeichenstift Spezialstift (Nr. 8008) zum Vorzeichnen von Motiven. Die gezeichneten Linien verbrennen rückstandslos.

Schneid- bzw. Kratzfeder Zum Auskratzen von Motiven aus einem Farbfond. Auch geeignet, um Unebenheiten gemalter Konturen wegzuschaben.

Schreibfeder Normale Stahlfeder zum Zeichnen feiner Linien (mit verdünnter Farbe) und Schriften.

Anlegepinsel Spezialpinsel aus Rotmarderhaar mit stufig abgesetzter feiner Spitze. Diese Form ermöglicht das Malen mit einer Farbe in zwei unterschiedlich kräftigen Tönen in einem Arbeitsgang (auf dem einen Pinselteil befindet sich Farbe, auf dem anderen verdünnendes Terpentinöl).

Rosenpinsel Dichter, etwas stumpf geschnittener und kurz gebundener Haarpinsel, der sich besonders gut für die bei der Blumenmalerei vorkommenden Bögen und Schwünge eignet.

Schlepper Langhaarpinsel, speziell zum Ziehen feiner Linien und Ränder an Geschirrteilen und Gefäßen.

Malpinsel für Ölmalerei Man sollte mindestens zwei verschiedene Stärken in guter Qualität haben, die universell einsetzbar sind.

Malerbänkchen Kleines schmales Brettchen mit seitlich unterleimten Klötzen als Füße. Man stellt es über den zu bemalenden Gegenstand, dessen zuvor bemalte Stellen bei Fortführung der Arbeit leicht verwischt werden könnten, und stützt die Malhand darauf. Malerbänkchen kann man selbst herstellen. Ein seitlich auf gleich hohen Büchern ruhendes Brett ist ein guter Behelf.

Ränderscheibe Auf einem Standfuß drehbarer Teller aus Metall, auf den ein mit einem Rand zu bemalendes Porzellanstück aufgesetzt und zur Rotation gebracht wird, während man einen farbgetränkten Spezialpinsel (Schlepper) an die vorgesehene Stelle hält.

Lappen, Papiertücher Nicht fasernde Lappen zum Reinigen des Porzellans vor und zum Wegwischen fehlerhaft aufgemalter Farben während der Arbeit.
Papiertücher werden zum Abstreifen der Pinsel und zum Reinigen von Geräten und Fingern während der Arbeit benötigt.

Zeitungen Zum Abdecken der Arbeitsfläche, insbesondere zum Schutz gegen Farben und Öle.

Brennofen/Brennservice Zum Einbrennen von Porzellanfarben (nicht Porzellanmalfarben) genügt ein Muffelofen mit 800 Grad Celsius Heizleistung, wie er zum Emailbrennen verwendet wird, sofern die Brennkammer groß genug ist. Man stellt die bemalten Stücke in die peinlichst saubere Brennkammer des zuvor auf 800 Grad geheizten Ofens, hält diese Temperatur zehn Minuten und schaltet den Ofen dann aus. Die Tür darf erst geöffnet werden, wenn die Brennraumtemperatur auf 200 Grad gesunken ist.
Emailöfen, die eine Heizleistung von 1200 Grad bringen und einen Temperaturregler haben, können bei ausreichend großem Brennraum für das Einbrennen (die Farbe sinkt in die angeschmolzene Glasur ein) von malfertigen Porzellanmalfarben verwendet werden.
In Schulen, Volkshochschulen und Töpferwerkstätten sind fast immer Brennöfen vorhanden, die sich zum Einbrennen von Porzellanfarben und Porzellan-

malfarben eignen und meistens auch Auftragsbrände ausführen. In größeren Städten gibt es häufig auch spezielle Brenndienste, die ihre Leistungen nach dem vom Auftraggeber beanspruchten Volumen des Brennraumes berechnen. Vereinzelt nehmen auch Hobbyläden Brennaufträge an, die sie selbst ausführen oder weitergeben.
Alle Materialien und Geräte für die Porzellanmalerei bekommt man in Geschäften für Hobbybedarf. Pinsel und Malmittel (Dicköle) gibt es in Spezialgeschäften für Künstlerbedarf, Anreibeschale und Pistill (Anreiber) bekommt man in den genannten Geschäften und außerdem bei Zulieferern für Laborbedarf.

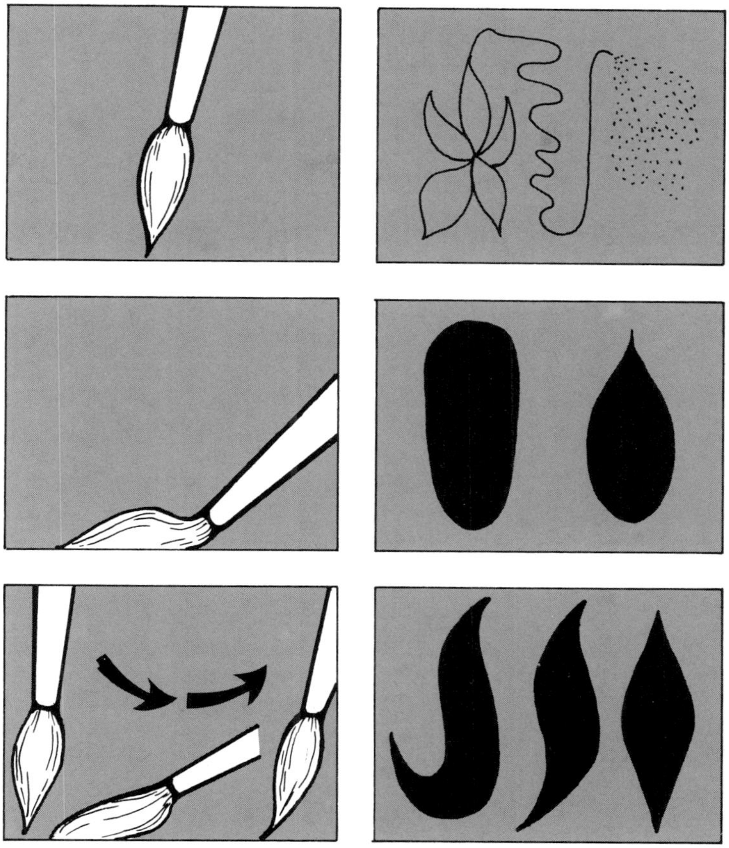

Pinselhaltungen und die entsprechenden Malergebnisse.

Arbeitsweise

Ganz gleich, ob man mit selbst angeriebenen oder malfertig gekauften Farben arbeitet, der Erfolg hängt in erster Linie vom guten Auge, von Sorgfalt, Geduld und guter Pinselführung ab.
Für erste Malversuche eignet sich eine einfache weiße Untertasse, eine Fliese oder ein flacher Porzellanteller am besten. Die ungebrannten Farben kann man mit Terpentinöl oder Spiritus wieder abwischen. Es geht zunächst nur darum, das richtige Gefühl für die Menge der Farbaufnahme und die verschiedenen Möglichkeiten der Pinselführung zu gewinnen.
Vor der ersten Farbaufnahme wird der Pinsel – für Übungen sollte er nicht zu dünn und zu langhaarig sein – in Terpentinöl getaucht und an der Kante des Gefäßes (Eierbecher o. ä.) abgestreift. Dann nimmt man Farbe auf, und zwar höchstens so viel, daß der Pinsel bis zur Hälfte bedeckt ist. Der farbgetränkte Pinsel wird abgehoben und dabei gedreht, so daß sich die Haare zu einer exakten Spitze formen.
Zum Malen feiner Linien hält man den Pinsel fast senkrecht mit nur geringfügiger seitlicher Neigung. Umrißzeichnungen, Schraffuren, Punkte und andere Feinheiten werden auf diese Weise gemalt.
Um eine kräftige Farbspur zu erreichen, wird der ganze Pinsel mit leichtem Druck aufgesetzt und gezogen. Dadurch drücken sich die Haare auseinander, und die gemalte Linie wird satt und breit. Setzt man den Pinsel zunächst mit der Spitze auf und drückt ihn dann herunter, entsteht eine Tropfenform. Blütenblätter können auf diese Weise angelegt, d. h. zum späteren Ausmalen von Details vorgemalt werden.
Breite Striche mit feinem An- und Auslauf entstehen, wenn man den Pinsel steil mit der Spitze aufsetzt, ihn auf seine ganze Länge absenkt und gleich darauf wieder steil bis zur Spitze abhebt. Dabei kann man während der Auflage der ganzen Pinselhaarlänge dem Pinsel einen seitlichen Schwung geben (Zeichnungen siehe oben).

Erste gezielte Arbeit

Hat man sich eine gewisse Sicherheit im Umgang mit Pinsel und Farbe erarbeitet, kann man mit der Arbeit am ersten zum Brennen vorgesehenen Werkstück beginnen. Die Aufgabe sollte nicht zu anspruchsvoll sein. Am besten bemalt man Porzellan, das eine schlichte Form hat, mit nur einer Farbe. Die einzelnen Schritte werden hier am Beispiel eines Suppentellers mit blauem Strohblumenmuster, einem traditionellen norddeutschen Dekor, erläutert:

Der mit Spiritus gereinigte Teller wird von der Mitte ausgehend in vier gleiche Felder geteilt, die mit dem Allstabilo-Stift als Kreuz markiert werden. Dann malt man Mittelpunkt, Kreis und vierteilige Rosette. Danach kommen die beiden Außenkreise (hier mit Hilfe von Fuß und Rand einer Likörschale gezeichnet), anschließend jeweils sieben in abfallender Höhe gemalte Striche rechts und links jeder Kreuzmarkierung. Je eine Gruppe von fünfzehn zackenförmig angeordneten Strichen wird zwischen die zuvor gemalten Zackengruppen gesetzt. Oberhalb der jeweils längsten Zackenlinie wird genau zwischen Spitze und Tellerrand das Mittelmotiv des Tellers etwas verkleinert wiederholt. Die äußeren Rosettenbögen werden mit kleinen Kreuzen, die Enden der Kreuzschenkel mit dicken Punkten versehen. Diese Kreuze werden auch an der Mittelrosette ausgeführt. Von dem Mittelschenkel des jeweils rechten Kreuzes der Randrosetten führt ein Bogen zum rechten drittletzten Strich der darunterliegenden Zacke.

An diesen Grundlinien orientiert man sich für die Ausführung des weiteren Dekors. Ist die Vorzeichnung vollendet, malt man alle Linien mit Farbe in einem kräftigen Blau (hier Porzellanmalfarbe 6608 Dunkelblau von Uhlig) nach, wobei man noch Korrekturen anbringen kann. Der Strich, mit der Spitze eines Rosenpinsels gemalt, sollte gleichmäßig stark, die Farbe gleichmäßig kräftig (mit gleichbleibendem Ölanteil) sein.

Mit einem Langhaarpinsel, einem sogenannten Schlepper, wird der Teller gerändert. Man stellt ihn dazu genau in die Mitte einer Ränderscheibe, die entsprechende Markierungen hat. Neben die Scheibe legt man einen Bücherstapel, der so hoch ist, daß man den Arm mit dem Farbpinsel abstützen und den Pinsel gegen den Tellerrand halten kann. Mit leichtem Schwung werden Ränderscheibe und Tel-

Einfarbentechnik, bei der die verschiedenen Farben nebeneinander gemalt wurden.

Porzellan-Zierteller mit mehrfarbigem geometrischem Dekor.

ler in Bewegung gesetzt, während der locker gehaltene Pinsel über das Porzellan gleitet und einen gleichmäßigen Rand malt.
Um die Farben für den Transport zum Brennofen wenigstens etwas haltbarer zu machen, stellt man den bemalten Gegenstand für etwa fünfzehn Minuten in einen auf 50 Grad Celsius aufgeheizten Backofen, dessen Tür nicht ganz geschlossen sein soll, damit die Öldämpfe abziehen können. Man transportiert den abgekühlten bemalten Teller am besten in einer Plastiktüte, die man aufgeblasen und fest verknotet hat, so daß sie eine Art Luftballon bildet.
Nach dem Brand ist die aufgemalte Farbe unlöslich mit dem Porzellan verbunden. Die gezeichneten Bleistiftlinien sind verschwunden. Man kann den Teller in der Spülmaschine abwaschen und, wenn man eine blei- und kadmiumfreie Malfarbe verwendet hat, auch unbeschadet davon essen.

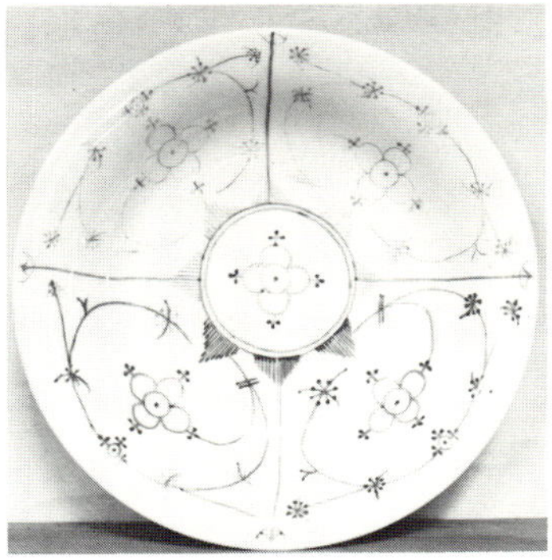

Ein einfarbig bemalter Teller im blauen Strohblumenmuster. Mit dem Allstabilo-Stift wird der gereinigte Teller in vier Felder aufgeteilt. Hiervon ausgehend baut sich das geometrische Muster auf, das mit Porzellanmalfarbe und einem Rosenpinsel nachgemalt wird (oben links). Der bemalte Teller wird kontrolliert, vergessene Motivteile können nun noch nachgemalt werden (oben rechts). Der Teller wird anschließend auf eine Ränderscheibe oder einen ausgedienten Plattenspieler gestellt und die Scheibe mit der Hand in mäßigen Schwung gebracht. Ein mit Farbe benetzter Pinsel wird mit der Spitze am Tellerrand aufgesetzt. Durch die Rotation des Tellers zeichnet sich ein gleichmäßiger Rand ab (Mitte rechts). Fertiger Teller nach dem Brennen (rechts).

Mehrfarbentechnik
Die Mehrfarbentechnik ist für Laien, die keinen Zwischenbrand zwischen Anlage und Ausmalung ausführen können, nicht ganz problemlos. Bei der Mehrfarbentechnik wird das Motiv zuerst in einer Grundfarbe angelegt.
Danach wird es weiter ausgemalt, d.h. durch Schattierungen und detaillierte Ausmalungen ergänzt und belebt. Ist es nicht möglich, das angelegte Grundmotiv zu brennen, muß man alle Arbeitsgänge in direkter Folge ausführen. Diese Technik nennt man Naß-in-Naß-Malerei. Das Problem liegt in der richtigen Konsistenz der jeweils nachfolgenden Farbe, die auf eine bereits vorhandene aufgemalt wird. Ist die neue Farbe zu trokken, läßt sie sich schlecht vermalen und verbindet sich möglicherweise beim späteren Brand nicht gleichmäßig mit dem unteren Farbauftrag. Ist sie zu ölig angerührt, löst sie die zuerst ausgeführte Malerei wieder an, und die Farben sehen später verschwommen aus. Man kann diesem Problem etwas begegnen, indem man das Porzellan mit der Anlagemalerei fünfzehn Minuten lang im Backofen bei 50 Grad Celsius und angelehnter Ofentür erwärmt, so daß das in der Farbe enthaltene Öl etwas verdunstet. Nachdem das Porzellan abgekühlt ist, kann man mit dem Schattieren und Ausmalen beginnen. Die untere Farbschicht ist nun nicht mehr so empfindlich gegen das lösende Terpentinöl oder andere Malmittel.

Schale in Mehrfarbentechnik ohne Zwischenbrand (oben). Dose in Mehrfarbentechnik mit Zwischenbrand (rechts).

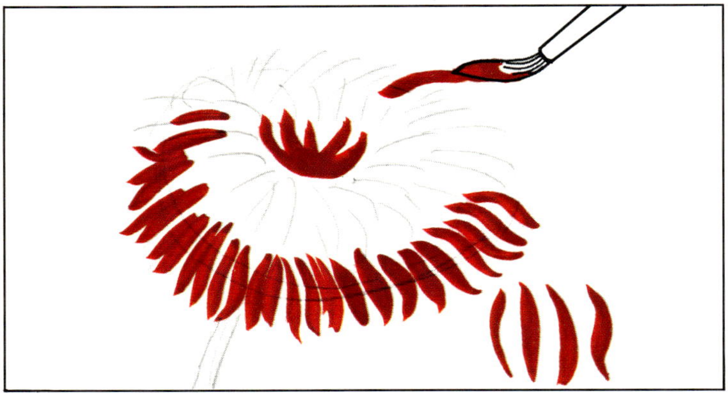

Naß-in-Naß-Maltechnik am Beispiel einer Blüte: Man beginnt mit der dunkelsten Farbe, malt in mehreren Stufen hell darüber und setzt zum Schluß mit Weiß Lichter auf. (Zum besseren Verständnis sind in den Abbildungen die Konturen der jeweils gemalten Blätter verschiedener Phasen umrandet. Diese Umrandung entfällt normalerweise natürlich!)

Stiefmütterchen-Dekor: Die Zeichnung wird übertragen. Danach werden die Blütenblätter von außen nach innen in Blautönen gemalt und hell schattiert. Die Arbeit wird im Backofen getrocknet, bevor man violette Schattierungen und gelbe Mittelpunkte malt.

Motive für die mehrfarbige naturalistische Malerei werden in erster Linie Blumen, Blumengebinde, Zweige, Einzelblüten sowie Vögel und Schmetterlinge sein, wie sie bei alten Porzellanmalereien in Vollendung ausgeführt wurden. Während man bei Malereien mit Zwischenbrand mit der hellsten Farbe beginnt und die Anlage anschließend dunkler schattiert, geht man bei der Naß-in-Naß-Technik den umgekehrten Weg. Hier legt man das Motiv, z. B. eine Blüte, mit der dunkelsten Farbe an, malt die nächste hellere Stufe darüber, dann die dritte und setzt zum Schluß mit Weiß noch einige Lichter auf. Die Abbildungen links zeigen die Entwicklung einer solchen Blüte. (Zum besseren Verständnis sind die Konturen der neu hinzukommenden Blattformen z. T. dunkel markiert.)

Becher mit Stiefmütterchen

Die erste mehrfarbige Arbeit sollte nicht zu kompliziert sein. Das Stiefmütterchen (Musterzeichnung in Originalgröße links) ist ein gutes Übungsmotiv, das man auf einen zylindrischen Becher malen könnte. (Entsprechende Gefäße bekommt man billig im Warenhaus oder Haushaltswarengeschäft.) Man überträgt die Zeichnung aus freier Hand mit dem Allstabilo-Stift auf das mit Spiritus gereinigte Porzellan (nicht mit Pauspapier arbeiten). Danach werden die Blütenblätter von außen nach innen in verschiedenen Blautönen angelegt und hell schattiert. Die Anlage wird bei 50 Grad im Backofen getrocknet, bevor innen die blauviolette Blattschattierung und die gelben Mittelpunkte auf das erkaltete Porzellan gemalt werden. Vorsicht mit der gelben Farbe: Mischt sie sich mit dem Blau, ergibt sich ein unerwünschtes Grün.

Die Knospen werden ohne Zwischentrocknung in zwei Blautönen ausgemalt, ebenso die Blätter in hellem und dunklerem Olivgrün. Noch einmal wird der Farbauftrag im Backofen getrocknet. Dann malt man mit einer Stahlfeder (siehe „Indisch-Malerei") die Blattrispen und konturiert die helleren Blattkanten in dem dunklen Olivton, dem man etwas Schwarz beigemischt hat. Fuß und Oberkante des Bechers werden mit Hilfe der Ränderscheibe (siehe Absatz „Erste gezielte Arbeit") in dem helleren Olivton gerändert. Danach wird die Arbeit gebrannt.

Indisch-Malerei

Die Bezeichnung für diese Malerei stammt aus der Zeit, als chinesisches Porzellan auf dem Handelsweg über Indien nach Europa kam. Man nannte sie zuerst „Indianische Malerei", die ganzen Stücke „Indianische Ware". Typisch daran sind die stilisierten Blütenmotive, deren Konturen mit einer Feder gezeichnet und meistens in Schwarz gehalten sind. Die farbig ausgemalten Füllungen sind in der Regel unschattiert (Foto Seite 88, unten).

Man arbeitet mit verdünnter Porzellanmalfarbe und einer Schreibfeder aus Stahl. Um die Farbe dünnflüssiger zu machen, setzt man ihr einige Tropfen Anis-, Lavendel- oder Nelkenöl zu (Drogerie, Apotheke). Porzellanfarbe in Pulverform wird ebenfalls mit den genann-

Porzellanteller mit Stiefmütterchen und Blütenarrangement.

ten Ölen verflüssigt. Man kann sie aber auch mit Dextrin und Wasser anrühren. (Dextrin gibt es in der Drogerie oder Apotheke.) Mischung: In einer Anreibeschale wird ein Teelöffel Farbpulver mit einer Messerspitze Dextrin und Wasser zu einem dickflüssigen Brei zerrieben. Sind die Farbpigmente gut verrieben, fügt man tropfenweise so viel Wasser hinzu, bis die Farbe gut aus der Feder fließt. Bevor man mit dem Zeichnen auf absolut fettfreiem Porzellan beginnt, macht man einige Probestriche darauf, die sich leicht wieder abwischen lassen. Fünf Minuten nach dem Farbauftrag wischt man leicht mit dem Finger darüber. Geht die Farbe gleich ab, muß man der Mischung etwas mehr Dextrin unterreiben. Blättert sie dagegen ab, ist entweder die Farbe zu dick oder sie enthält zuviel Dextrin. Man korrigiert die richtige Konsistenz mit einigen Tropfen Wasser. Mit Wasser angesetzte Porzellanfarben können auch mit einem feinen Pinsel vermalt werden, jedoch darf dieser zuvor nicht mit Ölfarben in Berührung gekommen sein.

Fondtechnik

Unter Fond versteht man flächig gleichmäßig aufgebrachte Farbe. Wichtig ist, daß die Farbe deckend, jedoch nicht dick aufgetragen wird, weil sie sonst nach dem Brand abplatzen könnte. Der Fond wird auf das gereinigte Porzellan mit einem Schwämmchen locker aufgetupft. Dabei beginnt man in der Mitte der Fläche und arbeitet in

Zwei Teller in Indisch-Malerei. Oben: Dekor mit einer Zeichenfeder gemalt. Unten: Pinseltechnik.

kreisenden Bewegungen nach außen.
Man kann die Fondfarbe auch mit einem Stupfpinsel – das ist ein kurz gebundener Pinsel mit gleich lang gestutzten Borsten – aufbringen. Der in Farbe getauchte Pinsel wird in kurzen lockeren Stoßbewegungen über das Porzellan geführt. Man hält ihn genau senkrecht.
Fondfarbe kann man auch mit einem dickeren Haarpinsel aufstreichen. Um Pinselstrichspuren zu vermeiden, überstreicht man die Fläche im ersten Gang in senkrechten Bahnen von unten nach oben, im zweiten diagonal von rechts unten nach links oben, im dritten diagonal von links unten nach rechts oben und im letzten Gang senkrecht abwärts.
Die Farbe muß ausgesprochen dünn angerührt sein, damit die Farbschicht nach dem Brennen nicht abplatzt. Fließende Farbübergänge, wie man sie für Vorder- oder Hintergründe bei der Landschaftsmalerei auf Porzellan braucht, erzielt man z. B., wenn man von der hellen zur dunkleren Farbe nach jedem Pinselstrich eine winzige Menge des zu erreichenden neuen Farbtons hinzugibt (Beispiel S. 90, oben links). Man kann auch zwei Farben nebeneinandersetzen und durch gleichmäßiges Verstreichen auf der Farbgrenze einen fließenden Übergang erreichen (Beispiel S. 90, oben rechts).
Ein plastischer Eindruck entsteht, wenn man etwas von dem Farbauftrag mit einem trockenen Pinsel herauswischt. Ein Beispiel sehen Sie S. 90, unten links.
Beim Stupfen entsteht ein fließender Übergang, wenn man an der Grenzlinie zweier aufgetragener Farben die dunkle Farbe über die helle stupft oder umgekehrt.
Beim Fondauftrag mit dem Pinsel ist es selbstverständlich, daß man für waagerechte Farbübergänge das Porzellan so dreht, daß der erste der vier erforderlichen Streichgänge waagerecht von rechts nach links ausgeführt wird.
Ist der Fond aufgebracht und getrocknet (eine Viertelstunde bei 50 Grad Backofenhitze und halboffener Klappe), kann man entweder darauf ein Motiv malen oder die Reservetechnik anwenden.
Beim Malen auf Fond ist zu beachten, daß die Farben den Fond an den übermalten Stellen so abdecken, daß er nicht durchscheint. Daraus ergibt sich, daß man am besten dunkle Dekore auf hellen Grund setzt.

Reservetechnik

Bei der Reservetechnik kratzt man mit einer Schneidfeder ein Motiv, dessen Umrisse man zuvor mit dem Allstabilo-Stift vorgezeichnet hat, aus dem getrockneten Fond aus. Flächen kann man auch mit dem angespitzten Pinselstiel freilegen. Dann malt man das vorgesehene Motiv wie üblich. Dabei kann man die freigelegte Fläche so bemalen, daß sie von der Malerei ganz bedeckt wird (Foto S. 89), oder man sieht den Fond als eine Art Rahmen an, in dessen Innenbegrenzung ein nicht flächenfüllendes Motiv steht.

Porzellandose in Fondtechnik. Das Motiv wurde bei der Grundierung ausgespart und später ausgemalt.

Vier Beispiele für fließende Farbübergänge in Fondtechnik: Allmähliche Zunahme dunklerer Farbe (oben links), zwei Farben auf der Farbgrenze ineinander verstrichen (oben rechts), Farbe mit trockenem Pinsel ausgewischt (unten links), Farben übereinandergestupft (unten rechts).

Kaffeegedeck mit Transfer-Dekor in Streublumenmuster.

Teller mit Einzelmotiv, aufgebracht durch Einbrennen eines Transfer-Dekorbildes.

Transfer-Dekore

Wer nicht malen, dennoch sein Porzellan dekorieren möchte, kann auf Transfer-Dekore zurückgreifen. Diese Bilder, die es in großer Auswahl im Hobbyhandel gibt, sind eigentlich zum Einbrennen in Email gedacht, sie lassen sich aber ausgezeichnet auf Porzellan anwenden.

Der Vorgang ist einfach. Außer einer Schere, einem Schälchen Wasser und einem Papiertuch braucht man nichts dazu. Zunächst wird das gewünschte Bild (oder die Bilderserie) zusammen mit dem Trägerpapier ausgeschnitten. Man weicht es einige Minuten in lauwarmem Wasser ein und probiert, ob es sich auf dem Trägerpapier verschieben läßt. Ist das der Fall, bringt man Dekorbild und Trägerpapier an die vorgesehene gereinigte Stelle des Porzellans und schiebt das Bild vom Papier ab. Solange es noch ganz naß ist, kann man den Stand auf dem Porzellan korrigieren. Anschließend drückt man mit dem Papiertuch von der Mitte ausgehend zu den Kanten des Bildes das Wasser heraus. Es dürfen sich keine Bläschen unter dem Bild befinden. Sind sie dennoch entstanden, hebt man das Bild noch einmal ab und drückt es erneut von der Mitte aus fest. Man drückt so lange mit dem Papiertuch, bis das Bild festklebt und sich die Schnittkanten nicht aufrollen. Den fertig dekorierten Gegenstand, den man noch mit einem gemalten Rand versehen kann (Porzellanmalfarben), bringt man zum Brennen oder brennt ihn selbst bei 800 Grad. Durch diesen Vorgang werden die Bilder fest auf, jedoch nicht eingebrannt. Geschirr, das auf diese Weise verziert wurde, ist nicht spülmaschinenfest.

Zum Übertragen von Transfer-Dekoren (Bildfolge auf der rechten Seite) braucht man lauwarmes Wasser, Papiertuch, Schere und Transfer-Bilder, wie sie für Emailarbeiten verwendet werden. Das Dekorbild wird mit Wasser vom Trägerpapier gelöst, auf den gereinigten Teller übertragen und blasenfrei angedrückt. Besonders auf hochstehende Kanten achten. Sind die Bilder festgetrocknet, kann man sie bei 800 Grad Celsius aufbrennen oder aufbrennen lassen.

Tips

Findet man keinen Brennservice an seinem Wohnort, kann man an Hersteller von Porzellan- bzw. Porzellanmalfarben schreiben, die dann die Anschrift des nächstgelegenen Brenndienstes nennen. (Porzellanfarben-Hersteller: C. Kreul, Künstlerfarbenfabrik, 8550 Forchheim. Porzellanmalfarben-Hersteller: Horst Uhlig, Horst-Uhlig-Straße, 5449 Laudert/Hunsrück.)

Es ist unbedingt erforderlich, zum Anreiben von Farbpigmenten reines Terpentinöl zu nehmen. Terpentinersatz ist nicht geeignet.

Soll bemaltes Porzellan zum Brennen verschickt werden, legt man zwischen die einzelnen Teile Papiertücher (Haushaltskrepp), die so groß sein müssen, daß sie den Gegenstand jeweils ganz abdecken. Die Teile werden sorgfältig gestapelt und so fest in mehrere Lagen Seidenpapier eingeschlagen, daß sie keinen Spielraum haben und sich nicht verschieben können. Am besten umklebt man die äußere Papierlage kreuzweise mit breitem Klebstreifen. Erst dann kommt die Außenverpackung für den Versand.

Beim Ausarbeiten eines Fonds ist zu berücksichtigen, daß man von vornherein ausreichend Farbe anreibt bzw. anmischt.

Hat man eine Lochpalette ohne Deckel, müssen die Näpfchen mit Farbe gut abgedichtet werden. Am besten stellt man die Palette in eine Plastiktüte und klebt diese luftdicht zu. Mit Wasser angemischte Farben (Indisch-Malerei) sind länger haltbar als andere. Sie können auch nach längerer Zeit wieder mit Wasser malfähig gemacht werden.

Bei Auswahl des undekorierten Porzellans sollte man darauf achten, daß die Schauseite einwandfrei, ohne Brennfehler ist.

Gebrauchtes weißes Porzellan eignet sich nicht gut für Porzellanmalerei, weil die Oberfläche meistens viele Risse und Kratzer hat, die man mit bloßem Auge nicht sieht.

Um eine Skala der Farben nach dem Brand zu haben, aber auch, um Rezepte der Mischungen bei angeriebenen Pulverfarben fixieren zu können, sollte man eine Tellerfahne mit Probestrichen bemalen und diese brennen lassen.

Pinsel und Gefäße reinigt man nach abgeschlossener Arbeit mit Terpentin oder Spiritus. Mit Wasser angesetzte Pulverfarben-Reste entfernt man mit lauwarmem Wasser. Pinsel werden auf dem Stiel stehend und stets nur in gründlich gereinigtem Zustand aufbewahrt.

Glasgravur

Der Diamantriß, eine Graviertechnik, die ursprünglich nur lineare Gestaltungen zuließ, wurde bereits in der Antike in Persien angewandt. Um die Mitte des 16. Jh. breitete sich dieses Kunsthandwerk von Venedig ausgehend über Europa aus. Hochburgen bildeten sich in Böhmen und in den Niederlanden. Bekannt wurden die niederländischen Künstlerinnen Anna Schuurman, Maria Tesselschade und Anna Viescher. Der österreichische Glasschneider Georg Schwanhardt machte um 1650 den damaligen Kaiser Ferdinand III. mit der „sorgenvertreibenden Kunst“ der Glasgravur vertraut. Zahlreiche Beispiele in Museen und Spezialsammlungen geben Zeugnis von der Variationsbreite, die Glasschnitt und Glasgravur bieten. Im Auktionskatalog Herbst 1983 von Sotheby's in London findet sich unter der Nr. 161 ein sogenanntes AMEN-Glas aus der Zeit um 1750, das u. a. mit „finely-engraved in diamond point“ beschrieben wird. Das 18 cm hohe Glas, das neben anderen Gravuren 34 Zeilen von „God Save The King“ aufweist, wurde mit einem Aufruf-Preis von 5000 bis 7000 engl. Pfund (seinerzeit 20 000–28 000 DM) angesetzt, jedoch niedriger zugeschlagen. Zwar wird ein Hobby-Graveur weniger spektakuläre Ergebnisse erzielen, jedoch eröffnet sich jedem, der Freude an künstlerischer Glasgestaltung hat, hier ein Weg.

Die Technik: Blasenfreie Glasscheiben oder Hohlgläser werden mit speziell für den Hobby-Graveur entwickelten Diamantschreibern nach einer Vorzeichnung oder einer untergelegten Vorlage geritzt und teilweise flächig ausgearbeitet. Das kann manuell durch Diamantschreiber mit auswechselbarem Kopf oder mit Hilfe eines elektrisch betriebenen Graviergerätes geschehen.

Arbeitsmittel

Zum Glasgravieren braucht man:

Einfaches blasenfreies Gebrauchsglas
Mustervorlage oder Filzschreiber, wasserfest
Diamantstifte zum Ritzen
Karborundstifte zum Schleifen
Glasgummistift
Halter für Gravierstifte
Elektrisches Graviergerät (für Graveure mit Erfahrungen)
Dunklen Stoff oder Karton
Weiche Arbeitsunterlage
Klebstreifen
Putzlappen.

Glas Zum Gravieren kann man jedes blasenfreie Gebrauchsglas nehmen, jedoch sei Anfängern das im Hobbyfachhandel angebotene weiche Glas empfohlen, auf dem sich leichter arbeiten läßt. Es ist in Platten mit oder ohne Bleifassung oder als Hohlglas (Gefäße) zu haben. Im Handel erhältliche Gegenstände aus Kristallglas nehmen die Linien des Gravierstiftes leichter an als billige Trinkgläser. Billiges Glas hat zudem die Eigenschaft, daß es bei zu starkem Druck springt. Man kann solches Glas jedoch etwas entspannen, indem man es in ein kaltes Wasserbad stellt, das Wasser bis zum Siedepunkt erhitzt und langsam wieder abkühlen läßt.

Mustervorlage Für den Anfang sollte die Mustervorlage in allen Details ausgearbeitet, jedoch nicht zu kompliziert sein. Man befestigt sie mit Klebstreifen unter dem Glas bzw. auf der Innenseite des Glases. Ist das nicht möglich, z. B. bei Flaschen, Vasen oder Karaffen, wird die Zeichnung mit einem wasserfesten Filzschreiber direkt auf das gereinigte Glas gezeichnet (ein nicht wasserfester Stift würde während der Arbeit verwischen).
Bei Gegenständen aus Glas, die nicht nur dekorativen Zwecken dienen, z. B. Obstschalen, Glasteller, Ascher, wird die Gravur stets auf der Außenseite angebracht. Das heißt, daß bei der Bodenverzierung eines Tellers das Muster seitenverkehrt angelegt und graviert werden muß.

Diamantstifte Zum Ritzen von Konturen oder feinen Linien benutzt man spitze Diamantstifte, die es in unterschiedlicher Stärke einzeln oder als Set zu kaufen gibt. Für den Anfang genügen zwei in verschiedenen Kopfstärken. Zum Nacharbeiten von Linien und Grundieren von

Rot beschichtetes Farbglas (Rubinglas) eignet sich besonders gut für Gravuren.

Flächen braucht man Stifte mit Kegel- oder Kugelkopf. Zwei von jeder Sorte in unterschiedlicher Stärke sollte man mindestens haben.

Karborundstifte Zum Anlegen matter Flächen und Schattierungen werden Karborundstifte, auch Schleifstifte genannt, gebraucht. Es gibt sie in Kegel-, Kugel- und Zylinderkopfform in unterschiedlichen Stärken. Mit je einem Schleifstift der genannten Formen sollte man als Anfänger Erfahrungen sammeln, um so herauszufinden, mit welchem Stift man am besten arbeiten kann. Darüber hinaus gibt es noch einen Karborundstift, der die Form eines kleinen Rädchens hat, den sogenannten Riller. Mit seiner Hilfe wird die Innenfläche zwischen den Randkonturen eines Buchstabens halbrund ausgerillt. Der Riller ist ein Gerät für fortgeschrittene Graveure.

Glasgummistift Mit diesem Werkzeug wird eine zu glatte Glasfläche bearbeitet, um das

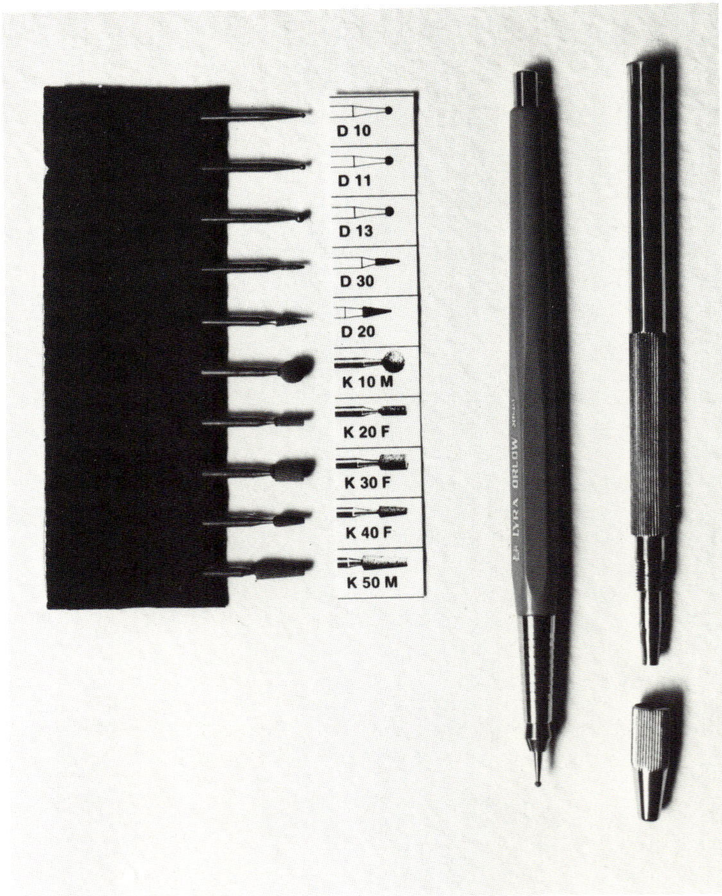

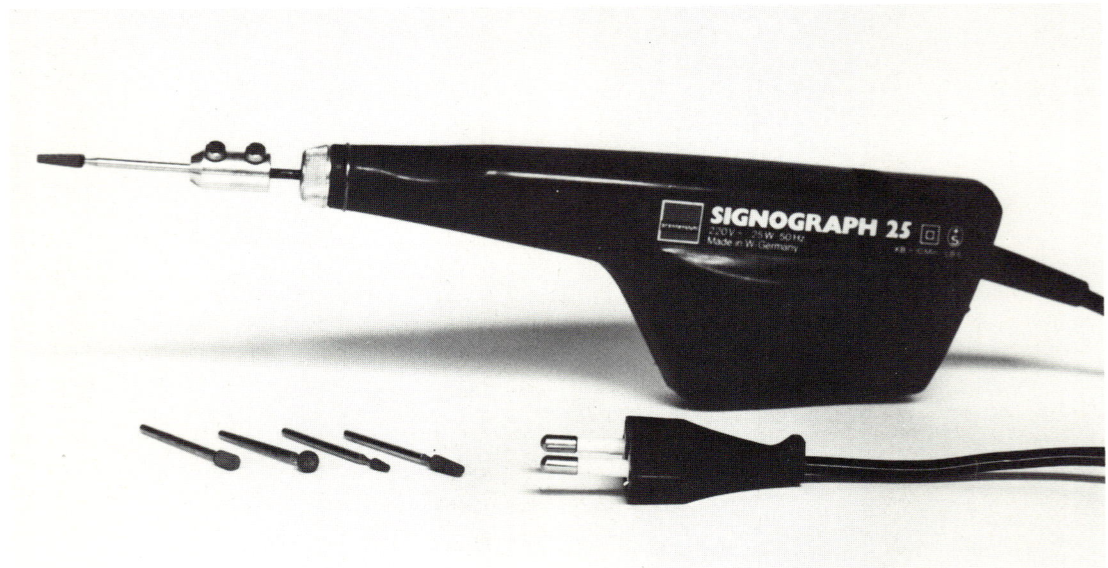

Abrutschen des Diamantstiftes bei der ersten Vorgravur zu mindern. Besonders bei gerundeten Gravurflächen, z. B. Gläsern, ist die Vorarbeit mit einem Glasgummistift zu empfehlen. Der Glasgummistift unterscheidet sich optisch kaum von den Schleifstiften, er ist jedoch viel weicher und hinterläßt keine sichtbaren Kratzspuren auf dem Glas. Man benutzt ihn auch zum Nacharbeiten von Unebenheiten auf geschliffenen Flächen.

Halter für Gravierstifte Man unterscheidet zwei Haltersysteme, den Druck- und den Gewindehalter. Der Druckhalter ist ein bleistiftähnliches Gerät, durch dessen Druckvorrichtung am Ende sich Greifkrallen öffnen, in die der jeweilige Stift eingeklemmt wird (ähnlich wie bei einem Druckbleistift). Der Gewindehalter, ein aus der Zahntechnik bekanntes Gerät, besteht aus verchromtem Metall mit abschraubbarer Spitze. Der jeweilige Gravierstift wird in eine Halteröhre eingeschoben und mit der darübergeschraubten Spitze befestigt.
Der Kunststoffhalter hat den Vorteil, daß man die Gravierstifte sehr schnell auswechseln kann. Der Schraubhalter ist etwas umständlicher, ermöglicht aber durch sein höheres Eigengewicht eine bessere Auflage auf das Glas und eine exaktere Führung.
Beide Halter werden während der Arbeit wie ein normaler Schreiber gefaßt.

Elektrisches Graviergerät
Man unterscheidet zwei Systeme. Bei dem einen arbeitet das elektrisch betriebene Gerät nach dem Vibrationsprinzip (Foto), es hämmert gewissermaßen auf das Glas ein, während bei dem anderen System der Gravierstift rotiert und damit die Linien in das Glas einschleift.
Bei dem Gerät mit vibrierender Spitze (Signograph) läßt sich die Geschwindigkeit der Vibration stufenlos regulieren. Beim rotierenden Gerät kann man zwei Geschwindigkeiten einstellen.
Auch die Elektrogravierer, die für Anfänger nicht so gut geeignet sind, werden an der Spitze wie ein Schreiber gehalten und geführt. Allerdings legt man dazu das zu gravierende Werkstück auf eine weiche Unterlage. (Bei der manuellen Gravur kann man es in einer Hand halten und eventuell leicht abstützen.)

Dunkler Stoff oder Karton Um nach der Konturengravur die Flächen matt auszuarbeiten, muß man die vorgravierten Linien gut erkennen können. Das geht am besten, wenn man das Glas mit dunklem Karton hinterlegt oder (bei Gefäßen) mit dunklem Stoff ausstopft.

Weiche Arbeitsunterlage Gut geeignet ist eine doppelt oder mehrfach gefaltete Wolldecke, mit der der Tisch oder die Arbeitsfläche bedeckt wird. Sie verhindert, daß das Werkstück gleich zerbricht, wenn es während der Arbeit einmal aus der Hand rutscht. Außerdem wird eine weiche Unterlage für alle Gravuren benötigt, die flach auf dem Tisch liegend ausgeführt werden. Unerläßlich ist sie bei der Arbeit mit einem elektrischen Graviergerät.

Klebstreifen Zum Befestigen der Motivzeichnung unter dem Glas bzw. auf der Innenseite des Glases nimmt man selbstklebende Klarsichtstreifen. Die Motivzeichnung muß unverrückbar befestigt werden.

Putzlappen Um den Glasstaub, der beim Ritzen und Schleifen des Glases anfällt, zu beseitigen, nimmt man am besten einen weichen Lappen, den man zwischendurch kräftig ausschlägt. Während der Arbeit muß das Glas ständig gesäubert werden, damit man die gravierten Linien und Flächen genau erkennen kann.

Arbeitsweise

Anhand einer einfachen Gravur auf einem Trinkbecher soll zunächst die Grundtechnik erläutert werden (siehe Fotos S. 98): Die Musterzeichnung wird mit Klebstreifen auf der Innenseite des Trinkbechers so angebracht, daß sie sich genau der Wandung anpaßt. Zwischen Glas und Papier darf kein Zwischenraum sein, da die Gravur sonst ungenau wird. Die mit einem Spülmittel gereinigte Außenfläche wird, wenn vorhanden, mit einem Glasgummistift bearbeitet. Dabei genügt es, wenn man die Konturen der Buchstaben nachfährt. Man hält während der Arbeit den Becher in der einen Hand und stützt den Unterarm auf der Arbeitsfläche ab. Man kann den Arm auch am Körper anwinkeln und das Glas frei halten. Durch Ausprobieren stellt man selbst am besten die günstigste Arbeitsposition fest. Wichtig ist, daß das Glas während der Vorgravur stets so gehalten wird, daß man genau senkrecht auf die Arbeit blickt. Seitlich wechselnde Blickrichtungen oder unterschiedliche Neigungen der zu gravierenden Fläche lassen aufgrund der optischen Bildverschiebung keine genaue Gravur zu.
Der Halter mit dem spitzen Diamantstift für die Vorgravur wird

HAPPY
TO TOM

HAPPY
TO TOM

wie ein Bleistift gefaßt. Man führt den Diamantstift ohne starken Druck langsam über das Glas, genau wie beim Schreiben. Dabei sollte man versuchen, den Stift durchgehend zu führen und nur an Ecken abzusetzen. Besonders Bogenlinien müssen exakt durchgezogen werden. Unterbrechungen sind fast immer sichtbar. Das mehrmalige Nachfahren einer Linie sollte ebenfalls vermieden werden, es macht die Kontur unsauber und den Diamanten vorzeitig stumpf.
Ist die Vorgravur ausgeführt, wiederholt man den Vorgang noch einmal mit dem feinsten Kugelkopfdiamanten. Zwischendurch entfernt man den abfallenden Glasstaub mit einem weichen Lappen.
Nun kann man die Mustervorlage entfernen. Danach sieht man, ob alle Konturen graviert wurden, und kann notfalls nacharbeiten. Zur besseren Kontrolle der nun auszuführenden Arbeit klebt man auf die Innenseite der Gravurfläche ein Stück dunklen Karton oder man stopft das Glas mit einem dunklen Tuch aus (eine Papierserviette geht auch).
Zum Schleifen der Buchstaben innerhalb der Konturen benutzt man einen Karborundstift in Kegelform von mittlerer Stärke. Man kann auch mit dem Kugelkopf arbeiten, jedoch ermöglicht der Kegel eine bessere Sicht und genaueres Arbeiten, besonders innerhalb der angrenzenden Konturlinien. Man arbeitet nun ganz ohne Druck und setzt dicht nebeneinander Linie an Linie, bis die ganze Fläche mattgeschliffen ist. Dabei wird der Schleifstift stets nur in einer Richtung geführt, entweder senkrecht abwärts, waagerecht von links nach rechts oder diagonal von links unten nach rechts oben (Linkshänder arbeiten waagerecht oder diagonal in entgegengesetzter Richtung).
Wichtig ist, daß man nicht in verschiedenen Richtungen auf dem Glas herumkratzt, weil dadurch eine Fläche mit ungleich tiefen und unterschiedlich verlaufenden Rillen entsteht, die eine ungleichmäßige Mattierung hervorrufen. Während der Arbeit muß immer wieder der Glasstaub abgewischt werden.
Ist die Gravur beendet, entfernt man die dunkle Einlage aus dem Glas und kontrolliert die Arbeit, indem man sie gegen das Licht hält. Jetzt kann man noch kleine Korrekturen anbringen. Mit dem anschließenden Abwaschen ist das Glas gebrauchsfertig.

◄ In dem zu gravierenden Gefäß wird die Musterzeichnung befestigt (oben links).
Den Umrißlinien folgend wird die Vorgravur ausgeführt (oben rechts). Das Gefäß wird mit dunklem Karton ausgeklebt.
Mit dem Karborundstift in Kegelform setzt man innerhalb der markierten Konturen Strich neben Strich und grundiert die Flächen, bis sich eine geschlossene Mattierung ergibt (unten links).
Danach entfernt man die dunkle Einlage und kontrolliert im Gegenlicht, ob sich blanke Stellen innerhalb der Gravur zeigen. Notfalls arbeitet man nach.

► Foto rechts: Monogramm, mit einem 1,4 mm feinen Diamantstift in Reißtechnik ausgeführt.

Graviertechniken

Man unterscheidet folgende Techniken: Vorgravur, Grundieren oder Reißen, Spicken, Stippen und Schleifen.

Vorgravur Auszuführen mit Diamantstiften, deren Kopfspitze von 0,8 bis 1,0 mm Durchmesser mißt. Bei der Vorgravur werden Konturen bzw. Linien eines Musters vorgeritzt. Die Vorgravur ist der erste Schritt beim Gravieren.

Grundieren oder Reißen Auszuführen mit einem mittelfeinen Diamantstift, dessen Kopfspitze einen Durchmesser von 1,4 bis 1,6 mm hat. Das Grundieren oder Reißen wird dort angewandt, wo es darum geht, eine Fläche frei oder innerhalb vorgravierter Konturen zu mattieren. Man setzt dazu gleichmäßige Striche so dicht nebeneinander, daß sich eine geschlossene Fläche ergibt (siehe Foto S. 99). Größere Flächen kann man auch mit einem Karborundstift mit Kegelkopf bearbeiten.

Spicken Auszuführen mit dem gleichen Diamantstift, der für das Reißen verwendet wird. Beim Spicken wird der Stift mit leichtem Druck angesetzt und mit allmählich nachlassendem Druck nach außen gezogen. Das Ergebnis sind zart auslaufende Linien oder Schwünge, je nach Ansatz und Stiftführung. (Siehe Foto oben.)

Stippen Auszuführen mit einem mittelfeinen spitzen Diamantstift oder einem Diamantstift mit feinem Kugelkopf. Beim Stippen wird der Halter mit dem Stift senkrecht gehalten und gleichmäßig auf das Glas gestoßen, so daß sich kleine Punkte ergeben. Durch die Dichte der Punkte kann man unterschiedliche Flächenwirkungen erzielen. Dichtgesetzte schwache Punkte haben die Wirkung einer Schraffur (siehe Foto unten).

Spick-, Schleif- und Stipptechnik (von oben nach unten).

Schleifen Auszuführen mit Karborundstiften, die alle zum Schleifen geeignet sind. Man wählt den Kopf nach Größe der zu bearbeitenden Fläche. Unter Schleifen versteht man das Mattieren des Glases durch Aufrauhen mit einem Schleiftstift. Je gleichmäßiger das Werkzeug über das Glas geführt wird, um so geschlossener wirkt die mattierte Fläche. Das Glas sollte nach dem Schleifen stumpf sein, jedoch keine fühl- oder sichtbaren Rillen haben (siehe Foto Mitte).

Arbeiten mit dem Elektrogerät

Im Prinzip arbeitet man mit einem elektrisch betriebenen Graviergerät genau wie bei der manuellen Gravur. Die Arbeit mit einem Elektrogerät setzt jedoch eine sichere Führung des Diamant- oder Schleifstiftes voraus. Es ist ratsam, bei ersten Versuchen die Vorgravur mit der Hand auszuführen. Beim Schleifen großer Flächen stellt der Einsatz eines Elektrogerätes eine erhebliche Arbeitserleichterung dar.

Schmucktechniken

Geschliffene Teile kann man zusätzlich durch Aufreiben von Goldpaste (Hobbybedarfshandel) betonen. Das ist jedoch nur bei Schmuckgegenständen angebracht. Nahrungsmittel oder Getränke sollten nicht mit Goldpaste in Berührung kommen. Anstelle der Mattierung kann man Flächen zwischen gravierten Konturen auch mit Glasmalfarben ausmalen.

Tips

Für erste Übungen eignen sich Platten aus Kunstglas (Acrylglas) sehr gut. Das Material ist weicher, das Gravieren leichter. Außerdem ist es billiger. Man bekommt Acrylglas im Hobbybedarfsgeschäft.

Unebenheiten, die beim Schleifen mit dem Karborundstift entstanden sind, lassen sich weitgehend durch Nacharbeiten mit dem Glasgummi beseitigen.

Nach ersten Versuchen auf einer Glasplatte sollte man mit dem Gravieren auf einem Hohlglas beginnen, um sich von vornherein an die unterschiedlichen Handhaltungen (frei oder aufgestützt) zu gewöhnen.

Karborundstifte sind zerbrechlich. Man sollte beim Schleifen niemals mit Druck arbeiten. Eine erwünschte Tiefenwirkung (Mattierungsdichte) erreicht man, wenn man den Stift entsprechend häufig in dichten Strichen leicht über das Glas führt.

Will man einen Spiegel gravieren, sollte man einen aus Kristallglas wählen. Einfache Spiegelgläser sind hart und manuell sehr schwer zu bearbeiten.

Gravuren auf Hohlgläsern sollten mindestens 15 mm vom Rand entfernt ausgeführt werden, um Springen oder Ausplatzen zu vermeiden.

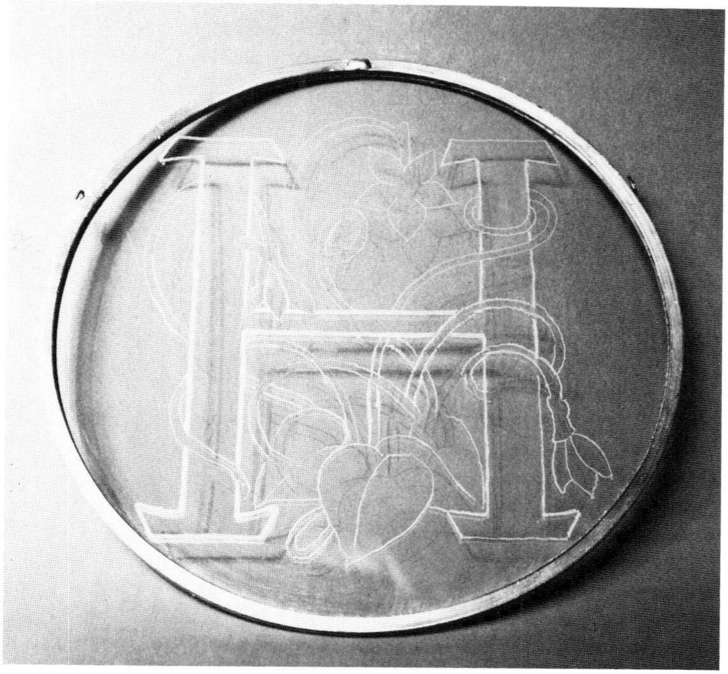

Fensterbild mit Initial und Rankenwerk, ausgeführt in Glasgravur, ergänzt durch Malerei mit Glasmalfarben.

Tiffany-Technik

Die bleiverglasten Fenster, deren farbige Glasstücke musterbildend durch Bleiruten unterteilt und auf diese Weise miteinander verbunden sind, waren sicher richtungweisend für die Entwicklung jener Glastechnik, die untrennbar mit dem Namen Tiffany verbunden ist.
Louis Comfort Tiffany (1848–1933), Sohn des bekannten New Yorker Juweliers frankoamerikanischer Abstammung, gilt als Erfinder jener Methode, bei der kleine Glasstücke mit dünnen Kupferstreifen eingefaßt und anschließend flächig zusammengelötet werden. Tiffany studierte zunächst in New York, später in Paris Malerei. Er entwarf Vasen und Schalen und experimentierte schon früh mit Glas. 1881 entwickelte er ein irisierendes Glas mit faszinierender Lichtwirkung, das später als Tiffany-Glas bezeichnet wurde. 1889 baute Tiffany die ersten Lampen mit Lötstegen. Die nach einer Farbvorlage zugeschnittenen Glasstücke wurden, mit aufgeleimten Kupfereinfassungen versehen, zu kleineren Tafeln zusammengesetzt. Über einer Holzform wurden die Tafeln angeordnet, mit Stiften arretiert und schließlich zu Lampenschirmen verlötet. Auch Glasfenster entstanden auf diese Weise. Die ersten Lampen wurden im Pariser Salon d'Art Nouveau verkauft, einem Geschäft, das dem deutschstämmigen Siegfried Bing gehörte, ein Freund Tiffanys aus der Studienzeit.
Die Tiffany-Methode fand bald Nachahmer, doch wurden die Erzeugnisse aus Tiffanys Werkstätten, die es inzwischen in Paris und New York gab, in ihrer Perfektion und Schönheit nie erreicht. Die von Tiffany weiterentwickelten Farbglasschöpfungen und der Ideenreichtum des Künstlers begründeten seinen weltweiten Ruhm.
Ein großes Sortiment von Farbgläsern und Zubehör macht es heute jedem Laien möglich, nach der Tiffany-Methode zu arbeiten.

Arbeitsmittel

Glas
Arbeitsplatte
Fett- oder Filzstift
Glasschneider
Glasbrechzange
Kröselzange
Karborundstein
Klebstreifen
Selbstklebende Kupferbänder
Schere
Kantiger Bleistift oder Anreiber
Elektrolötkolben
Naturschwamm und Wasserschälchen
Lötwasser
Lötzinn
Patina, Wattebausch
Schutzhandschuhe
Schutzbrille
Handfeger
Selbstklebeband
Pflaster.

Lampenschirm, aus vier gleichen Tafeln und einem Quadrat (links). Anfängerarbeit im Jugendstil in Blau- und Grüntönen (rechts).

Glas Die gebräuchlichsten Glasarten sind Bauglas (Fensterglas), Antikglas, Opalescentglas und Colorescentglas. Bauglas in Stärken von 2–4 mm wird vor allem verwendet für kleine Gewächshäuser. Die Glasstärke richtet sich nach der Größe des Objekts.
Antikglas ist ein mundgeblasenes transparentes Glas in klaren leuchtenden Farben. Die Glasstärke schwankt – auch innerhalb einer Tafel – zwischen 1,5 und 3,5 mm.
Opalescentglas, auch Tiffany-Glas genannt, ist ein lichtdurchlässiges, geflammtes Farbglas, das stets einen weißen Farbanteil hat. Dieser kann jedoch durch eine andere dominierende Farbe zurückgedrängt sein. Die Glasstärke ist ungefähr gleichbleibend 3 mm. Es gibt unzählige Farben und Farbabstufungen.
Colorescentglas ähnelt dem Opalescentglas, hat jedoch nicht den typischen weißen Farbanteil jener Sorte. Es ist ebenfalls geflammt, gemasert oder gestreift, allerdings transparenter als das Tiffany-Glas. Es wird häufig maschinell hergestellt und hat eine fast konstante Stärke, auch über große Flächen, von 3 mm.
Besonders in den letzten Jahren haben sich Glashersteller der Neuentwicklung von Farbgläsern gewidmet und zahlreiche ungewöhnlich schöne und interessante Glasschöpfungen hervorgebracht.
Zwei Glassorten seien noch erwähnt: Kathedralglas und Strukturglas. Kathedralglas ist ein maschinell gefertigtes preiswertes Farbglas, das sich leicht schneiden läßt. Seine gleichmäßigen, etwas stumpfen Farben wirken jedoch eher langweilig und werden den wachsenden Ansprüchen eines Hobby-Glaskünstlers bald nicht genügen. Strukturglas ist für die Tiffany-Technik wenig geeignet, weil die Schnittkanten, bedingt durch die Oberflächenstruktur, ungleichmäßig stark sind und das selbstklebende Kupferband bei der Einfassung nicht gut haftet.
Bau- und Strukturglas sowie einige Farbglassorten bekommt man beim Glaser. Alle für die Tiffany-Glastechnik benötigten Gläser bekommt man in größerer Auswahl in Geschäften, die sich auf Hobby-Glastechniken spezialisiert haben, z. B. in den zahlreichen Tiffany-Läden und -Werkstätten, die z. T. auch Kurse geben.

Arbeitsplatte Eine Platte aus Holz, Preßspan oder Hartfaser, wichtige Hilfe beim Schneiden, Montieren und Zusammenlöten der Glasteile, sollte mindestens 50 × 50 cm groß sein.

Fett- oder Filzstift Zum Markieren der Schnittlinien auf dem Glas eignet sich am besten ein Fettstift (z. B. Faber-Castell 21/19, Drehstift mit auswechselbarer Mine). Verwendet man einen Filzstift (Faserschreiber), muß dieser wasserfest sein, damit man ihn auf dem Glas während der Arbeit nicht verwischt. Fett- und Faserschreiber gibt es im Schreibwarenhandel und in Spezialgeschäften für Zeichenbedarf. Geschäfte, die sich auf Tiffany-Technik spezialisiert haben, führen sie ebenfalls.

Glasschneider Es gibt verschiedene Typen von Glasschneidern, die sich durch Material, Gewicht und Form voneinander unterscheiden. Beim Kauf eines solchen Werkzeugs für den Dauergebrauch sollte man nicht am falschen Ende sparen. Bewährt haben sich Glasschneider mit Widia-Rädchen, deren Kopf sich nach dem Stumpfwerden austauschen läßt. Es gibt sie mit Kunststoff- oder Metallhalterung. Der schwerere Ganz-

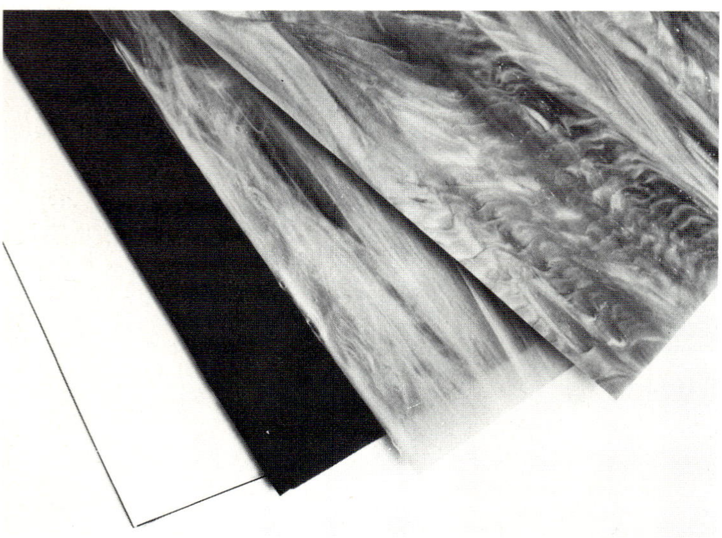

Die gebräuchlichsten Glasarten: Bau-, Antik-, Opalescent-, Colorescentglas (links nach rechts).

metallschneider erleichtert durch sein Eigengewicht die sichere Führung auf dem Glas und ermöglicht das Anritzen fast ohne Druck. Einige solcher Halter sind innen hohl und können durch eine Schraube am Ende mit Schneideöl (einem Gemisch aus Nähmaschinenöl und Petroleum zu gleichen Teilen) gefüllt werden. Hat man einen Glasschneider ohne diese Vorrichtung, stellt man ihn bei ruhender Arbeit mit dem Rädchen nach unten in ein Gefäß, dessen Boden mit einem ölgetränkten Wattebausch bedeckt ist. Zum Schneiden von Fensterglas, z. B. für den Bau eines Gewächshauses, genügt ein einfacherer Glasschneider. Diese gibt es in Geschäften für Hobby- und Heimwerkerbedarf und im Eisenwarenhandel. Widia-Glasschneider führen Fachgeschäfte für Glaserbedarf und Geschäfte, die sich auf Tiffany-Technik spezialisiert haben.

Glasbrechzange Normalerweise wird Glas nach Ausführung der Schnittlinie mit dem Glasschneider mit der Hand gebrochen. Die Glasbrechzange benutzt man vorwiegend für kleinere Abschnitte, die sich mit der Hand schlecht halten lassen, und zum Abbrechen extrem spitzer Stücke, bei denen Verletzungsgefahr für die Hände besteht. Glasbrechzangen haben gleichseitige Greifbacken, die auf den Innenseiten glatt sind. Es gibt sie in verschiedenen Breiten. Am vielseitigsten einsetzbar sind Zangen mit 10 oder 15 mm Backenbreite. Man

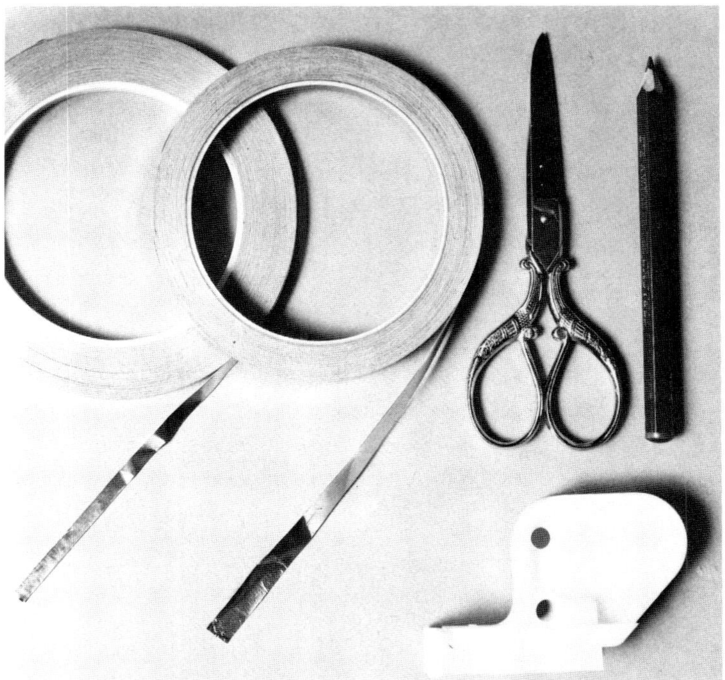

Werkzeuge zum Markieren, Schneiden und Brechen (oben). Kupferband zum Einfassen (rechts).

bekommt sie dort, wo es auch Glasschneider gibt.

Kröselzange Dieses Werkzeug wird zum Entfernen kleinster Ecken und zum Bearbeiten und Entfernen entstandener Grate an den Schnittkanten benutzt. Anders als die Glasbrechzange hat die Kröselzange eine gerade untere und eine leicht gebogene obere Greifbacke. Die untere Zangenbacke hat bei einigen Modellen in der Mitte einen stufenförmigen Absatz. Beide Greifbacken sind auf der Innenseite gerillt. Man benutzt die flachen Spitzen der Zangenbacken zum Abkneifen kleiner Ecken, die gerillten Greifflächen zum Abraspeln der Grate und Splitter.
Kröselzangen in verschiedenen Ausführungen und Backenbreiten gibt es dort, wo auch Glasschneider zu haben sind.

Karborundstein Eigentlich heißt dieser extrem harte Schleifstein Karborundumstein oder -feile. Man benutzt ihn, wie die Glaskröselzange, zum Entfernen stehengebliebener Grate an den Schnittkanten der Glasstücke. Karborundsteine gibt es in verschiedenen Formen. Man bekommt sie in Geschäften, die sich auf Tiffany-Glastechnik spezialisiert haben, und in Fachgeschäften für Hobby- und Heimwerkerbedarf.

Klebstreifen Doppelseitig haftende Klebstreifen-Abschnitte braucht man, um die Glaszuschnitte vorübergehend zur Kontrolle auf die Mustervorlage zu heften.
Einfache selbsthaftende Klebstreifen werden zum provisorischen Zusammenfügen der Bauteile bei der Herstellung von Gewächshäusern oder ähnlichen Gegenständen benötigt. Es gibt sie im Schreibwaren-, Hobby- und Heimwerkerhandel und bei Supermärkten.

Selbstklebende Kupferbänder Mit kupferfarbenen Folienbändern, die mit einer hitzebeständigen Haftschicht versehen sind, werden alle Glaszuschnitte eingefaßt. Es gibt sie in verschiedenen Breiten in Rollen zu je 33 m. Die gebräuchlichsten Breiten sind 6 mm (für 2 mm starkes Glas) und 8 mm (für die Glasstärken 3–4 mm). Zu haben in Spezialgeschäften für Tiffany-Glastechnik.

Schere Eine normale Haushaltsschere reicht aus zum Zuschneiden der Papier- oder Kartonschablonen, die als Schnittmuster für das Glas dienen, und zum Ablängen der Kupferstreifen.

Kantiger Bleistift oder Anreiber Zum Festdrücken und Anreiben der kupfernen Einfaßstreifen auf dem Glas kann man einen sechskantigen Bleistift nehmen. Es gibt auch kleine Geräte aus Plastik, in deren Falz man Glas und umgebogene Kupferfolie legt und mit denen man die Folie gleichmäßig anreibt. Solche Anreiber, zu kaufen in Fachgeschäften für Tiffany-Glastechnik, rentieren sich nur, wenn man sehr viel einzufassen hat.

Elektrolötkolben Zum Zusammenlöten der Kupferstreifen braucht man einen elektrischen Lötkolben mit Leistung zwi-

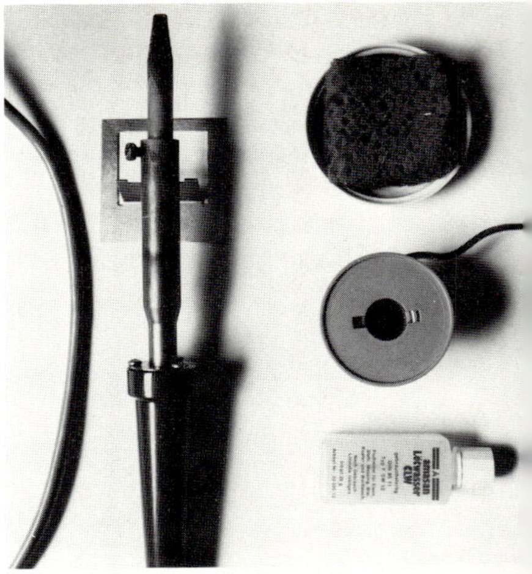

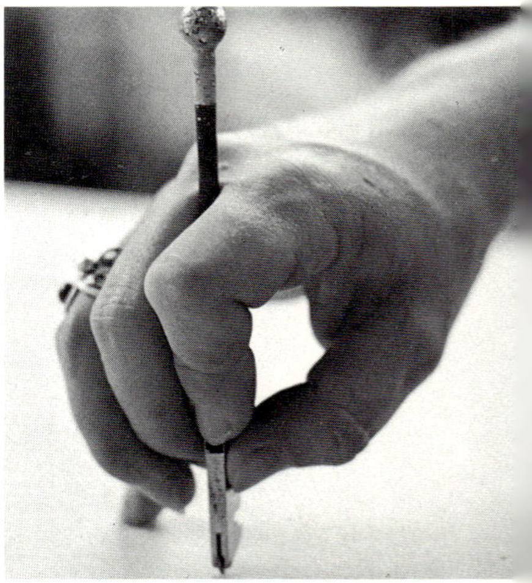

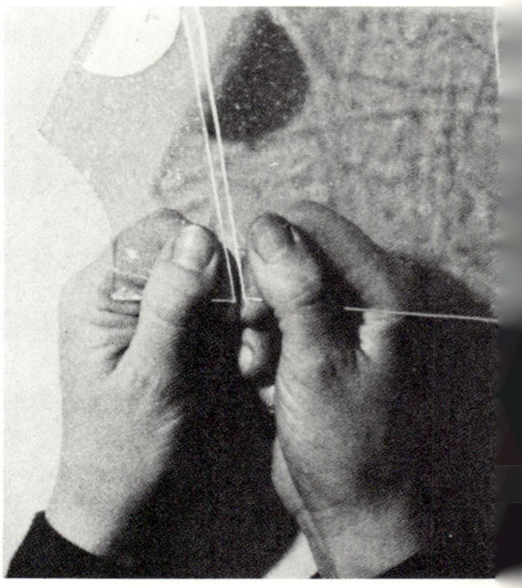

Werkzeug und Material zum Löten (oben). So wird der Glasschneider gehalten (Mitte). So wird Glas gebrochen (unten).

schen 50 und 100 Watt: Bewährt hat sich ein Gerät (VDE-Normsiegel) mit 75 Watt. Ist der Lötkolben zu schwach, dauert es lange, bis er heiß wird, und das Zinn fließt nur mäßig. Bei einem starken Lötkolben, der 100 Watt bringt, fließt das Zinn sehr schnell, und man muß zügig arbeiten. Der Lötkolben sollte eine sogenannte Dauerlötspitze haben. Einmal fällt dadurch das zwischendurch erforderlich werdende Verzinnen der Kupferspitze fort, zum anderen hält eine solche Dauerspitze wesentlich länger.
Lötspitzen gibt es in verschiedenen Formen. Für die Tiffany-Technik ist eine abgeflachte langgezogene Schraubenzieherform am besten geeignet. Der Lötkolben sollte eine entweder am Haltegriff befestigte oder separat aufzustellende Ablage haben, damit man ihn aus der Hand legen kann.

Naturschwamm und Wasserschälchen Der ständig feucht zu haltende Naturschwamm dient zur Reinigung der Lötspitze während der Arbeit. Anhaftende Zinnrückstände und Verunreinigungen werden mühelos vom heißen Lötgerät abgestreift.

Lötwasser Lötwasser – man kann auch Lötfett nehmen – bringt das erhitzte Zinn zum Fließen und Haften auf den Kupferstreifen. Lötwasser gibt es in kleinen Plastikflaschen, in deren Schraubverschluß auf der Innenseite ein Pinsel befestigt ist. Besser ist es jedoch, das Lötwasser während der Arbeit in kleiner Menge in ein Gefäß (Plastikdeckel o. ä.) zu schütten und mit einem separaten Pinsel aufzutragen, denn die leichte Plastikflasche fällt rasch um. Lötfett ist eine Vaseline, die mit einem Lappen aufgerieben werden kann.

Lötzinn Zinn gibt es in verschiedenen Formen und Legierungen. Für die Tiffany-Technik braucht man Zinnlot ohne Flußmittel, das aus einer Zinn-Blei-Legierung besteht, und zwar im Verhältnis 50 : 50 oder 60 : 40. Die Fachbezeichnung für diesen Lötdraht, den es in Rollen zu 250 g gibt, lautet L-Sn 50 oder L-Sn 60. Das 50er Lötzinn hat einen Schmelzpunkt von 210 Grad Celsius, der 60er fließt schon bei 190 Grad. Hat man also einen nicht so leistungsstarken Lötkolben, nimmt man 60er Lötdraht, der jedoch etwas teurer ist. Lötzinn ist giftig, Vorsicht!
Lötkolben und Lötzubehör gibt es in Geschäften für Hobby- und Heimwerkerbedarf und in Läden, die sich auf Tiffany-Arbeiten spezialisiert haben.

Patina, Wattebausch Um die silbrigglänzenden Lötstege und Kanten künstlich zu altern, nimmt man sogenannte Patina, die das Metall grau, braun, kupferfarben oder schwarz färbt. Es gibt diese Patina in kleinen Plastikflaschen im Spezialhandel zu kaufen. Sie wird mit einem Wattebausch aufgetragen.

Schutzhandschuhe, -brille Zur eigenen Sicherheit, vor allem beim Glasschneiden, sollte man einfache Schutzhandschuhe aus dünner Baumwolle (Warenhaus) und eine Schutzbrille (Optiker) tragen. Als Schutzbrille kann man eine sogenannte Theaterbrille mit Fensterglas nehmen oder eine Spezialbrille aus Acryglas, die auch seitlich Schutz bietet.

Handfeger Ein weicher Handfeger, wie ihn Zeichner benutzen, leistet gute Dienste beim Abfegen der Arbeitsplatte während des Glasschneidens und -brechens. Mit Selbstklebeband (Paketband) lassen sich Glassplitter aufsammeln, die in Textilien haften.

Pflaster Für alle Fälle sollte man ein Pflaster griffbereit in Arbeitsplatznähe legen. Die Verletzungen durch Glas sind meistens gering, jedoch bluten sie oft heftiger als andere.

Arbeitsweise

Bevor man sich an eine gezielte Arbeit macht, sollte man durch Übungen Haltung und Führung des Glasschneiders, die Handhabung von Glasbrech- und Kröselzange und die Eigenheiten des Glases kennenlernen. Man markiert zunächst auf dem Glas (Abfallstücke gibt es billig, manchmal umsonst) eine gerade Linie mit dem Fett- oder Filzstift und versucht sie möglichst korrekt nachzuschneiden.

Schnittseite Bei maschinell hergestellten Glassorten sind Vorder- und Rückseite kaum zu unterscheiden. Mundgeblasenes Glas ist auf der Rückseite fast glatt, auf der Schauseite hat es leichte Wellen, Rillen oder andere kleine Unebenheiten, die es zusätzlich beleben. Schnittseite ist immer die Schauseite, denn nur so kann man die Glasmaserung, die nicht auf beiden Seiten gleich ist, beim Zuschnitt in die Musterkomposition gezielt einbeziehen. Strukturglas wird selbstverständlich auf der glatten Rückseite geschnitten.

Handhabung des Glasschneiders Der Glasschneider wird in einer durchgehenden Bewe-

Bei Außenbögen und Kreisen führt man der Bogenlinie folgend nach außen strahlenförmige Entlastungsschnitte aus und bricht nacheinander Teilstücke ab (oben links und rechts).

Entstandene Grate und verbliebene Spitzen werden mit Kröselzange und Karborundstein entfernt (unten links). Bei Innenbögen führt man von der unteren Begrenzung aus flachere Entlastungsschnitte aus und bricht nach jedem Schnitt das angerissene Teilchen heraus (unten rechts).

gung ohne Unterbrechung über das Glas geführt. Bei langen Geradschnitten ist die ziehende Bewegung auf den Körper zu am vorteilhaftesten, weil man sich nicht so leicht verkrampft. Bei Formschnitten ermöglicht die schiebende Bewegung des Glasschneiders eine exaktere Führung des Werkzeugs, da die Schnittlinien nicht durch die Arbeitshand verdeckt werden. Wichtig ist, daß man den Glasschneider innerhalb einer Linie konsequent in einer Richtung führt, ohne ihn zwischendurch abzusetzen. Nur eine durchgehend gleichmäßig geritzte Linie, die die Glasspannung unterbricht, ermöglicht einen Bruch an der vorgesehenen Stelle. Niemals eine Schnittlinie zweimal ritzen! Niemals den Glasschneider hin und her bewegen! Der Glasschneider wird sonst schnell stumpf.

Man faßt den Glasschneider zwischen Zeige- und Mittelfinger der Außenhand und stützt ihn auf der Innenhandseite mit dem Daumen ab. Er wird genau senkrecht gehalten und in dieser Position mit mäßigem Druck zügig, aber ohne Hast über das Glas geführt. Dabei kann man den kleinen Finger der Arbeitshand als Führungshilfe auf dem Glas abstützen.

Glas brechen Beim Brechen von Glas liegen die Anrißlinien stets auf der Vorderseite. Größere Scheiben mit geraden Schnittlinien teilt man, indem man sie so auf den Tisch legt, daß die angerissene Linie genau an der Tischkante verläuft. Nun legt man die eine Hand flach auf das Glas und bricht mit der anderen den freien Überstand beherzt mit einem Ruck nach unten weg. Wichtig ist, daß das zu brechende Glas ganz plan aufliegt.

Kleinere Stücke mit geraden Anrißlinien kann man mit den Händen brechen. Dabei faßt man das Glas so, daß die vorgesehene Bruchlinie genau senkrecht zwischen den Daumen verläuft, die auf dem Glas liegen. Die leicht geschlossenen Fäuste liegen unterhalb des Glases in gleicher Position und sorgen für die nötige Hebelwirkung. Bei gleichzeitigem Abwärtsruck beider Hände teilt sich das Glas. Kleine Abschnitte, die sich schlecht mit den Fingern fassen lassen, bricht man an der markierten Linie mit einem kurzen Abwärtsruck mit Hilfe der Glasbrechzange ab. Die Glaskröselzange, die aus weicherem Metall ist, sollte nur in Ausnahmefällen benutzt werden. Mit ihrer Hilfe werden kleinste Teilchen abgezwickt oder abgeraspelt.

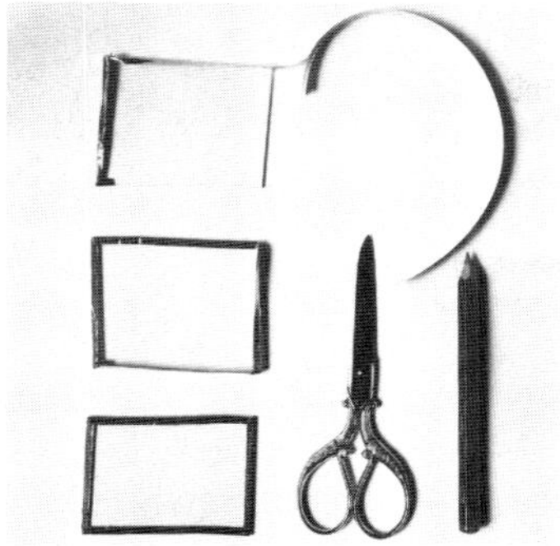

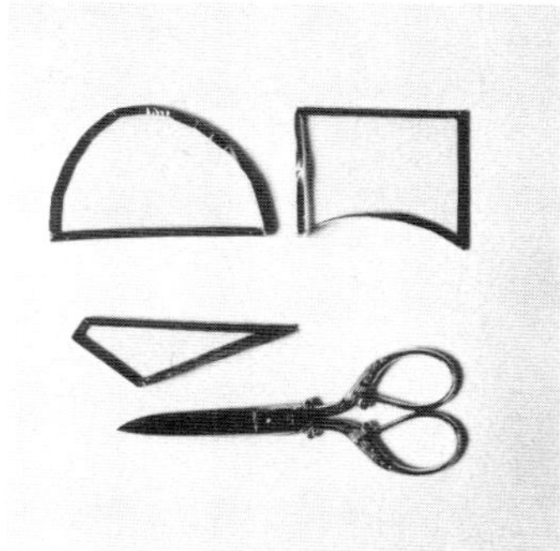

Die zugeschnittenen Glasteile werden so mit selbstklebendem Kupferband eingefaßt, daß der Umschlag auf beiden Seiten gleich breit ist. Man beginnt vor einer Ecke und faltet den Metallstreifen direkt an der Ekke diagonal ein (oben links). Bei Außenbögen wird der Streifen in kleine Falten gelegt. Bei Innenbögen darf er nicht gedehnt werden (oben rechs).

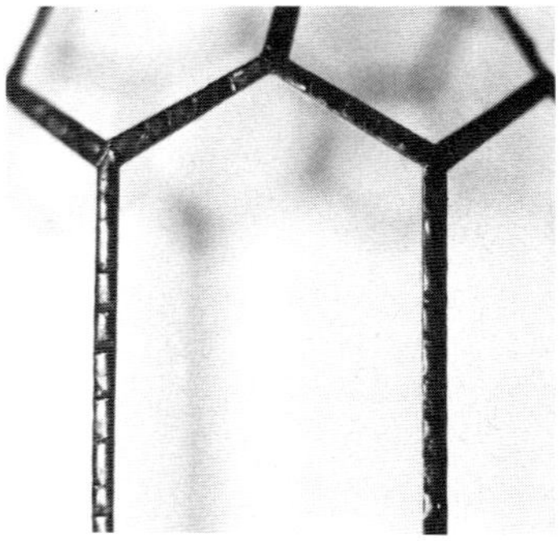

Lötzinn wird als glatter (unten links) oder regelmäßig eingedrückter Wulst (daneben) aufgetragen.

Formenschneiden Mit dem Ausschneiden vorgegebener Formen sollte man erst beginnen, wenn man den Schnitt gerader Teile beherrscht. Zu Übungszwecken zeichnet man die Schnittlinie mit dem Fett- oder Faserschreiber auf das Glas und fährt diese mit dem Glasschneider nach. Für paßgenaue Formteile verwendet man Kartonschablonen, die man auf das Glas legt und mit dem Stift umfährt. Dann führt man den Glasschneider auf der Innenseite der Markierungslinie entlang, sonst wird das auszuschneidende Glasstück zu groß. Dem Formenschnitt sind jedoch Grenzen gesetzt. Während man Außen- und Innenbögen durch Anbringen von Hilfsschnitten gut herausarbeiten kann, lassen sich Formen mit rechtwinklig wechselndem Schnittverlauf nicht ausführen.

Ein Kreisschnitt wird wie folgt ausgeführt: Man markiert auf einem ausreichend, jedoch nicht zu großen Glasabschnitt die gewünschte Kreisform. Ausgehend von dieser Grundlinie werden in kleinen Abständen Hilfslinien gezeichnet, die wie bei einem Windrad vom Kreis zu den Außenkanten führen. Diese Entlastungslinien leiten die Glasspannung nach außen ab und sorgen dafür, daß der Kreis nicht an unvorhergesehener Stelle bricht. Mit dem genau senkrecht gehaltenen Glasschneider fährt man die Kreislinie und die Hilfslinien einmal nach. Dann bricht man die einzelnen Keile mit der Zange heraus. Der Rohschnitt ist nun fertig. Anschließend werden die stehengebliebenen Ecken und Grate mit Glaskröselzange und Karborundstein abgezwickt und abgeraspelt.

Ein Innenbogen entsteht nach dem gleichen Prinzip: Bis der endgültige Bogen ausgeschnitten werden kann, führt man Hilfsschnitte aus und bricht zunächst flachere und kleinere Bogenteile heraus. (Foto links.)

Einfassen Beim Einfassen der Glasstücke mit selbstklebender Kupferfolie kommt es auf das Augenmaß an. Der von der Papierschicht gelöste Kupferstreifen wird so auf die Schnittkante des Glasteiles gelegt, daß diese genau in der Mitte sitzt. Dann werden auf der Vorder- und Rückseite des Glases die Überstände heruntergefalzt und fest angerieben. Mit der Einfassung beginnt man nicht direkt an der Ecke, sondern führt den Anfang etwas um die Ecke herum. Das Ende der Einfassung wird zum Schluß darübergeklebt und hört genau an der Kante auf. Durch

diese Maßnahme vermeidet man, daß sich die Ecken später lösen.
Bei einem Quadrat beginnt man mit der Einfassung am besten an der Längskante unten links und führt das Kupferband links aufwärts. Bevor die obere waagerechte Kante eingefaßt wird, drückt man den Einfaßstreifen an der linken Kante schon mit Daumen und Zeigefinger fest, und zwar genau bis zur oberen Ecke. Dann legt man das Kupferband um die Ecke und führt es nach rechts. Drückt man es nun von links nach rechts verlaufend fest, entsteht an der ersten oberen Ecke links ein schräger Falz. So verfährt man an allen Ecken. Wichtig ist, daß die umgebogenen Überstände der Kupfereinfassung überall gleich sind (S. 109, oben links).
Faßt man ein Stück mit gewölbter Kante ein, legt man den Kupferstreifen hier auf die Schnittkante und drückt die Überstände von der Mitte aus zu den Seiten hin so an, daß sich gleichmäßige kleine Fältchen bilden.
Bei der Einfassung eines Innenbogens ist vor allem zu beachten, daß der Einfaßstreifen ohne Spannung in die Rundung geklebt wird, weil er sich sonst leicht löst. Am besten versucht man, ihn beim Auflegen auf die Schnittkante etwas zusammenzuschieben. Hat ein Formteil eine besonders scharfe Spitze, beginnt man hier mit dem Anlegen der Einfassung, indem man sie um die Spitze herumführt. Das darüberzuklebende Ende der Einfassung wird mit der Schere entsprechend abgeschrägt.

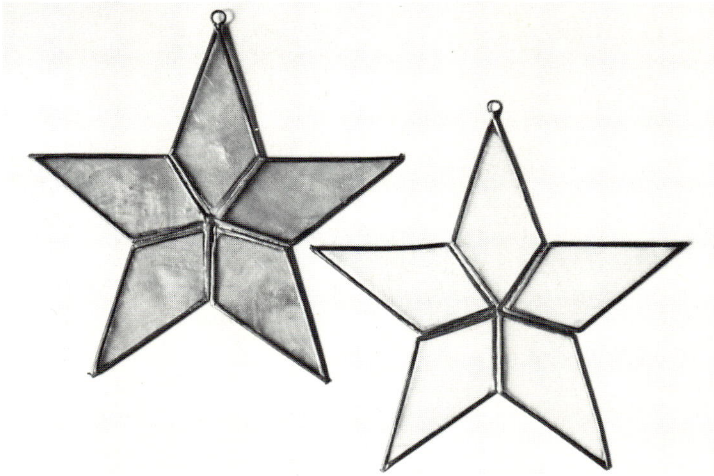

Anfängerarbeit: Fünfteilige Sterne aus Marienglas.

Zusammenlöten Die eingefaßten Kanten werden sorgfältig dünn mit Lötwasser bestrichen (Vorsicht, die Flasche kippt leicht um!). Dann heftet man die zu verbindenden Teile mit doppelseitigem Klebstreifen in der vorgesehenen Position auf der Arbeitsunterlage fest, stellt Naturschwamm und Wasserschälchen bereit und heizt den Lötkolben auf. Von dem Lötdraht rollt man ein mindestens 10 cm langes Stück von der Spule, ohne es abzuschneiden, und faßt es mit einer Hand so, daß das freie Ende über der Lötstelle liegt. Vorsicht, den Lötdraht nicht zu kurz greifen, er wird sehr heiß! Mit dem heißen Lötkolben in der anderen Hand schmilzt man nun ein kleines Stück von dem Zinn (Lötdraht) an, indem man die heiße Kolbenspitze dagegenhält. Sobald ein dicker Tropfen heruntergefallen ist, setzt man in kurzen Abständen weitere Löttropfen auf die Nahtstelle und heftet so die Teile zusammen. Anschließend trägt man noch einmal Lötzinn auf und zieht oder tupft mit dem heißen Lötkolben eine geschlossene Naht. Danach löst man das erkaltete Werkstück von der Unterlage und wiederholt den Arbeitsgang auf der Rückseite. Zwischendurch streift man die Lötspitze auf dem nassen Schwämmchen ab. Sie wird dadurch gereinigt, und das Zinn fließt besser. Sollte es nicht wunschgemäß fließen, pinselt man auf die entsprechenden Stellen nochmals etwas Lötwasser. Jede Lötarbeit auf der Gegenseite einer bereits bestehenden Lötnaht muß zügig ausgeführt werden, damit man das Zinn von der Vorderseite nicht wieder anschmilzt. Man arbeitet zunächst auf der Rückseite weiter, indem man noch einmal so viel Lötzinn auf die Naht aufschmilzt, daß es nicht mehr einsinkt, sondern als kleiner Wulst stehenbleibt. Nach dem Erkalten dreht man die Arbeit wieder zur Vorderseite und bringt auch hier möglichst ohne Absätze oder Übergänge einen glatten Zinnwulst auf.
Einen zusätzlichen Effekt kann man erzielen, indem man mit der heißen Lötspitze in gleichmäßigen Abständen Querrillen in die Zinnwülste drückt.

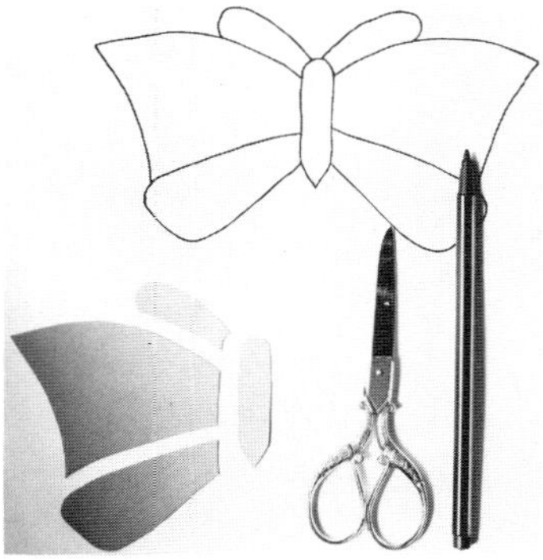

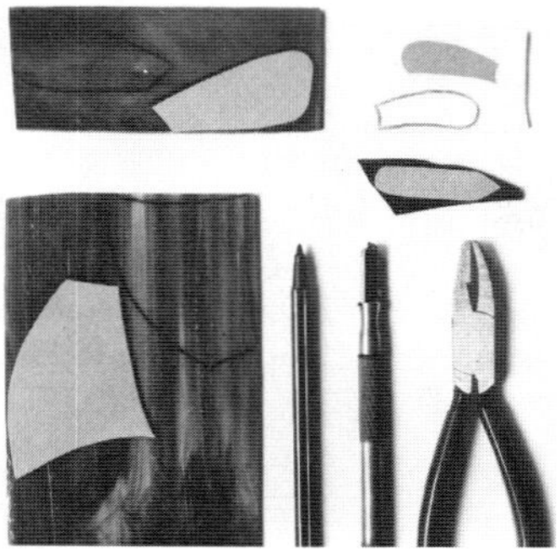

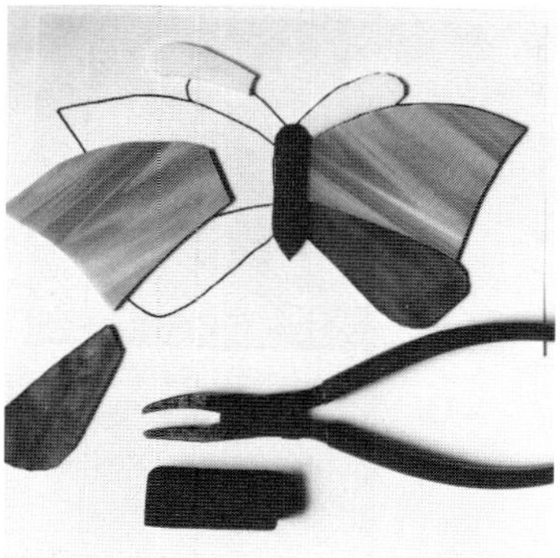

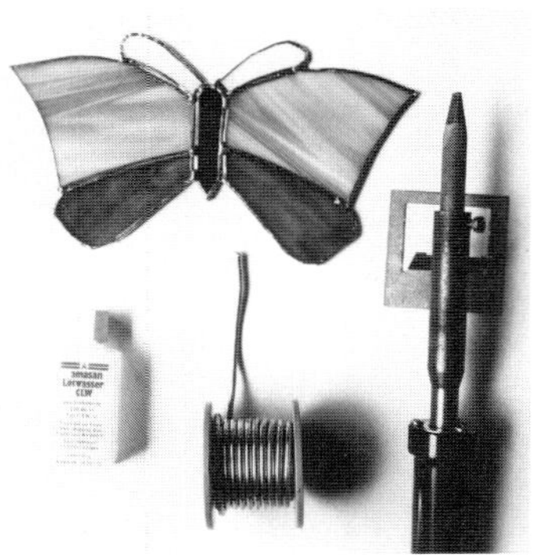

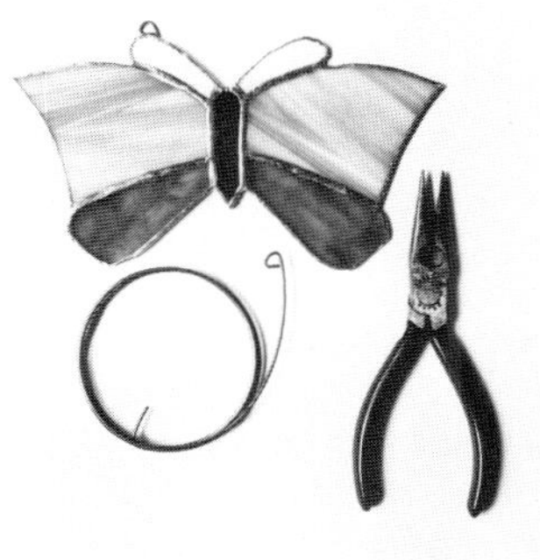

So entsteht ein Schmetterling: Umrißzeichnung anfertigen, danach Schablone aus Karton schneiden für einen kleinen und einen großen Flügel, einen Fühler und für den Körper. Unter Berücksichtigung der Maserung der Glasfarben werden die Schablonen aufgelegt und mit dem Faserschreiber umrissen. Achtung: für die Gegenseite von Flügeln und Fühler Schablonen wenden. Teile mit dem Glasschneider umreißen (Hilfsschnitte ausführen) und Glasüberstände abbrechen. Mit Kröselzange und Karborundstein nacharbeiten. Ausgeschnittene Teile zur Kontrolle auf die Zeichnung legen. Jedes Teilstück rundherum mit Kupferfolie einfassen.
Alle Teile mit doppelseitigem Klebstreifen auf die Zeichenvorlage heften. Kupferbänder mit Lötwasser bestreichen und die Teile zunächst punktartig, anschließend mit einem durchgehenden Zinnwulst zusammenlöten. Arbeit von der Unterlage lösen, wenden und auf der Rückseite ebenfalls fugenlos verlöten. Außenkanten verzinnen. Aus Draht zwei Ösen biegen, mit Lötwasser benetzen und an die Fühler löten.
Arbeit in warmem Wasser mit Spülmittel reinigen. Metallteile mit Patina einreiben.

Die erste Arbeit
Für den Anfang sollte man ein nicht zu vielteiliges Modell mit einfachen Umrissen wählen. Der siebenteilige Schmetterling (Fotos S. 111) eignet sich gut als erste Arbeit. Zunächst zeichnet man die gezeigte oder eine ähnliche Form in der gewünschten Originalgröße auf Papier. Die einzelnen Felder kann man nun mit Faserschreibern, Tusche oder Buntstiften farbig ausmalen und das Glas danach einkaufen. Für den Anfang muß man mit ⅓ Verschnitt oder Bruch rechnen, bei größeren Objekten mit mehr. Es ist deshalb in diesem Falle ratsam, entsprechend große Abfallstücke auszusuchen (sie werden nach Gewicht verkauft) und sich nach den vorhandenen Farben zu richten.
Die Zeichnung wird auf dünnen Karton übertragen, und die einzelnen Teile, aus denen der Schmetterling zusammengesetzt wird, werden sauber ausgeschnitten. Dabei braucht man bei einem gleichseitigen Modell Fühler und Flügel nur einmal auszuschneiden. Man kann die Schablonen für die Gegenseite einfach umdrehen.
Unter Berücksichtigung von Farbe und Flammung werden die Kartonschablonen auf das Glas gelegt und mit einem feinen Fett- oder Faserschreiber umrissen.
Mit dem Glasschneider fährt man auf der Innenseite der jeweiligen Markierung entlang und bricht die entsprechenden Glasteile heraus. Dabei sind für Innen- und Außenbögen Hilfslinien anzubringen, wie auf Seite 108 beschrieben. Die mit Zange und Karborundstein entgrateten Teile werden zur Kontrolle auf die Zeichnung gelegt. Jetzt kann man noch Korrekturen anbringen.
Wenn alle Formen zufriedenstellend zusammenpassen, werden sie mit selbstklebendem Kupferband eingefaßt. Für 2 mm starkes Glas (es ist am gebräuchlichsten) nimmt man 6 mm breites Kupferband. Man legt es zunächst mit der Mitte auf die Schnittkante des Glases und biegt die Überstände abwärts, so daß sie nun auf beiden Seiten einen 2 mm breiten Rand bilden. Die Folie wird zwischen Daumen und Zeigefinger angedrückt und anschließend (sehr wichtig!) mit einem kantigen Bleistift, einem Falzbein oder einem Spezialgerät auf beiden Seiten fest angerieben.
Mit doppelseitigem Klebstreifen befestigt man die eingefaßten Teile auf der Zeichnung, streicht sie mit Lötwasser ein und lötet sie zunächst punktartig zusammen. Die erkaltete Arbeit wird vorsichtig von der Unterlage gelöst und auch auf der Rückseite nach vorherigem Bestreichen mit Lötwasser (nicht vergessen!) verlötet. Anschließend werden alle Lötnähte auf dieser und auf der Vorderseite noch einmal mit Lötzinn so bearbeitet, daß das Zinn wie ein kleiner Wulst auf allen Nähten liegt. Die Kupferstreifen, die die Außeneinfassung bilden, werden nun ebenfalls mit Lötwasser bestrichen und verzinnt. Man beginnt mit der Rückseite, arbeitet auf der Vorderseite weiter und verzinnt zum Schluß die Einfassung an den Schnittkanten des Glases.
Aus Kupferdraht biegt man mit einer kleinen Rundzange zwei Aufhängeösen (man kann sie auch fertig kaufen), bestreicht sie mit Lötwasser und lötet sie an die entsprechenden Stellen. Anschließend werden sie ebenfalls verzinnt. Aber Vorsicht: Ösen während des Lötens nur mit einer Zange anfassen, sie werden glühend heiß!
Der Schmetterling ist nun fertig. Man kann ihn abschließend mit einem patinagetränkten Wattebausch behandeln, wenn einem der silbrige Zinnglanz nicht gefällt.
Hände und Werkstück müssen zum Schluß gründlich in warmem Wasser mit einem Spülmittelzusatz gereinigt werden.

Gewächshaus
Der Zuschnitt des Glases für ein Gewächshaus ist einfacher als der Zusammenbau der Teile. Für das hier gezeigte Modell braucht man 15 Teile in 6 verschiedenen Formen, die man nach zuvor angefertigten Kartonschablonen zuschneidet. Für alle Teile außer der Rückwand wurde 3 mm starkes Bauglas verwendet. Die Rückwand besteht aus blattgrünem Colorescentglas in gleicher Stärke. Das Kupferband für die Kanteneinfassung ist 8 mm breit, bildet also auf beiden Glasseiten einen 2,5 mm breiten Rand.
Alle zugeschnittenen Teile werden mit Kupferband eingefaßt, das Kupferband wird auf beiden Seiten und an den Schnittkanten der Glaszuschnitte angerieben. Sind alle Teile vorbereitet, beginnt der Zusammenbau. Dazu benutzt man am besten breiten Tesafilm. Man legt zuerst die Bodenplatte (B) mit der geraden Kante nach hinten auf die Arbeitsplatte, die ganz sauber sein muß. Es dürfen weder Folienreste noch Glassplitter herumliegen. Die Rückwand (A) wird mit der unteren geraden Kante gegen die hintere Kante von B gesetzt, und zwar so, daß sie auf der Arbeitsplatte (nicht auf der Bodenplatte) steht. Um sie in senkrechter Position zu halten, stützt man sie ab (z. B. mit ei-

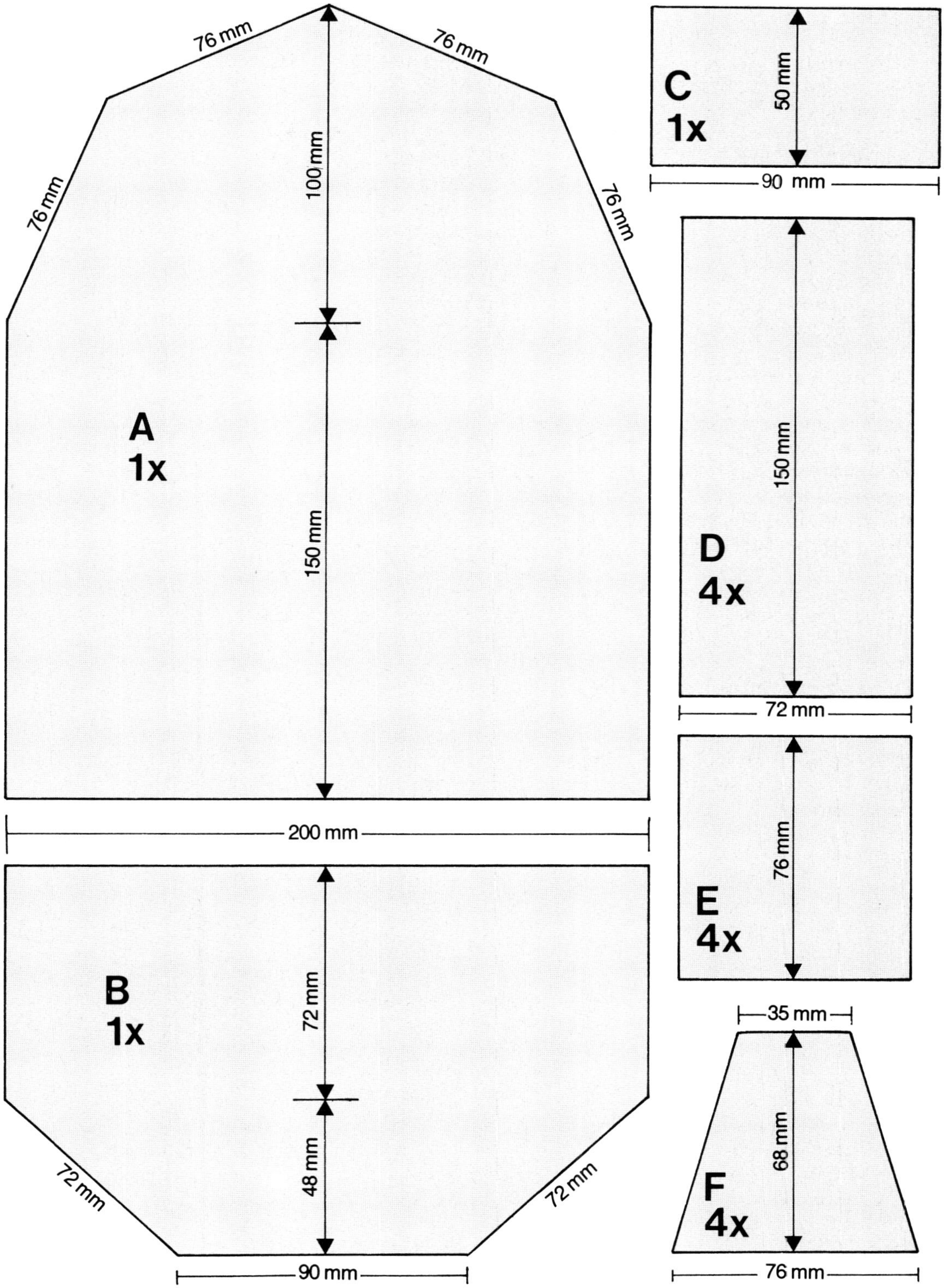
76 mm
76 mm
76 mm
76 mm
100 mm
150 mm
A
1x
200 mm
B
1x
72 mm
48 mm
72 mm
72 mm
90 mm
C
1x
50 mm
90 mm
D
4x
150 mm
72 mm
E
4x
76 mm
35 mm
F
4x
68 mm
76 mm

Bauphasen des Gewächshauses vom Buchumschlag. Ein Schnittmuster in Originalgröße finden Sie auf S. 113. Die Erklärungen zur Arbeitstechnik stehen im laufenden Text.

nem Bücherstapel). Die Teile D werden rechts und links jeweils mit einer Schmalseite so auf die Bodenplatte (B) gesetzt, daß sie mit einer Längskante gegen die Rückwand (A) stoßen. In dieser Position werden die Teile D mit A, dann die Teile D mit B (leicht anheben) und Teil A mit B (ebenfalls vorsichtig anheben) durch Tesafilm miteinander verbunden. Danach werden die vier gleichen Teile E so zusammengesetzt, daß sie mit jeweils einer Längsseite gegen die Rückwand (A) und mit ihren Schmalseiten gegeneinander stoßen. Auch sie werden mit Tesafilm zusammengeheftet. Ist alles soweit paßgerecht zusammengesetzt, werden die Kupferbänder an den zusammenstoßenden Ecken mit Lötwasser benetzt und punktartig zusammengelötet. Jetzt kann man die Klebstreifenabschnitte lösen, die Kupfereinfassungen auf der Innenseite der Arbeit mit Lötwasser bestreichen und die Lötnähte ausführen, die später schwer zugänglich sind. Danach fährt man mit dem Zusammenbau fort: Eines der restlichen beiden Teile D wird senkrecht vorn rechts auf die Schrägung der Bodenplatte gegen das bereits festgelötete Glasstück D gesetzt und mit Klebstreifen festgehalten. Teil F wird mit einer Längsseite so gegen D gesetzt, daß die Schmalkante nach vorn zeigt und die gegenüberliegende Kante gegen die Kante des festgelöteten Teils E stößt. Das nächste F-Plättchen wird in gleicher Lage daneben gesetzt und mit Klebstreifen befestigt. Das Kupferband wird an den zusammenstoßenden Ecken mit Lötwasser benetzt, und die Teile werden wieder wie bei der ersten Bauphase punktartig zusammengelötet. Anschließend baut man an der linken Seite des Werkstücks in gleicher Weise die Teile D und F zusammen, heftet sie mit Klebstreifen und verlötet die zusammenstoßenden Ecken. Sollten die Teile nicht ganz genau zusammenpassen, kann man jetzt noch Korrekturen anbringen, indem man sie entlötet (heiße Lötspitze an die Zinnaufträge halten und Scheiben vorsichtig auseinanderdrücken) und etwas verschoben wieder zusammenlötet. Jetzt werden die Kupferstreifen der neu hinzugekommenen Bauteile auf der Innenseite des Häuschens mit Lötwasser bestrichen, alle Nähte sauber verlötet und die freistehenden Kanten verzinnt. Mit dem vorderen Plättchen C, das waagerecht auf die Bodenplatte und seitlich an die vorderen Scheiben D angelötet wird, ist der Zusammenbau fertig. Auch dieses Stück wird zunächst innen verlötet und an der Innenkante verzinnt. Abschließend werden alle Nähte außen zweimal verlötet: einmal zum Zusammenhalt, einmal, um gleichmäßige Zinnwülste aufzutragen, die dem Glashaus mehr Stabilität geben. Mit dem Verzinnen der Vorderkanten ist die Arbeit fertig. Abschließend wird das ganze Glashaus in warmem Wasser mit einem Spülmittelzusatz abgewaschen und poliert.

Nach der beschriebenen Methode kann man auch Glashäuser in anderen Formen bauen, z. B. den auf dieser Seite abgebildeten Dom.

Gewächshaus, aus Fünfecken und Streifen gebaut.

Lampenschirme

Das auf den Fotos S. 116 gezeigte Modell ist die Nachbildung einer Original-Tiffany-Lampe. Sie besteht aus 297 Teilen in 6 verschiedenen Farben und wird über einer Styroporform gearbeitet. Solche Formen mit aufgedruckten Musterteilen, Schnittvorlagen, detaillierten Angaben über Farben und Mengen und einer Arbeitsanleitung gibt es als Werkpackungen in Werkstätten und Läden zu kaufen, die sich auf Tiffany-Glastechnik spezialisiert haben.

Der Arbeitsvorgang ist im Prinzip der gleiche wie bereits be-

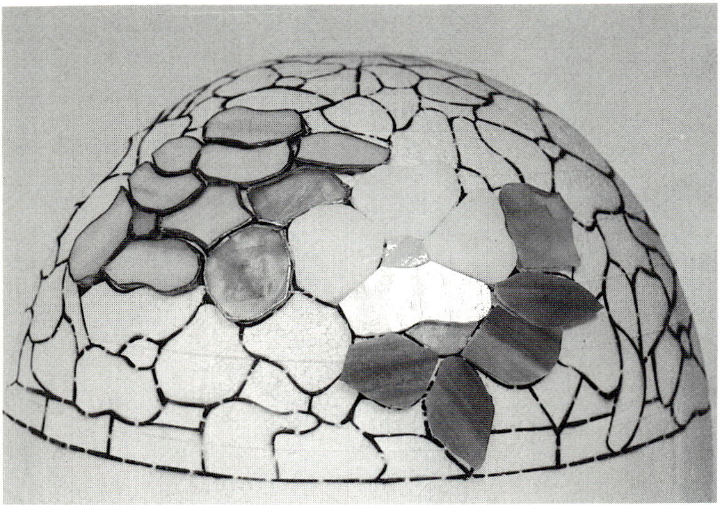

Bauphasen einer Lampenkuppel im Tiffany-Stil (Bildstreifen links): Die nach einer Vorlage ausgeschnittenen Teile werden mit doppelseitigem Klebstreifen auf den Markierungen der Styropor-Drittelform befestigt, mit Kupferstreifen eingefaßt und abermals wie ein Mosaik zusammengefügt.

Danach lötet man die Teilstükke zunächst punktartig, später fugenlos zusammen. Das fertige Drittel der Lampenkuppel wird von der Unterlage gelöst und auf der Innenseite verlötet. Die beiden nächsten Drittel werden auf die gleiche Weise hergestellt.

Zum Schluß baut man die drei Teilstücke zu einer Kuppel zusammen, reinigt und patiniert sie.

▼ Die Kuppel kann für eine Steh- oder Hängelampe verwendet werden.

schrieben: Glasstücke werden einer Schablone entsprechend zugeschnitten und mit doppelseitigem Klebstreifen auf die entsprechende Stelle der Styroporform geklebt. Passen sie zusammen, faßt man sie einzeln mit Kupferband ein und befestigt sie abermals auf der Form. Danach werden die Teilchen zunächst punktartig, später vollständig zusammengelötet, und zwar auf beiden Seiten. Der gesamte Vorgang muß dreimal wiederholt werden, da die Styroporform nur so groß ist wie ein Drittel des ganzen Lampenschirms. Zum Schluß werden die drei Segmente zusammengelötet und mit Tiffany-Patina bearbeitet. Montageteile, Aufhängeketten und Lampenfüße gibt es ebenfalls in Tiffany-Läden oder -Werkstätten.
Will man eine Lampe nach eigenem Entwurf (oder aus Resten) bauen, eignet sich als Unterform sehr gut die Hälfte einer großen Styroporkugel, die eigentlich für Blumengestecke gedacht ist. Solche Kugeln gibt es billig im Hobbyhandel zu kaufen. Beim Entwurf ist darauf zu achten, daß die Einzelteile klein sein müssen, damit sie sich, aneinandergelötet, der runden Form gut anpassen. Den Entwurf kann man direkt auf die Halbkugel zeichnen. Von der Kugel nimmt man dann jeweils mit Hilfe von Transparentpapier die Einzelformen ab, schneidet danach Kartonschablonen und nach diesen das Glas.
Möchte man für seinen Lampenschirm eine andere Form als die Halbkugel haben, kann man aus Fliegendraht und Gipsverband einen Unterbau herstellen.
Ohne Unterbau kann man Lampen herstellen, die aus vier flachen Tafeln bestehen, wie auf dem Foto S. 102. Dazu schneidet man die Form einer der vier Tafelseiten aus einer Hartfaserplatte zu und umleimt diese mit einer Holzleiste, die etwa 3–5 mm übersteht. In dieses Tablett werden nun die Glasteile mosaikartig eingelegt und weiter so bearbeitet, wie bisher beschrieben. Das quadratische Oberteil der Lampe mit dem Loch für die Fassung arbeitet man ebenfalls am besten in einem Rahmen. Da ein Laie kein Loch aus einer Glasplatte herausschneiden kann, sollte dieses Oberteil zwei- oder vierteilig zugeschnitten werden. Für die Kanteneinfassung des Oberteils, an dem die vier Glastafeln hängen, nimmt man besser etwas breitere Kupferfolie als üblich. Sie muß sehr gut angerieben, verlötet und verzinnt werden.

Tips

Beim Zuschneiden von Glas mit dem größten Teil beginnen. Bei Verschnitt kann man daraus noch kleinere Teile schneiden.

Der Glasschnitt ist optimal, wenn man beim Anreißen mit dem Rädchen ein leichtes Kratzgeräusch hört.

Muß man beim Anreißen sehr starken Druck ausüben, um überhaupt eine Ritzspur zu erzielen, ist der Glasschneider stumpf.

Fließt das Lötzinn nicht ausreichend, ist entweder der Lötkolben zu kalt oder es wurde nicht genügend Lötwasser aufgetragen.

Hält die selbstklebende Kupferfolie nicht auf dem Glas, sind entweder die Schnittkanten zu uneben (nacharbeiten mit dem Karborundstein), oder das Glas ist nicht fettfrei (mit Spiritus, Salmiakwasser oder Glasreiniger säubern).

Beim Zuschneiden stets an der Innenlinie der Markierung entlangfahren, sonst werden die Teile zu groß.

Teile, die nicht passen, sollten sofort korrigiert oder gegen neu zugeschnittene ausgetauscht werden. Nicht durch Verschieben mogeln! Zum Schluß paßt nichts mehr zusammen.

Flache Teile müssen beim Zusammenlöten auf einer sauberen geraden Unterlage liegen und dürfen erst abgenommen werden, wenn sie erkaltet sind.

Vor dem Arbeitsbeginn folgende Sicherheitsvorkehrungen treffen: Beim Zuschneiden von Glas unbedingt eine Schutzbrille und, besonders als unerfahrener Anfänger, Schutzhandschuhe tragen. Während der Arbeit anfallende Glassplitter zwischendurch mit einem Handfeger abkehren.

Feine Glassplitter lassen sich sehr gut mit selbstklebendem Paketband von Textilien, besonders von Teppichböden abtupfen.

Hinterglasmalerei

Die Hinterglasmalerei, ein seitenverkehrt auf der Rückseite einer Glasplatte farbig angelegtes Bild, ist in ihrer heutigen, als klassisch bezeichneten Form seit dem 14. Jh. bekannt. Älteste Zeugnisse früher Hinterglasmalerei aus Deutschland sind ein neunteiliges Bild aus Rostock, etwa um 1325 entstanden, und ein mit Hinterglasmalereien verziertes Kästchen aus dem Kloster Adelhausen, heute im Augustinermuseum in Freiburg/Br.

Hinterglasbilder aus der Zeit des 18. Jh. und später lassen sich in zwei große Gruppen einteilen: die malerhandwerkliche Stilkunst und die hüttengewerbliche Volkskunst. Stilkunstbilder mit Genredarstellungen des höfischen Lebens, aber auch Malereien religiösen Inhalts wurden vor allem in den Augsburger Werkstätten – Augsburg war im 18. Jh. süddeutsches Kunst- und Kunstgewerbezentrum – hergestellt. Serienprodukte entstanden in Arbeitsteilung, wobei Spezialisten nur Risse, andere nur Flächenmalereien und wiederum andere nur Schattierungen malten.

Parallel dazu entstanden in der Nähe der Glashütten kleinere Werkstätten, die die Hinterglasmalerei zunächst im Stil der Augsburger Schule betrieben. Mit dem Erliegen der Augsburger Produktion Anfang des 19. Jh. entwickelte sich allmählich ein Volkskunststil. Die bevorzugten Motive waren Darstellungen der Heiligen, meistens als Brustbild, umgeben von Rosenranken und Nelkenblüten, häufig versehen mit einem Sockel, auf dem der Name des Heiligen stand. Diese Hinterglasbilder wurden nicht mehr von professionellen Malern hergestellt, sondern sie entstanden vor allem als Hausindustrie. Meistens waren es ältere Glasarbeiter und deren Angehörige, die sich auf diese Weise ein Zubrot verdienten. Aus solchen Heimwerkstätten stammen die naiven Hinterglasbilder mit ihrer oft rührenden Einfältigkeit, die heute noch in größerer Zahl erhalten sind.

Darüber hinaus haben sich Werkstätten gebildet, die einen so charakteristischen Stil entwickelten, daß sich wiederum andere daran orientierten. Die Bildinhalte lösten sich allmählich von der religiösen Thematik. Mehr und mehr traten profanere Darstellungen wie Blumengebinde, Trachten und Landschaften auf. In den Küstenregionen, vor allem in den Niederlanden, entstanden Schiffsbilder in Hinterglasmanier.

Immer wieder haben große Maler sich der Hinterglasarbeit angenommen, so z. B. Franz Marc, Kandinsky und in jüngerer Zeit der jugoslawische Naive Josip Generalič.

Die Hinterglastechnik früherer Jahre hat der in Buchers ansässige Lehrer Franz Thomann 1895 wie folgt beschrieben: „Das Bild wurde nach einer untergelegten Vorlage (Papier) auf der Glasscheibe nachgemalt, und zwar zuerst die Grundstriche; dann wurde das Gesicht gemacht, und dann die Leibfarbe aufgetragen, dann das Kleid mit den Schattierungen." Weiter führt er aus: „Es wurde das ganze Jahr hindurch gearbeitet, am meisten aber im Herbst und Winter. Zehn fleißige Arbeiter konnten in einem Tag hundert Bilder herstellen. Arbeitsbehelfe: Als solche dienten ein Haarpinsel, ein Lineal, das aber an beiden Enden Stöcklein hatte, damit es nicht an der Glasscheibe auflag. Farben: Schwarz (Kienruß, dieser mußte vorher gebrannt werden, damit der Fettstoff herauskam), Rot (Zinnober), Pariserblau, Grün, Venezianischer Kugellack, Leibfarbe (Mischung von Kremserweiß mit Rot und Gelb, damit die natürliche Fleischfarbe des Körpers zum Ausdruck kam)." Über die Maltechnik sagt Thomann: „Nach der Vorlage wurden die Bilder (Hauptstriche) mit der sogenannten Wasserfarbe nachgezogen. Zu den Leibstrichen (Körperstrichen) wurde Zinnober, mit Gummi arabicum verdünnt, genommen. Zu den Kleidern und Schattierungen wurden die schon früher genannten Wasserfarben genommen. War das Bild trocken, so wurde es auf der Rückseite mit Ölfarbe überzogen, damit die Wasserfarbe nicht verblaßt."

An der von Lehrer Thomann beschriebenen Technik hat sich bis heute wenig geändert, jedoch stehen dem Hobbymaler bessere Farben und Malhilfen zur Verfügung.

Hinterglasbild des Heiligen Florian. (Zur Entstehung vgl. Seite 122 und 123.)

S: Florian.

Arbeitsmittel

Bei der nachfolgenden Aufstellung von Arbeits- und Hilfsmitteln wird vorausgesetzt, daß die Hinterglasmalerei als intensives Hobby betrieben werden soll. Wer nur einmal zwischendurch ein Bild in dieser Manier ausführen möchte, kann das genannte Pinsel- und Farbsortiment auf ein Minimum reduzieren. Die Angaben beziehen sich auf Hinterglasmalereien in der klassischen Manier. In besonderen Fällen werden abweichende Arbeitsmittel für die unkonventionelle Hinterglastechnik erwähnt.
Man braucht:
Malvorlage, Rißzeichnung
Glas
Spiritus
Dispersionsfarbe (bei unkonventioneller Technik: Faserschreiber mit feinster Spitze, wasserfest)
Künstler-Ölfarbe (bei unkonventioneller Technik: Kunstharz-, Dispersions-, Kasein-, Wasserfarben oder beliebige Farben)
Goldfarbe
Pinsel
Abfallglas
Malerbänkchen
Leinenlappen
Kreppapier
Malunterlage
Klebstreifen.

Malvorlage, Rißzeichnung Für den Anfänger ist das Kopieren alter Hinterglasbilder die beste Methode, sich in die Technik dieser Malerei einzufühlen, deshalb sollte er eine farbige Vorlage in Originalgröße haben bzw. anfertigen lassen. Vorlagen findet man in Museumskatalogen, Kunstbüchern oder im Hobbyhandel. Man kann sie fotokopieren und – falls sie zu klein sind – wunschgemäß vergrößern lassen (Kleindruckereien mit entsprechendem Kopiergerät). Ist dies nicht möglich, sollte man zumindest eine Rißzeichnung in der gewünschten Größe haben. (Einige Risse sind auf den Seiten 127–129 abgebildet.) Eine Rißzeichnung zeigt nicht nur die Umrisse eines Motivs, sondern auch Details wie Augen, Nase und Mund eines Gesichts,

Für die Hinterglasmalerei braucht man diese Grundausstattung.

Knöpfe und Falten eines Gewandes usw. Bei unkonventioneller Malerei kann man auf die Rißvorlage verzichten.

Glas Für Kleinformate mit einer Seitenlänge von jeweils 30 cm genügt Bauglas (Fensterglas) in 2 mm Stärke. Größere Abmessungen erfordern dickeres Glas (3–4 mm). Man kann auch auf dem fast unzerbrechlichen, jedoch kratzempfindlichen Acrylglas malen, zumindest in der ersten Versuchsphase. Später wird der Geübte auf das sogenannte Goetheglas, eine Imitation alten geblasenen Glases, übergehen, besonders, wenn seine Ansprüche mit seinen Fähigkeiten gewachsen sind.

Spiritus Zum Reinigen der zu bemalenden Fläche braucht man Spiritus oder Nitroverdünnung. Vorsicht, Nitroverdünnung ist nicht nur feuergefährlich, sondern auch giftig!

Dispersionsfarbe Farbe, die zum Nachmalen der Rißlinien auf dem Glas bestimmt ist. Man bekommt sie in Dosen, Flaschen und als größere Gebinde in Plastikbehältern. Benötigt werden die Farben Weiß, Gelb, Ocker, Orange, Rot, Englischrot, Mittelblau, Hellblau, Mittelgrün, Braun und Schwarz (Hobby- oder Malerbedarfshandel).

Künstler-Ölfarbe Farbe, die zum Ausmalen der farbigen Flächen gebraucht wird. Es gibt sie malerfertig in Tuben zu kaufen im Hobbybedarfshandel, in Spezialgeschäften für Künstlerbedarf und in Geschäften für Mal- und Zeichenbedarf. Man braucht die Farben Kremserweiß (bleihaltig, giftig!), Zinkgelb, Lichter Ocker, Kadmiumrot, hell (imit.), Caput mortuum, Coelinblau, Pariserblau, Chromoxidgrün, stumpf, Van-Dyck-Braun und Elfenbeinschwarz.

Goldfarbe Für die Ausarbeitung einzelner Goldpartien kann man zwischen drei Goldmaterialien wählen. Am einfachsten ist fertig angemischtes Flüssiggold zu verarbeiten, das mit dem Pinsel aufgemalt wird, nachdem man es gut durchgeschüttelt hat.
Kompositionsgold ist eine hauchdünne Metallfolie, die auf die zuvor mit dem Haftmittel Mixteon eingestrichene Fläche aufgerieben wird.
Blattgold, auch Schlaggold genannt, wird mit Hilfe eines Spezialöls und einem Flachpinsel angelegt. Es erfordert Spezialkenntnisse, ist deshalb für den Anfänger nicht zu empfehlen. Die genannten Goldmaterialien gibt es im Fachhandel für Hobby- oder Künstlerbedarf.

Pinsel Zum Nachmalen der Rißzeichnung auf dem Glas braucht man feinste Pinsel aus Rotmarderhaar in den Stärken 00–2/0. Man hebt sie stehend, mit der Quaste nach oben auf. Zum farbigen Ausmalen der Flächen genügen Pinsel aus Rindshaar in guter Qualität in den Stärken 3–6. Für bestimmte Effekte (s. Absatz Maltechnik) können einfache ältere Pinsel gute Dienste leisten.

Hinterglasbild in moderner Auffassung.

Abfallglas Zum Ausprobieren und Mischen kleiner Farbmengen dient Abfallglas als Palette, das den Vorteil hat, daß man die Farben auf dem richtigen Untergrund ausprobieren und die Hilfspalette später wegwerfen kann.

Malerbänkchen Das Malerbänkchen, auch Malerbrücke genannt, verhindert, daß man bereits bemalte ungetrocknete Stellen mit der Hand verwischt. Es besteht aus einer 4–6 cm breiten Leiste mit untergeleimten Klötzchen an beiden Enden. Das Bänkchen muß so lang sein, daß die Füße außerhalb der Malfläche stehen. Malerbänkchen kann man selbst herstellen oder im Fachhandel für Künstlerbedarf kaufen.

Leinenlappen Zum Reinigen der zu bemalenden Glasfläche vor und zum Wegwischen falsch aufgetragener Farbe während der Malarbeit wird ein sauberer, möglichst staubfreier Leinenlappen benötigt.

Kreppapier, Malunterlage, Klebstreifen Mit Kreppapier deckt man bereits bemalte und getrocknete Flächen ab, um sie vor Kratzern und Verunreinigungen zu schützen.
Als Malunterlage kann man weißes Papier (Schreibpapier) oder hellen Karton nehmen. Die Malunterlage sollte wesentlich größer sein als das Glasbild.
Mit Klebstreifen befestigt man die Rißzeichnung auf der Unterlage, damit sie nicht verrutscht.

Arbeitsplatz Der Raum sollte möglichst staub- und zugfrei sein. Das Licht – am besten Tageslicht – sollte bei Rechtshändern von links, bei Linkshändern von rechts kommen.

Arbeitsweise

Bei Anfertigung der Rißzeichnung, besonders wenn Schrift vorgesehen ist, muß man beachten, daß die Hinterglasmalerei seitenverkehrt ausgeführt wird. Hat man nur eine seitenrichtige Vorlage, zeichnet man diese mit einem schwarzen Faserschreiber auf Transparentpapier durch, dreht das Papier um und legt es unter die Glasscheibe. Die Rißvorlage wird mit Klebstreifen auf der Malunterlage befestigt. Ist das Papier der Rißvorlage größer als das Glas (die Zeichnung selbst muß genau das Format der Glasscheibe haben), markiert man die Ecken der Glasscheibe auf dem Papier, damit man sie auch nach dem Hochheben wieder exakt plazieren kann.
Bevor man mit dem Nachziehen der Rißlinien beginnt, muß das Glas mit Spiritus gereinigt werden. Danach sollte man es möglichst nicht mehr mit den Fingern berühren. Für den Anfänger ist es am einfachsten, alle Rißlinien in einer Farbe auszuführen, jedoch wird das Ergebnis ihn nicht zufriedenstellen. Deshalb sollte man sich von vornherein daran gewöhnen, die vorbereitende Malerei der Vorlage den jeweiligen Flächenfarben entsprechend mehrfarbig auszuführen. Rote und schwarze Linien werden dabei fein und dekkend mit Pinsel Nr. 00, die etwas breiteren Linien z. B. der Gewandfalten und Schattierungen mit wasserverdünnter Farbe und Pinsel Nr. 1/0 oder 2/0 gemalt. Dabei setzt man sich so, daß man stets genau von oben auf die Arbeit blickt. Das ist um so wichtiger, je dicker das Glas ist, weil sich mit zunehmender Glasstärke die Gefahr der optischen Täuschung durch bereits

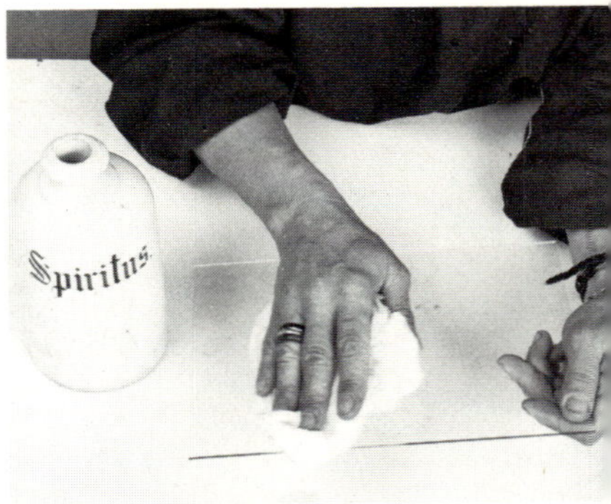

Entstehungsphasen eines Hinterglasbildes: Die Glasplatte wird gereinigt (links). Der Riß wird seitenverkehrt auf Papier vorgezeichnet (rechts).

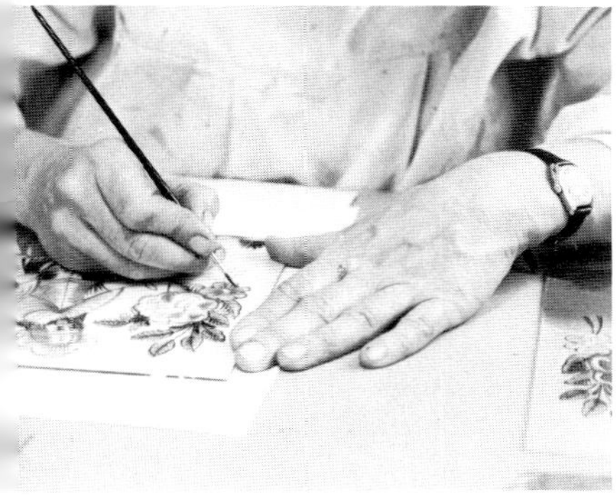

Mit dem feinsten Marderhaarpinsel wird der Riß auf der Glasscheibe nachgemalt. Um bereits bemalte Bildteile zu schützen, kann man ein Malerbänkchen benutzen.

Compositionsgold verändert seine Farbe, wenn man es auf einer Herdplatte sehr stark erhitzt (links). Zum Aufbringen von Compositionsgold werden die entsprechenden Bildteile mit Mixteon bestrichen. Das Haftmittel muß 15–20 Minuten trocknen (rechts).

Das passend zugeschnittene Gold wird auf die präparierte Stelle gelegt und mit dem Daumen angerieben. Es dürfen sich keine Luftblasen zwischen Glas und Auflage bilden (links). Die Flächen malt man stufenweise von vorn nach hinten aus, bei diesem Beispiel also: Stiefel vor dem Mantel, Mantel vor der Wiese usw.

wenig veränderte Blickwinkel vergrößert.
Ist der Riß übertragen, prüft man, ob nichts vergessen wurde, indem man die Glasscheibe an den Kanten faßt und gegen das Licht hält. Nach zufriedenstellendem Ergebnis kann man, sobald die Farbe angetrocknet ist (das geht sehr schnell), mit dem Ausmalen der Farbflächen beginnen.
Die Hinterglasmalerei unterscheidet sich von anderen Maltechniken vor allem durch die umgekehrte Reihenfolge der einzelnen Stufen: Man malt von vorn nach hinten, also zuerst den Vordergrund, dann den Mittelgrund, zum Schluß den Hintergrund.
Das Arbeitsbeispiel zeigt den Werdegang: die Rißzeichnung mit roten Konturen für Gesichtsform, Mund, Lidfalte und Halsansatz, braune Linien für Locken, Augen, Brauen und Nase. In der zweiten Phase wurden die Haare braun, der übrige Kopf fleischfarben übermalt, und zwar so, daß die Flächenbemalung auf den Rißlinien endet, jedoch nicht über sie hinausgeht. In der dritten Phase wird das Anbringen der Schattierungen gezeigt, die so kräftig aufgetragen werden müssen, daß sie auf der Vorderseite des Bildes den gewünschten Ton zeigen. Phase vier zeigt den fertig ausgemalten Kopf von der unbemalten Schauseite.
Als Anfänger muß man sich die richtige Reihenfolge immer wieder einprägen, da Malfehler nachträglich nicht korrigierbar sind. Zwar kann man frische Farbe mit einem terpentin- oder verdünnergetränkten Lappen abwischen, jedoch wird man dabei auch immer einen Teil der angrenzenden Farbe oder der Rißzeichnung entfernen.

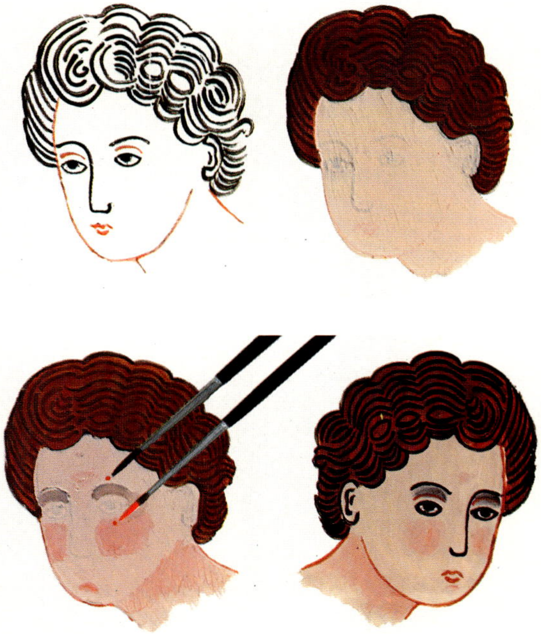

Maltechnik in drei Stufen: Rißlinien, Flächenausmalung, Schattierung. Daneben: Schauseite der Arbeit.

Auch das Verzieren mit Gold muß zum richtigen Zeitpunkt zwischen den Malstufen erfolgen. Nimmt man Flüssiggold, muß man den Behälter vor Gebrauch kräftig schütteln, damit sich die am Gefäßboden befindlichen Metallteilchen wieder gut mit der Flüssigkeit mischen.
Kompositionsgold wird mit Hilfe des Bindemittels Mixteon aufgetragen. Das Mittel wird mit dem Pinsel auf die zu vergoldende Stelle gestrichen und muß etwa eine halbe Stunde trocknen. Erst wenn es bei Berührung mit der Fingerkuppe keine Feuchtigkeit mehr abgibt, kann man ein entsprechend zugeschnittenes Stück Goldfolie darauflegen und von der Mitte ausgehend zu den Seiten mit dem Daumennagel anreiben. Dabei dürfen keine Blasen entstehen. Sollten sich dennoch Bläschen gebildet haben, sticht man sie mit einer sehr feinen Nadel auf und drückt die Folie nochmals an. Die Farbe von Kompositionsgold läßt sich durch Hitze beeinflussen. Man kann das Metall vor dem Aufbringen kurzzeitig auf eine heiße Elektrokochplatte legen.
Der Bildhintergrund wird ganz zum Schluß gemalt. Um bereits bemalte Flächen nicht zu verwischen oder zu beschädigen, bedient man sich des Malerbänkchens, auch Malbrücke genannt. Es wird jeweils so über die Arbeit gestellt, daß man mit dem Pinsel der Malhand die zu bearbeitende Stelle ohne Verkrampfung erreichen kann. Es ist nicht ratsam, mit Ölfarben bemalte Flächen mit Papier abzudecken, um die Malhand darauf zu stützen. Fingertrocken erscheinende Aufträge sind meistens nicht ganz durchgehärtet und druckempfindlich.
Ist das Hinterglasbild fertig, kann es nach ausreichender Trockenzeit der Farben gerahmt werden. Das kann man von einem Fachmann vornehmen lassen oder selbst machen, wenn man das für den nötigen Gehrungsschnitt der Holzleisten geeignete Werkzeug hat.

Maltechnik

Eine gekonnte Rißmalerei hängt von der zügigen Pinselführung ab. Diese wiederum setzt eine bestimmte Konsistenz der Dispersionsfarben voraus. Dispersionsfarben sind mit Wasser verdünnbar. Man gibt tropfenweise jeweils so viel Wasser hinzu, bis die Farben cremig-flüssig sind. Während der Arbeit bildet sich am Pinselkopf allmählich ein Farbwulst, der von Zeit zu Zeit entfernt werden sollte. Hat man die Arbeit kurz unterbrochen, sollte man vor Neubeginn den ganzen Pinsel gut auswaschen und alle Farbreste entfernen, bevor man frische Farbe aufnimmt. Damit der Pinsel für die feinen Rißlinien ganz spitz zuläuft, hält man ihn etwas flach und dreht ihn auf dem Abfallglas, bis die Pinselhaare eine wirkliche Spitze bilden. Diesen Vorgang wiederholt man nach jeder neuen Farbaufnahme.
Beim Ausmalen der Farbflächen beginnt man unter Einhaltung der Reihenfolge Vorder-, Mittel- und Hintergrund am besten mit jenen Bildteilen, die feine Schattierungen verlangen und infolgedessen höchste Aufmerksamkeit fordern. In den meisten Fällen werden es Gesicht und Körperteile von Figuren sein.
Die Schattierungen werden in den jeweils noch feuchten vorangegangenen Farbauftrag ge-

malt. Dabei sollen die Farbflächen nicht gleichmäßig wie gespritzt erscheinen, sondern durch Pinselstrichspuren belebt werden. Eine natürliche Bildwirkung erzielt man zum Beispiel, wenn der Pinselstrich den Konturen oder der Struktur des dargestellten Motivs folgt, etwa den Falten eines Gewandes.
Einige weitere Möglichkeiten der Flächenbelebung sind Wellenlinien, Stern-, Strahlen- und Stempelmuster sowie Pinseldruckornamente (s. Abbildungen S. 126).

Wellenlinien Mit einem kurzhaarigen Pinsel führt man in der noch frischen Ölfarbe Wellen- oder Zackenbewegungen aus, die man nach Bedarf in dichten oder weiten Abständen in durchgehenden Linien wiederholt.

Sternmuster Hierzu braucht man einen nicht zu starren kleinen Borstenpinsel oder einen alten, etwas struppigen Schulmalpinsel. Man arbeitet mit Dispersionsfarbe (die für den Riß verwendete Farbe), die nicht zu feucht angemischt sein sollte. Der Pinsel wird von oben senkrecht in die Farbe gestoßen, wobei sich die Haare strahlenförmig auffächern. Genauso setzt man nun den Pinsel auf das Glas. Mehrere Abdrücke mit nur einem Farbauftrag ergeben unterschiedlich kräftige Muster. Dicht nebeneinander gesetzt, wirken sie wie Blattwerk.

Vorderseite eines Hinterglasbildes mit deutlich erkennbaren Rißlinien und Details (oben).

Rückseite derselben Malerei (rechts).

Strahlenmuster Vor allem bei Heiligenbildern spielt die Strahlentechnik eine große Rolle. Für einen Heiligenschein malt man zunächst mit heller Ölfarbe den Halb- oder Dreiviertelkreis und unmittelbar anschließend die dunkle Hintergrundfarbe. Mit einem Pinsel ohne Farbe streicht man dann den Heiligenschein strahlenförmig in die Hintergrundfarbe ein, wobei man den Pinsel vom Ansatz her allmählich nach außen abhebt. Dabei kontrolliert man auf der Schauseite des Bildes, ob die Strahlen ausreichend sichtbar sind.

Stempelmuster Rosetten- oder Sternmuster zur Belebung von dargestellten Textilien (Schleiern, Kleidern) kann man auf einfache Weise aufstempeln. Man schneidet in ein Stück Linoleum, PVC, Kork oder Holz ein entsprechendes Muster (Zwischenräume ausschneiden, Ornament stehenlassen), drückt den Stempel in die Farbe und anschließend auf dem Glas ab. Zum Stempeln eignet sich satt angerührte Dispersionsfarbe, die man auf der Palette ausstreicht. Auch Flüssiggold, das gut durchgeschüttelt oder durchgerührt werden muß, kann zum Stempeln kleiner Streumuster verwendet werden.

Wellenlinien, Sternmuster, Strahlen, Stempelmuster, Pinseldruckornamente.

Tips

Mit Dispersionsfarbe falsch gemalte Rißlinien lassen sich am besten in getrocknetem Zustand vom Glas abschaben (Vorsicht bei kratzempfindlichem Acrylglas).

Rißmalerei und andere Arbeiten mit Dispersionsfarbe niemals lange unterbrechen, ohne den Pinsel zu reinigen. Die Farbe trocknet sehr schnell und umschließt die einzelnen Pinselhaare wie eine Haut, die sich schwer entfernen läßt.

Hat man vergessen, vor dem Auftragen der Flächenfarbe das vorgesehene Muster zu malen (z. B. Sternblümchen auf einem Kleid), kann man in die etwas angetrocknete Ölfarbe mit einem spitzen Pinselstiel das Muster einkratzen und diese Stellen später mit einer Kontrastfarbe hintermalen.

Einen Schleier, eine Gardine oder ein zartes Tuch kann man durch einen spitzenähnlichen Effekt ergänzen, indem man stellenweise Farbe mit der Fingerkuppe aufbringt. Dazu schneidet man aus Papier eine Schablone in Form des gewünschten Musters (kleine Bögen, Löcher, Quadrate, Rhomben), legt diese auf die vorgesehene Stelle der Rißzeichnung, nimmt mit dem Finger Dispersionsfarbe auf und rollt den Finger über der Schablonenöffnung auf dem Glas ab.

Weiße Farbflächen kann man durch entsprechende Hintermalung mit einer dunkleren Farbe schattieren. So wird z. B. ein rot hintermaltes Weiß leicht rosé, ein blau hintermaltes zart blau oder graublau erscheinen. Will man reines Weiß erhalten, hintermalt man die trockene Farbe noch einmal dünn mit Weiß.

Will man auf fertige Holzrahmen zurückgreifen, ist es einfacher, das Glas nach dem Rahmen zuschneiden zu lassen, als zum fertigen Glasbild einen passenden Rahmen zu suchen.

Rißzeichnung (seitenverkehrt). Das fertige Bild steht auf S. 129.

Pinseldruckmuster Bei dieser Variante handelt es sich nicht um ein Druckverfahren, wie bei den vorhergehenden Stempelmustern beschrieben, sondern hier ist die durch den Pinselabdruck entstehende Form gemeint. Man braucht dazu einen guten Rotmarderpinsel Nr. 2–6, je nach der gewünschten Größe des Abdrucks, der eine einwandfreie Spitze hat. Man kann mit Dispersionsfarbe (Rißmalfarbe) oder Ölfarbe arbeiten. Mit dem Pinsel nimmt man satt Farbe auf und drückt die Quaste in leichter Schräglage auf der vorgesehenen Stelle des Glases ab. Je nach Pinseldruck können auf diese Weise verschiedene Blattformen entstehen. Bei breit auslaufenden Blättern setzt man den Pinsel an der Stengelseite mit der Spitze fast senkrecht an

und senkt ihn allmählich bis zur vollen Stärke der Quaste ab. Laufen die Blätter spitz zu, beginnt man an der Blattspitze und endet am Stengel. Haben Blätter sowohl einen spitzen Ansatz als auch einen spitzen Auslauf, setzt man mit der Pinselspitze an, senkt den Pinsel bis zur vollen Stärke ab und hebt ihn bei leichtem Ziehen wieder an.
Um den Hintergrund eines Bildes zu beleben, kann man die Farbe aufstupfen. Diese Technik ermöglicht ineinander übergehende Farbabstufungen. Der mit Farbe benetzte Pinsel wird dabei senkrecht auf die Glasfläche gestoßen (gestupft), bis sie mit Farbe bedeckt ist. Je nach Feinheit des Pinsels und Dichte der Stupfpunkte ergibt sich eine mehr oder weniger aufgerasterte Struktur.

Beispiele für Hinterglasbilder mit religiösen und weltlichen Motiven. Die Rißzeichnungen zu den beiden oberen Bildern sind in Originalgröße auf Seite 127 und 128 abgebildet.

Textilmalerei

Das Gebiet der Textilmalerei ist im Gegensatz zu anderen kunsthandwerklichen Techniken noch immer unvollständig erforscht. Das liegt zum Teil an der Vergänglichkeit der textilen Grundstoffe, vor allem der Seide, in der Hauptsache jedoch an dem Unvermögen früher Textilmaler, die aufgebrachten Farben dauerhaft zu fixieren.

China, das Ursprungsland der Seidenstoffe, gilt auch als Lehrmeister der Malerei auf Seide. Für ihre Farben verwendeten die Maler im alten China Blütenstaub, Asche, Ruß, Sud von Wurzeln, Blättern und Rinden, farbige Erden und den Urin von Rindern. Frühe Seidengewebe zeigen Verzierungen mit Schriftzeichen und einfachen Bildmotiven in nur einer Farbe. Daraus entwickelte sich die Mehrfarbenmalerei, die ihre Blütezeit in der Sung-Dynastie (1200 n. Chr.) hatte. Damit die Farben dauerhaft in die Seide eindrangen, wurden die Stoffe in einer Lauge gebeizt.

Auch Reserveverfahren, ähnlich wie bei Batik (S. 142–151), waren schon früh bekannt. Stoffstellen, die begrenzt oder nicht bemalt werden sollten, wurden mit einer aus Reisleim und Kleie bestehenden Paste abgedeckt, die man nach der Bemalung der Seide wieder auswusch.

Die Kenntnis von der Textilmaltechnik gelangte über Korea nach Japan und wurde dort weiter entwickelt. Als sie Europa erreichte, wurden zunächst nur chinesische und japanische Motive nachgeahmt, ohne deren Symbolcharakter zu kennen. Mit dem Aufkommen der bemalten Seidentapeten am französischen Hof im 17. Jh. wechselten auch die Motive, wobei die Bilder französischer, holländischer und italienischer Kunstmaler vielfach als Vorlagen verwendet wurden.

Bald kombinierte man auch Seidenmalereien mit Seidendruck. Dabei setzte sich der billigere Seidendruck mehr und mehr durch und bereitete der Weiterentwicklung der Textilmalerei ein Ende. Nur wenige Kunsthandwerker und Maler versuchten sich weiter in dieser schönen Kunst, sei es, um sich selbst oder anderen Gleichgesinnten eine Freude zu machen oder zu experimentieren.

Im Freizeitbereich erfreute sich die Textilmalerei wechselnder Beliebtheit. Um die Jahrhundertwende war es eine Zeitlang Mode, kleine Zierdeckchen aus Organdy oder ähnlichem Material zu bemalen, die Kanten mit Reliefpaste – meistens gold- oder silberfarbig – zu umranden, und den Stoff außerhalb der Paste abzuschneiden. Die Frauenzeitschriften der damaligen Zeit, allen voran „Der Bazar“, brachten in fast jeder Ausgabe Vorlagen zum Abpausen. Die fertigen Malereien machten den Stoff steif und brettig, die Farben bluteten beim Waschen in Seifenlauge aus. Bevorzugte Farbkombinationen waren Olivgrün, Ocker und Violett in verschiedenen Schattierungen. Zu dieser Zeit kam auch eine Art Leuchtfarbe, wie man sie damals nannte, auf. Es war ein Gemisch aus Sago und gelösten Farbpigmenten. Mit einer Spritztüte wurde die pastöse Farbe in Punkten oder Linien aufgetragen und war nach dem Antrocknen glasig und steif. Die Tapiokamalerei, wie man diese Technik bezeichnete, war nicht waschbar, daher sind auch kaum Stücke erhalten. Als Untergrund für Tapiokamalereien wurden vor allem Samt und Filz verwendet, Stoffe, die in ihrer damaligen Ausrüstung ebenfalls nicht waschbar waren.

Um 1935 – man hatte inzwischen halt- und waschbare Stoffmalfarben entwickelt – wurde die Textilmalerei im Zusammenhang mit einer sogenannten Rückbesinnung auf deutsches Volks- und Brauchtum noch einmal kurzfristig populär. Die zu jener Zeit entstandenen Arbeiten waren zum großen Teil so geschmacklos, daß mit ihnen die Textilmaltechnik in Verruf geriet und lange Jahre als Synonym für schlechten und nationalistischen Geschmack galt.

Doch neue Generationen wuchsen heran, nicht kleinlich im Umgang mit Farben jeglicher Art. Die Erfindung des Faserschreibers, waschecht oder auswaschbar, hat viele junge Textilmaler hervorgebracht, die vor allem aus ihren Jeans-Uniformen originelle und individuelle Kleidungsstücke machen. Ihr unbefangener Umgang mit den Farbstiften hat ganz sicher dazu beigetragen, daß die Textilmalerei viele neue Anhänger gewonnen hat.

Mit der Entwicklung von Textilfarben, die auf spezielle Gewebefasern abgestimmt sind, ist es

heute möglich, jeden Stoff zu bemalen, ganz gleich, ob es sich um Seide, Baumwolle oder Chemiefasern handelt. Die im Augenblick beliebteste Sparte ist die Seidenmalerei.
Noch vor kurzem war das Fixieren der Farben auf Seide ein umständlicher Vorgang: der bemalte Stoff mußte faltenfrei zwischen Zeitungslagen aufgerollt oder zusammengelegt, verschnürt und stundenlang gedämpft werden. Erst in jüngster Zeit sind Spezialfarben auf dem Hobbymarkt, die sich nach dem Vermalen durch Einbügeln wasch- und lichtecht mit dem Stoff verbinden.
Die Seidenmaltechnik ist in erster Linie eine Reservetechnik, bei der Farbfelder musterbildend mit einer Flüssigkeit begrenzt werden. Diese Flüssigkeit, mit einer feinen Düse aufgetragen, verhindert das Ineinanderlaufen angrenzender Farben. Sie läßt sich nach Beendigung der Malerei mit handwarmem Wasser rückstandslos auswaschen, so daß die zuvor abgedeckten Linien und Teilstücke in der Grundfarbe des Stoffes erscheinen.

Arbeitsmittel

Die Grundausrüstung besteht aus Seide, Farben, Pinseln und Spannrahmen. Wer zunächst nur einmal probieren möchte, ob ihm die Textilmaltechnik gefällt, kommt mit einer Farbe und einem Pinsel oder einigen Textilmalstiften aus.
Zum Spannen kann man einen kleinen runden Stickrahmen oder eine Styroporplatte nehmen. Will man die Seidenmalerei als dauerndes Hobby betreiben, sollte man folgende Arbeitsmittel haben:

Mehrfarbige Seidenmalerei mit durch Konturmittel getrennten Farbfeldern.

Seide
Spannrahmen
Dreizackstifte
Papierklebstreifen
Konturmittel
Seidenmalfarben
Mischgefäß
Pinsel
Bügeleisen
Essig.

Seide Alle Seidenstoffe mit glatter Oberfläche eignen sich für die Seidenmaltechnik. Am gebräuchlichsten, billigsten und einfachsten zu bearbeiten ist Japon- oder Pongéeseide in Stärken von Nr. 5–9. Die schwereren Qualitäten von Nr. 10–14 sind ebenfalls gut verwendbar, sie haben jedoch den Nachteil, daß das Konturmittel schwerer durch das Gewebe dringt und daß das Gewebe viel Farbe aufnimmt. Außerdem sind Farbeffekte, z. B. durch Kristallsalz o. ä. besser auf dünneren Stoffen zu erzielen.
Crêpe de Chine, ein schwereres Seidengewebe mit leicht strukturierter Oberfläche, ist sehr teuer und eignet sich nur zum Bemalen mit nicht allzu feinlinigen Motiven.
Georgette ist ein halbtransparentes Kreppgewebe, das in Querrichtung dehnbarer ist als in Längsrichtung. Daher eignet es sich nicht zum Bemalen mit geometrischen Motiven, die nach dem Abspannen des Stoffes vom Rahmen in veränderter Form erscheinen würden.
Twill ist ein glatter Seidenstoff in Köperbindung, d. h. mit diagonal verlaufender Fadenstruktur. Es ist in verschiedenen Stärken zu haben und eignet sich gut für Seidenmalerei, auch für Farbeffekte durch von Kristallsalz.
Honanseide ist mit ihrer ungleichmäßigen Fadenstruktur nur bedingt für die Seidenmaltechnik geeignet. Der Salzeffekt läßt sich darauf nicht ausführen.
Bouretteseide ist ein schweres Gewebe mit matter körniger Oberfläche. Das Material nimmt das Konturmittel nur schwer an (feine Zeichnungen sind nicht möglich), saugt jedoch die Farben sehr stark auf.
Außer Seide kann man auch dünne Baumwollstoffe nehmen. Vor allem für erste Versuche ist Baumwolle empfehlenswert, weil sie billiger als Seide ist. Stoffe für Seidenmalerei bekommt man im Hobbyhandel. Billiger kauft man jedoch in Stoffgeschäften oder Stoffabteilungen von Warenhäusern. Hier ist auch die Auswahl größer.

Spannrahmen Abgesehen von dem bereits erwähnten runden Stickrahmen für Übungszwecke kann man zum Spannen der Seide einen großen eckigen Stickrahmen mit verstellbaren Holmen, einen für Textilmalerei entwickelten Spezialrahmen aus zusammensteckbaren Zahnleisten oder einen Keilrahmen nehmen, wie er in der Ölmalerei gebräuchlich ist. Man kann auch aus Leisten und Weißleim (z. B UHU coll) selbst einen Rahmen zusammenbauen. Wichtig ist, daß die Leisten aus Weichholz sind, damit sich die Dreizackstifte leicht eindrücken lassen. Stickrahmen bekommt man im Handarbeitsgeschäft, Spezialrahmen für Textilmalerei im Hobbyhandel, Keilrahmenleisten, die sich zu bestimmten Formaten

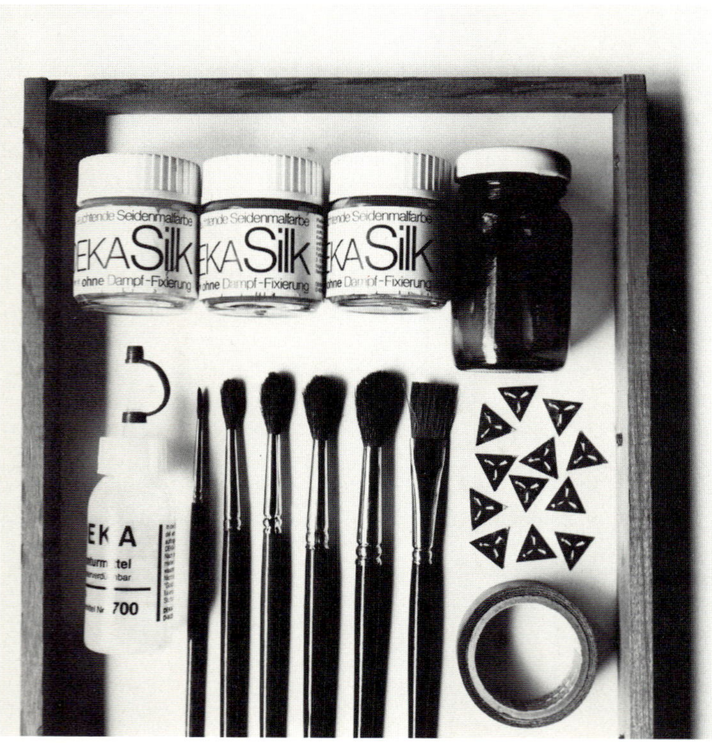

Für die Textilmalerei reichen wenige Arbeitsmittel. Sie sollten von guter Qualität sein.

zusammenstecken lassen, im Fachhandel für Künstlerbedarf. Das Foto auf S. 134 zeigt Rahmen in der genannten Reihenfolge von oben nach unten.

Dreizackstifte Spezialstifte zum Befestigungen der Seide auf dem Spannrahmen. Im Gegensatz zu gewöhnlichen Reißzwecken haben diese Zwecken drei Metallstifte mit besonders glatten Spitzen, die den Stoff nicht beschädigen und den durch das Spannen entstehenden Zug verteilen. (Hobbyhandel.)

Papierklebstreifen Selbsthaftende oder feucht aufzubringende Klebstreifen aus Papier (z. B. Tesakrepp) werden auf die Oberseite der Rahmenleisten geklebt und verhindern, daß das Holz von durch den Stoff durchdringender Farbe verunreinigt und die Farbe auf den nächsten aufgespannten Stoff übertragen wird.

Konturmittel Spezialflüssigkeit zum Abgrenzen der Farbflächen gegeneinander, die aus einer Plastikflasche mit Maldüse aufgetragen wird. Lieferbar in kleinen Malflaschen und größeren Nachfüllbehältern. Malflaschen auch leer erhältlich. In der Standardausführung ist das Konturmittel farblos. Man kann es jedoch selbst mit Seidenmalfarben einfärben oder eingefärbt (z. B. in Gold) kaufen. Bezugsquelle: Hobbybedarfshandel.

Seidenmalfarben Gut bewährt hat sich DEKA Silk, eine Farbe, die für fast alle in diesem Kapitel gezeigten Modelle verwendet wurde, sofern es sich um Seidenmalereien handelt. Diese Farbe ist wasserverdünnbar, in 18 untereinander mischbaren Tönen zu haben und ohne spezielle Dampffixierung haltbar. Sie wird einfach eingebügelt und haftet wasch- und lichtecht auf dem Stoff. Die Farben sind von ungewöhnlicher Leuchtkraft, was den Nachteil hat, daß sich ruhige, matte Töne, wie sie in der Erdfarbenskala vorkommen, schwer oder gar nicht mischen lassen. Vorteil: Außer Seide kann man auch Baumwolle und synthetische Fasern, soweit diese sich heiß bügeln lassen, mit DEKA Silk bemalen.
Außer DEKA Silk gibt es noch folgende Seidenmalfarben: cott'n-silk, Dupont, Javana, Leprince, Seidicolor, Serti-Color und Tobasign. Die meisten Fabrikate sind nicht mit Wasser, sondern mit Alkohol verdünnbar und müssen nach dem Vermalen zwischen Papierlagen in einem Dampfkochtopf fixiert werden. Es ist ratsam, Farben verschiedener Hersteller nicht untereinander zu mischen und nicht gemeinsam zu verarbeiten, da sie unterschiedliche chemische Zusammensetzungen haben können. Ebenso sollte man das Konturmittel von jenem Hersteller verwenden, von dem auch die Farben sind.
Für erste Arbeiten kommt man mit den Grundfarben (sog. Eurotöne) Rot, Blau und Gelb aus. Schwarz wäre danach die wichtigste Zusatz- bzw. Abtönfarbe (Hobbyhandel).

Mischgefäß Ein kleines Marmeladenglas mit Schraubdeckel oder eine kleine Taschenflasche

Seidenmalerei mit Blockeinteilung durch Konturmittel und direktem Farbübergang.

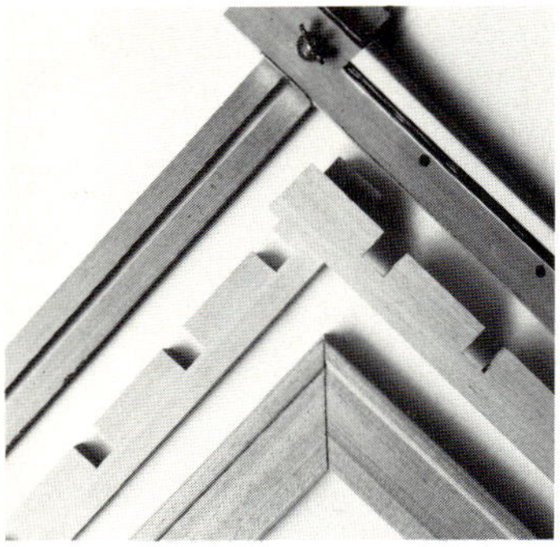

Verschiedene Rahmentypen zum Aufspannen des zu bemalenden Stoffes.

Mit Dreizackstiften wird der Stoff – hier handelt es sich um Seide – fadengerade auf den Rahmen gespannt.

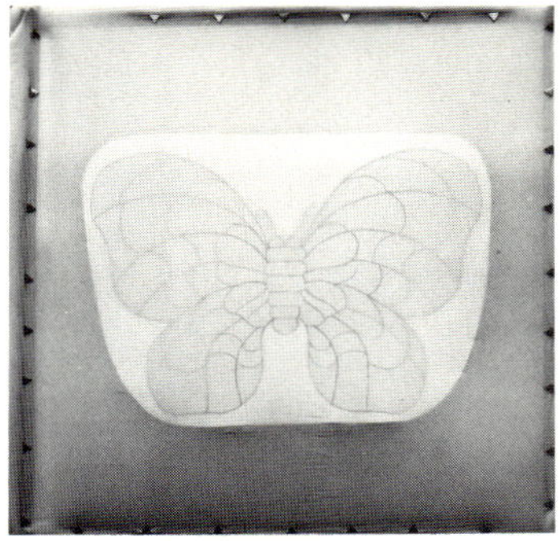

Die Mustervorlage wird vorsichtig mit Klebstreifen unter dem gespannten Stoff befestigt.

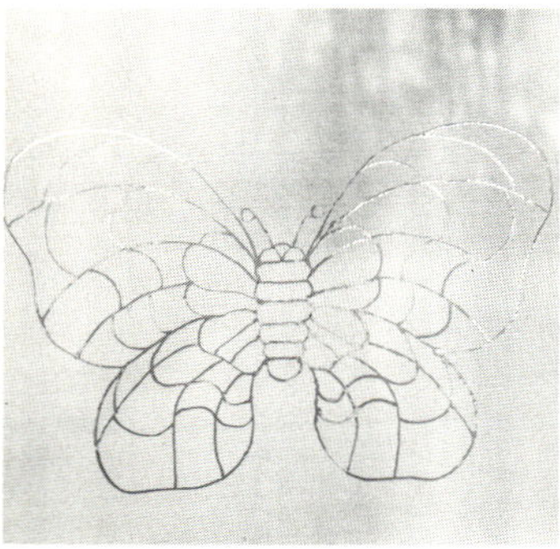

Alle Linien der Musterzeichnung werden auf dem Stoff mit Konturmittel sorgfältig nachgefahren.

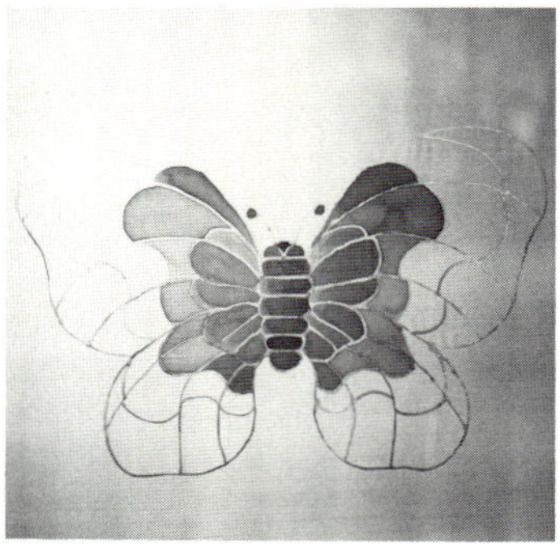

Mit dem Ausmalen der Farbfelder beginnt man erst, nachdem das Konturmittel starr getrocknet ist.

Es wird von innen nach außen gemalt. Farbeffekte bringt man noch während der laufenden Arbeit an.

Zum Ausmalen des Hintergrundes feuchtet man die noch freie Fläche an, damit die Farbe besser fließt.

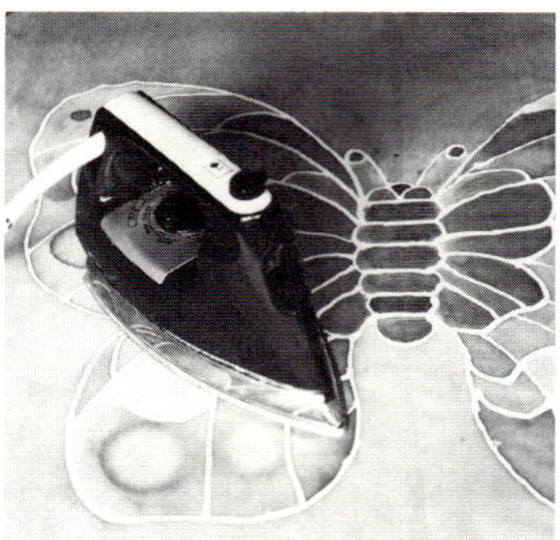

Die getrocknete Malerei wird vom Rahmen gespannt und durch rückseitiges Bügeln fixiert.

Anschließend wäscht man das Konturmittel in warmem Wasser heraus und bügelt die Arbeit.

mit Schraubverschluß sind gute Hilfsgeräte beim Mischen und Verdünnen von Farben. Durch Schütteln im verschlossenen Gefäß verbinden sich die Mixturen besser als durch Rühren, vor allem dann, wenn es sich um größere Mengen handelt.

Pinsel Zum Malen sollte man mehrere gute Aquarellpinsel in verschiedenen Stärken haben, darunter einen Flachpinsel für größere Flächen. In Geschäften für Mal- und Zeichenbedarf ist die Auswahl meistens größer als im Hobbyhandel, der nur ein Standardsortiment führt.

Bügeleisen Zum Fixieren wasserverdünnbarer Seidenmalfarben auf dem Stoff benötigt man ein Bügeleisen, dessen Heizstufen sich auf das Gewebe einstellen lassen.

Essig Dem letzten Spülwasser der gewaschenen Malerei fügt man einen Schuß Essig zu. Er neutralisiert Reste von Chemikalien und bringt die Farben zu voller Leuchtkraft.

Arbeitsweise

Der Spannrahmen wird auf der Vorderseite lückenlos mit Klebstreifen abgedeckt. Darauf wird der Stoff wie folgt gespannt: Die erste Zwecke kommt in die Mitte der unteren Querleiste. Von hier aus wird der Stoff straff nach oben gezogen und mit der zweiten Zwecke in der Mitte des oberen Querholms befestigt. Die dritte Zwecke wird provisorisch in die Mitte des linken Seitenholmes gedrückt. Dann zieht man den Stoff straff und setzt die vierte Zwecke in die Mitte des rechten Seitenholmes. Nun entfernt man die provisorisch eingedrückte linke Zwecke und zieht den Stoff so straff, daß er zwischen den Zwecken der unteren und oberen Querleiste genau fadengerade verläuft. Das ist besonders wichtig bei geometrischen Mustern, damit sie auch nach dem Abspannen des Stoffes ihre exakte Form behalten. Nun spannt man jeweils von der Mitte ausgehend zu den Seiten bzw. in Auf- und Abwärtsrichtung den Stoff so auf, daß er stets ganz straff und fadengerade sitzt. Die Abstände zwischen den Dreizackstiften sollten etwa zweifingerbreit und gleichmäßig sein.
Der auf Karton vorgezeichnete Entwurf in Originalgröße wird mit Klebstreifen hinter dem Stoff befestigt, sofern man es nicht vorzieht, aus freier Hand zu malen.
Mit einer kleinen Schere schneidet man die Spritzdüse der Plastikflasche mit dem Konturmittel schräg ab und malt mit dem trägflüssigen Trennmittel die Konturen der Mustervorlage entsprechend zügig, jedoch nicht hastig nach. Am besten probiert man erst einmal einige Linien auf einem Stoffrest, um ein Gefühl für das Malgerät zu bekommen. Dabei wird man feststellen, daß langsames Malen dicke, schnelleres Malen feinere Linien bewirkt. Bei jedem neuen Ansatz der Düse quillt ein Tropfen Konturmittel hervor. Man vermeidet diese unschönen Ansätze, indem man ein Stück Papier vor die Ansatzstelle hält, darauf zu malen beginnt, um dann gleitend auf den Stoff überzugehen. Wichtig ist, daß alle konturierten Flächen in sich geschlossen sind, so daß keine Farbe der einen Partie in die angrenzende laufen kann, es sei denn, dieser Effekt ist beabsichtigt.
Das Konturmittel hat im allgemeinen die richtige Konsistenz, um durch das Gewebe durchzudringen. Bei längerem Gebrauch oder nach längerer Lagerung dickt es etwas ein und muß mit einigen Tropfen Wasser oder Alkohol (je nach Fabrikat) verdünnt werden. Es darf jedoch nicht zu dünnflüssig sein, weil es das Gewebe dann nicht ausreichend abdeckt. Will man größere Flächen reservieren, trägt man das Konturmittel mit einem Pinsel auf.
Nach Beendigung der Konturmalerei läßt man die Arbeit liegend trocknen, bis sich die Linien starr anfühlen und bei Berührung mit dem Finger nicht verändern. Dann löst man die Mustervorlage von der Stoffrückseite ab. Hat man sich vermalt, kann man, solange der Auftrag noch feucht ist, die Fehlerstelle mit Wasser reinigen. Dazu hält man ein trockenes Stück Haushaltskrepp unter den Stoff und tupft mit einem sauberen Lappen oder Schwamm, den man durchnäßt hat, auf die entsprechende Stelle. Anschließend drückt man den Stoff zwischen zwei Krepplagen aus und läßt ihn trocknen, bevor man ihn erneut bemalt. Es ist wichtig, daß die Reste der fehlerhaften Bemalung vollständig aus dem Gewebe entfernt werden, sonst nimmt es dort keine Farbe auf. Man prüft das, indem man den Stoff gegen das Licht hält: Mit Konturmittel behandelte Stellen sehen glasig aus.
Ist der Konturauftrag getrocknet, kann man mit dem Ausmalen der Farbfelder beginnen. Auch hier sollte man zunächst einige Probestriche auf einem Stoffrest machen. Man setzt den farbgetränkten, nicht zu nassen Pinsel jeweils in der Mitte eines Farbfeldes auf, weil sich

die Farbe sofort zu allen Seiten ausbreitet. Man arbeitet zuerst die Farbfelder in der Motivmitte aus und fährt dann nach außen fort. Besondere Effekte kann man erzielen, indem man mit einem sauberen Pinsel Wassertropfen in noch feuchte Farbfelder setzt. An diesen Stellen fließt die Farbe kreisförmig auseinander und bildet deutlich sichtbare Ringe. Ist die Malerei fertig, muß sie liegend trocknen. Soll der Hintergrund des Motivs auch noch farbig ausgemalt werden, kann man das entweder gleich machen oder warten, bis die Motivmalerei getrocknet ist. Damit der Hintergrund gleichmäßig wird, befeuchtet man die ganze zu bemalende Fläche vorher mit Wasser.
Die getrocknete bemalte Seide wird vom Spannrahmen gelöst. Zum Anheben der Dreizackstifte benutzt man ein kleines Hebelwerkzeug, das der Packung beigefügt ist. Dann wird die Malerei mit der Schauseite auf eine mit einem sauberen Tuch bedeckte Bügelunterlage gelegt und drei Minuten lang mit einem auf Seide eingestellten Eisen gleichmäßig gebügelt. Bei Seidenmalfarben, für die eine Dampffixierung nötig ist, verfährt man nach Anweisung des Herstellers, die den Farben beigegeben ist.
Abschließend bereitet man eine warme Lauge aus Wasser und Feinwaschmittel und wäscht darin den Stoff durch ständiges Bewegen und Schwenken so lange, bis alle Reste des Konturmittels entfernt sind. Der Stoff wird mehrmals ausgespült, wobei man dem letzten Spülwasser einen Schuß Essig zusetzt.
Nach dem Trocknen und nochmaligem Bügeln ist die Arbeit fertig. Die Fotos auf S. 134 zeigen die Abfolge der Arbeitsgänge.

Seidenmalerei zu einem Bezug verarbeitet.

Effekte und Varianten

Hat man im Umgang mit Seidenmalfarben einige Erfahrungen gesammelt, kann man sich auf das interessante Experimentierfeld begeben. Dazu braucht man:
Effektsalz, ein speziell für die Salztechnik entwickeltes grobkristalliges Salz (Hobbyhandel),
Entfärber,
Wattestäbchen,
Verbandwatte aus Baumwollgemisch (keine Dralonwatte),
Wäscheklammer als Haltevorrichtung.

Salzeffekt In die noch feuchte Farbe werden einzelne Salzkristalle gestreut, die durch ihre hydroskopische Wirkung Farbe anziehen. Die Farbflüssigkeit zieht sich um die Kristalle zusammen, und die Pigmente lagern sich als dunkle Ringe ab. Das Salz wird abgeschüttelt, sobald die Farbe trocken ist. Es darf nicht zu lange auf dem Gewebe liegen bleiben, da es die Fasern angreift. Nicht alle Seiden eignen sich gleich gut für den Salzeffekt. Die besten Ergebnisse erzielt man mit straff gespannter Japon- oder Pongéeseide, während Honanseide und Bourette ungeeignet sind. Auf Crêpe de Chine lassen sich interessante Effekte mit Salzkristallen erzielen.

Ausbleichtechnik Frisch aufgetragene feuchte Farbe kann man durch Betupfen mit einem wassergetränkten Wattestäbchen oder Wattebausch aufhellen. Benetzt man die Farbe nur, läuft sie auseinander und bildet starkfarbige Ringe. Drückt man die betupfte Stelle rasch zwischen zwei Zellstofftüchern aus, zieht die Farbe in den Zellstoff, und es entsteht eine verlaufende, aufgehellte Fläche. Gänzlich ausgezogen wird die Farbe, wenn man Entfärber einsetzt. Er sollte von demselben Hersteller stammen wie die Farbe, um die richtige chemische Reaktion zu gewährleisten.

Fließende Farbverläufe Will man eine Farbfläche, z. B. einen Hintergrund einfarbig von der dunkelsten zur hellsten Tönung verlaufend malen, befeuchtet man knapp die Hälfte des gespannten Stoffes mit Wasser, wobei das letzte Viertel richtig naß sein sollte. Dann wird die Farbe mit einem Wattebausch von der trocknen zur nassen Fläche in gleichmäßigen waagerechten Strichen verteilt. Durch die Abnahme der Farbmenge auf der Watte und die Aufnahme von Wasser wird der Farbton immer heller. Man muß zügig arbeiten, damit die Seide nicht vor der Bemalung zu trocknen beginnt.

Farbübergänge z. B. von Rot zu Gelb, entstehen auf die gleiche Weise. Man teilt den Stoff in drei gleichgroße Felder waagerecht auf. Das erste Feld bleibt trokken und wird mit roter Farbe bemalt. Das mittlere Feld wird befeuchtet, bleibt jedoch unbemalt. Das dritte ebenfalls trockene Feld wird bis zur Feuchtbegrenzung gelb bemalt. Nun zieht die rote Farbe von unten nach oben in das feuchte Feld ein, während sich die gelbe Farbe von oben ausbreitet und mit Rot zu einem Orangeton übergangslos mischt.

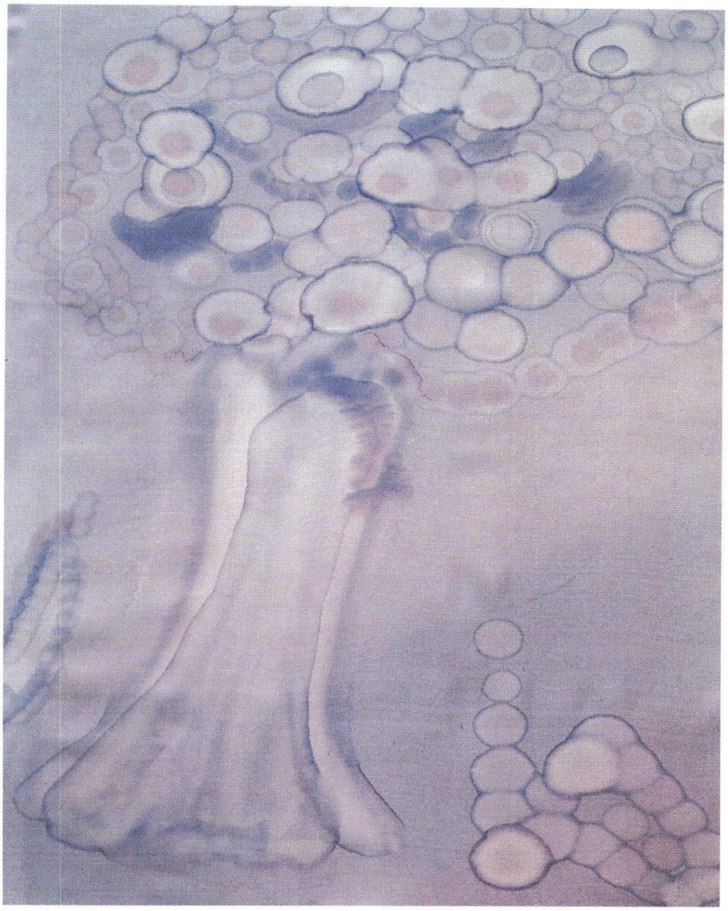

Seidenmalerei in Aquarelltechnik auf Bouretteseide (oben).

Seidenmalerei mit Effekten, die durch Salzkristalle erzielt wurden (rechts).

Abgegrenzte Farbfelder ohne Konturstriche Diese Technik ist interessant, aber mühsam. Man begrenzt zunächst ein Farbfeld wie üblich mit Konturmittel und malt es anschließend aus. Dann wird das Konturmittel ausgewaschen, nachdem die Farbe durch Bügeln fixiert wurde. Der erneut aufgespannte Stoff wird für den nächsten Arbeitsgang wieder mit Konturmittel behandelt. Dabei wird die Linie auf die zuvor ausgeführte Malerei so aufgemalt, daß sie genau an deren Konturen verläuft und die Farbe abdeckt, ohne auf den unbemalten Stoff zu geraten. Bei mehreren angrenzenden Farbflächen wird nur jeweils das nächste Teilstück abgedeckt. Dann konturiert man die übrige Abgrenzung der nachfolgenden Farbfläche, malt diese aus, entfernt das Konturmittel und verfährt weiter wie beschrieben. Bei dem Kissen mit Rechteckfeldern (S. 133) wurden diese als geschlossener Block an allen vier Kanten abgedeckt.

Farbtrennung ohne Konturmittel Eine Farbtrennung mit weichen Konturen wird erreicht, wenn man zuerst den Untergrund ganzflächig bemalt und die Farbe gut durchtrocknen läßt. Die Farben der auf diesem Grund ausgeführten Malerei verlaufen kaum noch.

Aquarelltechnik Man malt auf zuvor durchfeuchteter Seide oder Baumwolle. Die Farben werden mit einem Pinsel oder Wattebausch rasch vermalt, solange der Stoff noch feucht ist und die Farben gut fließen. Diese Technik eignet sich besonders für Stoffe, die wegen ihrer Dichte oder Stärke wenig Konturmittel zur Abgrenzung exakter Farbfelder aufnehmen.

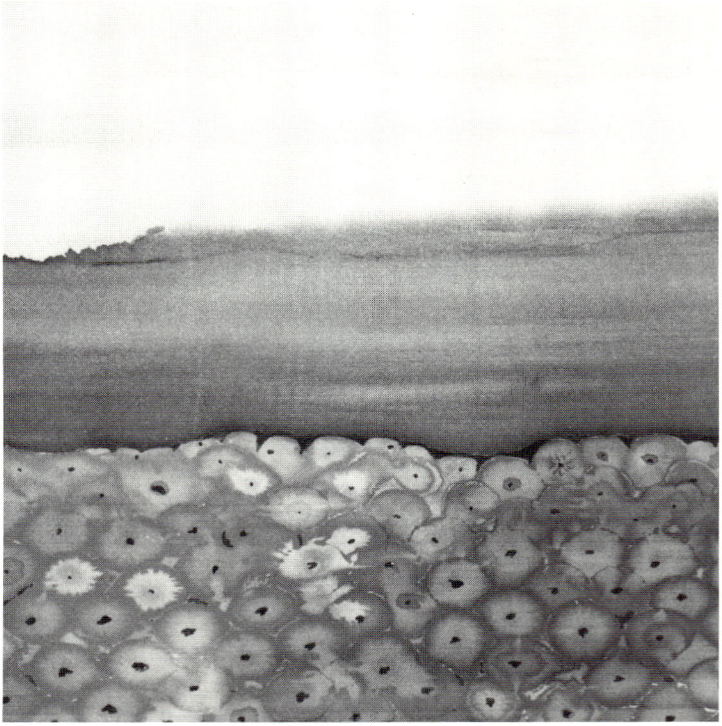

Hier wurde die Seide ganzflächig blau, dann der mittlere Bildteil auf die feuchte, der untere auf die getrocknete Farbe gemalt.

Weitere Techniken

Buntstifte Die Firma Vang hat Farbstifte entwickelt, die ähnlich wie Wachsmalstifte (Ölkreide) aussehen und zu handhaben sind. Sie sind unter der Bezeichnung Jaxon/50 einzeln oder als Sortimentskarton mit 15 verschiedenen Farbtönen im Hobbyhandel erhältlich. Sie haften auf jedem appreturfreien Gewebe, kommen jedoch auf glatten helleren Stoffen am besten heraus. Die zu bemalenden Textilien brauchen nicht gespannt zu werden, im Gegenteil, bei trikotartigen Stoffen muß jegliche Spannung vermieden werden, sonst entstehen Zerrbilder. Man kann mehrere Farben übereinander malen. Beim abschließenden Fixieren mit einem heißen Bügeleisen mischen sie sich zu einer neuen Farbe. Am besten macht man einige Proben auf einem Stoffrest. Ist die Malerei abgeschlossen, legt man die Arbeit mit der bemalten Seite auf einen Packen Zeitungspapier und bügelt die Farben mit dem heißen Eisen von der Rückseite in den Stoff. Dabei müssen die Papierlagen ständig gewechselt werden. Der Fixiervorgang ist abgeschlossen, wenn sich keine Farbe mehr abbügelt. Da die weichen Stifte sich sehr schnell stumpf malen, müssen sie zwischendurch mit einem Messer neu angespitzt werden. Feinere Linien malt man am besten mit der unteren abgeflachten Kante eines Stiftes. Die Mona Lisa auf dem T-Shirt unten wurde mit Jaxon-Stoffmalstiften gemalt. Ähnliche Stifte, die speziell für Polyesterfasern entwickelt wurden, hat die Firma Heintze & Blanckertz unter der Bezeichnung Redis Stoffmalstifte für TREVIRA herausgebracht. Die fertige Malerei wird auf der Rückseite mit einem Bügeleisen so lange geplättet, bis sie keine Farbe mehr abgibt.

Faserschreiber Unter der Bezeichnung DEKA Stoffmalstifte gibt es Faserschreiber in verschiedenen Farben, mit denen man auf fast allen Geweben und Trikotstoffen zeichnen kann. Sie sind besonders geeignet zum Betonen von Konturen bei Malereien, die mit Stoff- oder Seidenmalfarben ausgeführt wurden, wie z. B. bei den Drachenbespannungen auf Seite 141. Die zu bemalenden Stoffe müssen appreturfrei sein (Appretur entfernt man durch heißes Waschen). Man setzt die Stifte nur leicht auf, das ist besonders wichtig bei dünnen Stoffen, da ein zu starker Farbauftrag ausfließen kann. Bei doppelten Stofflagen, z. B. einem T-Shirt, legt man zwischen Ober- und Unterstoff ein Stück Karton oder mehrere Zeitungspapierlagen. Die fertige Malerei wird von der Rückseite etwa 5 Minuten lang mit einem heißen Eisen (Temperatureinstellung nach Gewebeart) gebügelt. Sie ist danach waschecht bis 60 Grad Celsius.

Das obere Bild wurde mit Faserstiften auf einem T-Shirt gezeichnet, das untere mit Buntstiften.

Tips

Farbnäpfe und -schalen stellt man am besten in den umgedrehten Deckel eines Schuhkartons o. ä. Verschüttete Farbe richtet so weniger Schaden an.

Farbgetränkte Pinsel transportiert man vom Farbnapf zur vorgesehenen Malstelle mit untergehaltenem Papier, um eine Verunreinigung des Stoffes zu vermeiden.

Stoffmalfarben auf Wasserbasis lassen sich auswaschen, solange sie noch nicht fixiert sind.

Seide läuft nach dem Waschen ein. Das ist bei Arbeiten, die ein bestimmtes Format voraussetzen, besonders zu berücksichtigen.

Bei kleinen Stoffabschnitten oder fertigen Kleidungsstükken, die nachträglich in Seidenmaltechnik bearbeitet werden sollen, kann man anstelle des hölzernen Spannrahmens auch einen kleineren Rahmen aus einer Styroporplatte ausschneiden und den Stoff darauf mit Stecknadeln spannen.

Malt man bei einer mehrfarbigen Arbeit zuerst mit der hellsten Farbe, kann man Farbspritzer auf anderen Feldern mit dunklerer Farbe überdecken.

Konturmittel auf Wasserbasis kann man mit Seidenmalfarbe abtönen, Konturmittel auf Alkoholbasis mit Glasmalfarben.

Behandelt man einen eingefärbten Hintergrund oder ein bemaltes Teilstück mit Konturmittel, erscheint die Zeichnung nach dem Auswaschen in dieser Farbe.

Malereien mit hellen Konturlinien eignen sich bei der Weiterverarbeitung gut zum Quilten. Man unterlegt den Stoff mit einer dünnen Wattierung und steppt die Linien mit Hand- oder Maschinenstichen nach.

Ist der Salzeffekt ausgeblieben, war die aufgetragene Farbe entweder noch zu naß oder schon zu trocken. Stelle nochmals anfeuchten und erneut Salzkristalle auflegen.

Zieht das Konturmittel beim Vermalen nicht in das Gewebe ein, ist es zu träge. Es muß dann mit Wasser, Alkohol oder Benzin (je nach Fabrikat) verdünnt werden.

Bei sehr dichten oder dicken Stoffen ist es ratsam, das Konturmittel von beiden Seiten aufzutragen. Die Konturen des Auftrags von der Vorderseite scheinen meistens gut durch und lassen sich rückseitig nachziehen.

Sind die aufgetragenen Konturlinien zu breit, ist das Konturmittel zu dünn, oder die Maldüse war zu groß. Man läßt das Konturmittel eine Weile offen stehen, damit die darin enthaltene Feuchtigkeit etwas verdunstet, oder man besorgt sich eine feinere Maldüse.

Malerei mit deckenden Farben
Zur satten deckenden Malerei auf allen Natur- und Mischgeweben sowie auf Trikotstoffen wurden Spezialfarben entwickelt, die auch für den Stempeldruck auf Stoff geeignet sind. Es gibt sie in vielen Farben, darunter auch Gold und Silber, unter der Bezeichnung Permanent Stoffmalfarben (DEKA) im Hobbyhandel zu kaufen. Sie sind untereinander mischbar und lassen sich mit Wasser verdünnen. Man arbeitet mit ihnen genau wie bei der Seidenmaltechnik und fixiert sie durch Einbügeln mit einem heißen Eisen. Die Drachenbespannung rechts wurde mit diesen Farben bemalt. Die zu bemalenden Stoffe müssen appreturfrei sein und sollten eine glatte Oberfläche haben.

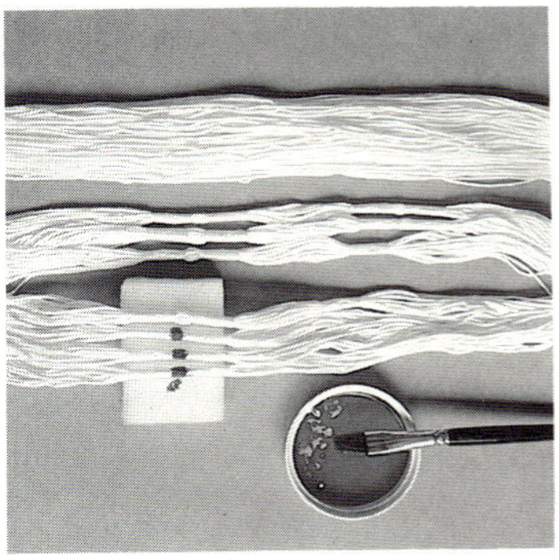

Außer Stoff kann man auch Garnmaterial bemalen.

Rand und Buchstaben sind mit Faserschreiber konturiert und mit Stoffmalfarbe ausgemalt.

Bemaltes Garn

Nicht nur Gewebe, auch Fadenmaterial kann man mit Stoffmalfarben verändern, wie die Beispiele (links) zeigen. Am besten eignet sich gebleichtes Baumwollgarn. Man braucht dazu außerdem:

Permanent Stoffmalfarbe
Flachpinsel
Schaumstoffabschnitt
Klebstreifen
Farbnäpfchen
Bügeleisen.

Sofern das Garn als Knäuel gewickelt ist, muß man es in Strangform umwickeln. Den Strang legt man auf eine Unterlage aus Zeitungen oder Karton und teilt ihn an einer Stelle in mehrere kleinere Bündel zu etwa 10–12 Fäden auf. Jedes Bündel wird fest mit einem Klebstreifen umwunden. Einen Zentimeter von der ersten Klebstelle entfernt werden die Bündel abermals mit Klebstreifen zusammengefaßt. Die freigelassenen Fadenstellen legt man so auf ein Stück Schaumstoff oder einen Schwamm, daß sie genau parallel hintereinander liegen.

Dann schüttet man etwas Farbe in ein Näpfchen (das kann ein umgedrehter Schraubdeckel von einem Konservenglas o. ä. sein) und bemalt sie satt mit Farbe. Ist die Farbe angetrocknet, kann man weitere Fadenbündel zwischen Klebstreifen abteilen und mit Farbe tränken. Wichtig ist, daß die Klebstreifen die Fäden so fest zusammenhalten, daß keine Farbe seitlich ausfließen kann.

Nachdem alle Fäden bemalt und die Farben getrocknet sind, werden die Klebstreifen gelöst, die bemalten Fadenstellen werden aufgefächert und mit einem heißen Bügeleisen fixiert. Man kann direkt auf dem Farbauftrag bügeln oder ein Tuch auflegen.

Man kann die Malmethode noch vereinfachen, indem man das Garn auf dem Knäuel läßt und große Punkte darauf malt.

Batik

Batik, eine vermutlich aus Südostasien stammende Textilfärbetechnik im Reserveverfahren, heißt eigentlich Ambatik und bedeutet soviel wie Schreiben, Zeichnen. Der Begriff stammt aus dem malaiischen Sprachbereich. Ebenso das Wort Tjanting (sprich Canting), mit dem das Zeichengerät – ein mit heißem Wachs gefülltes Kännchen – bezeichnet wird. Bearbeitet werden meist Seide und Baumwolle. Die Technik ist einfach: Aus freier Hand oder einer Musterzeichnung folgend wird das flüssige Wachs mit der feinen Maldüse des Tjantings auf gespannten Stoff aufgetragen. Nach dem Erstarren des Wachsauftrags wird der Stoff gefärbt. Anschließend wird der Wachsauftrag durch Wärme entfernt. Die zuvor abgedeckten Flächen erscheinen nun als Zeichnung in der Grundfarbe des Stoffes. Ein javanisches Rätsel, das die Batiktechnik beschreibt, lautet: „Er hat den Kelch einer Blume, den Schnabel eines Raubtieres, Fünf folgen ihm über das Feld, und er hinterläßt überall Spuren." Mit dem Kelch ist das Wachskännchen gemeint, mit dem Schnabel die Maldüse. Die Fünf sind die Finger, die den Tjanting halten, das Feld ist der Stoff, und mit den Spuren ist der Wachsauftrag gemeint. In Java, wo die Batik heute mehr zu kommerziellen Zwecken ausgeübt wird, und nur noch selten „der inneren Sammlung dient", wie es ursprünglich der Fall war, arbeitet man immer noch nach der klassischen Methode: Das Gewebe, das gebatikt werden soll, liegt auf dem Gawangan, einem Holzgestell. Es wird gespannt von einem Halter, dem Bantul, an dem ein schweres Gewicht hängt.
Bei wohlhabenden Damen ist der Gawangan meistens mit Schnitzereien verziert, wobei Drachenköpfe besonders beliebt sind. Der Bantul ist silberbeschlagen und ruht in Haltern, die wie Tierköpfe geformt sind. Das Gewicht hat häufig die Form einer Frucht. Neben dem Gawangan steht auf einem kleinen Holzkohleofen ein Gefäß mit Wachs, aus dem mit dem Tjanting kleinere Mengen herausgeschöpft werden. Mit flinken Bewegungen werden die Linien auf den Stoff gezeichnet, wobei Muster aus freier Hand entstehen. Sie werden jedoch unter Berücksichtigung des späteren Verwendungszweckes des Gewebes (Umschlagtuch, Sarong) angeordnet. Das Färben wird meistens nicht von der Zeichnerin ausgeführt sondern von einer Spezialistin, die auch das Entfernen der Wachsschicht übernimmt.
Die Erfindung der Batiktechnik wird allgemein den Javanern zugeschrieben, doch lassen Studien vieler Kunsthistoriker den Schluß zu, daß die Batik schon in früheren Zeiten in Hinterindien bekannt war und von dort aus nach Java kam. Im Handelsmuseum von Lyon befinden sich Gewebe aus altägyptischen Gräbern, die mit Hilfe eines Wachsreserveverfahrens ornamentiert sind. Möglicherweise handelt es sich bei diesen Arbeiten um Geschenke, die indische Kaufleute nach Ägypten brachten. Aber auch in Japan, China, Rußland und Turkestan war die Batiktechnik schon früh bekannt. Hingegen kam sie erst sehr spät nach Mitteleuropa.
Der Engländer Sir Thomas Stamford Raffles, der während der englischen Besetzung von Niederländisch Indien Gouverneur war, beschrieb 1817 in seinem Werk „History of Java" zum ersten Mal ausführlich dieses Verfahren. Die erste größere Sammlung javanischer Batikarbeiten wurde 1883 in Amsterdam auf einer Kolonialausstellung gezeigt. 1898 folgte in Den Haag eine weitere Batikausstellung, auf der zwei javanische Mädchen diese Kunst vorführten.
Neben dieser Batiktechnik, die sich in unveränderter Form bis heute in Java erhalten hat, entwickelte sich ein rationelleres Verfahren, bei dem die Wachszeichnungen mit Hilfe von Schablonen aufgetragen werden.
Ohne künstlerischen Anspruch sind auch Batiken, bei denen das Muster mit Hilfe von in heißes Wachs getauchten Metallstempeln, sogenannten Tjaps aufgetragen wird. Die Schwierigkeit solcher Stempelbatiken liegt allein in der genauen Anordnung der Stempel, die durch ihre Reihung einen ununterbrochenen Rapport ergeben.
Nachdem die Batikkunst in Europa eingeführt war – vor allem durch die 1900 in Paris auf der Weltausstellung gezeigten Arbeiten holländischer Künstler –, fand sie in den verschiedenen Ländern geteilte Aufnahme. Die größte Resonanz erfuhr sie in

Wachsauftrag mit dem Tjanting (links), mit dem Pinsel (Mitte), Tropfbatik (rechts).

den Niederlanden, wo sie schon bald an der Kunstschule von Harlem gelehrt wurde. Denkbar ungünstig war die Zeit für diese rein im Ornamentalen wurzelnde Technik im Deutschland der Jahrhundertwende. Hier tobte man sich gerade im Jugendstil aus und hatte keinen Sinn für derart „veraltete Gestaltungsäußerungen", wie eine Zeitschrift mokant bemerkte.

Inzwischen hat man sich mit der Rückbesinnung auf alte Handwerkskünste und Werkverfahren längst wieder der Batik angenommen. Im letzten Jahrzehnt haben Kunsthandwerker aus Fernost mit ihren Demonstrationen in Volkshochschulen und Warenhäusern die Batikkunst auch einem breiten Publikum näher gebracht. Künstler und kunstinteressierte Laien haben erkannt, wie vielschichtig die Möglichkeiten kreativer Gestaltung sind, die sich durch die traditionelle Batik, aber auch durch Nebenformen wie Plangi, Tritik und Tauchbatik ergeben.

Arbeitsmittel

Zum Batiken braucht man außer dem geeigneten Stoff:
Batikwachs
Wachsbehälter
Wärmequelle
Borstenpinsel
Wachskännchen (Tjanting)
Spannrahmen
Batikfarben
Gefäß für die Farbflotte
Saugfähiges Papier
Bügeleisen
Plastikfolie als Unterlage
Putzlappen.

Stoff Zum Batiken eignen sich vor allem helle Stoffe, die eine Temperatur von mindestens 35 Grad Celsius vertragen. Seide, Kunstseide, Batist, Baumwolle und Leinen mit glatter Oberfläche ohne Noppen oder Struktur nehmen Wachs und Farben am besten auf. Gewebe aus Kunstfasern sollte man nicht nehmen.
Hat der Stoff eine Appretur, so muß diese bei kochbarem Material in Seifenwasser ausgekocht, bei anderem Gewebe in warmem Sodawasser ausgewaschen werden. Unterläßt man das, werden beim Färben und Spülen Farbteilchen mit der Appretur fortgeschwemmt, und die Motivkonturen verwischen sich. Je schwerer und gröber der zu bearbeitende Stoff ist, um so mehr Wachs muß man auftragen, damit es durch das Gewebe dringt (notfalls von beiden Seiten arbeiten), und um so mehr Farbe nimmt er später beim Einfärben auf. Zudem trocknet er langsamer, so daß ein aus mehreren Farbgängen bestehender Batikprozeß sehr lange dauern kann. Anfänger sollten zunächst dünnere Stoffe wählen und mit einer kleinflächigen Arbeit beginnen.

Batikwachs Es gibt fertig gemischte Batikwachse in kleinen Tafeln zu kaufen. Will man selbst Wachs mischen, gilt als Faustregel ein Gemisch aus zwei Teilen Bienenwachs und einem Teil Paraffin oder Stearin. Je höher der Bienenwachsanteil ist, um so geschmeidiger wird der Auftrag auf dem Stoff, um so weniger Krakeluren können durch gebrochenen Wachsauftrag entstehen.

Wachsbehälter Am besten eignet sich eine Weißblechdose mit geringem Durchmesser, die man unter ständiger Beobachtung entweder direkt auf die Wärmequelle setzt oder (besonders, wenn Kinder arbeiten) in ein größeres, mit heißem Wasser gefülltes Gefäß stellt. Das Batikwachs wird entweder in kleinen Bröckchen oder in Flokken, die man mit einem Messer abschabt, in den Behälter zum Schmelzen gefüllt. Je kleiner die Teilchen sind, um so rascher schmilzt das Wachs.

Wärmequelle Zum Verflüssigen des Wachses kann eine Kochplatte oder ein in einen feuerfesten Behälter gestelltes Teelicht dienen. Der Schmelzvorgang darf nicht unbeaufsichtigt durchgeführt werden, zumal die richtige Wachstemperatur eine Rolle spielt. Ist das Wachs nicht heiß genug, haftet es nur auf der Stoffoberfläche und läßt stellenweise später unerwünschte Farbe durch. Zudem platzt es auch leichter ab. Wird das Wachs zu heiß, kann es sich verfärben und Spuren auf dem Stoff hinterlassen. Die Temperatur ist richtig, wenn alle Wachsbröckchen aufgelöst sind und das Wachs dünnflüssig ist. Man nimmt es von der Wärmequelle, bevor es zu rauchen beginnt. Es muß während der Arbeit zwischendurch wieder erwärmt werden, wenn man es nicht ständig über der Flamme eines Teelichts flüssig hält.

Borstenpinsel Für großflächige Abdeckungen nimmt man anstelle des feinzeichnenden Wachskännchens Borstenpinsel, deren Breite man auf die Malerei abstimmt. Sie werden nach dem Gebrauch in heißem Wasser ausgewaschen, dem man ein fettlösliches Spülmittel zugesetzt hat. Man kann sie auch (im Freien) mit Benzin oder Benzol reinigen.

Wachskännchen Das Wachskännchen, malaiisch: Tjanting', besteht aus einem Metallkesselchen mit einem mehr oder weniger feinen Ausflußröhrchen. Der Kessel ist an einem Holzgriff befestigt, der es ermöglicht, den Tjanting wie ein Zeichengerät

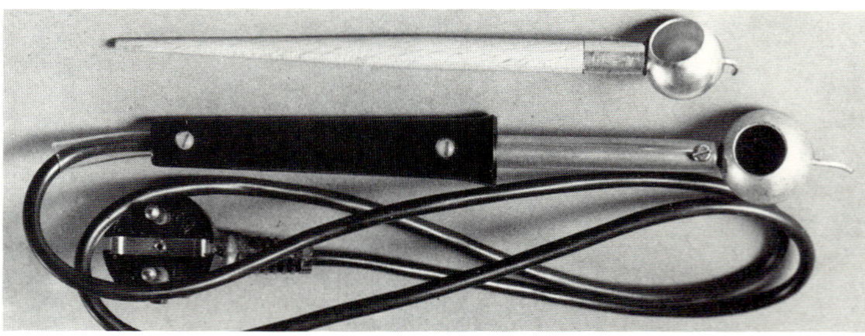

Traditionelles Wachskännchen (oben), Elektro-Tjanting (unten).

über den Stoff zu führen. Mit dem Kesselchen schöpft man flüssiges Wachs aus dem Behälter und zeichnet damit auf dem gespannten Stoff. Die feine Düse, in der sich erkaltendes Wachs festsetzen kann, wird von Zeit zu Zeit mit einer Borste aus dem Besen oder einem dünnen Draht gereinigt. Tjantings gibt es in verschiedenen Ausführungen, Kesselform und Düsenstärke betreffend. Eine Erleichterung für Geübte kann ein elektrisch betriebener Tjanting sein, in dessen Kessel man die ungeschmolzenen Wachsbröckchen direkt einfüllt. Dieses Gerät erfordert jedoch sicheres und schnelles Arbeiten.

Spannrahmen Damit der zu bearbeitende Stoff durch die Wachsbehandlung keine Beulen wirft oder sich stellenweise zusammenzieht, muß er straff über einen Rahmen gespannt werden. Man kann fertige Leisten kaufen, die sich zu einem variablen Rahmen zusammensetzen lassen, einen Keilrahmen nehmen, wie er bei der Ölmalerei verwendet wird, oder aus Holzleisten selbst einen einfachen Rahmen basteln. Ein alter Bilderrahmen, der jedoch stabil sein muß, tut es auch. Der Stoff wird mit Heftzwecken zunächst senkrecht und waagerecht in der Mitte der Rahmenleisten gespannt, dann unter ständigem Straffziehen des ganzen Stücks in fadengerader Richtung von der Mitte ausgehend rechts und links nach außen verlaufend. Hat man eine Motivskizze angefertigt, wird diese unter den Stoff gelegt und mit Klebstreifen an der Rahmeninnenkante oder mit Stecknadeln am Stoff befestigt.

Batikfarben Batiken müssen mit sogenannten Kaltfarben behandelt werden. Ist die Farbflotte wärmer als 35 Grad Celsius, schmilzt der Wachsauftrag und wird farbdurchlässig. Gut bewährt haben sich die hoch lichtechten Batikfarben von DEKA, die in kochendem Wasser gelöst und so der kalten, dem Farbbad entsprechenden Wassermenge beigemischt werden (genaue Anleitung und Mengenangabe auf jeder Packung). Dabei wird das Farbkonzentrat durch ein nicht faserndes Tuch – am besten aus Perlon oder Nylon – gegossen. Ebenso die heiße Kochsalzlösung (ein Eßlöffel für je 100 Gramm Stoffgewicht in trockenem Zustand), die der Farbflotte zuzufügen ist.

Gefäß für die Farbflotte Das Gefäß für das Farbbad, das nicht aus Metall sein darf, muß so groß sein, daß der eingebrachte Stoff locker darin liegen und bewegt werden kann. Das Gefäß zum Anrühren des Farbkonzentrats darf ebenfalls nicht aus Metall sein.

Saugfähiges Papier Am besten eignet sich Haushaltskrepp von der Rolle, jedoch auch ältere Zeitungen, die nicht mehr abfärben, können verwendet werden. Man legt mehrere Lagen flach auf den Tisch, darauf den gefärbten und getrockneten Stoff, der wiederum mit einer einzelnen Papierlage bedeckt wird. Mit dem heißen Bügeleisen wird das Wachs aus dem Stoff herausgeschmolzen, so daß es in das Papier einzieht. Die Papierunter- und -auflagen müssen ständig gewechselt werden, bis alles Wachs aus dem Stoff entfernt ist. Emaillierte Töpfe und Schalen eignen sich am besten.

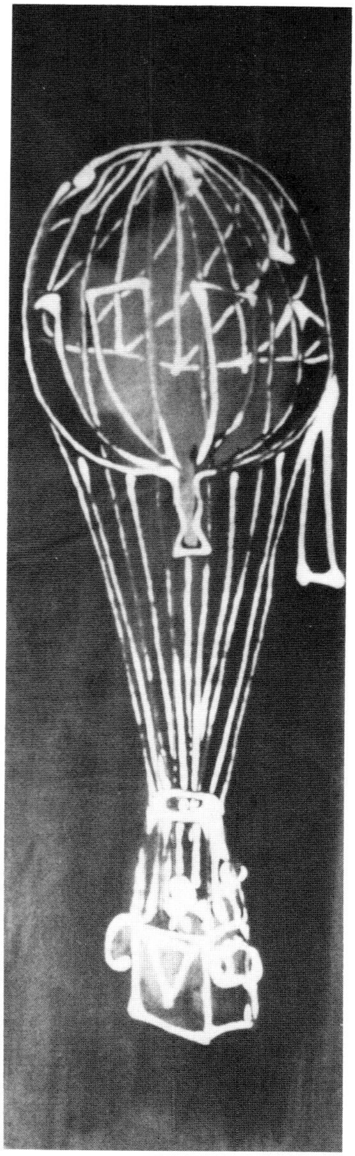

Mehrfarbenbatik auf Baumwolle.

Bügeleisen Die Temperatur des Eisens sollte auf den Stoff abgestimmt sein. Man kann sie etwas höher einstellen, weil man nicht direkt den Stoff berührt, sondern das saugende Papier als schonende Zwischenlage hat.

Arbeitsweise

Motivwahl Zunächst muß man lernen, in Negativformen zu denken, also zu beachten, daß die mit Wachs abgedeckten Linien und Flächen ungefärbt bleiben. Beispiel: Soll ein weißer Schneemann auf blauem Grund stehen, so zeichnet man auf ein Blatt Papier im Maßstab 1:1 die Konturen des Schneemanns, seinen Hut, sein Gesicht, seine Knöpfe, seinen Besen und alle anderen Details. Deckt man den Stoff anschließend dieser Zeichnung entsprechend mit Wachs ab, bleiben die gezeichneten Linien nach dem Färben in der hellen Grundfarbe des Stoffes, während alles andere blau geworden ist.
Soll der Schneemann nicht nur als Umrißzeichnung, sondern flächig erscheinen, muß man alles, was keine Farbe annehmen soll, mit Wachs abdecken. Dabei spart man die Stellen für Gesicht, Knöpfe und andere Details im Wachs aus, damit sie ebenfalls blau wie der übrige Grund eingefärbt werden.

Arbeitsvorlage Als Arbeitsvorlage fertigt man eine Motivskizze auf weißem Papier im Maßstab 1:1 an, wenn man es nicht von vornherein vorzieht, frei zu arbeiten. Bei dünnem Stoff wird die Motivskizze so unter dem Gewebe befestigt, daß sie sich nicht verschieben kann (Klebstreifen oder Stecknadeln) und die Zeichnung durch den Stoff schimmert. Bei undurchsichtigem Gewebe wird die Motivzeichnung entweder direkt mit einem weichen Bleistift auf dem Stoff ausgeführt oder von der Vorlage mit Hilfe von Graphitpapier (aus dem Zeichengeschäft. Kein Kohlepapier nehmen!) übertragen.

So entsteht eine Batikarbeit: Stoff fadengerade auf Rahmen spannen. Nicht zu färbende Stellen mit Wachs abdecken. Arbeit vom Rahmen nehmen und in kaltes Wasser tauchen. In vorbereitetes Farbbad legen und nach dem Färben klarspülen. Trocknen lassen und den Wachsauftrag zwischen Papierlagen heiß ausbügeln.

Batiktechnik Eine Zweifarben-Batik, bestehend aus einem Wachsauftrag und einem Färbvorgang, entsteht wie folgt: Der zu bearbeitende Stoff wird fadengerade mit Reißzwecken straff über einen Holzrahmen gespannt. Darunter wird, sofern nicht auf den Stoff übertragen oder gezeichnet, die Motivskizze befestigt. Mit flüssigem Batikwachs werden die Linien bzw. Flächen der Vorlage entsprechend abgedeckt. Für Linien benutzt man einen Tjanting (siehe Abb. unten), für Flächen einen flachen Pinsel.
Während der Wachsauftrag abkühlt und erhärtet, bereitet man nach Vorschrift auf der Packung das Farbbad vor.
Der Stoff mit der Wachszeichnung wird vom Rahmen genommen und in kaltes Wasser getaucht, damit er gut durchfeuchtet wird und die Farbe gleichmäßig aufnehmen kann. Will man deutliche Krakeluren (Farbadern) erzielen, knittert man den Stoff im Wasserbad und bricht so das erstarrte Wachs stellenweise.
Anschließend wird der Stoff lokker in die Farbflotte eingelegt und ständig langsam bewegt. Nach 30 Minuten ist die Endfärbung erreicht. Der Stoff wird aus dem Farbbad genommen und unter fließendem Wasser gespült, bis das Wasser klar abläuft.
Der Stoff wird anschließend tropfnaß zum Trocknen aufgehängt. Dabei darf er nicht über eine Leine geschlagen werden, sondern er soll möglichst frei hängen, am besten an Wäscheklammern aus Kunststoff.
Ist die Arbeit getrocknet, legt man sie zwischen saugfähiges Papier und bügelt mit einem heißen Eisen so lange, bis das Wachs aus dem Stoff in das Papier gezogen ist. Dabei müssen die Papierlagen ständig gewechselt werden. Mit diesem Arbeitsgang ist die Batik fertig.

Mehrfarbenbatik von Marianne Heller-Seitz (vor dem letzten Färbegang).

Besondere Batikformen

Mehrfarbentechnik Soll eine Batik aus mehreren Farben bestehen, wird der Stoff nach dem ersten Farbbad wieder auf den Rahmen gespannt, sobald er getrocknet ist. Der erste Wachsauftrag verbleibt auf dem Stoff, wird also nicht ausgebügelt, es sei denn, man will die ausgesparten Flächen oder Linien ganz oder teilweise mit der neuen Farbe überfärben. Mit Wachskännchen oder Pinsel wird die vorherige Zeichnung ergänzt, bevor der nächste Färbgang ausgeführt wird. Dabei ist zu bedenken, daß alle nicht abgedeckten Flächen der ersten Färbung nun mit der neuen Farbe überfärbt werden und sich im Ton mischen. Nach dem Trocknen der zweiten Färbung kann man weitere Wachsaufträge und Färbungen ausführen. Zum Schluß wird das Gewebe wie bereits beschrieben behandelt.

Tropfbatik Eine Nebenform der klassischen Methode besteht darin, daß das Wachs nicht mit einem Gerät aufgetragen, sondern von einer Kerze direkt auf den gespannten Stoff getropft wird. Dabei kann man durch Entfernen oder Nähern der Tropfquelle die Tropfengröße variieren.
Färbvorgang und Ausbügeln des Wachses werden wie beschrieben ausgeführt.

Plangi und Tritik Die durch Abbinden (Plangi) oder Kräuseln (Tritik) reservierten Stoffe werden nur in Wasser durchfeuchtet, ins Farbbad gelegt und anschließend gespült. Danach löst man die Fäden, läßt den Stoff trocknen und bügelt ihn.

Tauchbatik Bei dieser vereinfachten Technik wird der reservierte Stoff nur stellenweise in 008 Farbbad getaucht. So kann man z. B. die Mitte eines quadratischen Stoffstücks zu einem langen Zipfel hochziehen und in mehreren Abständen abbinden. Danach taucht man ihn bis unter die letzte Bindung in ein gelbes Farbbad, läßt ihn in gebundenem Zustand trocknen, taucht ihn bis zur mittleren Bindung in eine rote und nach abermaligem Trocknen mit der Spitze in eine blaue Farbflotte. Das Ergebnis sind ein großer gelber, ein mittlerer orangefarbener Kreis und eine braune Mitte, jeweils getrennt durch nicht gefärbte (abgebundene) helle Ringe.

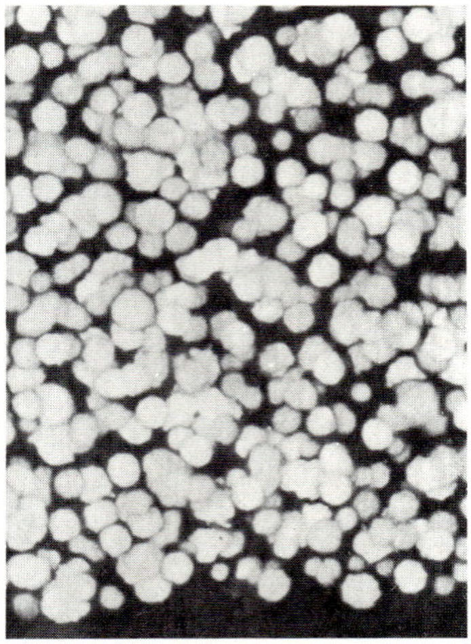

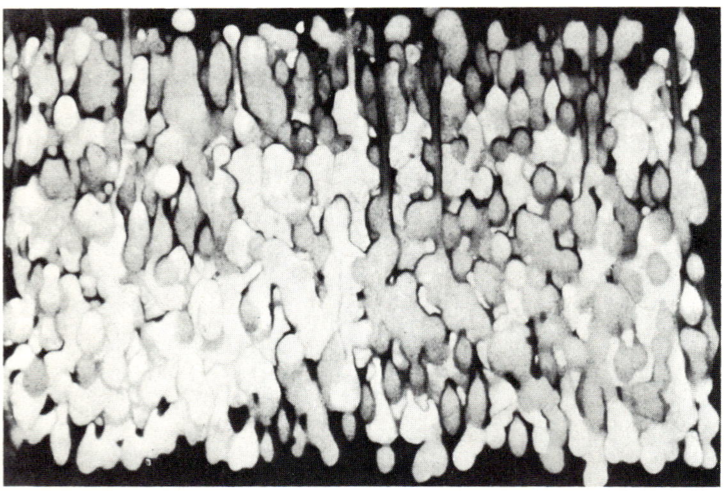

Tauchbatik, entstanden durch Abbindungen von der Stoffmitte ausgehend (oben links).

Tropfbatiken, entstanden durch Reservierung mit Tropfen von einer brennenden Stearinkerze (oben rechts und unten).

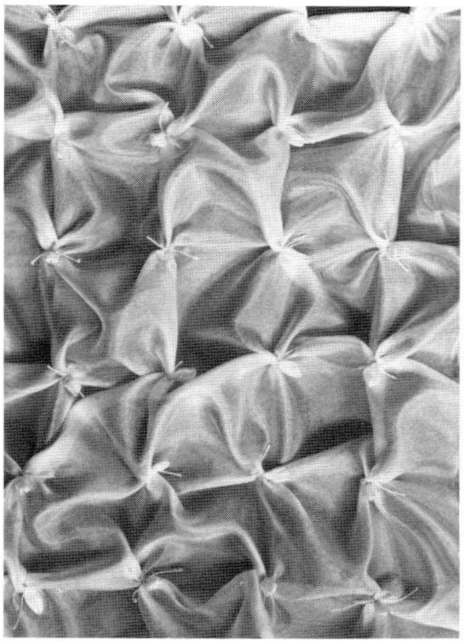

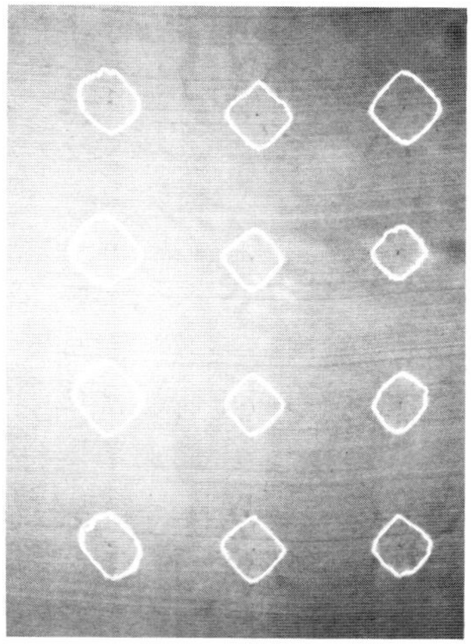
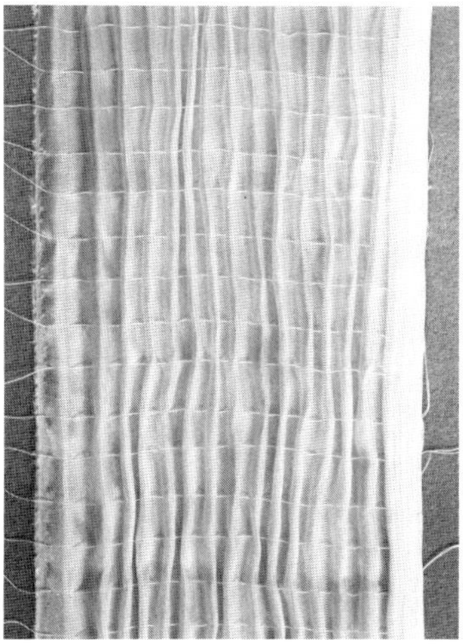

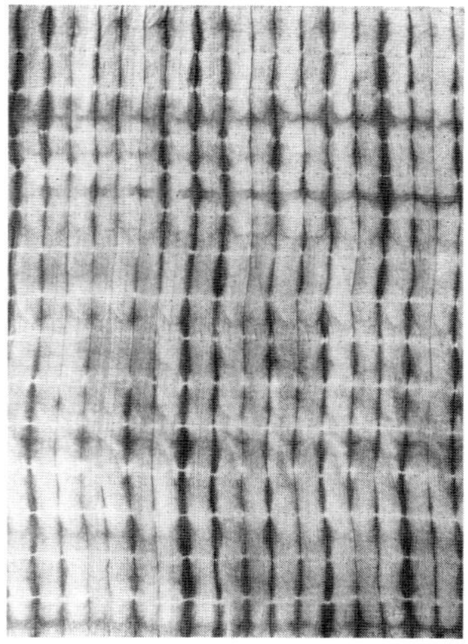

Nebenformen der traditionellen Batiktechnik: Reservierung durch abgebundene Stellen (Plangi, obere Bildreihe). Reservierung durch Kräuseln mit Heftfäden (Tritik, mittlere Reihe).

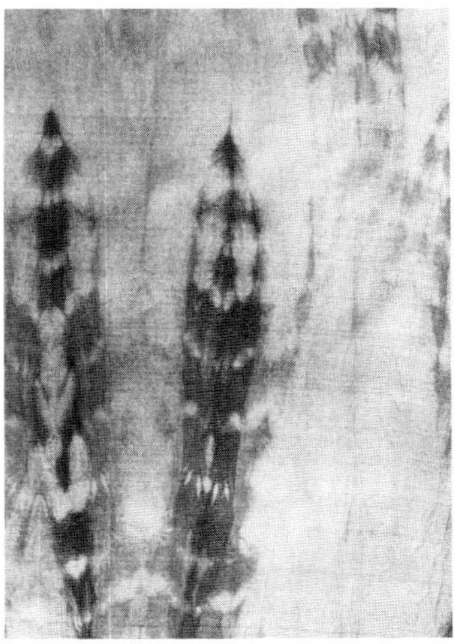

Reservierung durch festes Zusammendrehen eines Stoffstreifens (vereinfachte Form der Kräuselbatik, links).

Farbenbestimmung

Färben ist reine Erfahrungssache.
Man kann nur durch eigene Experimente herausfinden, welche Mischungen sich aus Überfärbungen ergeben. Die nachfolgenden Kombinationen sollen nur Anhaltspunkte geben, denn das Ergebnis hängt von mehreren Faktoren ab, z. B. Intensität der Farblösung, Temperatur des Farbbads, Beschaffenheit des Stoffes und Dauer des Färbvorgangs.
Auch spielt die Mischung der Farbfamilien untereinander eine erhebliche Rolle.

Zweifarben-Batik
Gelb + Blau = Grün
Gelb + Rubinrot = Orange
Rubinrot + Kornblumenblau = Violett
Scharlachrot + Brillantblau = Braun

Dreifarben-Batik
Gelb + Blau = Grün + Rot = Braun
Gelb + Rot = Orange
+ Blau = Braun
Rot + Blau = Violett + Gelb = Grau

Vierfarben-Batik
Gelb + Blau = Grün + Rot = Braun + Blau = Dunkelbraun
Rot + Gelb = Orange
+ Blau = Grünbraun
+ Blau = Dunkelbraun
Rot + Blau = Violett + Gelb = Grau + Blau = Blaugrau

Fünffarben-Batik
Gelb + Blau = Grün + Gelb = Gelbgrün + Rot = Tomatenrot + Grün = Dunkelgrün
Rot + Gelb = Orange
+ Gelb = Gelborange
+ Blau = Braun + Grün = Braungrün
Blau + Rot = Violett + Gelb = Grau + Grün = Graugrün + Blau = Blaugrün.

Wachsauftrag mit Tjanting, zwei Zwischenfärbungen vor der Endfärbung.

Tips

Wachs schmilzt am schnellsten, wenn man es auf einer groben Küchenreibe in Flocken reibt.

Wachsbehälter während größerer Arbeiten heiß stellen und laufend neue Wachsbröckchen zum Schmelzen hinzufügen.

Wird das Wachs direkt im Tjanting über einer Kerze geschmolzen, müssen die Rußspuren von der Unterseite des Kessels abgewischt werden.

Die Umrißlinien einer Motivzeichnung sollten geschlossen sein oder in andere Umrißlinien einmünden.

Beim Arbeiten mit dem Tjanting das Gerät zügig über den Stoff führen und möglichst nicht innerhalb einer Linie absetzen.

Tjanting stets so halten, daß das Wachs nicht oben über den Rand läuft. Wachstemperatur beachten. Das flüssige Wachs soll nicht nur auf dem Stoff haften, sondern in das Gewebe eindringen.

Beim Ansetzen des Farbbades das Farbkonzentrat durch ein faserfreies Tuch gießen, um Verunreinigungen auszuscheiden.

Der gefärbte Stoff wird zum Trocknen frei aufgehängt, am besten mit Klammern aus Kunststoff. Er darf nicht über eine Leine geschlagen werden, weil an dieser Stelle eine hellere Linie entstehen würde.

Mogel-Batik: Die Farben wurden mit dem Pinsel aufgemalt.

Stoffdruck

Lange bevor man den Holzschnitt als Druckstock für den Bilderdruck erfand, kannte man bereits im fernen Osten die Textildrucktechnik mit Einzelstempeln. Es liegt an der Vergänglichkeit von Geweben und Farben, daß frühe Zeugnisse dieser textilen Schmucktechnik nicht erhalten geblieben sind. In China, wo man schon frühzeitig das Papier kannte, benutzte man aus Ton geformte Ornamentstempel, die man auf dem Papier abdruckte. Möglicherweise wurden so auch die ersten Stoffe bedruckt. In der nordafrikanischen Wüste wurde neben solchen Tonstempeln auch ein Rest von rosarot gefärbtem Baumwollstoff gefunden, der mit einem diagnonalen Liniennetz versehen ist, wobei in jedem Feld ein kleines stilisiertes Blatt gedruckt ist. Man ordnet den Fund in das 6. bis 7. Jh. n. Chr. ein und nimmt an, daß die Kenntnisse von der Stempelkunst auf Gewebe von Persien ausgehend auf dem Handelswege nach Byzanz – Nordafrika gehörte damals zum oströmischen Reich – kamen. In Nordafrikas Wüstensand fand man außerdem kleine zylindrische Holzstempel mit erhabenen Mustern, die ebenfalls als Druckstempel verwendet worden sein dürften. In der Batiktechnik (siehe S. 142–151) waren Stempel, mit denen das Wachs auf den Stoff übertragen wurde, zu dieser Zeit bereits bekannt. Jedoch hatte man keine geeigneten Farbstoffe, die auf dem Gewebe haften blieben, ohne eingekocht zu werden. Man verarbeitete zunächst Kienruß, Rötel und ähnliche unlösliche Pigmentfarben, die man mit Öl anrieb. Der Pigmentfarbendruck wurde über einen langen Zeitraum angewandt, ohne sich wesentlich weiter zu entwickeln. Er wurde in der Hauptsache von Mönchen ausgeübt, die Textilien für kirchliche Zwecke herstellten. Im Europa des frühen Mittelalters wurde der primitive Zeugdruck vor allem in den Klöstern am Niederrhein gepflegt. Die frühromantischen Ornamente und Fabeltiere der spärlichen erhaltenen Textilreste lassen auf eine Entstehung kurz vor oder nach dem Jahr 1000 schließen. Dabei ist deutlich zu erkennen, daß die Musterung nicht von einer größeren Holzschnittafel stammt, sondern sich aus Abdrücken mehrerer Einzelstempel zusammensetzt.

Wann zum ersten Mal großflächige Holzstempel, sogenannte Model zum Drucken auf Geweben verwendet wurden, ist nicht ganz klar. Der älteste bekannte Holzmodel, der zum Zeugdruck gedient haben soll, wurde um

Diese kleine Gardine aus Baumwollbatist wurde mit Kartoffelstempeldruck verziert.

Katze und Mäuse wurden in Hellblau mit Linolstempeln aufgedruckt.

die Jahrhundertwende in dem französischen Ort Sennecy gefunden, wo er bis dahin als Teil einer Stufe gedient hatte. Anhand der Kleidung der auf dem Druckstock dargestellten römischen Soldaten läßt sich der 60 × 92 cm große Model zeitlich zwischen 1370 und 1380 einordnen. Kunsthistoriker sind sich darüber einig, daß diese Druckplatte nicht für den Papierdruck verwendet wurde, da die Papierformate jener Zeit die Größe von 40 × 60 cm nicht überschritten. Der italienische Maler Cennio Cennini aus Padua verfaßte Anfang des 15. Jh. eine Beschreibung über „Die Art, mit der Form auf Zeug zu malen", in der er bereits Holzschnittafeln in der „Ausdehnung eines Backsteins" erwähnte. Der Stoff wurde über einen Rahmen geführt, der mit seitlichen Leisten auf den Kanten zweier Tische auflag. Den eingefärbten Model, der genaue Rahmengröße hatte, legte man auf den Stoff und rieb von unten mit einem Holzschildchen gegen die Stoffrückseite. Cennini erwähnte bereits neben den bekannten Farben (Schwarz und Rot) Grün, Gelb und Lichtblau. Etwa ein Jahrhundert später beschreibt die Vorsteherin des Katharinenklosters zu Nürnberg, Margarete Holzschuher, die Technik des Zeugdrucks, wobei besonders die Anleitungen zum Gold- und Silberdruck auf Tuch interessant sind. Die Priorin empfiehlt, aus „Abschabseln von der Pergamentbereitung, die aufgekocht werden" einen Leim herzustellen und ihn auf das Leinen aufzutragen, damit die Farbe besser haftet – eine Appretur also. Zum Glätten vor dem Bedrucken wurde empfohlen: „Planier sie (die Leinwand) mit einem glatten Bein (Knochen) auf einem harten Tisch, daß sie gleißt (glänzt)". Es dauerte noch viele Jahre, bis die Techniken der Zeugdruckerei über die Klostermauern hinaus populär wurden. Mit der Herstellung von Druckmodeln beschäftigten sich Formschneider und Bildschnitzer, die auch die Formen für die Lebkuchen herstellten, sofern die Lebzelter das nicht selbst machten. Die Schilderer dagegen waren Maler, die den Zeugdruck ausführten, jedoch auch häufig selbst Model herstellten. Wer sich vorzugsweise der Herstellung farbiger Bilder auf Leinen, Wolle oder Seide widmete, den nannte man Drucker oder Aufdrucker, in Flandern und Holland Printer.

Die Segelboote wurden von einem Kind mit mehreren Teilstempeln aus Kartoffeln gedruckt. Farbe: Stoffmalfarbe.

Sichtblende aus Batist, bedruckt mit einem Positiv-Stempel (originalgroße Zeichnung links).

1689 wurde in Augsburg die erste Kattundruckerei eröffnet. Die Alte Hänge, ein Trockenturm, an dessen Außenseite die nassen Stoffbahnen zum Trocknen aufgehängt wurden, bestand dort noch bis 1900. Lange nachdem bildende Künstler den Holzschnitt für ihre Arbeit entdeckt bzw. wiederentdeckt hatten, begannen auch Laien, Gewebe mit hölzernen Druckstempeln zu verzieren. Erfolglosen Versuchen mit in Wachsplatten eingeschnittenen Motiven folgten, nach Erfindung des Linoleums um die Jahrhundertwende, Linolschnitte und -drucke. Während sich die Technik des Handdrucks kaum gewandelt hat, wurden neue Farben entwickelt, die auf Gewebe und Trikotstoffen haften, ohne besonders fixiert zu werden. Sie verbinden sich durch Bügeln mit einem heißen Eisen waschecht mit dem Stoff. Der Druckvorgang ist einfach: appreturfreier glatter Stoff wird auf eine weiche Unterlage gelegt, der Druckstempel wird eingefärbt und auf dem Stoff abgedruckt. Das Einfärben und Abdrucken des Stempels oder verschiedener Stempel wird fortlaufend wiederholt.

Arbeitsmittel

Für den Stempel- oder Linoldruck auf Textilien braucht man:
Stoff
Stempel
Messer
Druckfarben
Stempelkissen
Pinsel
Klebstreifen oder Stecknadeln
Zeitungen
Bügeleisen.
Außerdem für Linoldruck:
Farbwalze
Farbplatte
Terpentin
Terpentinersatz
Nudelholz.

Stoff Zum Bedrucken eignet sich fast jeder Stoff, der eine glatte, d. h. keine florige Oberfläche hat. Er muß appreturfrei sein. Die Appretur, meistens bei Baumwollstoffen üblich, entfernt man durch Auswaschen in heißem Wasser oder Auskochen. Bleibt die Appretur im Gewebe, haftet die Druckfarbe nur auf der Stoffoberfläche und wird nach der Wäsche ausgeschwemmt.

Stempel Die einfachsten Stempel sind die Finger. Schon kleine Kinder lernen in Kindergarten oder Schule, wie man durch gezielte Abdrucke der eingefärbten Finger Muster bilden kann. Die nächste Stufe sind Materialstempel. Darunter versteht man alltägliche Gegenstände wie Korken, Ringe, flache Knöpfe, Kronenkorken, Nagelköpfe, Kordelstücke, zu Mustern auf ein Stück Holz geklebt, Blätter usw. Auch zusammengedrückte Stoffstücke mit ausgeprägter Gewebestruktur eignen sich gut zum Abdrucken, zumal sie lokkerer oder fester zusammengedrückt immer neue Formen ergeben.

Aus einer halbierten Kartoffel lassen sich Stempel in vielen einfachen Formen schneiden, die jedoch rasch vergänglich sind, da die Kartoffel welk wird und schrumpft.
Stempel mit einfachen Umrissen ohne Innenzeichnung kann man aus Resten von PVC-Fußbodenbelägen mit der Schere ausschneiden. Damit man sie besser handhaben kann, werden sie auf ein entsprechend großes Stück Holz, Kork oder Plexiglas geklebt. Plexiglas hat den Vorteil, daß man durch das durchsichtige Material den Stempel kontrollierbar aufsetzen kann.
Bei Stempelträgern aus Holz oder Kork ist es vorteilhaft, sie grob den Umrissen des Stempels entsprechend zuzuschneiden, um so ebenfalls eine genauere Plazierung des Abdrucks zu ermöglichen.
Linoleum kann man ebenfalls zu einfachen Umrißstempeln mit der Schere zuschneiden, wobei man entweder das herausgeschnittene Motiv als Positiv- oder die abfallende Umrandung als Negativstempel benutzt.
Linolschnittplatten entstehen, wenn man ein zuvor auf die Linolplatte gezeichnetes Motiv mit Linolschnittmessern herausarbeitet, indem man die zu drukkenden Teile stehenläßt und die Partien, die nicht mitgedruckt werden sollen, in Millimeterstärke abträgt.
Gummi- und Moosgummistempel gibt es in vielen Formen im Hobbyhandel zu kaufen.

Kleine Druckwalzen Kann man selbst herstellen: Man spannt um einen Rundholzabschnitt (z. B. Besenstielstück) einige Gummiringe. Man kann auch Kordel oder Bindfaden darum wickeln und deren Enden in Kerben klemmen oder verkleben.
Als Haltegriffe zum Abrollen der Walze auf Stempelkissen und Stoff schlägt man in jedes Ende einen größeren Nagel genau in die Mitte.

Messer Zur Herstellung eines Linolschnitts braucht man Linolschnittmesser und einen Halter. Man sollte mindestens je ein gerades, ein V-förmiges und ein U-förmiges Messer haben. V-und U-Messer gibt es in verschiedenen Breiten.
Zum Schneiden von Kartoffelstempeln genügt ein kleines Küchen- oder Taschenmesser.

Druckfarben Für alle Stempelarbeiten mit Ausnahme von Linol- und PVC-Stempeln kann man Stoffmal- oder Stoffdruckfarben verwenden, und zwar Permanantfarben für helle und Permanent-Deckfarben für dunkle Stoffe.
Zum Drucken mit PVC- oder Linolstempeln nimmt man Linoldruckfarben, die auf einer Platte ausgewalzt und mit der Walze auf den Stempel übertragen werden.

Stempelkissen Die dünnflüssigen Stoffmalfarben werden mit Hilfe eines Stempelkissens auf den Stempel übertragen. Als Stempelkissen kann man einen Schaumstoffschwamm verwenden, den man in eine Plastikschachtel legt, ein Stück Filz oder ein mehrfach zusammengelegtes weiches Stück Stoff, das man locker zusammenheftet. Man braucht für jede Farbe ein separates Stempelkissen, das vor Arbeitsbeginn mit der reinen oder zuvor gemischten Farbe getränkt wird. Man kann auch mit einer Farbe beginnen, z. B. Gelb, und sie während der Arbeit bei jeder Neufärbung des Stempels durch Hinzufügen

Stempelsortiment von links oben nach rechts unten: Linol-, PVC-, Kordel-, Moosgummi-, Kartoffel- und Gummistempel (Foto links). Sternstempel und Abdruck in Negativ-, daneben in Positiv-Form.

einer anderen, z. B. Blau, zu einem neuen Farbton – in diesem Falle Grün – mischen.

Pinsel Kleine Stempel kann man anstelle des Stempelkissens auch mit einem Pinsel einfärben. Diese Methode ist vor allem angebracht, wenn nur wenige Abdrücke gemacht werden sollen. Ein einfacher Flachpinsel genügt für diese Arbeit.

Klebstreifen Mit Klebstreifen oder Stecknadeln befestigt man den zu bedruckenden Stoff auf der Unterlage (Zeitungen).

Zeitungen Einen Packen Zeitungen braucht man zum Schutz der Arbeitsfläche, vor allem aber, um eine glatte elastische Unterlage beim Abdruck harter Stempel (Linoleum oder PVC) zu haben.

Bügeleisen Mit Stoffmal- oder Stoffdruckfarben bearbeitete Stoffe müssen nach dem Trocknen des Drucks linksseitig gebügelt werden. Am besten eignet sich ein Bügeleisen, dessen Temperatur sich auf das jeweilige Gewebe einstellen läßt.

Farbwalze Zum Auswalzen der zähen Linoldruckfarbe und zum Übertragen auf den Linolstempel braucht man eine kleine Gummiwalze. (Hobbyläden, Geschäfte für Mal- und Zeichenbedarf.)

Farbplatte Als Unterlage für die auszuwalzende Linoldruckfarbe ist eine Glas-, Porzellan- oder Kunststoffplatte am besten geeignet. Man kann auch ein Holzbrett mit Plastikfolie umkleiden.

Terpentin, Terpentinersatz
Zum Verdünnen zu träger Linoldruckfarbe nimmt man reines Terpentin. Arbeitsgeräte und Linolstempel werden mit Terpentinersatz (oder Nitroverdünnung) gereinigt. Man arbeitet mit diesen giftigen und feuergefährlichen Chemikalien bei geöffnetem Fenster und vermeidet direktes Einatmen.

Nudelholz Zum Andrücken größerer Linolstempel an den Stoff leistet ein Nudelholz gute Dienste.

Arbeitsweise

Beim Stoffdruck unterscheidet man zwei Grundtechniken: Kartoffeldruck mit Stoffmal- oder Stoffdruckfarben und Linoldruck mit Linoldruckfarben.

Kartoffeldruck Kartoffelstempel sind leicht herzustellen. Mit einem Küchen- oder Taschenmesser schneidet man aus einer halbierten Kartoffel aus freier Hand ein einfaches Motiv heraus oder man läßt das Motiv stehen und schneidet die Überstände um die Konturen herum weg. Am besten geht man von einer runden oder eckigen Grundform

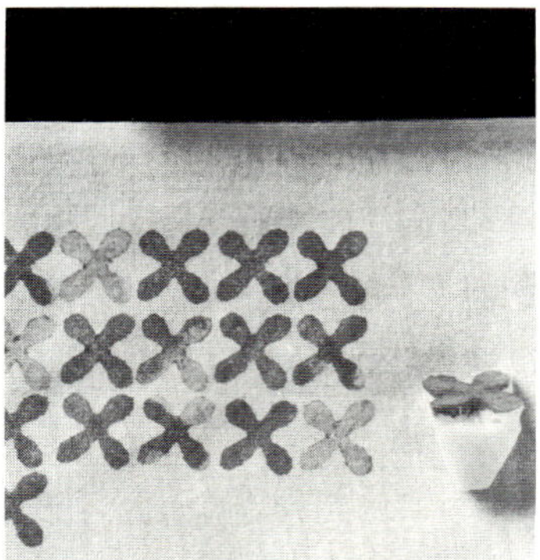

Die vier Fotos oben zeigen das Schneiden und den Gebrauch eines Kartoffelstempels unter Verwendung von Stoffmalfarbe.

Abbildung unten: Ergebnis eines exakten Reihendrucks.

aus, die man durch Randkerben variieren kann. Feine Linien sind zu vermeiden, sie würden bei mehrmaligem Aufsetzen des weichen Stempels auf den Stoff schnell abbrechen. Will man mit einer Stempelform einen Rapport drucken (Wiederholung des Motivs in gleichen Abständen), empfiehlt es sich, die Kartoffel von der Stempelfläche ausgehend zum Griffende pyramidenförmig zuzuschneiden. Auf diese Weise hat man eine bessere Übersicht, um den Stempel genau zu plazieren. Ist der Druckstempel fertig geschnitten, legt man ihn mit der Schnittfläche einige Minuten auf ein Stück Zellstoff, damit ein Teil der in der Kartoffel enthaltenen Feuchtigkeit aufgesaugt wird.
Inzwischen bereitet man aus mehreren Stofflagen oder einem Schaumstoffabschnitt ein Stempelkissen vor. Am besten legt man das Stempelkissen in eine kleine Plastikschachtel oder einen aus mehreren Lagen Alufolie geformten ähnlichen Behälter. Stoffmalfarbe wird auf das Stempelkissen geschüttet und mit Pinsel oder Teelöffelstiel verteilt.
Der Kartoffelstempel wird senkrecht locker auf das Farbkissen gedrückt und eingefärbt. Auf einem Stück Papier, besser auf einem Abfallstück des zum Bedrucken vorgesehenen Stoffs, wird der Stempel abgedruckt. Meistens muß man mehrere Probedrucke machen um herauszufinden, wie stark man den Stempel auf das Farbkissen setzen und wie man ihn auf dem Stoff abdrucken muß. Nach gelungenen Versuchen kann man mit dem gezielten Stoffdruck beginnen. Ist der Abdruck nicht vollständig, so kann man die Fehlstelle später mit einem in Stoffmalfarbe getauchten Pinsel

ausbessern. Niemals einen Stempel zweimal auf dieselbe Stelle setzen, ein genau deckender Wiederholungsdruck gelingt fast nie.
Farbeffekte erzielt man, indem man einen einmal mit Farbe benetzten Stempel mehrmals abdruckt, so daß sich immer schwächere Farbabstufungen ergeben. Mit einem Stempel lassen sich auch mehrere Farben nacheinander drucken, wenn der Stempel vor dem Farbwechsel gründlich mit Wasser abgespült wird.
Zum Aufteilen einer Fläche kann man sich mehrerer Hilfen bedienen: entweder man bügelt die Begrenzungslinien für einen Rapport (Wiederholungsdruck) ein oder spannt mit Hilfe von Stecknadeln einen Faden, der die Fläche in Felder aufteilt (Zeichnungen S. 160). Bei dünnen Stoffen kann man auch ein Liniennetz auf Karton zeichnen und ihn unter dem Stoff befestigen. Ist der Druck abgeschlossen, wird die Stoffmal- oder Stoffdruckfarbe von der Rückseite des Stoffes mit einem heißen Eisen, das der Stoffart entsprechend temperiert ist, gebügelt und damit waschecht (bis 60 Grad Celsius) fixiert.
Die beschriebene Technik ist auch anwendbar beim Drucken mit Moosgummi- und Gummistempeln, Kork-, Kordel- und anderen Materialstempeln. Für Naturmaterialien wie Gräser, Blätter usw. können Stoffmal- bzw. Stoffdruck- oder Linoldruckfarben verwendet werden. Sie werden nach dem Trocknen nicht eingebügelt.

Oben: Eine genaue Flächeneinteilung gelingt nur mit Hilfsmitteln (siehe S. 160).
Rechts: Kartoffeldruck-Motive.

Arbeitsablauf

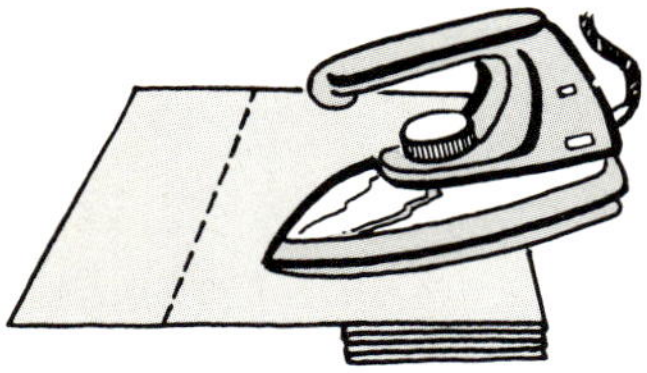

Markierungen für die Flächenaufteilung kann man einbügeln und später wieder ausdämpfen.

Kleinere Stoffstücke kann man durch Fadenmarkierungen aufteilen. Man legt sie auf eine Styroporplatte und spannt zwischen Stecknadeln Orientierungsfäden, die die Felder abgrenzen.

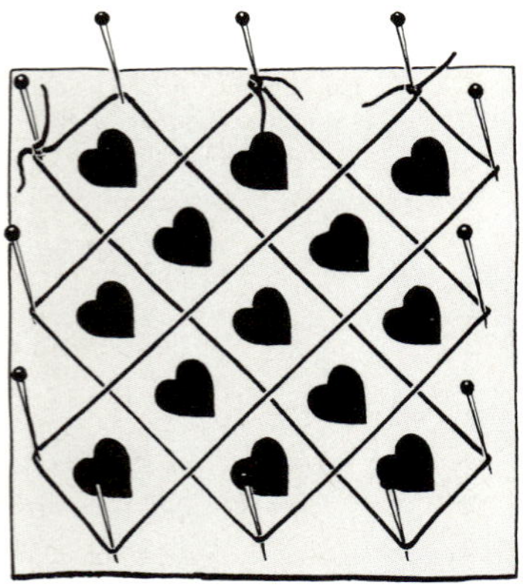

In den durch Spannfäden begrenzten Feldern kann man die Stempelabdrucke gerade oder diagonal anordnen.

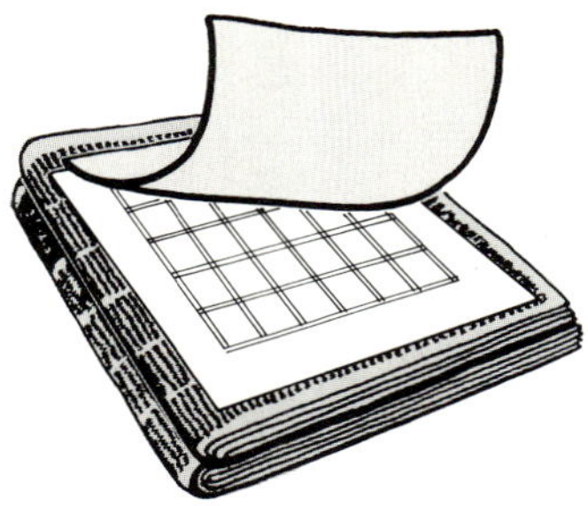

Bei durchsichtigen Stoffen kann man ein Quadratnetz auf Papier zeichnen und es unter den Stoff legen.

Linoldruck Die wichtigste Arbeit ist das Schneiden des Stempels, oder besser gesagt des Druckstocks aus Linoleum. Beim Entwurf – vor allem bei Buchstaben – muß man daran denken, daß der Druck seitenverkehrt erscheint. Das Motiv sollte nicht zu großflächig sein. Große Druckstöcke ergeben meistens ungleichmäßige Abdrucke. Das trifft besonders bei Negativ-Stempeln zu, bei denen nur die ausgesparten Linien in der Farbe des Stoffes erscheinen, während der übrige Stempel flächig abgedruckt wird.
Hat man den Entwurf gleich auf das Linoleum gezeichnet, kann man mit dem Schneiden beginnen. Anderenfalls muß man die Zeichnung mit Kopierpapier auf das Linoleum übertragen. Zur Herstellung eines Negativ-Stempels benutzt man vorwiegend ein einfaches Linolschnittmesser (sog. Konturenmesser) und das V-förmige Messer (sog. Geißfuß). Man faßt den Haltegriff mit dem Schnittmesser wie ein Tischmesser und beginnt am unteren, dem Körper am nächsten liegenden Rand mit dem Nachschneiden der ersten Linie. Dazu wird das Werkzeug leicht in das Linoleum gedrückt und gleichzeitig langsam vorwärts geschoben. Das Messer soll ohne Widerstand gleiten, man darf also nicht zu fest aufdrükken. Die Hand, mit der man das Linoleum hält, muß stets außerhalb der Schnittrichtung liegen, damit man sich nicht verletzt, wenn das Messer einmal abrutschen sollte. Sind alle Linien vorgeschnitten und mit dem Geißfuß sauber nachgearbeitet, kann man einen Probeabdruck mit Wasser auf Papier machen. Dadurch hat man die Möglichkeit, den Stempel noch zu korrigieren.

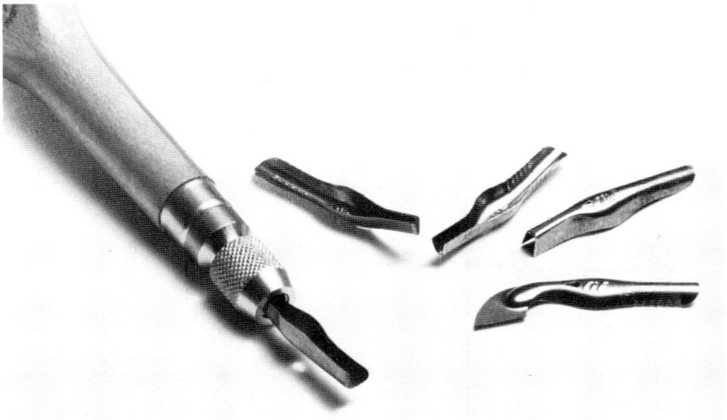

Werkzeuge für den Linolschnitt: Haltegriff und Linolschnittmesser in gerader Form für Linien, V-Messer zum Verbreitern von Konturen, U-Messer zum Abtragen von Flächen.

Arbeitsablauf beim Linoldruck: Das vorgesehene Motiv wird aus dem Linol herausgearbeitet. Linoldruckfarbe wird auf die Glasplatte gegeben und mit der Farbwalze gleichmäßig verteilt. Dann walzt man den Stempel ein und drückt ihn auf dem bereitliegenden Stoff ab. Stoff und Stempel werden umgedreht, der Stoff wird vorsichtig vom Stempel abgehoben. Man kann auch den Stempel vom Stoff abheben.

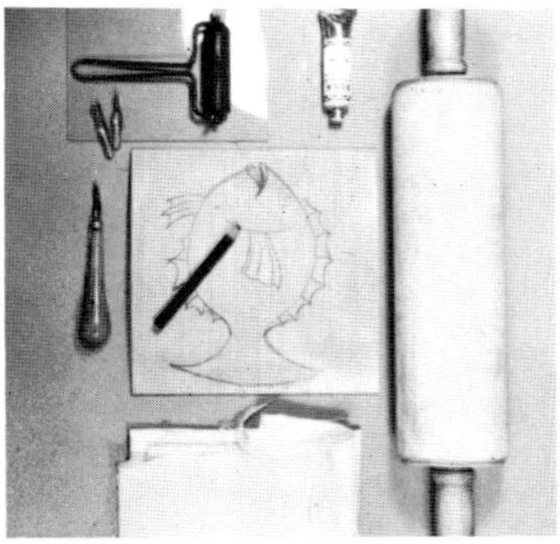

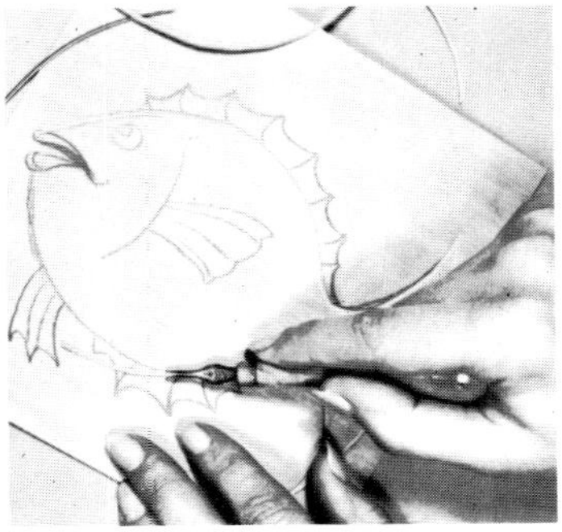

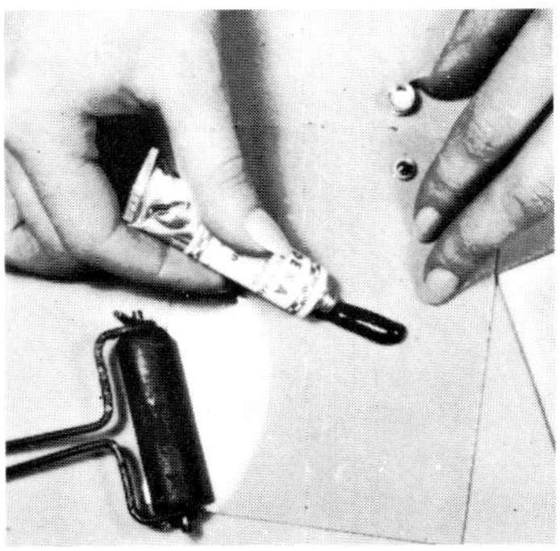

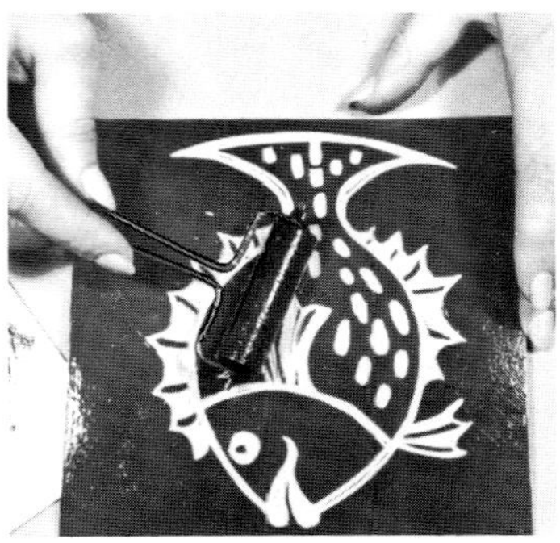

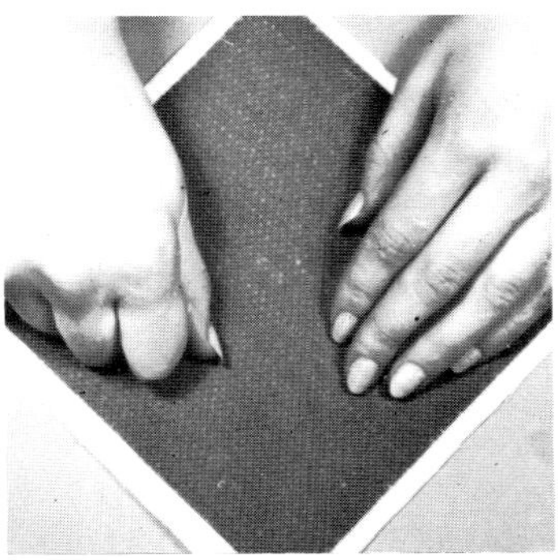

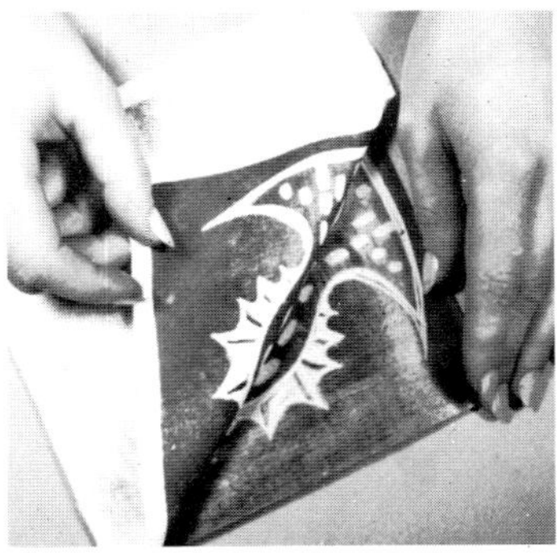

Rollo, am Rand mit einem Linol-Positivstempel bedruckt.

Der Schnitt eines Positiv-Stempels unterscheidet sich nicht wesentlich von dem eines Negativ-Stempels, nur muß man hier umdenken: alle Konturen sollen stehenbleiben, alle Flächen werden abgetragen. Zuerst umfährt man alle stehenbleibenden Teile des auf den Stempel gezeichneten oder übertragenen Motivs mit dem einfachen Schnittmesser. Dadurch hat man zum Abtragen der Flächen eine deutliche Begrenzung und vermeidet ärgerliche Schnittfehler. Zum Abtragen der Flächen benutzt man ein U-förmiges Schnittmesser, das man flach führt. Man trägt das Linoleum Span für Span etwa millimeterstark ab.

Anschließend werden alle Konturen noch einmal mit dem Geißfuß umfahren und deutlich herausgearbeitet.

Vor Gebrauch muß der Linolstempel von Fett- und Fingerspuren gereinigt werden.

Inzwischen bedeckt man die Arbeitsfläche mit einer dicken Lage Zeitungspapier und befestigt darauf den zu bedruckenden Stoff fadengerade mit Klebstreifen oder Stecknadeln.

Auf die bereitliegende Farbplatte gibt man aus der Tube einige Zentimeter Linoldruckfarbe (nicht Stoffdruckfarbe), verteilt sie mit einem Messer oder Spatel, und walzt sie mit der Gummiwalze gleichmäßig aus. Dann färbt man den Linolstempel ein, indem man mehrmals mit der Farbwalze darüberfährt. Dann wird der Stempel vorsichtig mit der Farbseite auf den Stoff gelegt. Dabei darf er weder verkantet noch verschoben werden. Kleinere Stempel drückt man mit der flachen Hand fest auf den Stoff (drücken, nicht reiben!), größere kann man mit einem Nudelholz aufwalzen, muß aber besonders darauf achten, daß sich der Stempel nicht verschiebt. Man kann auch auf dem Fußboden arbeiten und sich auf den Stempel stellen. Nach dem Andrücken wird der Stempel gerade nach oben abgehoben. Er darf nicht abgekippt werden, weil sich sonst eine der Kanten abdruckt.

Man kann auch einen anderen Weg gehen: Stoff und Stempel werden gemeinsam umgedreht und der Stoff wird, an einer Ecke beginnend, vom Stempel abgehoben.

Für den Fortdruck muß der Stempel jedes Mal erneut mit Farbe eingewalzt werden, wobei man versuchen sollte, möglichst alle Farbaufträge gleich dick aufzuwalzen.

Nach dem Drucken muß die Farbe auf dem Stoff mehrere Tage trocknen. Sie ist dann waschecht, aber nicht kochbar. Stempel, Farbwalze und Glasplatte werden mit Terpentinersatz gereinigt. Der Stempel ist fast unbegrenzt wiederverwendbar.

Mit Stempeln aus PVC-Fußbodenmaterial arbeitet man wie mit Linolstempeln, jedoch kann man daraus nur Positiv-Stempel mit klaren Umrissen ohne Flächenzeichnung herstellen, weil das PVC zum Abtragen von Teilflächen mit Linolschnittmessern zu dünn ist.

Verschiedene Stempel ▶

Tips

Kleine Stempel kann man exakt plazieren, wenn man sie auf einen durchsichtigen Stempelträger klebt. Das kann ein Stück Plexiglas oder eine klarsichtige Kunststoffschachtel sein.

Stempelspuren von Stoffmalfarbe kann man mit Entfärber entfernen. Bei kleinen Stellen auf weißem Baumwollstoff genügt oft Betupfen mit reinem Zitronensaft.

Marmorierungen in der Druckfarbe entstehen, wenn man verschiedene Farben nebeneinander in eine Untertasse gießt, einen zusammengeknüllten Baumwoll-Lappen hineindrückt und damit die Farbmischung auf den Stempel überträgt.

Kartoffelstempel welken sehr schnell. Man kann sie auffrischen, wenn man sie in kaltes Wasser legt.

Abdrucke mit veränderten Umrissen von einem Kartoffelstempel entstehen, wenn man den Stempel beim Aufdrücken mit den Fingern leicht verformt.

Will man einen Kartoffelstempel für mehrere Farben verwenden, schneidet man vor dem Farbwechsel eine Scheibe ab.

Ein mehrfarbiges Motiv entsteht, wenn man für jedes Teilstück einen separaten Stempel anfertigt, den man in einer anderen Farbe einfärbt.

Kordelstempel entstehen, wenn man ein einfaches Motiv auf ein Stück Holz zeichnet, das Holz mit Ponal oder Alleskleber bestreicht, und die Kordel (es kann auch Bindfaden sein) den Linien entsprechend auflegt und festdrückt. Dabei muß die Kordel an sich überschneidenden Motivlinien durchgeschnitten und neu angesetzt werden.

Lederarbeiten

Leder ist einer der ältesten Naturwerkstoffe. Bis heute hat man keinen vergleichbaren Ersatz für die durch einen Gerbprozeß haltbarer und geschmeidiger gemachten Tierhäute gefunden oder entwickelt. Man unterscheidet drei Hauptverfahren der Gerbung: die pflanzliche Gerbung – das älteste Verfahren –, die mineralische Gerbung und die Fettgerbung. Für die pflanzliche Gerbung wird Eichenlohe (zerkleinerte Pflanzenfasern) auf die Haut gestreut und mit Wasser bedeckt. Die Gerbstoffe werden durch das Wasser ausgelaugt und ziehen in das Leder ein. Ein solcher Prozeß dauert, je nach Lederart, zwischen 9 und 24 Monaten. Um dieses Verfahren abzukürzen, setzt man dem Gerbbad heute synthetische Stoffe zu, was zur Folge hat, daß das Leder seinen angenehmen charakteristischen Geruch verliert. Eine weitere Abkürzung des Gerbverfahrens erzielt man durch erhöhte Temperatur der Gerbbrühe bis zu 40 Grad Celsius in stehenden Bädern, bis zu 70 Grad in rotierenden Gerbtrommeln.

Beim mineralischen Gerbverfahren verwendet man entweder Chromsalze oder Alaun. Zur Beschleunigung dieses Verfahrens, das je nach Lederart 4 bis 12 Stunden dauert, setzt man der Gerbbrühe während des Prozesses Soda zu.
Bei der Fettgerbung werden die Häute (es heißt eigentlich Felle) mit Tran von Dorschen, Haien oder Walen behandelt. Man trägt das Fett direkt oder als Emulsion verdünnt auf die Haut auf, wo es in einen Oxidationsprozeß übergeht.
Das gegerbte Leder, das anschließend noch in einer Spezialflotte aus synthetischen Farben gefärbt werden kann, wird zum Trocknen unter genauester Beachtung der Zugrichtung mit Nägeln auf ein Brett gespannt. Große Betriebe trocknen ihre Felle, nachdem sie entwässert und durch Aufspannen vorgetrocknet wurden, auf genau temperierten Walzen. Zur Nachbehandlung der Oberfläche wurden viele Spezialverfahren entwickelt, von denen das Bügeln und Pressen sowie das Schleifen nur einige sind.
Die kunsthandwerkliche Lederverzierung und Bearbeitung hat eine lange Tradition, die im Orient begründet wurde. An koptischen Ledergegenständen findet man bereits neben Färbungen Ritz- und Schnittarbeiten, Prägung und Zierflechtung. Die frühesten europäischen Lederarbeiten stammen aus dem 13. Jh. In Wien befindet sich ein 1350 für die deutsche Kaiserkrone in Prag hergestelltes Lederfutteral mit ausgeprägten Reliefverzierungen und Vergoldungen.
Im 14. Jh. entwickelte sich in Frankreich eine neue Technik des Goldlederschnitts, bei der in die Fugen des schräg eingeschnittenen Leders Goldstaub eingerieben wurde. Im 15. Jh. kamen besonders in Italien und Spanien geprägte Ledertapeten auf, die eine starke Reliefwirkung hatten. Diese Wirkung wurde zunächst durch die auf der Rückseite des Leders ausgeführte Treibarbeit (ähnlich wie bei Metall), später durch Pressen des feuchten Leders erzielt. Im ausgehenden 15. Jh. kam die Handvergoldung geprägter lederner Bucheinbände auf. Im 18. Jh. bevorzugte man Leder-Intarsien, die man als Ledermosaik bezeichnete.
Neben Kunsthandwerkern haben sich seit jeher auch Laien mit der Lederverarbeitung und -verzierung befaßt.
Aus Lappland kennt man mit Riemchengeflecht verzierte Kleidung und Gebrauchsgegenstände, häufig mit Ruß- oder Brandmalereien versehen.
Taschen, Kappen, Jacken und Westen aus Grönland fallen vor allem durch ihre bunten Stickereien auf, die auf der nach außen gewendeten rauhen Lederseite der Pelze ausgeführt sind. Die meisten traditionellen Muster basieren, wie die Muster der Lappländer, auf jahrhundertealten Vorlagen.
Präge-, Schneide- und Brandmalereiverzierungen, verbunden mit Riemchenarbeiten in grobem Rindleder, sind typisch für das, was man heute als Western-Look bezeichnet. Siedler im amerikanischen Westen haben den Stil geprägt und sich mit Handarbeiten dieser Art an langen Winterabenden in der Einsamkeit die Zeit vertrieben.

Wunderschöne Lederarbeiten, verziert mit bunten Glasperlen, gelegentlich auch mit Federn, kennt man von den Indianern in Nord- und Mittelamerika. Ausgefallene Stücke findet man in

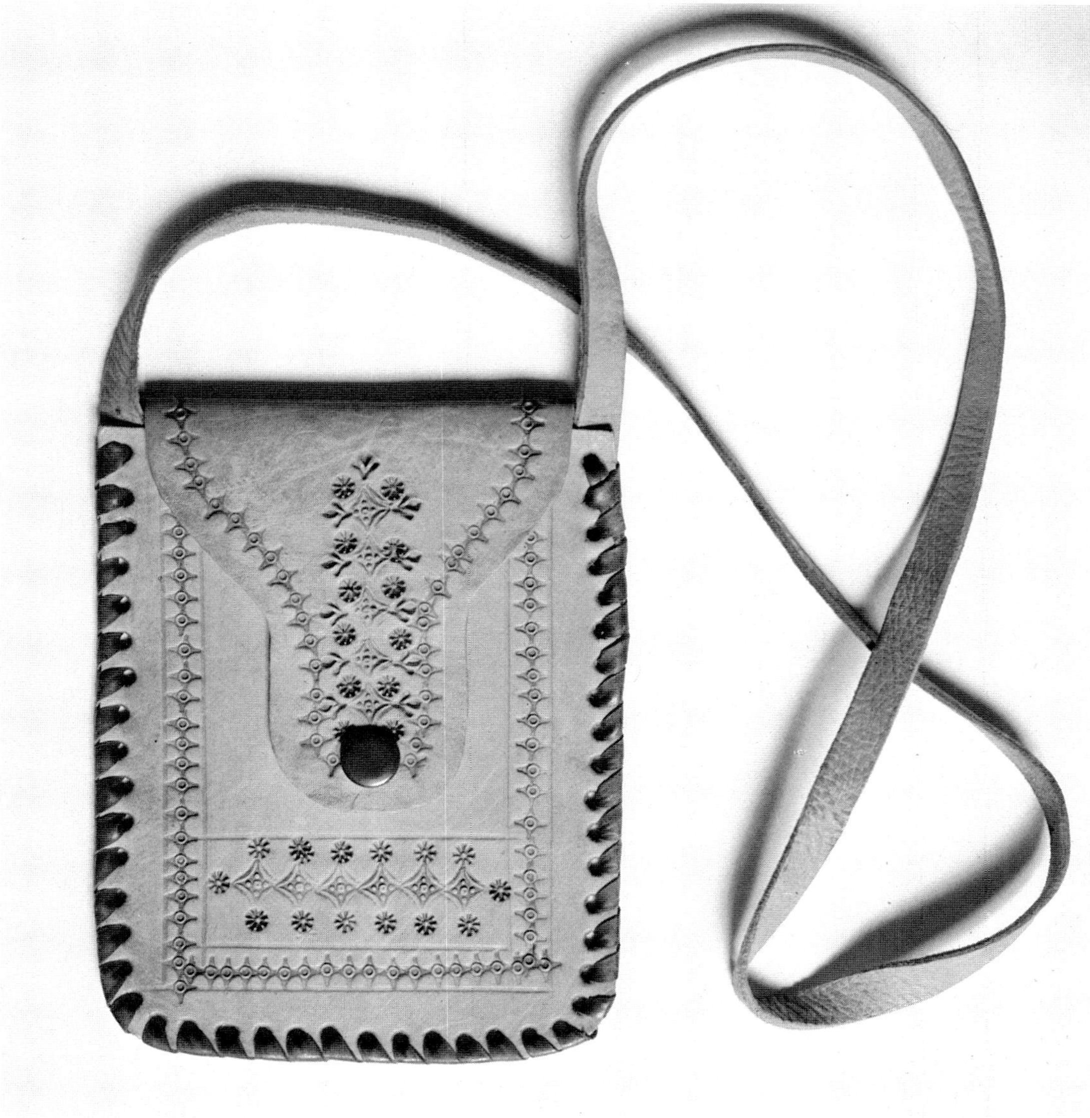

Museen und ethnologischen Sammlungen, Durchschnittliches sieht man in Souvenirläden und Westernfilmen. Der Mokassin, ursprünglich ein aus einem Lederstück gearbeiteter weicher Schuh ohne Absatz, ist die wohl populärste Lederarbeit, die uns von den Indianern Nordamerikas bekannt ist. Handgearbeitete Ledersachen galten bei uns jahrzehntelang als naive Laienkunst im negativen Sinne. Erst die Rückbesinnung auf die Natur und die damit verbundenen Werkstoffe und -techniken haben uns aufgeschlossener und interessierter gemacht. Auch der Hobbyhandel hat sich mit seinem Sortiment inzwischen darauf eingestellt.

Flache Ledertasche, aus Vorderteil und rückwärtigem Teil mit angeschnittenem Überschlag mit Peitschenstichen zusammengenäht. Die Zierprägungen wurden mit Hilfe verschiedener Punzen in das angefeuchtete Leder eingeschlagen.
(Näheres zur Prägetechnik finden Sie auf S. 177.)

Arbeitsmittel

Welches Leder und welche Geräte man für Lederarbeiten braucht, hängt von dem Vorhaben ab. Einige Arbeiten kann man ausschließlich mit Hilfe von Schere und Locheisen ausführen, für andere braucht man mehr Werkzeug. Außer dem Leder sind erforderlich:

Zum Schneiden
Kräftige Schere
Allzweckmesser
Stahllineal
Metallwinkel

Zum Nähen
Ahle
Ledernadel
Sattlernadel
Straminnadeln
Zwirn
Wachs
Riemchennadel
Riemchen

Zum Lochen
Lochzange oder Locheisen
Holzklotz und Hammer
Schlitzeisen
Lochgabel oder Zackenschablone

Zum Nieten
Nieten
Nietenzange (Ösenzange)
oder Nieteisen und Hammer

Zum Einschlagen von Ösen
Ösenzange und kleine Ösen
Öseneisen
Hammer
große Ösen

Zum Anbringen von Druckknöpfen
Druckknopfzange und kleine Druckknöpfe
Druckknopfeisen
Hammer
große Druckknöpfe

Zum Verzieren
Prägepunzen
Holzhammer
Rundmesser
Brennstab mit Einsätzen zum Zeichnen und Stempeln

Zur Oberflächenbehandlung
Lederfarben
Faserschreiber
Lederlack
Pinsel
Antikwachs

Zum Kleben
Spezial-Lederklebstoff
oder ein Kontaktkleber (z. B. UHU greenit).

Leder Leder kauft man am besten im Großhandel oder im Lederfachgeschäft (Adressen im Branchen-Fernsprechbuch). Kleinere Zuschnitte bekommt man im Hobbybedarfshandel (teuer), dünnes weiches Material (Bekleidungsleder) in den Stoffabteilungen der Warenhäuser. Hier gibt es, wie im Hobbyhandel, auch Restepackungen. Leder wird im allgemeinen nach Quadratfuß (30 × 30 cm), gelegentlich auch nach Zentimetern und Gewicht berechnet.
Man muß aber nicht unbedingt Leder kaufen. Für viele Arbeiten eignet sich das Material einer

Lederarbeiten im Western-Stil: Armband mit Lederschnitt, Teil einer Börse mit Brandmalerei, farbig ergänzt.

Kinderschuhe mit gehäkeltem Oberteil, Innen- und Laufsohlen aus Leder.

ausgedienten Aktenmappe oder Handtasche sehr gut.
Aus dem großen Angebot der Lederarten eignen sich für Laienarbeiten am besten:

Rindleder für Sohlen.

Kalbleder, naturbelassen, für Gürtel, Taschen, Armriemen und alle Arbeiten im Western-Stil, sowie für Sohlen leichter Sandalen und Kinderschuhe. In weicherer Gerbung kann man es für Taschen und als Oberleder für Schuhe verwenden.

Ziegenleder für Taschen und Behälter, in weicher Gerbung für Handschuhe.

Rauhleder, eine Wildlederimitation aus gespaltenem, weich gegerbtem Kalbleder, für Taschen, Mappen, Futterale usw.

Veloursleder, speziell gegerbtes Schafleder, in guter Qualität (nicht zu locker in der Struktur) für kleine Lederarbeiten, die nicht strapaziert werden.

Schweinsleder für kleine Lederarbeiten, stärkere Qualitäten für Taschen, feinere für Handschuhe.

Schafleder für Futter, außerdem hervorragend geeignet für nicht zu schmale Riemchen als Nähmaterial und zum Beziehen von Schachteln und Mappen aus Karton.

Kräftige Schere Mit einer normalen, gut geschliffenen Haushaltsschere, die nicht zu klein sein sollte, lassen sich alle weichen Ledersorten gut schneiden.

Allzweckmesser Mit einem stabilen Kartonmesser, dessen verschiebbare Klinge Markierungen zum Abbrechen der stumpfen Teile hat, schneidet man kräftiges Fell wie Rind- und Schafleder. Man braucht es außerdem zum Ausschärfen der Kanten.

Stahllineal Zum Führen des Messers bei langen geraden Schnitten wird ein Stahllineal oder ein anderer gerader Metallstreifen gebraucht.

Metallwinkel Exakte Ecken schneidet man mit einem Metallwinkel, das kann auch ein einfacher Stuhlwinkel aus Eisen sein.

Ahle Die Ahle ist ein wichtiges Werkzeug zum Vorstechen von Löchern bei der Handnaht mit Zwirn.

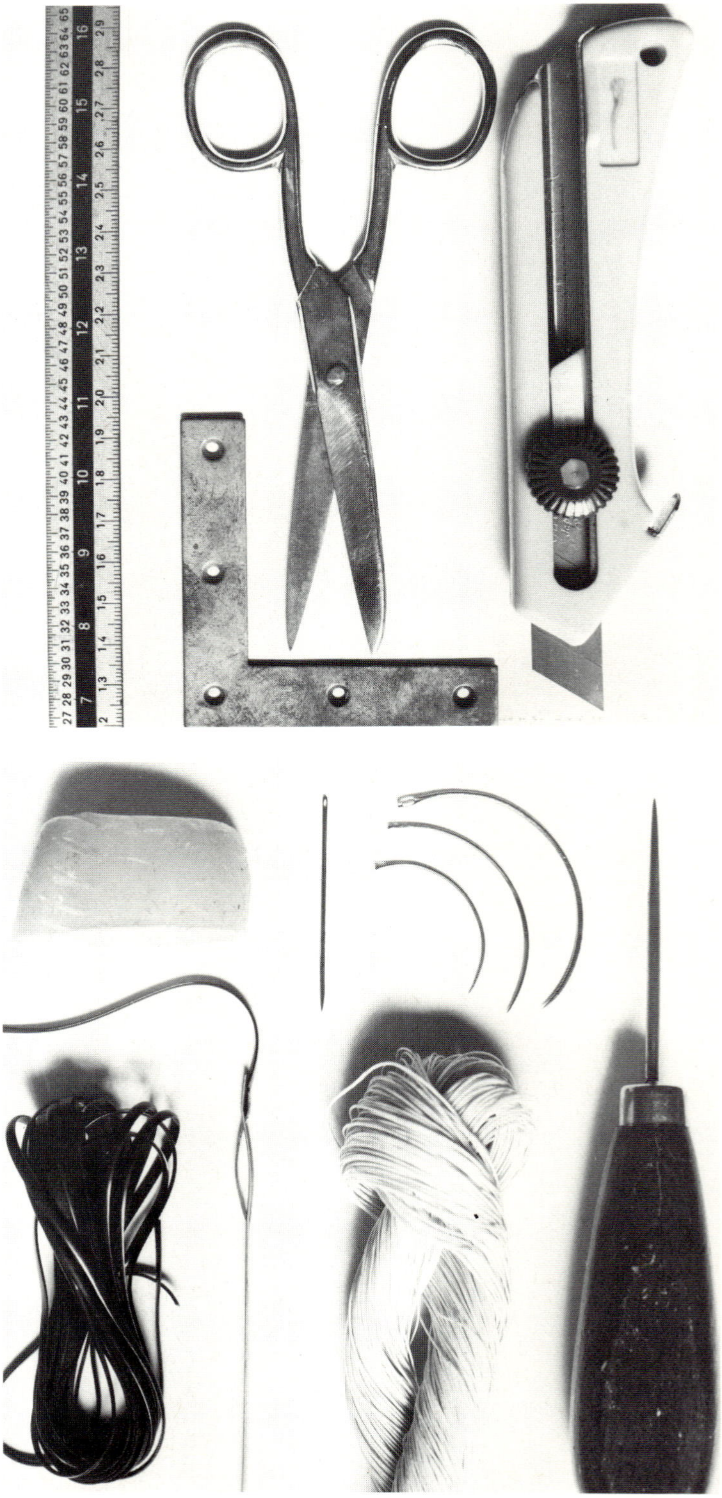

Zum Messen: Lineal und Winkel aus Metall. Zum Schneiden: Schere, Messer mit verstellbarer Klinge (oben). Zum Nähen: Riemchen, Zwirn, Wachs, Riemchennadel, Ledernadeln, Ahle (rechts).

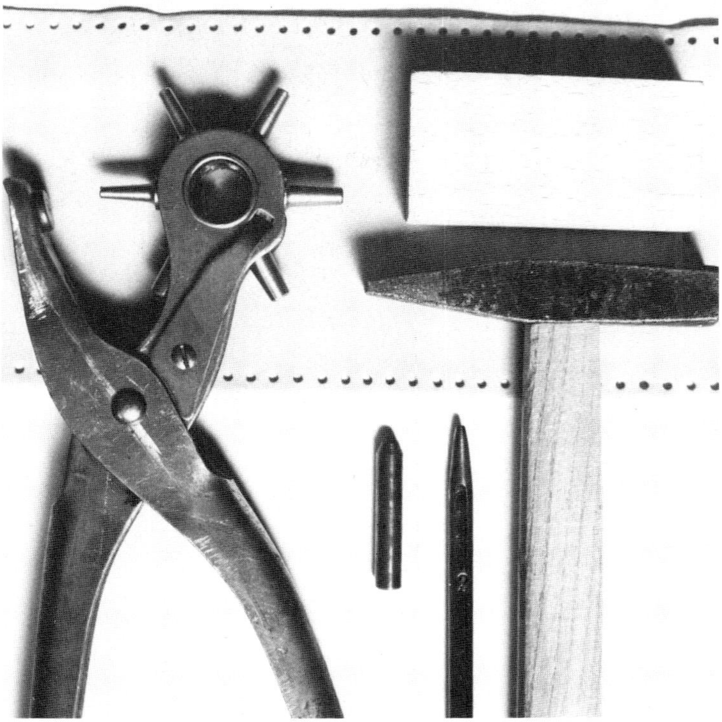

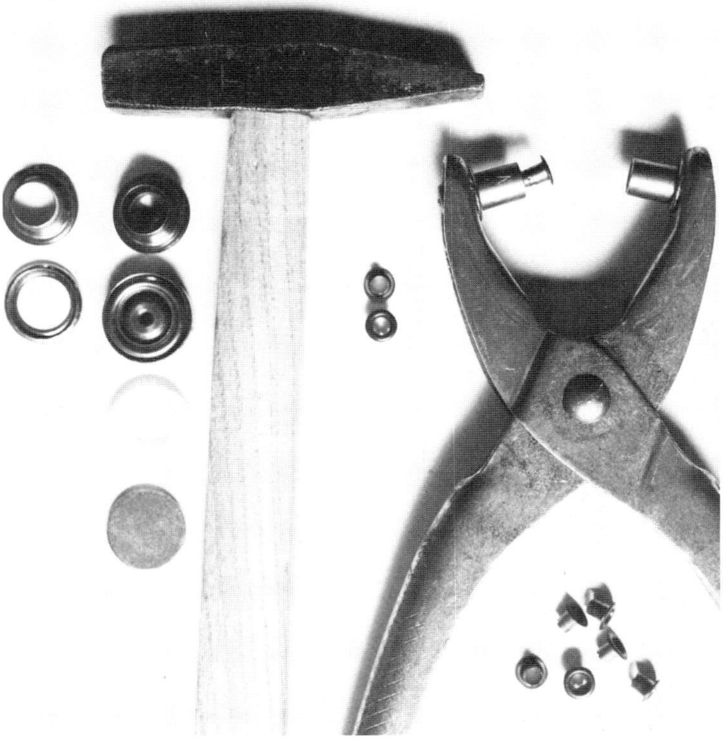

Ledernadel Nadel mit dreikantig zugeschliffener Spitze zum Ausführen nicht vorgestochener Nähte in weichem Leder. Die scharfen Kanten der Spitze wirken wie feine Messer, die das Leder geringfügig einschneiden.

Sattlernadel Es gibt diese bogenförmigen Nadeln mit einfacher und dreikantig geschliffener Spitze. Sie werden zum Nähen an schwer zugänglichen Stellen (z. B. Ecken an Taschenfalzen) gebraucht.

Straminnadeln Zum Ausführen der Zwienaht in vorgestochenen Löchern ist ein Nadelpaar mit stumpfen Spitzen ohne Dreikantschliff erforderlich.

Zwirn Mit Nähzwirn aus dem Handarbeitsgeschäft oder Warenhaus kann man notfalls arbeiten. Besser ist Spezialzwirn (Schuhmacherbedarfshandel, Lederfachhandel) oder Buchbinderzwirn, auch Heftzwirn genannt (Schreibwarenhandel, Geschäfte für Künstlerbedarf, Buchbindereien).

Wachs Reines Bienenwachs macht den Nähfaden glatt und widerstandsfähiger. Es genügt ein pflaumengroßes Stück, über das man den abgelängten Fadenabschnitt zieht.

Riemchennadel Flaches langes Metallstäbchen, das am Ende eine federnde Zunge zum Festklemmen eines Lederriemchens hat. Man näht damit vorgelochte Lederteile.

Zum Lochen: Lochzange, Locheisen, Hammer, Schlagklotz (oben). Zum Nieten: Nietenzange und Nietenteile (links).

Riemchen Fertig gekaufte oder selbst hergestellte Lederstreifen als Nähmaterial für Ziernähte, die mit Hilfe einer Riemchennadel verarbeitet werden.

Lochzange Auch Revolverzange genannt. Sie hat verstellbare Lochpfeifen in verschiedenen Stärken. Nachteil gegenüber einem Locheisen: Einsatz nur bis zu einem bestimmten Kantenabstand möglich.

Locheisen, Holzklotz, Hammer Rundeisenstab mit ausgehöhlter geschliffener Spitze, die auf das mit einem Klötzchen unterlegte Leder gesetzt und mit dem Hammer eingetrieben wird. Die auf diese Weise gestanzten Löcher können an beliebiger Stelle, jedoch nur in einer Größe ausgeführt werden. Der Holzklotz sollte aus Buche, der Hammerkopf aus Eisen sein.

Schlitzeisen Gerät mit abgeflachter scharfer Spitze, ähnlich wie ein Schraubenzieher, das Schlitze in das Leder stanzt. Handhabung wie beim Locheisen. Schlitzeisen gibt es als Einzack oder Dreizack (mit drei parallelen Zinken).

Lochgabel Mehrzinkiges Metallinstrument zum Markieren der Abstände vor dem Lochen. Die Zinken werden einfach in das Leder gedrückt.

Zackenschablone Anstelle einer Lochgabel kann man eine Zackenschablone, die man aus einem Stück Karton anfertigt,

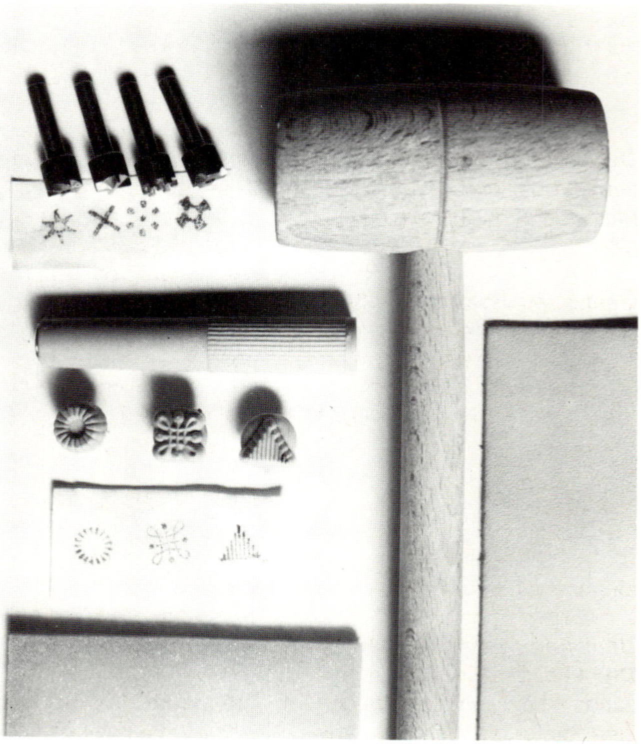

Druckknöpfe, Spezialzange, Hammer, Druckknopfeisen und Schlagplättchen (oben). Prägepunzen, Halterung und Holzhammer (rechts).

verwenden. Man mißt mit Hilfe eines Lineals die Abstände ab, markiert sie und schneidet sie zackenförmig aus. Die Einschnitte der Schablone werden mit Bleistiftpunkten auf dem Leder angezeichnet und später gelocht.

Nieten Aus je einem Ober- und Unterteil bestehende hohle Metallstifte, die es silber-, messing- und eisenfarbig gibt. Man benutzt sie zum punktuellen Zusammenfügen von Lederteilen, manchmal auch als Verzierung.

Nietenzange Gerät zum Zusammendrücken von Nieten. Meistens sind Ösenzangen auch zum Nieten zu verwenden (oder umgekehrt).

Nieteisen und Hammer Nieteisen gibt es zusammen mit Nieten und Unterleg-Schlagscheibe als Bastelsatz (Prym) im Warenhaus und Hobbybedarfshandel zu kaufen. Das Nieteisen wird mit einem Eisenhammer geschlagen.

Ösenzange Gerät zum Einsetzen von kleinen Ösen, die es in Metallfarben und farbig lackiert gibt.

Öseneisen, Hammer, große Ösen Öseneisen und Ösen gibt es als Bastelset (Prym) in Warenhäusern, Seilereien, Geschäften für Schiffs- und Campingausrüstung und im Hobbybedarfshandel zu kaufen. Die großen Ösen von 1 cm Durchmesser werden mit Hilfe des Eisens und eines Eisenhammers eingeschlagen.

Druckknopfzange, kleine Druckknöpfe Die Druckknopfzange ist ein aufwendiges und ziemlich teures Werkzeug, das es nur im Fachhandel gibt. Sie hat für die aus je zwei Ober- und Unterteilen bestehenden Druckknöpfe vier verschiedene Einsätze, die sich nur für eine Druckknopfgröße eignen. Bei der Anschaffung einer solchen Zange, die sich nur bei Dauerbeschäftigung mit Leder lohnt, sollte man sich ausreichend mit passenden Druckknöpfen eindecken. Hat man nur gelegentlich einen Druckknopf anzubringen, ist der Weg zum Schuhmacher einfacher und billiger.

Druckknopfeisen, große Druckknöpfe, Hammer Eisen und größere Knöpfe mit Schlagmulde und -plättchen kann man im Hobbybedarfshandel und im Warenhaus als Bastelset (Prym) kaufen. Das Druckknopfeisen wird mit einem Eisenhammer bearbeitet.

Prägepunzen, Holzhammer Punzen zum Verzieren gibt es aus Metall oder Kunststoff einzeln oder als Satz zu kaufen. Metallpunzen, die teurer sind, kann man auch als Brennstempel in einen Elektrobrennstab einsetzen.
Als Prägepunzen lassen sich außerdem Metallstifte, Nägel- und Schraubenköpfe u. ä. verwenden. Die Punzen werden auf das angefeuchtete Leder gesetzt und mit einem Holzhammer eingeschlagen, so daß sich Struktur und Umriß der Punze auf das Leder übertragen.

Rundmesser Spezialmesser mit meißelähnlich geschliffener Spitze, die in einem drehbaren Heft sitzt. Man benutzt es für Lederschnitt, eine Ziertechnik im Western-Stil.

Brennstab Für Brandmalerei entwickeltes elektrisch betriebenes Spezialgerät mit Einsätzen zum Zeichnen (Brennstifte) und Stempeln (Prägepunzen aus Metall) zur Verwendung auf naturbelassenem Rind- oder Kalbleder.

Lederfarben Spezielle Anilinfarben zum Einreiben oder Aufmalen auf glatte Ledersorten (vor allem Rind- und Kalbleder) gibt es in den Tönen Grün, Braun, Ochsenblut, Gelb, Rot, Dunkelblau und Schwarz. Man bekommt sie im Fachhandel für Leder und in Drogerien.

Faserschreiber Kleinere Lederpartien kann man mit wasserfesten Faserschreibern (z. B. Edding 800) bemalen. Dazu muß die Oberfläche des Leders glatt und narbenfrei sein.

Lederlack Speziallack, der das Leder schützt und wasserabstoßend macht. Durch die Behandlung wird das Leder dunkler und glänzend.

Pinsel Zum Bemalen des Leders mit Anilinfarben nimmt man einen einfachen Haarpinsel in flacher oder runder Ausführung.

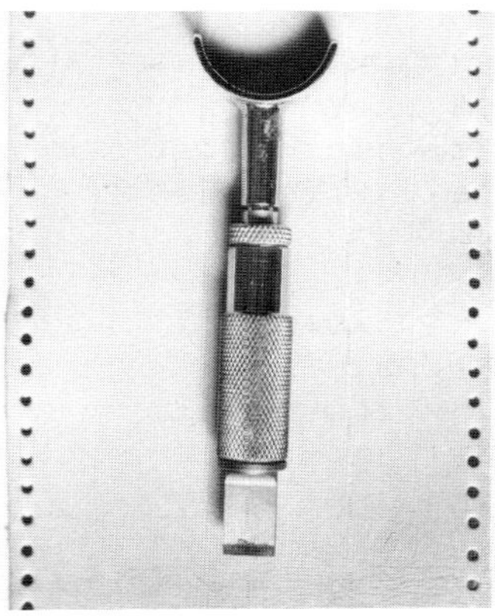

Rundmesser mit drehbarem Kopf für Leder-Zierschnittarbeiten.

Zum Auftragen von Lederlack ist ein Borsten-Flachpinsel am besten geeignet.

Antikwachs Anstelle von Lederlack kann man auch Antikwachs (Farbenhandel, Drogerie, Antiquitätenhandel, Hobbybedarfshandel) nehmen. Es gibt dem Leder eine mattglänzende Oberfläche. Je nach Wachston (gekennzeichnet nach Holzarten) wird das Leder mehr oder weniger dunkel.

Lappen Zum Auftragen von Lederfarben auf größere Flächen benutzt man ein Baumwolltuch. Wachs wird ebenfalls mit einem Baumwolltuch (oder einer Bürste) aufgetragen und mit einem weichen Lappen nachpoliert.

Spezial-Lederklebstoff oder UHU greenit zum Zusammenfügen von Lederteilen kann man einen speziellen Lederkleber nehmen, den es im Fachhandel, auf Heimwerkermärkten (Schuhmacher-Abteilung) und in Hobbyläden gibt. Für Innenverklebungen (Futter) nimmt man Lederleim, ebenfalls in den genannten Geschäften zu haben.
Nicht zu großflächige Verklebungen, wie z. B. Kanteneinschläge lassen sich gut mit UHU greenit ausführen, das ähnliche Eigenschaften wie Lederkleber hat.

Arbeitsweise

Jeder Lederarbeit sollte eine Schablone für den Zuschnitt zugrunde liegen. Man zeichnet seinen Entwurf auf Karton, schneidet die Teile genau aus und setzt sie unter Zuhilfenahme von Klebstreifen probeweise zusammen. Jetzt kann man noch Korrekturen anbringen. Stimmt alles überein, nimmt man den Schnitt wieder auseinander und ordnet ihn unter Berücksichtigung von Qualität und Dehnbarkeit (Quer- oder Längsrichtung) auf der Schauseite des Leders an. Das Leder liegt ausgebreitet auf einer dicken Kartonunterlage mit der Schauseite (Narbenseite) nach oben auf dem Tisch. Mit einem Bleistift umfährt man die Konturen der Schablonen. Bei dunklem Leder kann man auch einen Kugelschreiber nehmen.

Zuschneiden Dünne Ledersorten kann man mit einer Schere zuschneiden. Man führt die Schere zügig, ohne sie unnötig abzusetzen, an der Außenkante der Markierung entlang und achtet darauf, daß das Leder beim Schneiden nicht gedehnt wird.
Schneidet man mit dem Messer zu, muß das Leder auf einer glatten Kartonunterlage liegen. Man faßt das Messer zwischen Daumen, Zeige- und Mittelfinger, hält es wie einen Schreiber und führt es in ziehender Bewegung auf den Körper zu, jedoch ohne wesentlichen Druck. Mit der anderen Hand spannt man das Leder leicht zwischen den flach aufgelegten gespreizten Fingern. Auch beim Zuschnitt mit dem Messer möglichst wenig absetzen.
Gerade Linien werden mit einem Lineal aus Metall geschnitten. Dazu wird das Lineal mit der einen Hand fest auf das Leder gedrückt, während die andere das Messer an der Stahlkante entlangführt. Mit dem Winkel arbeitet man ebenso.

Ausschärfen Unter Ausschärfen versteht man das Ausdünnen von Leder an Kanten, die umgebogen, oder Enden von Riemen, die zusammengefügt werden sollen. Will man z. B. einen Gürtelstreifen verlängern, schabt man das Ende des einen auf der Ober- und den Anfang des zweiten Stückes auf der Unterseite des Leders so dünn aus, daß diese Teile, übereinandergelegt, zusammen Riemenstärke haben. Zum Ausschärfen legt man das Leder flach auf einen kartonbedeckten Tisch und schabt es mit dem Messer vorsichtig zum Ende (oder bei Kanten zum Rand) hin in hauchfeinen Schichten ab. Dazu hält man das Messer ganz flach.
Beim Umschlagen dünner Lederkanten entfällt das Ausschärfen, hingegen wird das Leder beim Anbringen einer Gürtelschnalle am Ende stets ausgeschärft.

Zusammenfügen Lederteile kann man zusammenfügen durch
Nähen mit der Maschine
Nähen mit Zwirn
Nähen mit Riemchen
Nieten
Kleben.
Mit der Nähmaschine läßt sich nur dünnes Bekleidungsleder nähen. Damit das Leder sich nicht durch den Druck des Nähfüßchens zu sehr verzieht, überklebt man die Nahtkanten mit Klarsicht-Klebstreifen, die übernäht und dann abgerissen werden. Bevor man den Zwirn einfädelt, bohrt man in ein Stück Bienenwachs ein Loch und zieht den Nähfaden hindurch. Dadurch wird der Oberfaden während der Arbeit fortlaufend gewachst. Die Nähmaschine wird mit einer dreikantig geschliffenen Ledernadel bestückt (Nähmaschinenfachhandel, Lederfachhandel).

Bei der Handnaht mit Zwirn unterscheidet man die einfache und die doppelte Vorstichnaht sowie die Zwienaht, die mit einem Nadelpaar in vorgestochenen Löchern ausgeführt wird. Bei der Vorstichnaht benutzt man eine Ledernähnadel mit dreikantiger Spitze und Zwirn, der zuvor über Wachs gezogen wurde. Man näht in kleinen Auf- und-ab-Stichen. Die doppelte Vorstichnaht besteht aus einer Vorstich-Hinreihe und einer entsprechenden Rückreihe, wobei die Stiche hier in die Stichlücken der Hinreihe gesetzt werden. Bei der Rückreihe benutzt man jedoch zum Nähen eine einfache Nadel, weil die scharfen Kanten der Ledernadel den Faden der ersten Stichreihe durchtrennen würden. Gut ausgeführt sieht die doppelte Vorstichnaht wie eine Maschinennaht aus. Hat man eine einfache oder doppelte Vorstichnaht in starkem Leder auszuführen, müssen die Löcher mit einer Ahle vorgestochen werden. Man arbeitet dann mit einer einfachen Nadel.
Für die Zwienaht wird das Leder in jedem Fall vorgestochen. Zum Nähen fädelt man die Enden eines langen Fadens in jeweils eine Straminnadel in Garnstärke (Zwirn) ein, nachdem man den Faden über Wachs gezogen hat. Dann sticht man mit einer Nadel so durch beide bzw. alle zusammenzufügenden Lederschichten, daß auf jeder Seite der Arbeit eine Nadel mit Faden hängt. Man hält die Arbeit hochkant mit Blickrichtung auf die Schnittkanten. Die rechte Nadel wird von rechts nach links, die linke durch das gleiche Loch in entgegengesetzter Richtung so geführt, daß sich die Fäden im Loch kreuzen (Zeichnung oben). Man arbeitet weiter in stets gleichem Rhythmus, indem man immer zuerst die rechts befindliche Nadel nach links, dann die linke entgegengesetzt sticht. Dadurch ergibt sich eine kordelähnliche, geschlossene Naht.

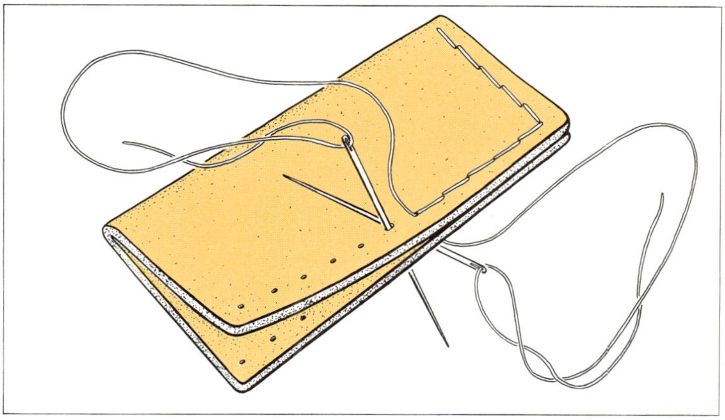

Bei einer Zwienaht müssen Sie zwei Nadeln im Loch kreuzen.

Zum Nähen mit Riemchen braucht man eine Riemchennadel und Riemchen (schmale Lederstreifen), die man kaufen oder selbst herstellen kann. Die gekauften Riemchen sind meistens aus Kunststoff. Sie sind leicht zu verarbeiten, sehen jedoch in Verbindung mit echtem Leder nicht vorteilhaft aus. Ganz aus Leder sind runde Bänder, die eigentlich als Schnürbänder und Flechtmaterial gedacht sind. Mit ihnen kann man auch nähen, jedoch lassen sie sich nicht flachdrücken und auch nicht gut befestigen. Am besten arbeitet man mit selbstgeschnittenen Riemchen. Dazu kann man entweder eine Schere oder eine Rasierklinge benutzen.
Die mit der Schere zu schneidenden Riemchen werden in einzelnen Streifen, die vorher mit Hilfe eines Lineals auf dem Leder markiert wurden, vom Leder abgetrennt. Dazu schneidet man das Leder an der Kante so ein, daß man ein kleines Riemchenstück mit den Fingern fassen kann. Dann führt man die Schere zügig durch das Leder, ohne zwischendurch abzusetzen. Die mit einer Klinge zu schneidenden Riemchen werden schneckenförmig von einer runden Lederscheibe abgetrennt. Die Lederscheibe wird genau in der Mitte mit einer Reißzwecke auf einer Platte so befestigt, daß sie sich drehen läßt. Mit einer Klinge schneidet man das Leder schräg und ganz schmal ein, bis sich allmählich ein Streifen in der vorgesehenen Breite abtrennt. Diesen Streifen faßt man vorsichtig mit einer Hand, zieht ihn langsam nach außen weg, während man mit der anderen, auf der Arbeitsfläche abgestützten Hand die Klinge hält. Durch Ziehen an dem sich abteilenden Riemchen dreht sich die Lederscheibe, und während man allmählich die Position der Klinge der kleiner werdenden Lederscheibe anpaßt, entsteht aus einem relativ kleinen Stück Leder ein langes Riemchen. Zum Strecken feuchtet man es an und spannt es zwischen Nadeln.

Riemchennähte werden in vorgelochten Reihen ausgeführt. Die Länge des erforderlichen Riemchens (man sagt auch Flechtband) ist abhängig von der Stichart. Man braucht für den Vorstich 1½mal soviel Riemchen wie die Gesamtlänge der zu nähenden Lochreihen. Für den Peitschenstich (Überwendlingsstich) braucht man 3–3½mal soviel Flechtband, für den Knopflochstich oder für den Kreuzstich die sechs- bis siebenfache Länge.

Der Vorstich wird in einfachen Auf-und-ab-Stichen durch die Löcher gearbeitet. Dabei wird das Riemchen nach jedem Stich angezogen, jedoch nicht so straff, daß es das Leder zusammenzieht. Die Tasche auf Seite 175 wurde aus naturbelassenem Kalbleder mit Riemchen in Vorstichtechnik gearbeitet. Während man kleinere Stücke ohne Riemchennadel zusammenfügen kann (notfalls die Riemchenspitze in Alleskleber tauchen und hart werden lassen), braucht man bei größeren Arbeiten die Nadel unbedingt. Besonders, wenn das Riemchen breit und die Lochung klein ist.

Der Peitschenstich, am häufigsten in der Riemchentechnik angewandt, ist ein einfacher Überwendlingsstich, der, links beginnend, jeweils auf der Rückseite der Arbeit ein- und auf der Vorderseite ausgestochen wird. Zwischen zwei Stichen führt man das Riemchen von vorn nach hinten um die Schnittkanten der zusammenzufügenden Teile. Anfang und Ende eines Riemchens werden entweder auf der Innenseite in den anderen Stichen verstochen oder kurz abgeschnitten und verklebt. Die Tasche auf Seite 165 wurde in Riemchenarbeit mit Peitschenstichen zusammengefügt. Ebenso die Schultertasche auf Seite 187, bei der die Kanten des Überschlags zusätzlich mit Reiblinien verziert sind.
Eine Variante des Peitschenstichs ist der Kreuzstich. Es handelt sich dabei um zwei Peitschenstichreihen, die in dieselben Löcher, jedoch in gegenläufiger Richtung gearbeitet werden, so daß sich die überwendlichen Stiche an den Schnittkanten des Leders kreuzen.

Der Knopflochstich wird wie folgt gemacht: Riemchen von vorn nach hinten durch das erste Loch ziehen. Von hinten nach vorn über die Schnittkanten führen und wieder von vorn nach hinten durch das nächste Loch führen. Vor dem Festziehen der Stiche wird das Riemchen von hinten nach vorn unter der zwischen den beiden Löchern entstandenen Schlaufe hindurchgesteckt und dann angezogen. In dieser Weise kann man auch Schnallen aus einfachem Metall umschürzen.

Der Zopfstich ist eine Variante des Knopflochstichs. Hier beginnt man, indem man das Riemchen von hinten nach vorn durch das erste Loch (oder die ersten Löcher bei mehreren Lagen) führt, es über die Kante nach hinten legt und abermals von hinten nach vorn durchsticht (wie beim Peitschenstich). Dann wird das Riemchen durch die entstandene Schlaufe an der Kante von hinten nach vorn durchgezogen, bevor der Anschlußstich von hinten nach vorn ausgeführt wird. (Die Arbeitsproben zeigen die Sticharten in der beschriebenen Reihenfolge.)

Das Nieten eignet sich nur zum Zusammenfügen kleiner Teile, z. B. zur Befestigung einer Lasche, eines Tragriemens o. ä. Man locht die zusammenzunietenden Lederteile deckend mit Lochzange oder -eisen vor, steckt von jeder Seite die Hälfte der Niete hindurch und drückt die Niete mit der Zange oder schlägt sie mit Nieteisen und Hammer zusammen.

Das Zusammenfügen von Lederteilen durch Verkleben eignet sich besonders gut für Arbeiten aus weichem dünnem Leder. Man streicht beide Teile mit Lederklebstoff (UHU greenit) ein, wobei man darauf achten muß, daß der Kleber dünn und gleichmäßig aufgetragen wird. Ist der Kleber fingertrokken, preßt man die zu verklebenden Teile fest zusammen. Dabei darf keines der Lederteile gedehnt werden. Ledersorten, die eine faserige und lockere Fleischseite haben, eignen sich nicht zum Verkleben, weil der Kleber nur an den Fasern haftet, so daß keine dauerhafte Flächenverbindung zustandekommt.

Lochen Für Nähte und Verzierungen mit Riemchen muß das Leder gelocht werden. Man markiert dazu die Lochabstände – bei kräftigem Leder und breiten flachen Riemchen 6–8 mm, bei feinerem Leder und dünnen Riemchen 4–6 mm – mit einer Lochgabel oder einer Zakkenschablone. Die Lochgabel hat den Nachteil, daß die Lochabstände vorgegeben sind. Man kann also nur enge oder, durch Überspringen einer Zinke, weite Abstände markieren. Die Zakkenschablone, die man mit Hilfe eines Zentimetermaßes aus Karton zuschneidet, hat den Vorteil,

daß man durch die Höhe der Zackenspitzen und die Tiefe der Einschnitte zugleich auch den Kantenabstand exakt einhalten kann. Die Stanzstellen für die Löcher werden mit einem Bleistift markiert.
Bei einer Lochzange kann man die gewünschte Lochgröße am Rädchen einstellen. Die Löcher sollten so groß sein, daß sich das Riemchen glatt hindurchziehen läßt, ohne zuviel Spielraum zu haben. Bei Ausführung des Kreuzstichs müssen die Löcher größer sein, weil das Riemchen zweimal durch dasselbe Loch geführt werden muß.
Auf die Druckplatte der Lochzange wird ein Stück Karton gelegt. Darauf kommt das Leder. Man plaziert es so, daß die Lochmarkierung genau unter der Lochpfeife sitzt, wenn man die Zange zusammendrückt (man kann das durch lockeres Absenken der Lochpfeife kontrollieren). Der untergelegte Karton verhindert, daß die Lochpfeifen zu rasch stumpf werden.
Will man Löcher stanzen, die einen weiteren Kantenabstand haben, als die Zangenbacken dies zulassen, kann man das Leder, sofern es dünn genug ist, einrollen. Geht das nicht, muß man auf ein Locheisen zurückgreifen.
Beim Lochen mit dem Eisen verfährt man im Prinzip wie bei der Zange. Um genügend Widerstand zu haben, legt man das zu lochende Leder auf ein Buchenholzklötzchen. Das Locheisen wird auf die Markierung gesetzt und mit dem Eisenhammer eingeschlagen. Um eine saubere Lochung zu erzielen, muß das Eisenstäbchen genau senkrecht gehalten werden.

Mit dem Schlitzeisen arbeitet man wie mit dem runden Locheisen. Das Schlitzeisen stanzt kleine Schlitze in das Leder, die ebenfalls für Riemchenarbeiten geeignet sind. Besonders bei feineren Lederqualitäten sieht eine Riemchenverarbeitung in Schlitzen schön aus.

Schultertasche aus drei Teilen, verziert mit Reibelinien.

Nieten Das Nieten ist eine zeitsparende Möglichkeit, Teile anzubringen, die man sonst annähen müßte. Zum Nieten werden die zusammenzufügenden Teile deckend gelocht, der Nietkopf wird auf der Außen-, das Gegenstück auf der Innenseite der Arbeit durch die Lochung gesteckt. Dann wird der Niet entweder mit der Nietenzange fest zusammengedrückt oder mit Nieteisen und Hammer zusammengeschlagen.

Ösen Ösen werden wie Niete in vorgelochte Öffnungen von außen nach innen eingesetzt. Die Löcher für kleine Ösen, die man mit der Ösenzange befestigt, macht man mit Lochzange oder -eisen. Für größere Ösen werden die Löcher mit Messer oder Schere sorgfältig ausgeschnitten. Das Ösenloch muß so groß sein, daß man die Öse einschieben kann, ohne daß sich das Leder dehnt. Es darf aber nicht so groß sein, daß die Öse zuviel Spielraum hat und die Metallränder auf beiden Seiten zuwenig Halt im Leder finden. Ist der Kantenabstand der Öse weiter, als die Backen der Ösenzange greifen können, rollt man das Leder bis zum erforderlichen Punkt ein. Verwendet man ein Ösen-Bastelset (Prym), kann man Ösen an jeder beliebigen Stelle einsetzen. Zum Einschlagen benutzt man einen Eisenhammer. Alle anderen Werkzeuge sind in der Packung enthalten.

Druckknöpfe Ein Druckknopf besteht aus vier Teilen, dem Knopf mit der federnden Unterseite und dem Kopf mit dem Gegenniet. Knopf und Feder werden jeweils in die vorgelochte Verschlußlasche oder -klappe eingesetzt, die Gegenstücke in das zu verschließende Werkstück (Tasche, Börse usw.). Bei einer Lochzange gibt es für jedes dieser vier Druckknopfteile einen Einsatz. Die Einsätze werden paarweise (für Ober- und Unterteil eines Knopfes) in die Zange eingesetzt. Dann legt man die Druckknopfteile hinein und das Leder dazwischen. Durch Zusammendrücken der Zangenbacken sitzt das Knopfpaar fest. Bei dem Knopfpaar für die Gegenseite macht man es genauso, nachdem man die Einsätze gewechselt hat.
Mit dem Druckknopfeisen arbeitet man im Prinzip auf die gleiche Weise. Nur werden die Paare hier auf einer harten Unterlage und in einer Kunststoffmulde liegend mit einem entsprechend geformten Metallstift und einem Eisenhammer eingeschlagen. Druckknopfeisen und entsprechende Druckknöpfe, die leider sehr groß sind, gibt es als Bastelset (Prym) zu kaufen.

Verzierungen Die meisten Lederarten wirken am besten ohne Verzierung. Eine Ausnahme bilden die glatten, hellen naturbelassenen Rind- und Kalbleder, besonders dann, wenn die Oberfläche nicht ganz makellos ist. Man kann sie verzieren durch
Reiben
Prägen
Schneiden
Einbrennen von Mustern.

Die einfachste Art ist das Reiben. Dabei werden Linien, meistens als Kantenbetonung, in das angefeuchtete Leder gedrückt. Es gibt spezielle Reibwerkzeuge (Reibnadel, Reibholz) im Fachhandel für Leder oder Schuhmacherbedarf. Man kann aber auch ersatzweise mit einem stumpfen Metallstäbchen, z. B. dem Kopf einer mittelstarken Häkelnadel, einem Löffelstiel o. ä. arbeiten. Das Leder wird vor Arbeitsbeginn gut befeuchtet, jedoch nicht durchnäßt. Dann legt man ein Lineal

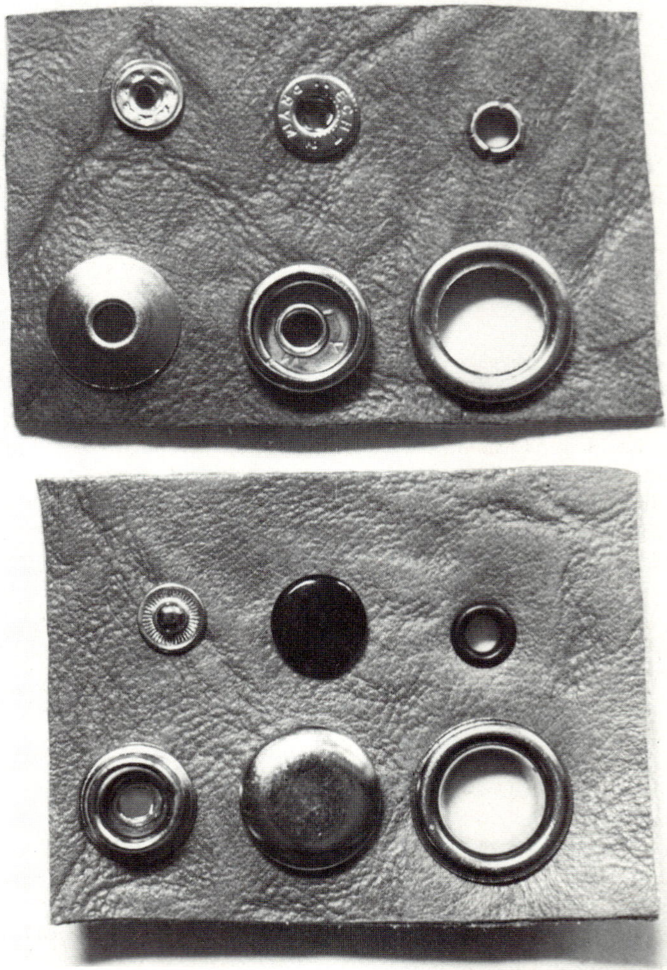

Probestücke mit Ösen- und Druckknöpfen. Vorderansicht (oben), Rückansicht (darunter). Eine große Öse besteht aus Ober- und Unterteil, kleine Ösen sind einteilig. Druckknöpfe bestehen aus zwei Knopfpaaren: Deckplättchen und Federring, Kopf und Gegenniete.

Gürtel aus dunkel gefärbtem Rindleder mit Zierprägungen.

Material für Goldprägung: Spezial-Goldfolie, Prägepunze, Holzhammer. Man arbeitet auf trockenem Leder.

an die vorgesehene Stelle und fährt an der Kante mit dem Reibwerkzeug, das man unter kräftigem Druck von links nach rechts oder von oben nach unten führt, entlang. Ist das Leder getrocknet, zeichnet sich eine dunklere eingedrückte Linie ab. Die Tasche auf Seite 175 wurde mit solchen angeriebenen Linien verziert. Reiblinien sollten sparsam angewendet werden. Sie machen sich gut an allen Schnittkanten, besonders bei Riemen und Gürteln, wenn diese keine weiteren Verzierungen haben.

Die Lederprägung ist typisch für Arbeiten im Western-Stil. Zum Prägen mit Kunststoff- oder Metallstempeln, die in ein Heft eingesetzt werden, feuchtet man das Leder gut an. Der Prägestempel wird so auf die vorgesehene Stelle gesetzt, daß der Halter genau senkrecht steht. Das Leder liegt auf einem Packen Zeitungen. Mit einem kurzen kräftigen Schlag des locker geführten Holzhammers wird die Punze in das Leder getrieben und drückt sich dort ab. Die Prägung soll mit einem Schlag erfolgen. Ein weiterer Schlag würde den Abdruck nicht verbessern, weil die Prägepunze durch das Zurückfedern ihren Stand um Millimeter verändert.

Eine Variante ist die Goldprägung, die auf trockenem Leder ausgeführt wird. Man arbeitet wie beschrieben, legt jedoch ein Blatt Goldfolie (Hobbyladen) mit der beschichteten Seite auf das Leder. Es gibt auch Goldfolien zum Einbrennen, bei denen man den Prägestempel zum Übertragen in einem Brennstab erhitzt. Der Lederschnitt ist ebenfalls eine Ziertechnik, die aus dem ehemals wilden Westen Amerikas stammt. Für diese Arbeit braucht man ein Spezialwerkzeug, das Rundmesser. Es hat eine gerade Klinge, die um ihre eigene Achse drehbar ist, und am oberen Ende eine bogenförmige Halterung (Foto 171). In diese Halterung, mit der das Werkzeug geführt wird, legt man den Zeigefinger ein, während die übrigen Finger das Gerät wie einen Schreiber fassen. Vor Arbeitsbeginn wird das Leder mit einem Schwamm angefeuchtet.

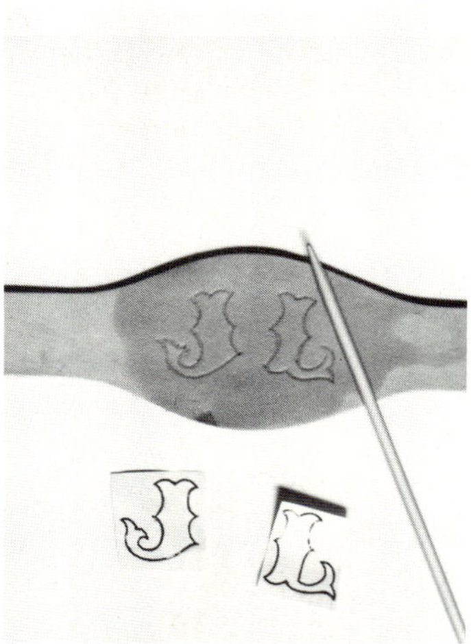

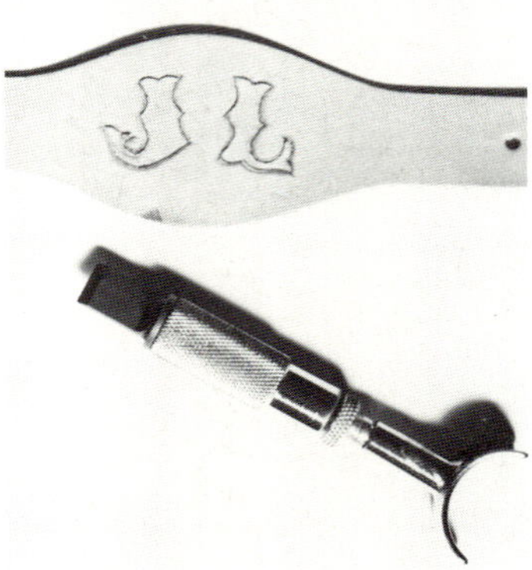

Lederschnitt: Motiv oder Buchstaben knappkantig ausschneiden und auf dem angefeuchteten Leder plazieren. Mit einem stumpfen Gegenstand (Stricknadel o. ä.) die Konturen durchdrücken, danach mit dem Rundmesser schräg von außen nach innen einschneiden. Feuchtes Leder außerhalb des Motivs mit Perlpunze und Hammer bearbeiten, bis das Motiv reliefartig hervorsteht. Anschließend dieses Hintergrundfeld farbig ausmalen und das trockene Leder mit Spezialwachs nachbehandeln.

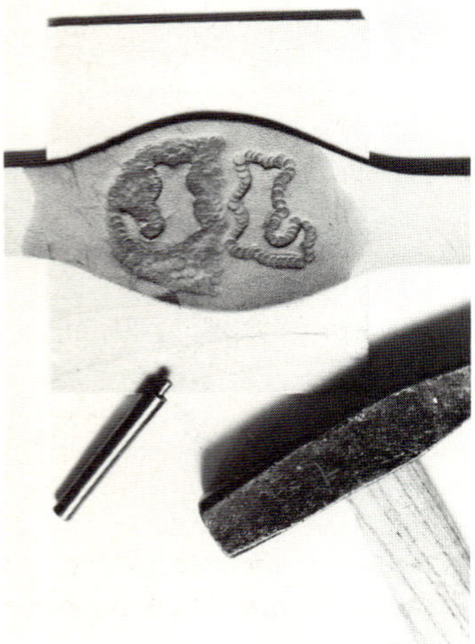

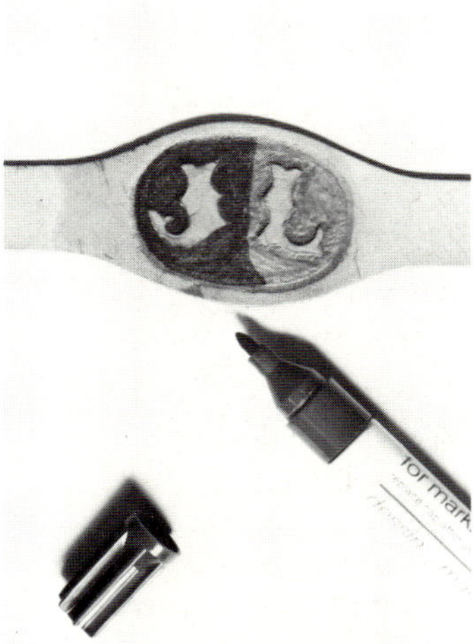

Die Umrißzeichnung der Schnittvorlage wird auf das Leder gelegt und mit einem nicht zu spitzen Metallstift (Stricknadel, Kugelschreiber) durchgedrückt. Danach werden die Konturen mit dem seitlich geneigten Rundmesser schräg von außen nach innen nachgeschnitten. Die Tiefe des Schnitts soll etwa ⅓ der Lederstärke betragen. Zur Erleichterung des Lederschnitts gibt es im Hobbyhandel eine Schnitthilfe, eine milchige Emulsion, die das Leder (aber auch das Messer!) gleitfähiger macht. Anfänger kommen besser ohne diese Hilfe aus. Hat man den Schnitt beendet, bearbeitet man das außerhalb des geschnittenen Motivs liegende Umfeld des Leders mit einer Kugelpunze. Ersatzweise kann man ein abgeflachtes Eisenstäbchen nehmen. Mit einem Nagelkopf geht es auch. Dazu wird das Leder erneut angefeuchtet, und die Punze wird zunächst um die Konturen des Motivs in dichten, sich überschneidenden Abdrükken eingeprägt. Danach weiter zum Außenrand der vorgesehenen Dekorationsfläche. Die gesamte Fläche wird auf diese Weise heruntergedrückt, wobei die Abdrücke der Prägepunze nicht einzeln sichtbar sein, sondern eine geschlossene Struktur ergeben sollen, von der sich das geschnittene Motiv deutlich abhebt. Das getrocknete Leder kann man anschließend noch durch Bemalen zusätzlich verzieren. Zum Schluß wird die ganze Arbeit mit Lederlack behandelt (Fotos links).
Die Brandmalerei wird mit Hilfe eines Brennstabes und Einsätzen ausgeführt, mit denen man auf dem trockenen Leder zeichnen oder stempeln kann. Glattes Rind- oder Kalbleder eignet sich für diese Technik am be-

sten. Man arbeitet wie bei Holz (siehe Brandmalerei S. 244–247), doch muß man das Gerät beim Zeichnen leichter über das Leder führen, weil es schneller bräunt. Zum Einbrennen von Ornamenten nimmt man Brennstempel aus Metall (Prägepunzen), in deren Kopf ein Muster eingefeilt oder gegossen ist. Man kann auch Schrauben- und Nägelköpfe oder andere Metallstäbe als Brennstempel verwenden, sollte jedoch Proben auf Abfalleder machen. Brandmalereien kann man zusätzlich mit Lederfarben oder Faserschreibern bemalen und mit Lederlack oder Spezialwachs (Antikwachs) nachbehandeln.

Geflecht

Das Flechten einzelner Lederstreifen zu Zöpfen ist einfach und braucht nicht näher beschrieben zu werden. Anders das Flechten eines Gürtels mit drei Strängen aus einem Stück, bei dem Verschluß- (Lochseite) und Schnallenlasche gleich angeschnitten sind. Man braucht dazu einen Lederstreifen, der um ein Drittel länger als der fertige Gürtel sein muß, bei dichter Flechtung oder extrem dickem Leder sogar um die Hälfte. Man markiert den Teil des Leders, der geflochten werden soll, und macht zwischen den Markierungen zwei Längsschnitte, so daß drei gleich breite Flechtstreifen entstehen. Die Verflechtung der Stränge entsteht durch Hindurchstecken des unteren Endes durch die Schlitze. Die Zeichnungen zeigen den Vorgang, wobei die Phasen 2 und 3 fortlaufend wiederholt werden, bis alle Stränge verflochten sind. Man endet mit Phase 3. Ist das Geflecht fertig, feuchtet man das Leder an, legt es auf eine feste Unterlage und bearbeitet es mit einem Holzhammer. Man kann es auch von der Rückseite bügeln. Da man das genaue Maß des Gürtels nicht ermitteln kann, empfiehlt es sich, Anfangs- und Endlasche möglichst lang zu lassen und sie später maßgerecht zu kürzen. Ist der Gürtel zu kurz geworden, löst man einige Windungen wieder auf und verteilt das Geflecht gleichmäßig über die ganze Länge. Geringfügig gibt ein Gürtel nach, wenn man das Leder gut durchfeuchtet, spannt und langsam trocknen läßt. Das Foto unten zeigt links lockeres, daneben festes Ledergeflecht.

Zwei Gürtel, jeweils aus einem Lederstreifen geflochten, links sieht man lockeres, rechts festes Geflecht. (Siehe Zeichnungen S. 180.)

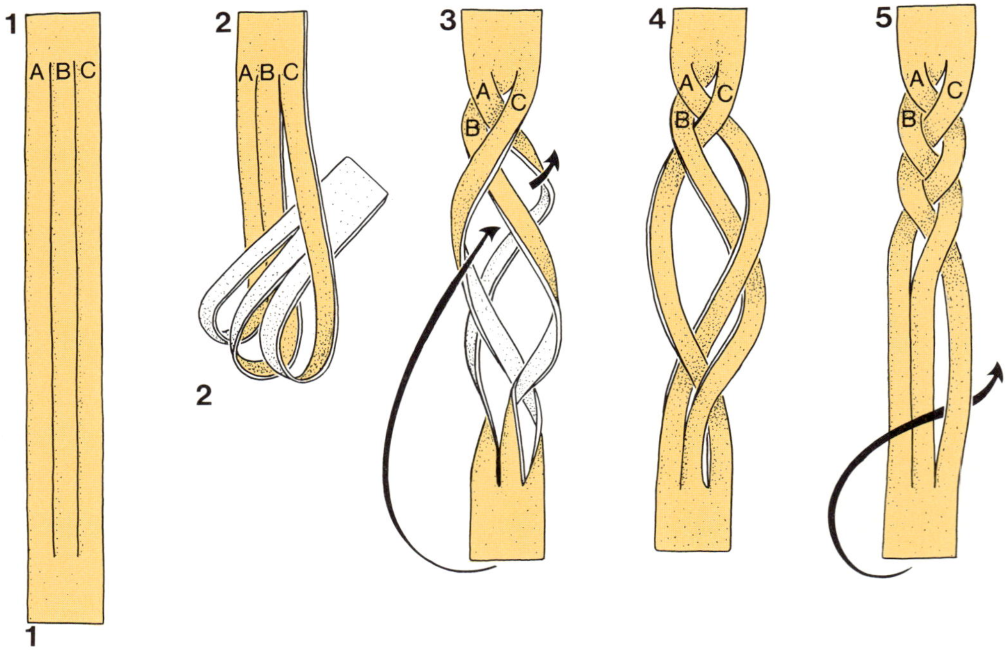

Arbeitsablauf für das Flechten eines Gürtels aus einem Stück (oben). Zum Anbringen einer Schnalle mit Dorn wird das Leder ausgeschärft und an entsprechender Stelle ausgeschnitten. Einen Knebelknopf rollt man aus einem Lederstreifen, wobei das Ende zur Befestigung durch zwei Schlitze gesteckt wird. Ein runder Knopf wird aus zwei gleich großen Lederscheiben gearbeitet. Zum Befestigen an Leder benutzt man ein Stück Riemchen.

Gürtelschnalle

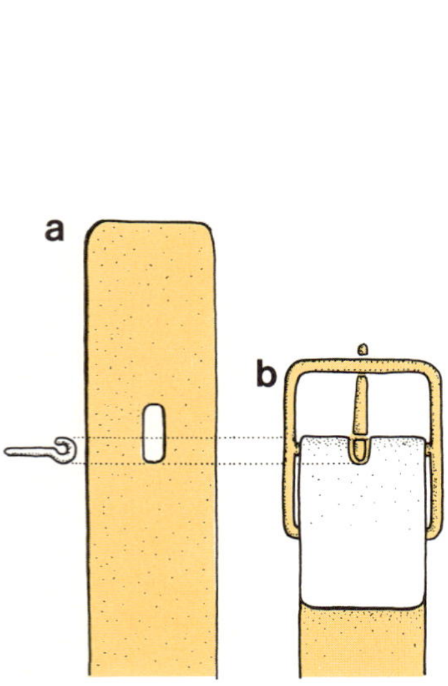

Lederknöpfe

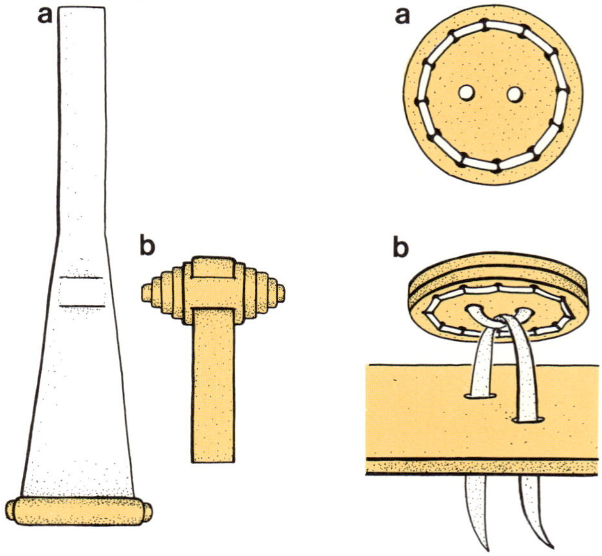

Verschlüsse

Sieht man von den käuflichen Patentverschlüssen ab, kann man Lederarbeiten durch Schnallen, Knebel und Knöpfe (in Verbindung mit Lederschlaufen) verschließen. Der Schnallenverschluß an Riemen wird wie folgt angebracht: Man schärft das Leder am Ende über die ganze Breite sorgfältig aus (näher beschrieben auf S. 172), und zwar so, daß die nach innen umzuschlagende Lasche mindestens 3 cm lang ist. Die Schnalle wird mit dem Mittelsteg (bei doppelflügeligen Schnallen) oder mit der einen Längskante (bei Einflügelschnallen) über das ausgeschärfte Ende geschoben, und das Leder wird nach innen umgeschlagen. Bei dickem Leder feuchtet man den Bruch innen etwas an. Die umgeschlagene Lasche kann man nun entweder festnieten, mit Zwirn festnähen oder festkleben.
Hat die Schnalle einen Mitteldorn, muß das Leder an der ausgeschärften Lasche an der entsprechenden Stelle länglich ausgeschnitten werden. Diese Öffnung muß doppelt so lang sein wie die Öse des Dorns (Zeichnungen S. 180 unten links). Dünnes Leder kann man mit der Schere ausschneiden, bei kräftigem Leder stanzt man parallel zwei Löcher und schneidet den Zwischenraum mit dem Messer aus.

Lederknebel macht man aus einem Lederstreifen, der zusammengerollt wird. Das Ende des Streifens wird durch einen Schlitz geschoben und dient zugleich zum Befestigen am Leder (Zeichnungen S. 180 unten Mitte). Auf der Gegenseite des Knebels bringt man eine Riemchenschlaufe an. Die Tasche auf S. 187 hat einen solchen Knebelverschluß.

Lederknöpfe schneidet man einfach rund oder eckig aus kräftigem Rindleder zu und versieht sie mit Befestigungslöchern, die so groß sind, daß man ein Riemchen hindurchfädeln kann. Auf der Knopfunterseite macht man eine einfache Knotenschlinge und befestigt den Knopf am Leder, indem man die Riemchenenden durch zwei parallel eingeschnittene Schlitze steckt und innen gut verklebt. Der Knopf wird mit einer Riemchenlasche geschlossen. Ist das Leder zu weich, legt man zwei gleiche Stücke mit den Innenseiten aufeinander und näht sie am Rand zusammen. Bei ganz dünnem weichem Leder kann man ein Stück Karton in entsprechender Größe auf beiden Seiten mit Leder bekleben, alles mit der Ahle vorstechen und zusammennähen.
Der Karton sollte zäh und elastisch sein, damit er beim Gebrauch nicht bricht. Hat der Karton eine abweichende Farbe, bemalt man die Schnittkanten passend mit wasserfestem Faserschreiber.

An diesen weichen Mokassins für Kinder ist nichts genäht. Das zugeschnittene Leder wird gelocht und mit Riemchen gehalten.

Modelle

Kinder-Mokassins (Seite 181). Als Material kann man gut die beiden Hälften einer College- oder Aktenmappe, Teile einer alten Reise- oder Einkaufstasche o. ä. verwenden. Neu gekauftes Leder soll weich gegerbt, jedoch nicht zu dünn sein. An Werkzeug braucht man eine Schere oder ein Schneidmesser und eine Lochzange oder ein Locheisen. Für die Verschnürung werden Lederriemchen gebraucht, notfalls geht es auch mit Schnürsenkeln.
Den Grundschnitt vergrößert man mit Hilfe eines Quadratnetzes so, daß er für das Kind paßt.
Das Foto rechts zeigt das Verhältnis von Sohle (nach dem Kinderfuß maßgerecht aus Karton zugeschnitten) und Schuh. Der Vorlage entsprechend wird das Leder des Schuhs ein- bzw. ausgeschnitten und gelocht. Die entstandenen Laschen des Vorschuhs werden von dem vorderen Mittelpaar ausgehend

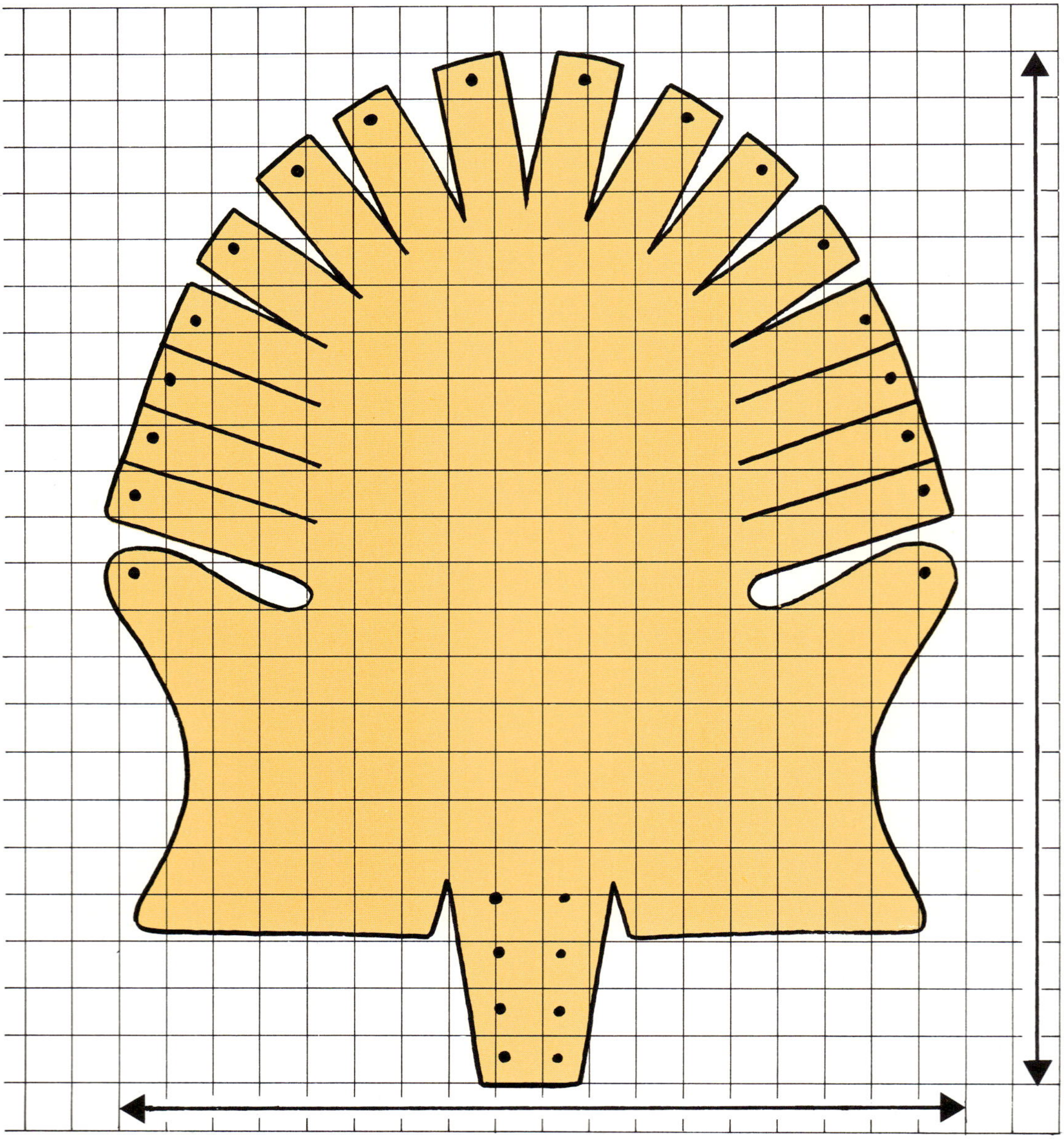

fächerartig auf ein langes Riemchen (oder Schnürband) gefädelt, dessen Enden, über Kreuz geführt, durch die Löcher der Bindelaschen gesteckt werden. Für die Fersenverschnürung gibt es verschiedene Möglichkeiten, von denen zwei auf dem Foto unten dargestellt sind. Es ist darauf zu achten, daß die Riemchen auf der Innenseite stets flach in Längsrichtung verlaufen und nicht verdreht werden, damit sie nicht scheuern oder drücken. Die Riemchen- oder Bandenden der Fersenverschnürung kann man entweder auf der Außenseite knoten oder übereinanderkleben.

Nach der vom Fuß abgenommenen Zeichnung fertigt man eine Schablone an, schneidet das Leder nach dem Muster auf S. 182 zu und locht es. In der Mitte beginnend, werden alle Laschen fächerartig auf ein Band oder Riemchen gefädelt. Unten: Möglichkeiten für die Fersenverschnürung.

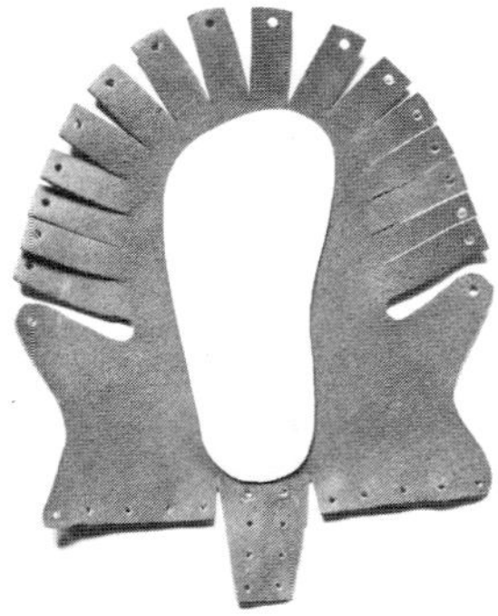

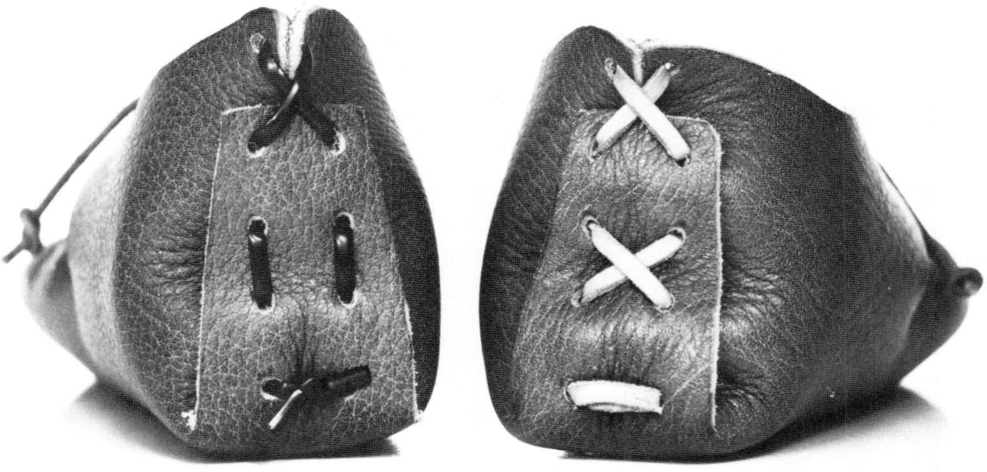

Kinder-Häkelschuhe (Seite 167). Zuerst fertigt man den Umrissen des Kinderfußes entsprechend eine Kartonschablone an, die rundherum 2 mm größer ist als der Fuß. Nach dieser Maßvorlage besorgt man dünnes, jedoch festes Leder für die Innensohlen, das keine Narbung hat, und kräftiges Rindleder für Laufsohlen und Absätze. Es gibt im Schuhhandel Einlegesohlen aus glattem Leder zu kaufen, die man kleiner schneiden und als Innensohlen verwenden kann, aber auch das Leder einer alten Handtasche eignet sich gut. Laufsohlenleder bekommt man oft auf Heimwerkermärkten in Abteilungen für Schusterbedarf.

Man braucht außer dem Leder: Lochzange oder -eisen, Schneidmesser, Schere, Lederkleber oder UHU greenit, Kugelschreiber, 50 g Häkelgarn, möglichst aus Naturfasern (Baumwolle, Leinen), und eine Häkelnadel in entsprechender Stärke (Nr. 2,5–3). Die Kartonschablone wird auf das Leder gelegt und mit dem Schreiber nachgezeichnet. Dabei muß man die Schablone jeweils einmal seitenverkehrt auflegen, damit man Sohlenpaare erhält. Man schneidet je ein Paar aus Innen- und Sohlenleder aus, außerdem zwei ca. 6 cm lange, 5 mm breite Streifen aus dem dünnen und ein Paar Absätze aus dem kräftigen Leder. Es empfiehlt sich, so ausreichend Sohlenleder zu besorgen, daß man mindestens noch ein Paar Absätze für später ausschneiden kann. Während man das dünne Leder mit der Schere zuschneidet, wird das Sohlenleder, das sehr zäh ist, mit dem Messer geschnitten. Dabei hält man das Messer auf der Unterseite des Leders und zieht es auf sich

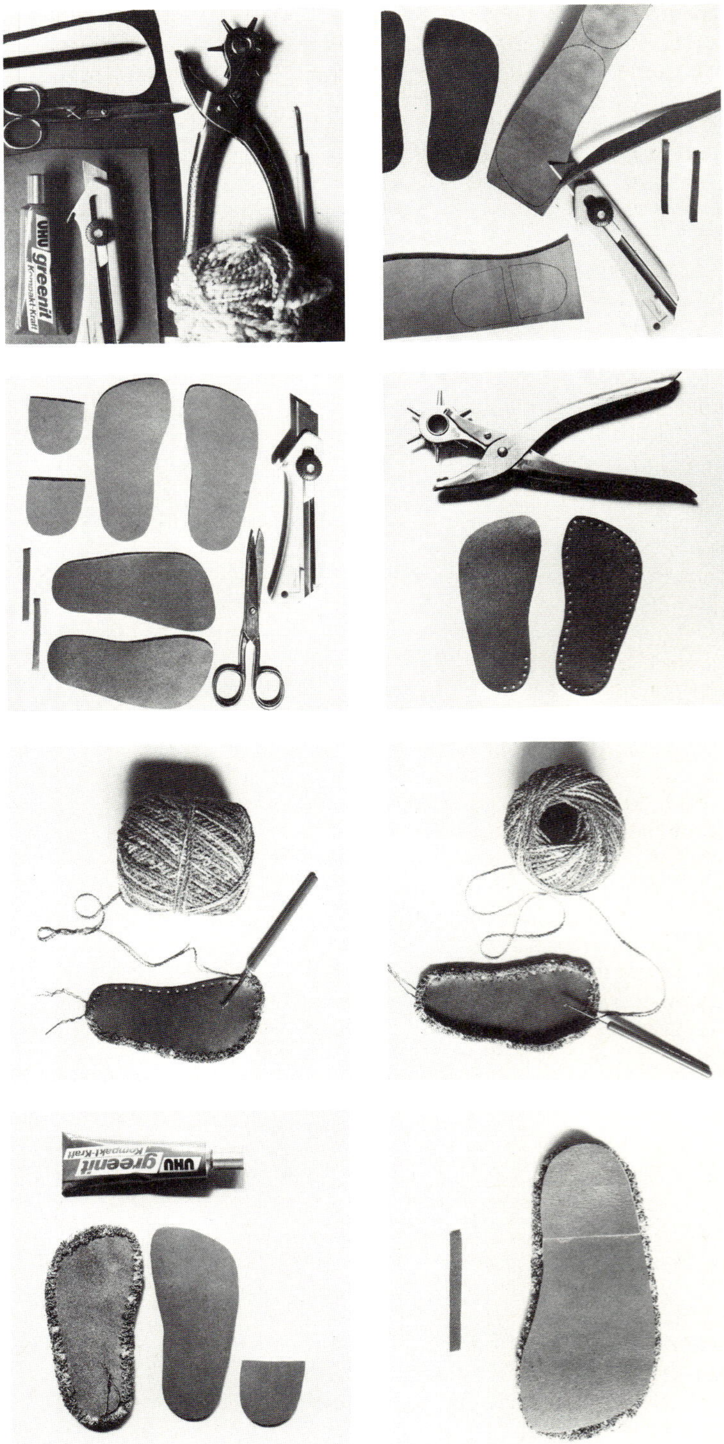

Arbeitsphasen für die Anfertigung der Kinderschuhe (S. 167).

zu, etwa so wie beim Obstschälen (s. Foto links). Die Innensohlen werden 2 mm von der Schnittkante entfernt in gleichmäßigen Abständen gelocht. Dabei wählt man eine Lochgröße, die der Stärke des Häkelhakens entspricht. Rechter Schuh: In die Löcher häkelt man, in der hinteren Mitte beginnend, feste Maschen. Die glatte Lederseite liegt dabei oben. An den geraden Kanten häkelt man je eine Masche in ein Loch, an den Fußspitzen- und Fersenrundungen in jedes zweite Loch zwei Maschen. Die Arbeit soll sich weder zusammenziehen noch wellen. Man schließt die erste Runde und arbeitet noch drei weitere Runden ohne Maschenzu- oder abnahme. In der fünften Runde häkelt man bis zum Ballen in gewohnter Weise, nimmt an der Rundung bis zum gegenüberliegenden Ballenpunkt bei jeder zweiten Masche eine Masche ab (d. h. 1 Masche häkeln, 1 Masche der Vorreihe überspringen usw.). Dann häkelt man bis zur Fersenmitte ohne Abnahme. In der sechsten Runde häkelt man glatt bis zum Ballenansatz, nimmt bis zum gegenüberliegenden Ballenansatz wieder ab wie in der Vorrunde und wendet an diesem Punkt. Man häkelt glatt zurück, wendet abermals am gegenüberliegenden Ballenansatz und häkelt bis zu jenem Punkt weiter, an dem der Knöpfriegel für den Knöchelverschluß sitzen soll. Wie viele Maschen man zuvor in dieser Bogenrunde des Vorschuhs abnimmt, hängt davon ab, wie fest oder locker man gearbeitet hat. Man gleicht die Arbeit durch Abnahme von Maschen so aus, daß sich ein gut anliegender Abschluß ergibt. Für den Knöpfriegel häkelt man 23–25 Luftmaschen, sticht am Ende in die sechstletzte Masche zurück und arbeitet auf die Luftmaschenkette feste Maschen. Dann häkelt man weiter um die Ferse herum und nach vorn zu jenem Punkt des Ballenansatzes, an dem man in der Vorrunde die Arbeit gewendet hat. Hier schließt man mit einer Kettenmasche ab und verstopft den Endfaden.
Auf der Gegenseite des Knöpfriegels wird ein so großer Knopf angebracht, daß das Kind den Schuh selbst zuknöpfen kann.

Im Anschluß an die Handarbeit wird die Unterseite der Innensohle gleichmäßig mit Kleber eingestrichen, und zwar so, daß der Kleber etwas auf die Häkelmaschen übergreift. Der Anfangsfaden der Maschen wird später mit eingeklebt. Die Laufsohle wird ebenfalls sorgfältig (besonders an den Kanten) bestrichen und, nachdem der Kleber beider Teile fingertrocken ist, unter die Innensohle geklebt. Zum Schluß klebt man den Absatz auf die Sohle, und von außen nach innen in die hintere Fersenmitte zur Versteifung der Kappe den schmalen Lederstreifen.
Der linke Schuh wird gegengleich gearbeitet.

Brustbeutel (rechts). Aus nur einem Teil wird der Brustbeutel gearbeitet, nach dessen Schnittmuster (Zeichnung rechts) man auch eine größere Tasche anfertigen kann. Man schneidet ihn aus einem Lederrest mit der Schere zu und bringt an jeder Seite die Löcher wie markiert an. Dann faltet man das untere gerade Stück mit der glatten Seite so auf das Mittelstück, daß sich die fünf Löcher an den Seiten beider Teile dekken. Dabei drückt man die beiden kleinen Laschen, die jeweils ein Loch haben, nach innen. Mit dickem Zwirn oder Riemchen werden die seitlichen Nähte geschlossen, und die Arbeit wird gewendet. Die Verschnürung, die gleichzeitig den Verschluß bildet, ist aus dem Foto oben zu ersehen.

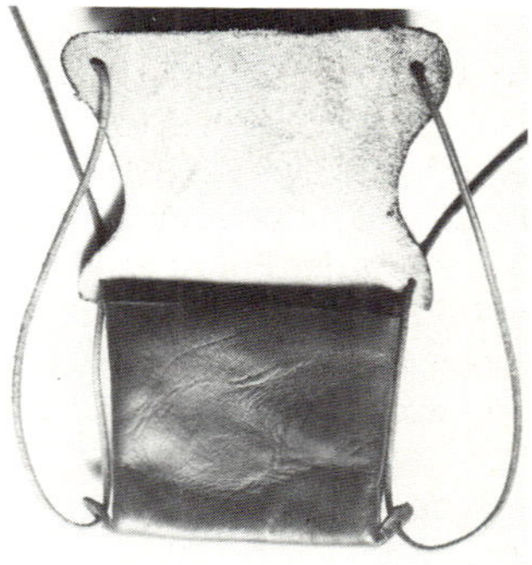

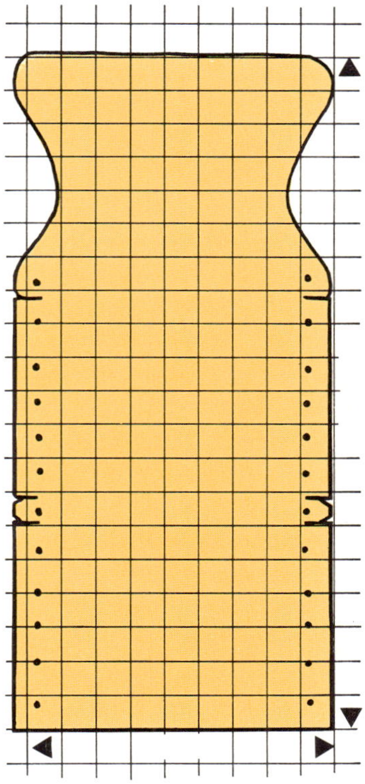

Schnittschema zur Anfertigung des Brustbeutels (oben).

Tips

Leder läßt sich etwas dehnen, wenn man es durchfeuchtet, spannt und langsam trocknen läßt.

Leder kann man nicht nur mit Spezialfarben, sondern auch mit wasserfesten Faserschreibern bemalen. Es muß anschließend lackiert oder gewachst werden.

Prägearbeiten auf feuchtem Leder lassen sich nicht nur mit Spezialpunzen ausführen. Man kann an ihrer Stelle auch Nagel-, Schraubenköpfe oder andere Metallstäbchen auf das Leder setzen und mit dem Hammer einschlagen.

Ausgediente College-, Akten- oder Handtaschen eignen sich gut zum Anfertigen kleinerer Lederarbeiten. Um eine flache Bahn zu bekommen, trennt man die Tasche auf, schneidet die Ränder ab, feuchtet das Leder von der Rückseite gut durch und spannt es zum Trocknen auf ein Holzbrett.

Pelz näht man mit überwendlichen Stichen zusammen. Die Haarseite liegt dabei innen. Die Haare werden während des Nähens mit der Nadel zurückgestrichen, damit sie nicht mitgefaßt werden.

Beim Zuschneiden von Leder zuerst die großen Teile ausschneiden. Bei Fehlschnitt kann man das Material noch für kleinere Teile verwenden.

Kleine Geldbörsen kann man aus dem Material alter größerer Handtaschen herstellen. Arbeitsanleitung unten.

Geldbörse (oben). Die Geldbörse aus rotbraun gefärbtem Kalbleder wurde mit einem Falz gearbeitet, wie er bei der Schultertasche gezeigt ist. Genäht wurde sie mit dunkel gewachstem Baumwoll-Häkelband, und zwar mit doppelten Vorstichen in gestanzten Löchern. Maße: 8 cm hoch, 9 cm breit.

Schultertasche Das Material ist weichgegerbtes naturbelassenes Kalbleder, das vor der Verarbeitung mit Antikwachs behandelt wurde. Die Tasche besteht aus drei Teilen, dem rückwärtigen Teil mit angeschnittener Umschlagklappe, dem Vorderteil und der Zwischenblende (Falz). Die Maße sind aus der Zeichnung zu ersehen. Alle Teile wurden an den Nahtkanten deckend gelocht und durch Riemchen im Peitschenstich zusammengefügt. Als Verschluß dient ein Knebel (S. 180, unten Mitte). Der zweigeteilte Tragriemen mit Schnallenverschluß ist an beiden Seiten an die Zwischenblende angenäht und vernietet.

Arbeitsphasen für die oben gezeigte Schultertasche. ▶

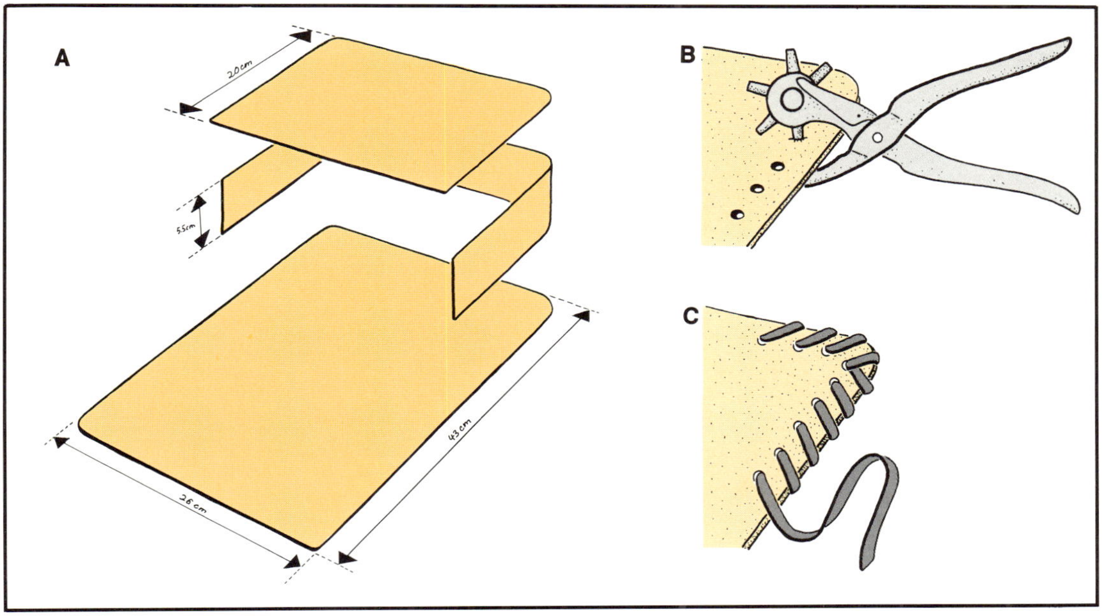
A
20cm
5.5cm
43cm
26cm
B
C

Papierschöpfen

Das Wort Papier ist abgeleitet von dem griechischen Papyrus, einem Beschreibstoff, den man aus dem Mark der Papyrusstaude zusammenfügte. Die Herstellung des Papyrus, bei dem lange breite Streifen des Stengelmarks rechtwinklig übereinander gelegt und gepreßt wurden, so daß der austretende stärkehaltige Pflanzensaft die Lagen zu einem festen Stoff verband, wurde zu Beginn des 2. Jt. v. Chr. erfunden. Mit den nachfolgenden Entwicklungen, die zum Papier in der hier behandelten Form führten, hat das Verfahren jedoch nichts zu tun.

Das erste Papier aus Faserbrei, vermutlich Hanf, wurde von dem chinesischen Beamten T'sai Lun erfunden, der seine Entdeckung im Jahre 105 n. Chr. dem kaiserlichen Hof meldete. Während sich die Kunst des Papiermachens innerhalb des chinesischen Reiches schnell verbreitete, war man sehr darauf bedacht, daß nichts von dem Wissen über die Grenzen hinaus drang. Ein buddhistischer Priester soll dann schließlich das Geheimnis um das Jahr 600 nach Japan gebracht haben. Die Kunst des Papierschöpfens war Ende des 9. Jh. in ganz Japan bekannt. Als Rohstoff wurde neben Hanf auch Maulbeerbaumrinde verwendet.

Durch kriegerische Auseinandersetzungen zwischen Chinesen und Arabern im Jahre 751, bei denen die Chinesen in der Schlacht am Thalas besiegt wurden, wurde den Arabern das Geheimnis der Papierherstellung zugänglich. Chinesische Kriegsgefangene mußten ihnen ihre Kenntnisse in allen Einzelheiten darlegen und ihr Handwerk verraten. Die Araber entwickelten die Herstellungstechnik weiter und benutzten als Rohstoffe anstelle der Maulbeerbaumrinde vor allem Hanf- und Flachsabfälle sowie Reste alter Kleidungsstücke, die sie in Mahlwerken zerkleinerten. Die Araber waren es auch, die ihr Papier mit Stärkekleister leimten, um es zu verdichten und besser beschreibbar zu machen. Auf dem Weg über Bagdad (790), Damaskus und Ägypten (um 1000) kam das Papier im Jahre 1100 nach Marokko. Techniken und Rezepte zur Papierherstellung gelangten weiter nach Westen. Das erste europäische Land, in dem Papier hergestellt wurde, war Spanien. Hier wurde im Jahre 1151 die erste Papiermühle in Xativa gegründet, während im italienischen Fabriano 1276 die erste Werkstatt entstand. Dort wurde vermutlich auch das Wasserzeichen erfunden, das aus dem Jahre 1282 stammt. Im französischen Troyes entstand die erste Papiermühle 1338, in Deutschland wurden erste Werkstätten 1390 in Nürnberg, um 1394 in Ravensburg und 1398 in Chemnitz eingerichtet. In der Schweiz entstanden Papiermühlen um 1411 in Marly, 1433 in Basel und 1470 in Zürich. Österreich hatte 1498 seine erste Papiermühle. In England wurde bereits 1494 in Stevenage eine Papiermühle errichtet, in Schottland 1591. 1586 entstand die erste niederländische Werkstatt in Dortrecht.

Die erste Papiermühle Amerikas wurde 1690 in Philadelphia von dem deutschen Papiermacher Wilhelm Rittinghausen, 1644 in Mühlheim/Ruhr geboren, gegründet.

Mit der Verbreitung der Buchdruckerkunst in der Mitte des 15. Jh. wuchs der Papierbedarf rasch. Die Druckereien siedelten sich fast immer in der Nähe der Papiermühlen an. Einen weiteren Aufschwung nahm die Papierherstellung durch die Reformation mit ihrem Bedarf an neuen religiösen Schriften und Bibeldrucken. Ein Stillstand in der Entwicklung ergab sich durch den Dreißigjährigen Krieg, der 1618 begann, jedoch erholte sich das Gewerbe nach Kriegsende rasch wieder.

Wichtigster Rohstoff für die Herstellung von Papier waren neben Seide, Hanf- und Flachsfasern alte Lumpen. Man nimmt an, daß die Araber alte Kleidungsstücke zerrissen und verfaulen ließen, um sie so wieder in Fasern aufzulösen. Einem Bericht aus dem Jahre 1140 zufolge gab es Lumpensammler, die die Stoffhüllen von Mumien stahlen und an Papiermühlen verkauften. Auch in Europa waren die Lumpensammler, die für Papiermühlen arbeiteten, noch bis zum Ausgang des 19. Jh. bekannt. Das Sammeln galt als Gewerbe, das man sich vom Staat rechtlich erwerben mußte. In Bremen kostete das z. B. 65 Reichstaler, später, um die Mitte des 18. Jh. sogar über 200 Taler. Verständlich, daß sich auch illegale Sammler und Sammlerinnen beteiligten.

Handgeschöpftes Briefpapier mit Umschlägen.

Wurde jemand beim wilden Sammeln erwischt, mußte er seine Beute einem gewerbsmäßigen Sammler überlassen und wurde zudem vor Gericht eines „lumpigen Vergehens" angeklagt. Allmählich wurde der Rohstoff jedoch durch den rapide ansteigenden Papierbedarf knapp, und man sann auf neue Ausgangsmaterialien. 1719 schlug der Franzose Réaumur, angeregt durch ein aus Holzmehl gebautes Wespennest, die Verwendung von altem Holz zur Papierherstellung vor. 1741 griff der Franzose Guettard erneut dieses Thema auf und veröffentlichte es in einem Zeitungsartikel. Zwischen 1765 und 1771 erarbeitete der Regensburger Pfarrer Dr. J. C. Schäffer ein sechsbändiges Werk über „Versuche ohne alle Lumpen oder doch mit einem geringen Zusatze derselben Papier zu machen". Bei seinen vorausgegangenen eigenen Versuchen verwendete er u. a. Brennesseln, Disteln, Hopfenranken, Moos und Sägespäne.

Die ersten brauchbaren Ergebnisse, Holz zur Papierherstel-

lung zu verwenden, brachten die Versuche des Deutschen Friedrich Gottlob Keller. Keller verwendete 1840 Holzmehl, das er vom Holzstamm abgeschliffen hatte, und leitete damit eine Wende in der Rohstoffgewinnung zur Papierherstellung ein.
Es wird angenommen, daß bereits die Chinesen Papier aus Papier machten und das kannten, was wir heute Recycling-Verfahren nennen. 1774 stellte der Göttinger Justus Claproth Papier aus Abfällen von Druckpapier her und veröffentlichte seine Schrift darüber auf diesem neu gewonnenen Material. Der Hamburger Mathias Kops brachte 1800 in England ein Buch heraus, das auf Strohpapier gedruckt war. Die 1801 erschienene zweite Auflage des Buches war auf Recycling-Papier gedruckt.
Während man sich in den folgenden 175 Jahren kaum Gedanken über Papierrohstoffe machte, rufen aufmerksame Naturbeobachter seit etwa zehn Jahren zur Zurückhaltung bei der Verwendung unwiederbringlicher Naturprodukte auf und regen die Wiederverwendung verwertbarer Grundstoffe an.
Das als Hobby betriebene Papierschöpfen hat in diesem Zusammenhang keine wesentliche naturschützende Bedeutung, aber es ist ein interessanter Weg, sich alten Papiers und alter Textilien aus Naturfasern zu entledigen, und eröffnet experimentierfreudigen Leuten ein interessantes Gebiet.
An den Grundprinzipien der Papierherstellung hat sich im Laufe der Zeit kaum etwas geändert. Der Werkvorgang ist einfach: Das Grundmaterial wird zerkleinert, in Wasser eingeweicht und so gestampft, gerührt oder gemahlen, daß es in seine ursprünglichen Fasern zerfällt. Mit Wasser verdünnt, ergibt sich daraus ein Faserbrei, den man Pulpe nennt. Mit einem Schöpfrahmen, einem siebartigen Gerät, wird eine dünne Schicht Pulpe aus der Bütte (dem Rohstoffbehälter) geschöpft und nach Abtropfen des Wassers auf eine stark saugfähige Unterlage aus Textilmaterial gestürzt. Diesen Vorgang nennt man Gautschen, die Unterlage Gautschfilz. Mit einer weiteren Lage Gautschfilz bedeckt, wird das Wasser zunächst mit den flachen Händen aus der Papierfaserschicht gedrückt. Dann preßt man weitere Feuchtigkeit zwischen zwei belasteten Brettern aus. Anschließend wird die Papierfaserschicht, die sich zu einer Fläche verdichtet hat, zwischen den Gautschfilzen herausgenommen und zum Trocknen flach ausgelegt oder aufgehängt. Zum Schluß wird das noch etwas feuchte Papier zwischen Zeitungslagen und Bücherstapeln gepreßt und ist dann fertig.
Bei der Herstellung von Papier aus Papier kann man auf Bindemittel verzichten, Fasern aus textilem Material hingegen müssen meistens mit einem Zusatz versehen werden, der sie verdichtet. Bei Verwendung von Pflanzen als Ausgangsmaterial müssen diese erst durch Soda aufgeschlossen, d. h. in Fasern zerkocht werden.
Die einfachste Art der Papierherstellung ist die Wiederverwendung alten Papiers, mit der man als Anfänger beginnen sollte. Darauf aufbauend kann man dann mit Pflanzenfasern fortfahren, um sich später vielleicht der umständlicheren Gewinnung von Papier aus Textilfasern zu widmen.

Arbeitsmittel

Zur Herstellung von Papier aus Altpapier braucht man:
Altes Papier
Stampf-, Rühr-, oder Mahlgerät
Größeres Gefäß
Schöpfwanne (Bütte)
Feines Sieb
Schöpfrahmen und Deckel
Gautschfilz
2 Holzbretter.

Altes Papier Nicht alle Papiersorten sind gleich gut für die Pulpe (Papierbrei) geeignet. Zeitungen, Rauhfasertapeten, Haushaltskrepp, Eierkartons, Obstkartons aus Weichpappe und Papierservietten eignen sich am besten. Auch alte Telefonbücher lassen sich verwenden, sie lösen sich jedoch langsamer auf als die zuvor genannten Papiersorten. Illustriertenpapier ist weniger gut geeignet. Einmal enthält es chemische Zusätze, die es glatt und glänzend machen, zum anderen verunreinigt der Farbdruck die Pulpe zu sehr, so daß das wiedergewonnene Papier eine schmutziggraubraune Farbe hat. Farblich schöne Papiere gewinnt man aus grünen oder violetten Obstkartons aus Weichpappe. Papier, das aus Zeitungen gewonnen wird, ist mausgrau. Man kann es durch Zusatz von Bleichsoda etwas aufhellen. Das Papier darf alt, jedoch nicht verunreinigt sein.

Stampf-, Rühr- oder Mahlgerät Das Altpapier, das man zunächst in kleine Stücke reißt, muß so zerkleinert werden, daß es schließlich in seine Fasern zerfällt. Das erreicht man entweder durch Stampfen des in heißem Wasser eingeweichten Papiers mit einem Stampfholz (Kartoffelstampfer o. ä.) oder durch Schleudern mit Hilfe eines Elektroquirls. Der beste Weg ist das Zermahlen der kleingerissenen Papierstückchen in trockenem Zustand mit Hilfe eines elektrischen Mixgerätes oder einer Elektrokaffeemühle mit frei rotierendem Messerwerk (Foto S. 194, oben links).

Größeres Gefäß Zum Einweichen des Papiers in heißem Wasser braucht man ein ausreichend großes Gefäß, das aus Plastik, Emaille, Keramik oder Porzellan sein kann.

Schöpfwanne (Bütte) Das aufgequollene zerkleinerte Papier, die sogenannte Pulpe, muß verdünnt und in einen Behälter geschüttet werden, der so groß ist, daß man Platz genug hat, den Schöpfrahmen waagerecht darin abzusenken und wieder herauszuheben. Eine Babybadewanne, eine große Waschwanne oder ein Holzbottich mit mindestens 20 cm Tauchtiefe sind am besten geeignet. Mit kleineren Schöpfrahmen kann man auch in der Küchenspüle arbeiten.

Feines Sieb Mit einem Haarsieb fischt man alle obenschwimmenden Verunreinigungen und ungelösten Papierteilchen aus der Pulpe.

Schöpfrahmen und Deckel
Der Schöpfrahmen ist eigentlich ein Sieb, der Deckel ein zweiter Rahmen in gleicher Größe ohne Bespannung. Ein solches Gerät muß man sich selbst basteln, da es im Hobbyhandel kaum zu ha-

Arbeits- und Hilfsgeräte zum Papierschöpfen (oben).
Für die Gewinnung von Fasermaterial kann man alte Zeitungen, Eierkartons usw. nehmen.

ben ist. Am besten verwendet man hölzerne Keilrahmen, wie sie Kunstmaler zum Spannen ihrer Leinwand benutzen. Man kann Rahmenleisten in jeder gewünschten Größe in Geschäften für Künstlerbedarf kaufen und dem vorgesehenen Papierformat entsprechend zusammenstecken. Gut geeignet sind auch Wabenrahmen, wie man sie beim Imker oder im Fachhandel für Imkereibedarf billig kaufen kann (Foto rechts). Zum Bespannen des einen Rahmens nimmt man entweder verzinkten Fliegendraht oder – was einfacher ist – ein Stück Kunstfaser-Gardine. Die Gardine bzw. der Draht wird straff über den Rahmen gespannt und mit nichtrostenden Nägeln, einem Patentnagler (sog. Tacker) oder Reißbrettstiften straff und fadengerade gespannt. Man spannt zunächst den Stoff oder Draht in der Mitte der beiden gegenüberliegenden Schmalseiten des Rahmens, dann an den beiden Mittelpunkten der Breitseiten und arbeitet unter ständigem Straffen jeweils auf die Ecken zu. Der Deckelrahmen in der gleichen Größe bleibt so, wie er ist. Beim Schöpfen wird er später einfach auf die bespannte Seite des Schöpfrahmens leistendeckend aufgelegt und festgehalten.

Einen Schöpfrahmen mit Abdeckrand (oben) kann man mit wenigen Handgriffen aus Keil-, Bilder- oder Wabenrahmen und einem Stück Gardinenstoff schnell herstellen. Der Stoff wird mit Heftklammern oder kleinen blauen Kammzwecken (Nägeln) straff über die Rahmenkanten gespannt.

Gautschfilz Textilunter- bzw. Zwischenlage, auf die die geschöpfte abgetropfte Pulpenschicht gestürzt wird. Der Fachmann spricht vom Abgautschen. Dieses Textilmaterial, das dick und saugfähig sein soll, aber nicht fasern darf, muß nicht unbedingt aus Filz sein. Sehr gut geeignet ist dicker Molton. Eine alte Wolldecke oder Babydecke aus Wolle oder Baumwolle sind auch gut zu verwenden, wie überhaupt alle dickeren Gewebe aus Naturfasern. Man schneidet die Gautschfilze in mehrere gleich große Stücke, die etwas größer sein sollen als der Schöpfrahmen bzw. das Papierformat. Auf jeden Gautschfilz kommt ein Papiervlies, auf jede Vliesschicht wiederum ein Filz.

2 Holzbretter Die Bretter aus Holz, Preßspan oder Hartfasern dienen zum Pressen des zwischen den Gautschfilzen liegenden Papiers und später zum Glattpressen des fast getrockneten Papiers. Hat man zwei, besser noch vier Schraubzwingen, ist die Presse komplett. Notfalls muß man die obere Holzplatte mit Steinen, Bücherstapeln oder dem eigenen Körpergewicht belasten.

Zeitungen zum Unterlegen und Papiertücher zum Abtupfen von Wasser und Reinigen der Hände sollten bereitliegen.

Arbeitsweise

Als erste Arbeit wird die Pulpe angesetzt. Papier wird in Streifen zerrissen, die Streifen werden wiederum so zerrissen, daß sich kleine Fetzen von ca. 2 × 2 cm ergeben. Steht für die weitere Zerkleinerung ein Haushaltsmixer oder eine elektrische Kaffeemühle mit rotierendem Messerwerk zur Verfügung, wird das Papier in trockenem Zustand in kleinen Portionen zermahlen und danach eingeweicht. Sollen die Fetzen zerstampft oder mit einem Elektroquirl zerschleudert werden, weicht man sie zuvor in heißem Wasser ein. Für 20 g Zeitungspapier (ein Doppelblatt) braucht man 750 ccm Wasser. Ausgehend davon, kann man sich die erforderliche Papier- und Wassermenge zum Ansetzen der Pulpe errechnen. Ist das Wasser auf Handwärme abgekühlt, wird das Papier elektrisch oder manuell zerfasert, wobei das Stampfen Ausdauer und Kraft erfordert. Der fertige Faserstoff wird anschließend in die Bütte (Schöpfwanne) geschüttet und (bei 750 ccm Einweichwasser) mit 5 l Wasser aufgefüllt. Man wartet nun ab, bis der Faserstoff auf den Grund der Bütte gesunken ist, und fischt mit dem Sieb alle schwimmenden Unreinheiten und nicht gelösten Teile vorsichtig aus dem Wasser. Dann rührt man die Pulpe kräftig durch. Das macht man am besten mit beiden Händen. Dabei fühlt man, ob sich noch grobe ungelöste Papierteile in der Pulpe befinden.

Zum Schöpfen wird der leere Rahmen als Deckel auf den bespannten Schöpfrahmen gesetzt, und zwar so, daß sich die Rahmenleisten decken und die Bespannung genau dazwischen liegt. An den beiden Schmalseiten werden Rahmen und Deckel gemeinsam gefaßt, und das Gerät wird mit der unteren Längskante zuerst senkrecht in den Faserbrei gesenkt. In der Pulpe dreht man es zügig, jedoch nicht hastig in die waagerechte Position und hält es wie ein Tablett, während man es wieder heraushebt. Auf dem gespannten Sieb hat sich eine gleichmäßige Faserschicht abgelagert, die durch den beim Hochnehmen entstandenen Sog auf dem Schöpfrahmen haftet. Vorsichtig hält man den Rahmen etwas schräg, so daß das Wasser von einer Ecke aus in die Bütte zurücklaufen kann. Zuvor hat man ein Stück Gautschfilz bereitgelegt, auf das nun die Papierschicht gestürzt werden muß. Dazu nimmt man den lose liegenden Deckel, der die Kantenbegrenzung für das Vlies bildet, ab, setzt die untere Längskante des Schöpfrahmens auf die entsprechende Kante des Gautschfilzes und kippt den Rahmen mit der Papierschicht auf den Stoff. Das Papier haftet am Stoff, wenn man nun den Schöpfrahmen in waagerechter Lage gerade abhebt.
Auf das abgegautschte Papier kommt eine weitere Lage Filz. Will man zugleich mehrere Papierblätter schöpfen, wiederholt man den beschriebenen Vorgang und deckt jede Papierschicht mit einer Filz- bzw. Stofflage zu. Bei mehrmaligem Schöpfen muß die Pulpe ständig aufgerührt und durch Hinzufügen von Faserstoff aufgefüllt werden, da bei jedem Schöpfvorgang Substanz verlorengeht und sich auf dem Sieb keine homogene Schicht mehr bildet.
Das überschüssige Wasser zwischen den Gautschfilzen wird zunächst von der Mitte ausgehend zu den Seiten mit den flachen Händen ausgestrichen. Man kann bei nur zwei oder drei Lagen den Pauscht – so nennt der Papierer einen Packen aus Papierstoff und Gautschfilzen – auch über eine gerundete Tischkante ziehen, darf ihn aber keinesfalls rollen.

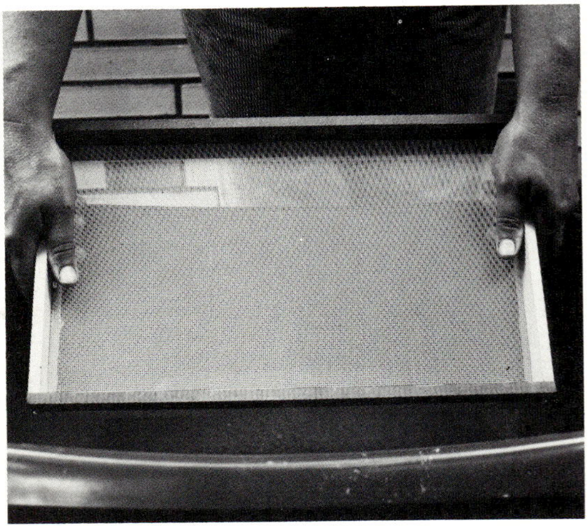

Vorbereitungen und Arbeitsablauf beim Papierschöpfen:
Zuerst wird das Papier in Streifen gerissen. Die Streifen werden in kleine Stücke gerissen und in trockenem Zustand in einer alten Kaffeemühle mit elektrisch betriebenem frei rotierendem Messerwerk portionsweise zerfasert. Man kann auch einen elektrischen Quirl benutzen. Papierfetzen oder -fasern werden in warmem Wasser eingeweicht, zwischendurch umgerührt und stehengelassen, bis sich ein Faserbrei, die Pulpe, gebildet hat. Der Faserstoff wird in eine Plastikwanne gefüllt, in die man Schöpfrahmen und Deckel absenkt. Man schöpft mit dem Sieb Faserstoff ab und hebt es waagerecht wieder heraus. Zum Abtropfen des Wassers hält man es etwas schräg.

Die auf dem Sieb abgelagerte Faserstoffschicht wird auf ein bereitliegendes Stück Tuch gestürzt. (Man nennt diesen Vorgang „abgautschen“, das Tuch „Gautschfilz“.) Die Faserstofflage wird mit einem weiteren Gautschfilz bedeckt. Will man mehrere Blätter schöpfen, schichtet man abwechselnd Faserstoff und Filzlagen übereinander. Mit den flachen Händen drückt man überschüssiges Wasser heraus. Unter einem belasteten Holzbrett oder zwischen zwei mit Schraubzwingen zusammengefaßten Brettern werden die Faser- und Stofflagen so lange gepreßt, bis der größte Teil des Wassers entwichen ist. Dann trennt man vorsichtig Papierbogen und Gautschfilze voneinander und läßt das Papier trocknen. Dazu hängt man es mit Klammern auf oder legt es über einen Rundstab.

Trocknen des Papiers über einem Rundstab.

Danach wird der Pauscht zwischen zwei Bretter gelegt und gepreßt. Am besten entweicht das Wasser, wenn man die Bretter an den Ecken mit Schraubzwingen zusammenfaßt. Hat man keine Zwingen, preßt man das Wasser am besten heraus, wenn man sich auf das obere Brett stellt. Man kann es auch mit Steinen, Büchern oder anderen Gewichten beschweren. Wichtig ist, daß unter dem unteren Brett ein Packen Zeitungen zum Auffangen des Wassers liegt oder daß das Brett auf einem Stein- bzw. Fliesenboden liegt, dem Wasser nichts ausmacht.

Nach dem Pressen wird der Pauscht auseinandergenommen. Man zieht die Gautschfilze von einer Ecke ausgehend vorsichtig vom Papier oder das Papier vom Filz. Es ist jetzt schon so dicht, daß man es vorsichtig hochnehmen und transportieren kann. Zum Trocknen wird es entweder flach ausgelegt oder über einen Rundholzstab gehängt. In noch feuchtem Zustand bedeckt man das Papier beidseitig mit einem sauberen Blatt. Darauf kommen mehrere Lagen Zeitungen, und dieser Packen wird wiederum zwischen den Brettern gepreßt, bis das Papier trocken ist. Um es zusätzlich zu glätten, kann man es mit einem Reibstein aus Achat oder Glas bearbeiten. Man kann es auch bügeln (Fotos S. 194–196).

Das fertige Papier ist hell- bis mittelgrau, je nachdem, wie kräftig das Ausgangsmaterial bedruckt war und wieviel neutrales Papier verwendet wurde. Es ist rauh und nur bedingt beschreibbar. Will man es einigermaßen tintenfest machen, muß man es mit dünner Gelatine (Drogerie) bestreichen. Man kann auch verdünnten Papierlack (Hobbyhandel) nehmen. Der Rand des handgeschöpften Bogens ist ungleichmäßig, man kann ihn selbstverständlich beschneiden wie jedes andere Papier.

Der erste handgeschöpfte Papierbogen wird sicher etwas dick ausfallen. Mit der Zeit lernt man aber, wie dünn die Faserschicht auf dem Sieb sein darf, um noch eine geschlossene Fläche zu ergeben, und man merkt, wie dick oder dünn die Pulpe für diese oder jene Papierstärke sein muß.

Die Papierfarbe läßt sich nur bedingt beeinflussen, wenn man einmal vom nachträglichen Besprühen mit Wasserfarben absieht. Sie ergibt sich in erster Linie aus der Farbe des verwendeten Grundmaterials, das, wenn es bedruckt war, immer eine Graufärbung verursacht. Verwendet man rosa Papier, das

schwarz bedruckt ist (Werbeschriften z. B.), wird das daraus gewonnene neue Papier lavendelfarben. Gelbes, mit Blau bedrucktes Papier wird graugrün; rotes, schwarz bedrucktes Papier wird später dunkelbraun. Heller Grundstoff, z. B. Reste von Rauhfasertapeten, läßt sich durch Zusetzen von etwas Dispersionsfarbe zur Pulpe abtönen. Der Farbzusatz darf aber nicht mehr als 1–2% ausmachen, da er chemische Substanzen enthält, die den Faserbrei negativ beeinflussen. Pulverisierte Temperafarben eignen sich ebenfalls zum Abtönen von Faserbrei. Zum Aufhellen kann man etwas Chlor oder Bleichsoda nehmen.
Alle chemischen Zusätze sollten so gering wie möglich verwendet werden, um die Faserdichte des fertigen Produkts nicht zu gefährden. Das gilt auch bei Verwendung von Pflanzenfarben, die ja mit Beize, ebenfalls einem chemischen Mittel, fixiert werden müssen.
Das Papierformat läßt sich variieren, wobei das größtmögliche Format durch den Schöpfrahmen bestimmt wird. Will man das Format halbieren und trotzdem nicht auf den umlaufenden Büttenrand verzichten, deckt man die Hälfte des Schöpfrahmens mit einer Styroporplatte, die die Höhe des Deckels haben sollte, ab. Zwei halbe Bogen in einem Arbeitsgang schöpft man, indem man einen schmalen Styroporstreifen in die Mitte zwischen die beiden Längsseiten des Deckels klemmt.
Für Briefumschläge mit umlaufendem Büttenrand muß man aus Styropor eine entsprechende Schablone schneiden, bei der das Format des ungefalteten Briefumschlags ausgespart ist.

Papier aus Pflanzen

Die Papiergewinnung aus Pflanzen ist mühsamer als die aus Altpapier. Einmal braucht man wesentlich mehr Rohmaterial dazu, zum anderen müssen die Pflanzen zur Bereitung der Pulpe vorbehandelt werden. Dafür ist das Papiermachen aus Pflanzenfasern sehr viel interessanter, weiß man doch nie im voraus, wie das fertige Produkt aussehen wird. Die Art der Pflanzen, die Zeit ihrer Reife, die Zeit der Ernte und die Witterung bei der Ernte sind nur einige Faktoren, die mitbestimmend für das Ergebnis sind.
Zum Papierherstellen eignen sich alle langfaserigen Pflanzen, z. B. Gladiolenstengel und -blätter, Stengel und Blätter von Tulpen, Osterglocken, Narzissen, Sumpfgewächse wie Schilf und Binsen, Maisblätter, Bohnen- und Kartoffelkraut, Brennesseln und alle Arten von Getreidestroh. Auch aus einigen harten Grassorten kann man Faserstoff herstellen. Da die Pflanzen getrocknet und anschließend gekocht werden müssen, braucht man sehr viel Naturmaterial. Es ist sinnlos, mit einer kleinen Plastiktüte loszugehen, wenn man später zehn Bogen Papier machen möchte. Andererseits sollte man immer eine Tüte bei sich haben, wenn man in die Natur geht, falls man Pflanzen findet, mit denen man experimentieren möchte.

Zum Herstellen der Pulpe aus Pflanzen braucht man:
Topf aus Eisen oder Emaille
Kochstelle
Ätznatron oder
kaustische Soda
Holzlöffel oder Rührstab
Sieb
Essig
Gummihandschuhe
Alufolie
Kleiderschutz.

Topf aus Eisen oder Emaille Ein alter Waschtopf oder ein großer Einmachtopf wäre am besten geeignet, um größere Mengen Pflanzen zu kochen, da er nur zu ⅔ gefüllt werden darf. Ein Aluminium- oder Zinktopf eignet sich nicht.

Kochstelle Man kann auf jedem Herd kochen, der in einem Raum mit ausreichender Belüftungsmöglichkeit steht, ganz gleich, ob er mit Gas, Strom oder Kohle betrieben wird.

Ätznatron oder kaustische Soda Ätzmittel, die dem Kochwasser der Pflanzen zugesetzt werden, um die Pflanzen aufzuschließen (zu zerfasern). Beide Chemikalien sind stark ätzend, Haut, Augen, Kleidung und Herdplatte müssen vor Spritzern geschützt werden. Bei Verwendung von Ätznatron kommen zwei Teelöffel voll auf einen Liter Wasser, bei kaustischer Soda vier Teelöffel. Beide Chemikalien gibt es in Drogerien oder Apotheken. Einfaches Natron (Natriumbikarbonat) eignet sich nicht zum Aufschließen der Pflanzen.

Holzlöffel oder Rührstab Zum Einrühren des Ätzmittels und zum Bewegen der Pflanzen im Kochtopf braucht man einen Rührlöffel oder -stab, der aus Holz sein sollte. Keine Metallgeräte verwenden.

Sieb Zum Ausspülen des Ätzmittels aus der aufgeschlossenen gekochten Fasermasse braucht man ein größeres Kugelsieb, dessen Netz am besten aus Perlonfasern sein sollte, da Metall die Farbe der Pflanzenfasern verändert.

Essig Zum Neutralisieren der Fasermasse nach dem Ausspülen des Ätzstoffes nimmt man einfachen Essig.

Gummihandschuhe Um gegen Spritzer der Ätzflüssigkeit beim Umrühren des Faserstoffes geschützt zu sein, sollte man unbedingt Gummi- oder Plastikhandschuhe tragen.

Alufolie Die Umgebung der Kochstelle (Wand, Herdplatte) muß gegen Spritzer mit Alufolie abgedeckt werden.

Kleiderschutz Ein großer Plastiksack, in den man Löcher für Hals und Arme eingeschnitten hat, ist ein idealer Kleiderschutz beim Umgang mit Ätzflüssigkeit und Pflanzenfasern, die noch nicht neutralisiert wurden.

Tips

Den Trockenprozeß von Papierbogen kann man beschleunigen, indem man sie mit einem auf Baumwolle eingestellten Bügeleisen plättet.

Die Oberfläche von Papier wird glatter und mattglänzend, wenn man sie mit Wäschestärke besprüht und anschließend bügelt.

Faserbrei, dem man zur Verdichtung Tapetenkleister zugefügt hat, darf nicht über längere Zeit aufbewahrt werden, da er rasch sauer wird.

Nicht verbrauchte Pulpe kann man wiederverwenden, indem man die Fasern absiebt, sie vollständig trocknen läßt und später wieder einweicht.

Restpulpe schüttet man nicht in den Abfluß. Man schöpft die Fasern mit Sieb oder Schöpfrahmen ab, drückt sie zu einem Klumpen und wirft sie in den Abfalleimer.

Gefäße, die mit Ätzflüssigkeit in Berührung gekommen sind, dürfen nicht mehr für Lebensmittel verwendet werden!

Kleine runde Papierbogen kann man mit einem Stickrahmen schöpfen, in den man ein Stück Gardinenstoff eingespannt hat.

Ist ein Papierbogen nicht gelungen, weicht man ihn erneut ein und gibt das Material zerpflückt in den Faserbrei zurück.

Je länger zu Pulpe verarbeitetes Altpapier in der Wanne (Bütte) steht, um so feinfaseriger wird der Brei.

Arbeitsweise

Die gesammelten Pflanzen, von denen man nur Stengel und Blätter verwendet, werden sortiert, von groben Unreinheiten gesäubert und gebündelt zum Trocknen aufgehängt. Nach dem Trocknen müssen sie in Ätzflüssigkeit gekocht werden. Man nennt diesen Vorgang, bei dem die fleischigen Pflanzenteile entfernt und die Fasern freigelegt werden, Aufschließen.
Die mit den Händen in 3–5 cm lange Stückchen zerrissenen Pflanzen werden in einen großen Topf gegeben. Er darf nur zu ⅔ voll sein, da die Masse beim Kochen stark schäumt. Nun gibt man so viel Wasser in den Topf, daß die Pflanzen gerade bedeckt sind, mißt das Wasser vor dem Einfüllen jedoch ab, um das zuzugebende Ätzmittel genau dosieren zu können. Auf je einen Liter Wasser fügt man zwei Teelöffel voll Ätznatron oder vier Teelöffel voll kaustische Soda zu und bringt Lauge und Pflanzenteile langsam unter vorsichtigem Rühren zum Kochen.
Danach läßt man alles noch drei Stunden weiterköcheln, d. h., die Masse muß sieden, ohne zu brodeln. Dabei rührt man zwischendurch vorsichtig um. Anschließend läßt man die zu Fasern zerkochten Pflanzen abkühlen, gibt sie portionsweise in ein feines Sieb und spült sie unter kräftig fließendem Wasser ab. Danach läßt man sie abtropfen und wiederholt den Spülvorgang noch zweimal. Die letzte Spülung nimmt man mit Essigwasser (1 Teil Essig, 2 Teile Wasser) vor. Sind die Fasern noch nicht durch den Koch- und Spülvorgang so zerfallen, daß man sie mit Wasser zu einer Pulpe verarbeiten kann, müssen sie noch in einem Mixer zerkleinert oder mit einem Elektrorührgerät zerschleudert werden. Hat man keines dieser Geräte, muß man sie mit einem Holzstampfer zerstampfen. Danach verfährt man weiter wie beim Schöpfen aus Papierpulpe.

Papier aus Lumpen

Naturfasern wie Baumwolle und Leinen sind ausgezeichnetes Grundmaterial für die Papierherstellung, weil sie zu einem großen Teil aus Zellulose bestehen. Jedoch sind das Aufschließen der Fasern und das Zerkleinern äußerst mühevolle und langwierige Prozeduren.
An Mitteln und Geräten braucht man alles, was auch für die Aufbereitung von Pflanzenfasern notwendig ist. Voraussetzung für das Gelingen der Arbeit ist, daß das Ausgangsmaterial auch wirklich zu hundert Prozent aus Naturfasern besteht. Aus einem alten Bettuch kann man z. B. Pulpe gewinnen. Dazu entfernt man alle Nähte bzw. Säume und reißt den Stoff in zentimeterschmale Streifen, die danach in zentimeterkleine Stücke zerrissen werden müssen. Je kleiner die Stoffteilchen sind, um so einfacher ist später die Zerfaserung. Man gibt den Stoff in einen großen Kochtopf, der höchstens bis zu ⅔ gefüllt werden darf, gießt so viel Wasser auf die Fasern, daß sie gerade bedeckt sind, und fügt der Flüssigkeit Ätznatron (vier Teelöffel auf einen Liter Wasser) oder kaustische Soda (acht Teelöffel pro Liter Wasser) zu. Nachdem man die Lauge zum Kochen gebracht hat, läßt man sie noch acht Stunden leicht weiterkochen, bevor man sie in lauwarmem Zustand spült und mit Essigwasser neutralisiert (wie bei Pflanzenfasern). Während die Lauge kocht, muß das verdampfte Wasser nachgefüllt und mit der entsprechenden Menge Ätzmittel versetzt werden. Die Fasermasse wird anschließend in ein Emailleoder Steingutgefäß gefüllt, gut festgestampft und in einen unbeheizten, feuchten Raum oder aber auch ins Freie zum Faulen gestellt.
Nach einigen Wochen wird die Masse gewaschen, gespült und weiter zerkleinert. Sie ist nun so mürbe, daß man sie wie Papier zerpflücken oder zerstampfen kann. Danach vermengt man sie mit Wasser zu einem dickflüssigen Faserbrei, der Pulpe, und schöpft Papier daraus. Nicht alle Gewebefasern verdichten sich zu einem geschlossenen Vlies, deshalb sollte man der Pulpe einige Stunden vor dem Schöpfen etwas Tapetenkleister in Pulverform (pro Liter einen Teelöffel voll) zusetzen.
Das aus weißen Baumwollfasern gewonnene Papier ist leicht gelblich. Möchte man weißes Papier haben, muß man der Pulpe Chlor zusetzen.

Handgeschöpfte Papiere aus Altpapier, Pflanzen und Lumpen.

Wasserzeichen Wasserzeichen in einem Papierbogen entstehen dadurch, daß die Pulpe an bestimmten Stellen dünner (wäßriger) ist als auf dem übrigen Blatt. Um das zu erreichen, heftet man auf das Schöpfsieb ein Relief auf, das man aus Messing- oder Silberdraht gebogen hat. Das Zeichen muß so geformt sein, daß sich keine Überschneidungen ergeben, es kann jedoch aus mehreren Teilen bestehen. Man befestigt es am Sieb, indem man es stellenweise mit feinem Garn aufnäht.
Dabei ist unbedingt darauf zu achten, daß das Zeichen genau plan liegt und so fest mit dem Sieb verbunden ist, daß kein bißchen Faserbrei zwischen Zeichen und Siebbespannung laufen kann.

Papierschnitt

Bei uns ist der Papierschnitt seit dem 17. Jh. bekannt. Man nimmt an, daß er von China aus über Indien, Java und Persien nach Europa kam. Die Papierschnittkunst hat in China eine lange Tradition, die bis ins 5.–6. Jh. n. Chr. zurückreicht. Es wird sogar vermutet, daß erste Schnitte bereits kurz nach Erfindung des chinesischen Papiers durch T'sai Lun im Jahre 105 n. Chr. entstanden sind. Belege aus früher Zeit sind – nicht zuletzt wegen der Vergänglichkeit des Materials – nicht vorhanden. Im „Wegweiser zur Völkerkunde, Heft 21", das 1978 vom Hamburgischen Museum für Völkerkunde herausgebracht wurde, schreibt die Sinologin Jutta Bewig über chinesische Papierschnitte u. a.: „Die ältesten bisher bekannten Papierschnittfunde wurden 1959 bei archäologischen Ausgrabungen in Kao-ch'ang gemacht. Diese Grabfunde werden auf die Zeit zwischen 514 und 551 datiert. Die dort gefundenen Stücke sind gefaltet geschnittene Scherenschnittrosetten mit geometrischen Mustern, in die zum Teil figürliche Darstellungen von einander gegenüberstehenden Pferden oder Affen eingearbeitet sind. Bei weiteren Ausgrabungen fand man in den 60er Jahren neben anderen Grabbeigaben aus Papier ebenfalls Papierschnitte mit ähnlich geometrischen Rundmotiven sowie einen Scherenschnitt mit aneinandergereihten Menschenfiguren."
Diese Ausführungen widerlegen klar die allgemein gültige Annahme, daß man, angelehnt an Figuren des Schattentheaters, in China zuerst Schattenrisse schnitt, aus denen sich Falt-, Durchbruch- und Serienschnitte entwickelten.
Im Europa des 17. Jh. führte sich der Papierschnitt zuerst als Weißschnitt, häufig mit einem Messer ausgeführt, ein. Allerdings wird bereits in der spanischen Literaturgeschichte des 14. Jh. ein Dichter und Philosoph Rabbi Shem Tov Ben Yitzak Ben Ardotiel erwähnt, der für eine Abhandlung mit dem Titel „Streit zwischen Feder und Schere" alle hebräischen Buchstaben aus Papier geschnitten haben soll.
Im 17. Jh. erreichten niederländische Spitzenbilder aus Papier Anerkennung über die Grenzen hinaus. Bekannt wurden vor allem die Arbeiten von Leonore Gadell, Johanna Koerten-Block, Elisabeth Rhijberg und Anna Maria van Schurman. Von A. M. van Schurman ist ein Weißschnitt erhalten, der deutliche Anlehnung an Muster niederländischer Klöppelspitzen zeigt und den die Künstlerin im Alter von etwa sieben Jahren angefertigt hat.
Aus der Schweiz sind vor allem die Arbeiten des Holzfällers und Köhlers Johann Jakob Hauswirth bekannt, der von 1808–1871 lebte. Von ihm wird berichtet, er sei ein Riese mit so dicken Fingern gewesen, daß er die Ösen seiner Schere durch Drahtringe ersetzen mußte.
Zahlreiche Papierschnitte späterer Zeit wurden an Vorlagen Hauswirths angelehnt. Hauswirth, der seine Schnitte „Zeichen" nannte, weil sie als Einlagen für Bibeln und Gesangbücher dienen sollten, bot seine Arbeiten von Tür zu Tür an. Oft

Weißschnitt des Augsburgers R. W. Hus aus dem Jahre 1653.

Scherenschnitt des Düsseldorfer Schusters Wilhelm Müller (1804–1865).

schnitt er sie vor den Augen der Besteller aus freier Hand (Foto S. 202).
In Deutschland war zu jener Zeit Augsburg das Zentrum des Spitzenschnitts. Hier wurden hauptsächlich Umrandungen für Andachtsbildchen und Kartuschen einzeln mit der Schere aus weißem Papier geschnitten. Später ging man dazu über, die Muster aus mehreren Papierlagen zugleich mit dem Messer auszuschneiden, bis man schließlich Muster mit Hilfe von Stanzmodeln herstellte. Diese wesentlich billigeren Erzeugnisse liefen den Einzelschnitten bald den Rang ab. Der bekannteste Augsburger Papierschneider war Richard Wilhelm Hus, der eigentlich Briefmaler war. Von ihm ist u. a. ein Weißschnitt aus dem Jahre 1653 mit einer allegorischen Darstellung erhalten (Foto S. 200).
2000 Arbeiten hat der Düsseldorfer Schuster Wilhem Müller (1804–1865) hinterlassen, der mit seinem an Tuberkulose erkrankten Sohn in einer Dachkammer hauste. Die Arbeiten Müllers zeichnen sich durch Naturdarstellungen in feinster Schnittführung, oft umrahmt von dichtem Rankenwerk, aus (Foto S. 201). Müller zog abends von Wirtschaft zu Wirtschaft und bot seine Arbeiten für fünf oder zehn Pfennig an.
Zwischen 1740 und 1760 kam fast gleichzeitig in Deutschland, Frankreich und England der Schwarzpapierschnitt auf. „Chinesische Schatten“, Porträtrisse nach Schattenbildern, waren vor allem bei Hofe beliebt und wurden als eine Art Gesellschaftsspiel betrieben. Nachdem der sparsame französische Finanzminister Ludwigs XV., Etienne de Silhouette – selbst ein begeisterter Schattenrißschneider –, 1759 die Verwendung von Porträtrissen anstelle der kostspieligen Miniaturen propagierte, bezeichnete man

alle Porträtrisse fortan als Silhouetten. Bald entdeckte auch das Großbürgertum seine Liebe zu dieser einfachen schwarzen Kunst. Stammbücher und Alben waren ohne Silhouetten nicht mehr denkbar. Berufsmäßig reisende Silhouetteure boten von Haus zu Haus ihre Kunstfertigkeit an. Ihre Nachfahren findet man noch heute vereinzelt auf Jahrmärkten.
In der Folgezeit, in der man sich wieder auf die höheren Künste des Weißschnitts besann, nahmen sich auch namhafte Persönlichkeiten des Schwarzschnitts an, den sie allerdings nur zu ihrem Vergnügen betrieben. Neben Goethe waren die Maler Adolf v. Menzel, Moritz von Schwind und Philipp Otto Runge begeisterte Papierschneider.
Mit Erfindung der Daguerreotypie (1837) und der Fotografie verlor der Silhouettenschnitt an Bedeutung, und auch der Scherenschnitt als Kunstform geriet in Europa langsam in Vergessenheit. In China dagegen wurde die Tradition ohne Unterbrechung weiter gepflegt. In zahlreichen kleinen Familienbetrieben werden noch heute Papierschnitte nach alten Vorlagen, jedoch auch neue Muster in großer Zahl und Vielfalt hergestellt. Es sind vorwiegend Stapelschnitte, die aus zusammengehefteten Seidenpapierlagen mit Messern ausgeschnitten werden. Im Gegensatz zum europäischen Weiß- oder Schwarzpapierschnitt sind chinesische Arbeiten ein- oder mehrfarbig, mit Tusche koloriert oder rahmenartig angelegt und mit farbigen Seidenpapieren hinterklebt. Jede Provinz hat eine ihr eigene Technik und spezielle Muster.
Farbenprächtige Papierschnitte, oft in Riesenformaten, werden in Mexiko hergestellt. Das einfarbige grauweiße Papier, aus dem die Faltschnitte entstehen, wird nach dem Schnitt mit grellbunten Wasserfarben bemalt. Hauptmotive sind Blumen in Rosettenform und Vögel.

Arbeit des Schweizer Holzfällers und Köhlers Johann Jakob Hauswirth (1808–1878), einer der bekanntesten Scherenschnittkünstler.

Arbeitsmittel

Der Papierschnitt ist ein Hobby, zu dem nur wenige Hilfsmittel und Geräte erforderlich sind.
Man braucht
Für den Scherenschnitt:
Papier
Schere
Schneidfeder
Pinzette
Lineal
Bleistift.
Für den Messerschnitt:
Papier
Ahle
Drahtstifte
Karton
Kugel- oder Faserschreiber
Schneidmesser
Schneidfeder
Pinzette
Lineal
Klebstreifen
Tapetenkleister.

Papier Man kann für Scherenschnitte eigentlich jedes glatte, nicht zu starre Papier nehmen, jedoch gibt es auch Spezialpapiere, die entweder ganz weiß oder einseitig schwarz sind. Schwarzes Papier hat den Nachteil, daß seine matte Vorderseite stark abfärbt. Es gibt dieses Papier mit gummierter und neutraler Rückseite. Gummiertes Papier hat den Vorteil, daß sich die fertige Arbeit leichter auf Karton aufkleben läßt, jedoch den Nachteil, daß es beim Festhalten während des Schneidens an den Fingern klebt. Besonders Anfänger, die die Arbeit zuerst etwas verkrampft halten, sollten ungummiertes Papier nehmen. Schwarzes Scherenschnittpapier ist in zwei Stärken zu haben. Das dünnere Papier eignet sich gut für Faltschnitte, bei denen zwei Lagen zugleich bearbeitet werden. Dickeres Papier, das nicht so leicht einreißt, ist für Einzelschnitte gut geeignet, besonders für Anfänger. Für Serienschnitte (Leporellofaltung) kann man schwarzes Scherenschnittpapier nicht verwenden. Man arbeitet hier besser mit dünnem Origami- oder Seidenpapier.

Leporelloschnitte zu einem Mobile verarbeitet.

Schere Silhouetten kann man mit einer scharfen Stickschere ausführen. Für kompliziertere Arbeiten braucht man eine Spezialschere mit langen Griffschenkeln und kurzen spitzen Schneiden. Für Einzelschnitte kann die Schere klein und zierlich, für Faltschnitte sollte sie etwas kräftiger sein (siehe Foto S. 204). Bei Neuanschaffung auf gute Qualität achten. Zwar benutzen die Chinesen für ihre Ar-

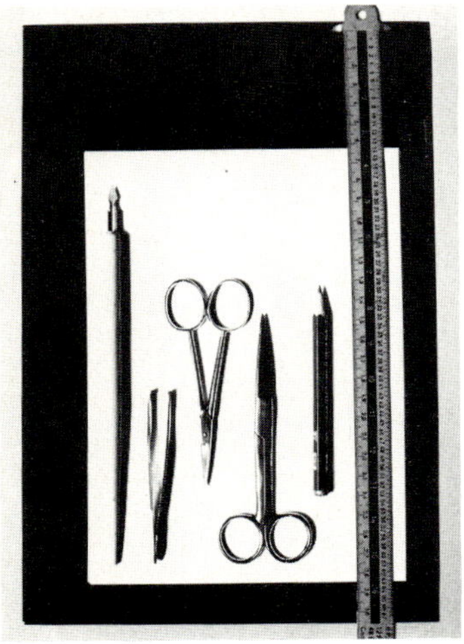

beiten sogenannte Ohrenscheren mit großen Grifflöchern, jedoch sind die Qualitäten dieses Scherentyps, die es bei uns gibt, nicht ausreichend für Feinarbeiten.

Schneidfeder Zum Ausarbeiten feiner Ecken und gefiederter Partien sowie zum Nachbessern ungenau geschnittener Teile leistet eine Schneidfeder gute Dienste (Schreibwarenhandel, Hobbybedarfsgeschäft).

Pinzette Zum Herauslösen ausgeschnittener Teile und zum Plazieren von Teilstücken beim Aufkleben der fertigen Arbeit wird eine kleine Pinzette, am besten mit abgeschrägten Spitzen, verwendet.

Lineal Zum Abmessen von Abständen und Festlegen der Mittellinie bei Faltschnitten genügt ein einfaches Holzlineal.

Bleistift Zum Markieren der Hilfslinien beim Falten und Vorzeichnen des Motivs auf der Rückseite des Papiers eignet sich ein Bleistift der Härte HB am besten.

Papier (Messerschnitt) Einzelschnitte kann man aus Papier ausführen, das für den Scherenschnitt verwendet wird, aber auch aus Faltpapier oder dünnem Karton. Stapelschnitte werden in Seidenpapier ausgeführt. Das kann Schreibmaschinen-Durchschlagpapier oder Seidenpapier sein, das zum Basteln verwendet wird, auch dünnes Transparentpapier, sog. Lampionpapier, ist geeignet.

Ahle Zum Vorstechen der Löcher im Papierstapel kann man eine kräftige Stopfnadel nehmen, besser ist jedoch eine Ahle.

Drahtstifte Mit Drahtstiften werden die Papierlagen auf der Schneidunterlage befestigt. Man kann Papiernadeln oder lange Markierungsstifte mit breiten Köpfen nehmen oder, wie auf den Fotos (S. 213, oben), aus Drahtabschnitten Stifte herstellen, die einen hakenförmig gebogenen Kopf haben.

Karton Aus Karton, möglichst in einer Kontrastfarbe zum Papier, wird eine Schnittschablone hergestellt. Ein abgetrennter Kartonstreifen dient außerdem zum Anstreichen von Kleister beim Aufkleben des fertigen Messerschnitts auf eine festere Unterlage.

Kugel- oder Faserschreiber Mit dem Schreiber, der auf dem Schablonenkarton gut sichtbar markiert, werden die Schnittlinien für die Schablone und den späteren Messerschnitt gezeichnet.

Schneidmesser Über Art, Form und Anzahl von Schneidmessern gehen die Meinungen weit auseinander. Es gibt chinesische Meister, die mit nur einem spitzen Messer auskommen, und solche, die bis zu 60 Messer haben. Das Foto auf S. 213, oben links zeigt eine Auswahl von Schneidwerkzeugen. Das linke Messer ist ein scharf geschliffenes spitzes Schnitzmesser, das eigentlich für die Holzbearbeitung gedacht ist. Daneben liegt ein Skalpell, das sich hervorragend bewährt hat. Man bekommt es allerdings nur im Fachhandel für Ärztebedarf.

Arbeitsgeräte für den Papierschnitt (links außen).
Die Fotos daneben zeigen, wie ein einfacher Faltschnitt entsteht:
Vorzeichnung auf der Rückseite des einmal gefalteten Papiers. Ausschnittarbeit am Mittelbruch beginnen.
Für Innenkonturen Löcher zur besseren Bewegungsfreiheit schneiden. Papierschnitt erst nach vollendeter Arbeit auseinanderfalten. Ecken eventuell nacharbeiten.
Zeichenvorlage für den hier gezeigten Papierschnitt (unten).

Verschiedene Faltungen

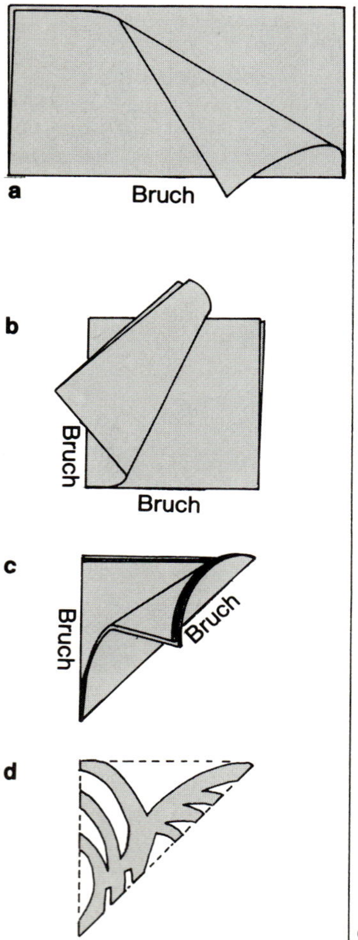

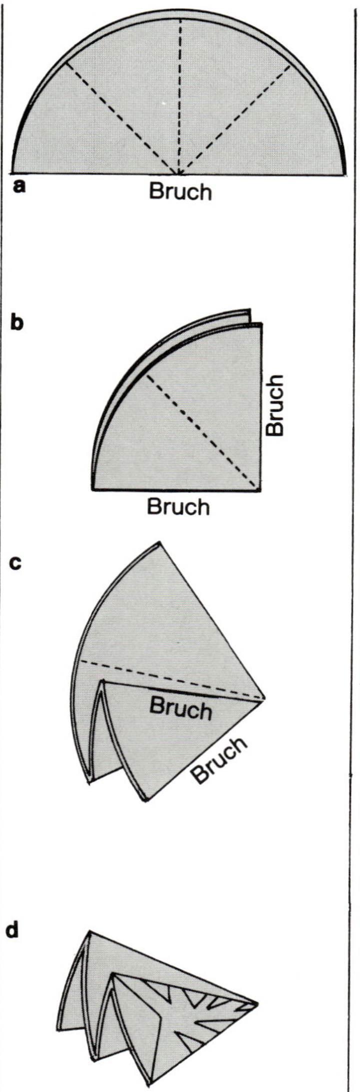

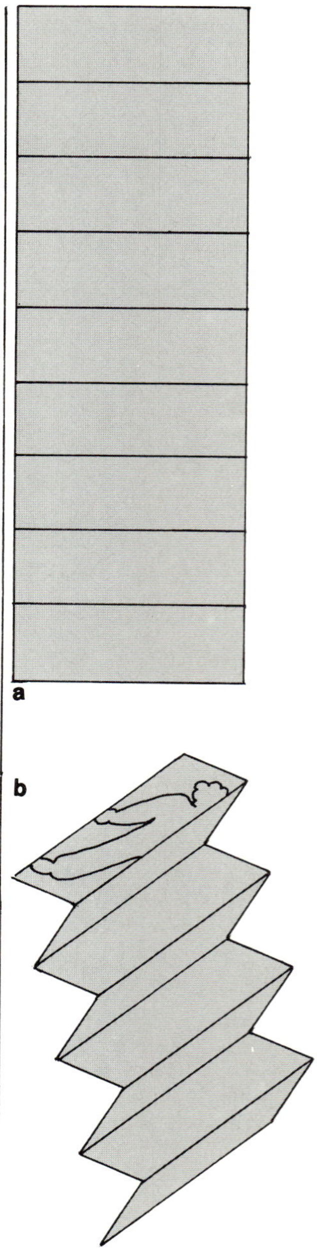

Mehrfachfaltung eines Quadrats (oben). Mehrfach-Rundfaltung (rechts) Leporellofaltung (Treppenfaltung, rechts außen).

Die anderen drei Werkzeuge sind Messer für Kerbschnitzerei. Wenn man sie hervorragend schleift (und zwischendurch auf einem Ölstein nachschleift), sind sie gut verwendbar. Außer den gezeigten Schneidwerkzeugen kann man auch ein Kartonmesser mit schmaler Klinge nehmen, dessen stumpfgewordene Abteilungen sich an Markierungen abbrechen lassen.

Schneidfeder Mit einer Schneidfeder werden Ecken und Schnittlinien der einzelnen Messerschnitte nach dem Auseinandernehmen des Stapels nachgearbeitet, falls das erforderlich sein sollte (besonders bei den unteren Papierlagen).

Pinzette Mit der Pinzette werden herausfallende Zwischenteile entfernt, sofern diese sich nicht von selbst lösen. Die Pinzette sollte klein sein und abgeschrägte Spitzen haben. Man braucht sie außerdem zum Plazieren einzelner Teile beim Aufkleben des Messerschnitts.

Lineal Bei Messerschnitten mit Innenmotiv und glatten Außenrändern (Rahmen) werden die Kanten mit Hilfe eines Metall-Lineals oder Lineals mit Stahlkante geschnitten. Außerdem wird das Lineal benötigt zum Abmessen der Kantenabstände beim Auflegen der Schablone.

Klebstreifen Mit selbstklebenden Klarsichtstreifen befestigt man die Kartonschablone auf der ersten Papierlage.

Tapetenkleister Einfacher Tapetenkleister ist der beste Kleber für Messer- und Scherenschnitte. Oft kann man auch UHU Klebestift mit Erfolg verwenden.

Arbeitsweise

Die drei Hauptgruppen des Papierschnitts sind: Faltschnitt, Einzelschnitt und Stapelschnitt.
Faltschnitte werden mit der Schere, Einzelschnitte mit Schere oder Messer und Stapelschnitte nur mit dem Messer geschnitten. Bei den Faltschnitten unterscheidet man den symmetrischen Faltschnitt und den Serienschnitt. Beim symmetrischen Schnitt wird das Papier doppelt oder mehrfach über einen Mittelpunkt gefaltet, beim Serienschnitt ist die Grundfaltung ein Leporello (Treppenfaltung, Harmonikafaltung), und das entfaltete geschnittene Papier zeigt eine Reihung des Motivs. Bei der Rundfaltung, ein mehrfach über den Mittelpunkt gefaltetes kreisrundes Stück Papier, wiederholt sich das geschnittene Motiv eines Kreissegments auf den anderen Segmenten und bildet mit diesen zusammen eine Rosette.
Beim Stapelschnitt wird die Vervielfältigung eines geschnittenen Motivs durch die gemeinsam geschnittenen, zusammengehefteten Papierlagen erreicht.

Einfacher Faltschnitt

Beim einfachen Faltschnitt entsteht ein symmetrisches Muster oder Motiv. Diese Technik ist von Anfängern am leichtesten auszuführen, wenn das Motiv nicht zu kleinteilig ist. Das Papier wird in Längsrichtung so gefaltet, daß die spätere Schauseite innen liegt. Auf eine der beiden Außenseiten wird mit Bleistift aus freier Hand oder nach einer Vorlage (durchpausen) das halbe Motiv so gezeichnet, daß die Mittellinie des gedachten ganzen Motivs an der Bruchkante (Falz) des Papiers liegt. Hier beginnt man auch mit dem Ausschneiden der ersten Teile. Dabei muß man immer genau berücksichtigen, welche Teile ausgeschnitten und welche stehenbleiben sollen. Es ist nicht ratsam, die eine oder andere Gruppe zu markieren, weil man dann nur schwer ein Gefühl für die Positiv- und Negativformen des Papierschnitts entwickelt.
Die Schere wird grundsätzlich auf dem Papier geführt, d. h., man sticht mit der unteren Schneidbacke durch das Papier, während die obere auf dem Papier liegt. Manchmal kann es jedoch von Vorteil sein, umgekehrt zu arbeiten, also die Schere unter dem Papier zu halten, besonders dann, wenn die noch festhängenden, später herausfallenden Teilstücke die Sicht auf die Zeichnung behindern. Man hält die Schere ruhig in einer Hand, während die andere das Papier in die jeweils günstigste Schnittposition bringt. Dabei werden die beiden Papierlagen fest zusammengehalten und stets nahe an der zu schneidenden Linie gefaßt.
Zum Ausschneiden der Innenteile sticht man mit der Scherenspitze durch ein später herausfallendes Feld und arbeitet sich zur nächsten Schnittlinie vor. Dabei sollte man möglichst nicht in einer Rundung ansetzen, sondern eine gerade Kante wählen. Hat man zu wenig Bewegungsfreiheit für die Schere, schneidet man ein kleines Loch oder Dreieck aus, bevor man fortfährt. Das Schwierigste für Anfänger sind korrekte Ecken. Bei einem guten Scherenschnitt treffen sich die Schnittlinien genau. Anfänger machen häufig den Fehler, daß sie die Ecken nicht weit genug einschneiden und die abfallenden Teile einfach ausrei-

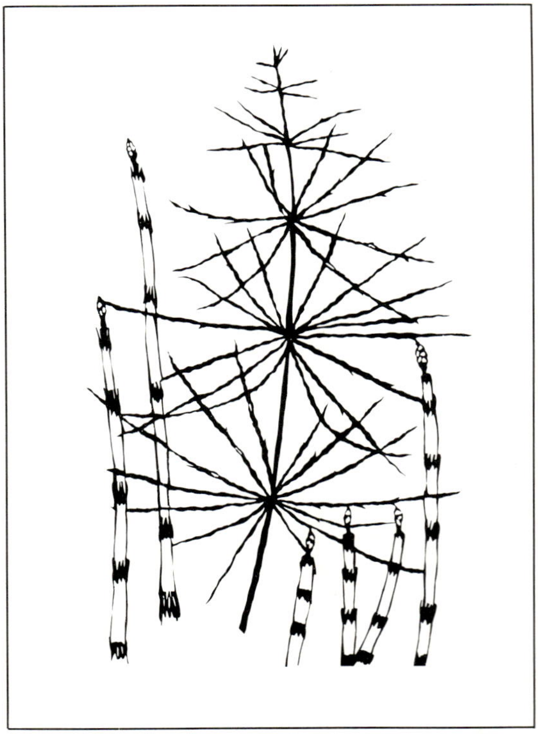

Besonders beliebte Scherenschnittmotive sind Märchen, hier Sterntaler.

ßen, oder sie überschneiden die Ecken, d. h., die Schnittlinien kreuzen sich über die Ecke hinaus. Man kann sich helfen, indem man zunächst beim Grundschnitt die Ecken schräg übergeht und später den erforderlichen Winkel von beiden Kanten aus sauber nachschneidet.
Die Schere soll gleichmäßig in langsamem Rhythmus geöffnet und geschlossen werden, wobei man stets nur das mittlere Drittel der Schneidbacken benutzt. Die Spitzen sind eigentlich nur zum Einstechen in geschlossene herauszuschneidende Teile gedacht.
Sind alle Linien geschnitten, die Ausschnitt-Teile herausgefallen oder mit der Pinzette herausgehoben (nicht ausreißen, festhängende Teile nachschneiden!), wird das Papier auseinandergefaltet. Niemals das Papier zwischendurch entfalten, weil es sich nicht wieder millimetergenau nachfalten und weiterhin mit deckenden Kanten ausschneiden läßt.
Zum Aufkleben wird das Papier, sofern es gummiert ist, entlang der rückseitigen Falzlinie angefeuchtet (Vorsicht, es färbt ab) und auf die vorgesehene Unterlage geklebt. Man überdeckt die Klebstelle mit weißem Papier und streicht sie mit der flachen Hand fest. Anschließend werden die Partien neben dem Mittelfalz angefeuchtet und festgeklebt und, wenn diese getrocknet sind, weitere Teile bis zum Außenrand.
Hat das Papier keine gummierte Rückseite, rührt man Tapetenkleister dünn an und streicht ihn mit dem Finger sparsam in der gleichen Weise auf wie zuvor beschrieben. Die Fotos (S. 204 und 205) zeigen die Ausführung eines einfachen Faltschnitts nach der Vorlage.

Mehrfachfaltung
Bei der Mehrfachfaltung werden nicht alle Papierlagen zugleich geschnitten, es sei denn, man verwendet Seidenpapier. Schneidet man durch mehr als vier Lagen zugleich, werden die Durchbrüche ungenau und von außen nach innen immer geringer. Bei stärkeren Unterteilungen eines Bogens faltet man das Papier über den markierten Mittelpunkt (wichtig bei kreisrunden Formaten) zur Hälfte, dann zum Viertel und danach schließlich zum Achtel der Gesamtgröße.
Bei der Achtelfaltung wird ein Flügel nach oben, der andere nach unten gelegt. Dadurch wird der Mittelbruch exakter. Bei einer Sechzehnteilung wird die Achtelfaltung nach der Bearbeitung wieder geöffnet und noch einmal in der anderen Richtung zusammengelegt, wobei die bestehenden Bruchwinkel wiederum geteilt werden.
Die Leporello- oder Treppenfaltung, auch Harmonikafaltung genannt, ist nur für dünnes Papier geeignet. Man mißt die Faltenbreite mit dem Lineal ab, markiert die Bruchlinien und faltet das Papier abwechselnd einmal nach vorn und einmal nach hinten. Sind die für einen langen Streifen vorgesehenen Lagen zu dick, schneidet man sie in abgeteilten Gruppen aus.

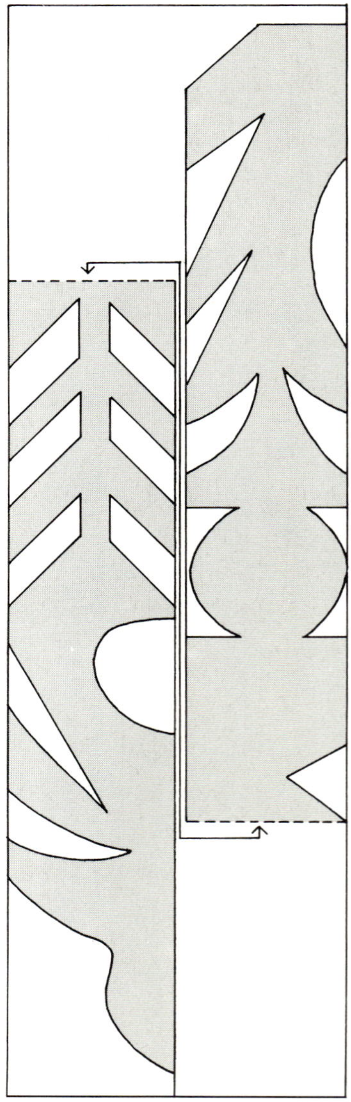

Einzelschnitt
Der Einzelschnitt ist ein Freihandschnitt, den man ohne Vorzeichnung ausführt. Man verwendet dazu weißes, farbiges oder schwarz beschichtetes Papier, dessen Stärke sich nach Art des Papierschnitts richtet. Für einen Schattenriß kann das Papier stärker sein als für ein kleinteiliges Durchbruchmotiv.
Der einfachste Einzelschnitt ist die Silhouette. Man schneidet sie entweder nach dem Profil einer im Gegenlicht sitzenden Person oder aus dem Gedächtnis. Die Silhouette, ein Umrißschnitt, hat keine oder nur wenige Durchbrüche. Ihre Linienführung ist einfach.
Darauf aufbauend, kann man zu einfachen Durchbruchschnitten übergehen und sich allmählich

steigern. Dabei ist zu beachten, daß alle geschnittenen Motivteile untereinander zusammenhängen müssen. Diese Zusammenhänge müssen sich aus der Motivkomposition ergeben, sie dürfen nicht durch Stege erzielt werden, die mit dem Motiv nichts zu tun haben. Ein Papierschnitt sollte außerdem die flächenhafte Ausbreitung eines Motivs zeigen. Perspektivische Darstellungen, die nur begrenzt möglich sind, entsprechen nicht dem Wesen dieser bildnerischen Technik.

Der Einzelschnitt kann mit einer Schere aus freier Hand oder mit dem Messer ausgeführt werden, wobei hier das Papier auf einer elastischen Unterlage (Filzpappe, Styroporplatte) befestigt werden muß. Dazu nimmt man Reißzwecken oder Klebstreifen.

Papiervorhang, aus in Leporellofaltung geschnittenen Einzelbahnen zusammengesetzt.

Schnittvorlage in Originalgröße links. Das geteilt gezeichnete Muster muß an der markierten Stelle zusammengesetzt werden.

Stapelschnitt

Der Stapelschnitt wird mit Seidenpapier und Messer ausgeführt. Dazu legt man acht bis zwölf Lagen Seidenpapier auf eine Styroporplatte, sticht in alle Ecken mit der Ahle ein Loch und heftet das Papier mit Metallstiften durch die Löcher auf der Unterlage unverrückbar fest. Aus Karton schneidet man eine Schablone, die als Schnittmuster dient. Man legt die Schablone auf die Mitte des Seidenpapiers und befestigt sie auf dem oberen Blatt mit Klebstreifen. Zum Ausschneiden der Papierteile wird das scharfe Schneidmesser senkrecht auf das Papier gesetzt und bis zur Unterlage durchgestoßen. Das Messer wird direkt an der Schablonenkante entlang in leichten Stoßbewegungen auf und ab geführt und zugleich vorwärts bzw. in die der Motivschablone entsprechende Richtung geschoben. Die Bewegungen sollen dabei gleichmäßig und locker sein, und das Messer sollte innerhalb einer geschlossenen Form nicht abgesetzt werden. Sind alle Konturen geschnitten, löst man die Schablone vom Stapel und schüttelt die herausgeschnittenen Papierteilchen ab. Haften sie zu fest, hilft man mit der Pinzette nach. Bei den unteren Lagen wird man nicht ganz durchteilte Schnittlinien mit der Schneidfeder nacharbeiten müssen. Zum Schluß nimmt man den Stapel von der Unterlage und kann nun die Einzelschnitte beliebig weiter verarbeiten (Fotos S. 213).

Hauptmerkmal eines Papierschnitts ist, daß alle Teile einschließlich des Rahmens zusammenhängen, wie bei diesen beiden Arbeiten.

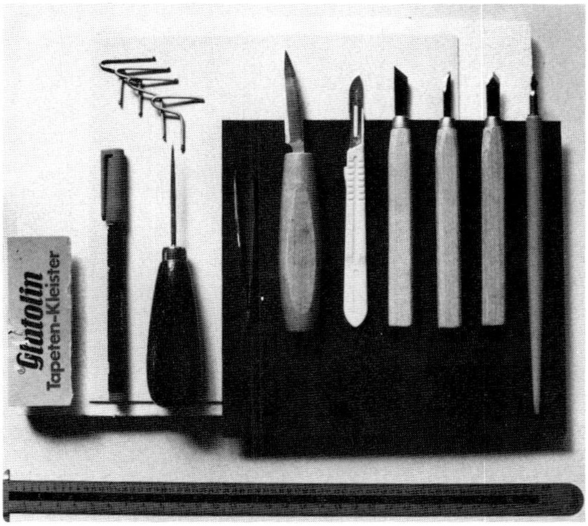

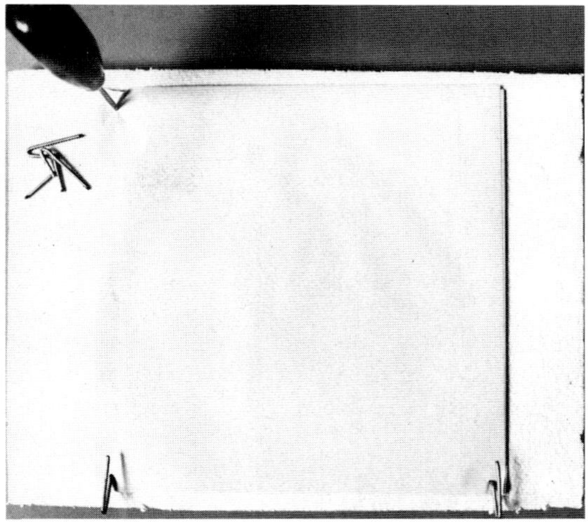

Material und Werkzeug für den Stapelschnitt (oben).

Die mit einer Ahle vorgestochenen Seidenpapierlagen werden mit Drahtstiften auf der Styroporplatte befestigt (oben rechts).

Die Kartonschablone (Vorlage S. 205) wird mit Klebstreifen auf den Stapel geheftet.
Mit dem senkrecht geführten Messer umschneidet man die Konturen der Schablone (links unten).

Nach vollendetem Schnitt löst man die ausgeschnittenen Teile heraus und entfernt die kleinen Abfallstücke innerhalb der Konturen mit einer Pinzette (rechts unten).

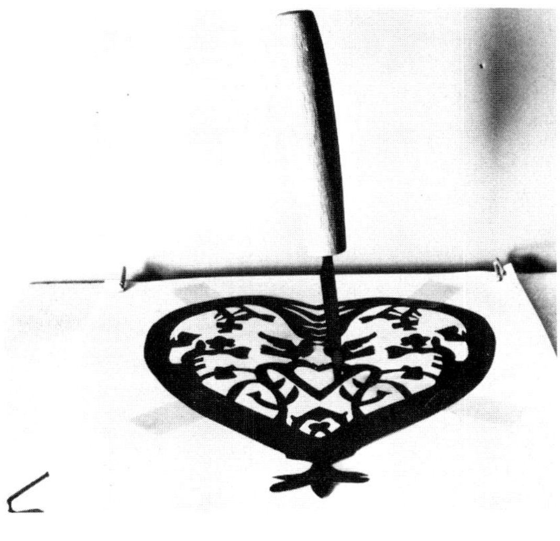

Scherenschnitt der in Deutschland lebenden Chinesin Kola Yum aus dem Jahre 1930.

Tips

Tapetenkleister läßt sich besser auf dünne Papierteile aufbringen, wenn man etwas davon auf einen Kartonstreifen streicht, diesen unter das Papierteilchen hält und das Papier darauf vorsichtig abzieht (nicht abhebt).

Faltschnitte sollten erst nach vollendetem Schnitt entfaltet werden, weil sie sich sonst bei erneutem Zusammenfalten geringfügig verschieben und keine exakte Fortführung der Arbeit ermöglichen.

Beim Scherenschnitt werden mit der einen Hand nur die Schneidbacken der Schere geöffnet und geschlossen. Das Papier wird mit der anderen Hand geführt und jeweils in die richtige Schnittposition gebracht. Die Richtung der Schere bleibt unverändert.

Soll ein Papierschnitt mit gummierter Rückseite auf Karton gebracht werden, feuchtet man zuerst die Mitte in Längsrichtung an, legt diesen Teil auf eine zuvor markierte Linie, überdeckt ihn mit sauberem Schreibpapier und drückt ihn gut mit der flachen Hand an. Anschließend arbeitet man streifenweise von der Mitte nach außen.

Bei Messerschnitten sollten Sie niemals innerhalb einer durchgehenden Linie absetzen.

Schnittvorlagen aus der Natur lassen sich gut mit Hilfe eines sehr dunkel eingestellten Fotokopierers herstellen. Man legt die Pflanze einfach auf die Glasplatte, deckt sie ab und kopiert sie. Als Ergebnis erhalten Sie eine kontrastreiche Umrißvorlage.

Marmorieren

Die Kunst des Marmorierens reicht zurück bis ins 15. Jh. und wurde zunächst nur in Verbindung mit Papier ausgeübt. Das aus dem Orient stammende ‚Türkisch Papier', das in der Türkei ‚Ebru' – vermutlich abgeleitet vom persischen ‚Ebr' = Wolke – hieß, kam im 16. Jh. durch Orientreisende nach Europa. Es fand zahlreiche, jedoch nicht immer erfolgreiche Nachahmer.
Von hohem Rang waren im 17. und 18. Jh. die französischen Marmorpapiere mit ihren gedämpften Farben im Feder-, Pfauen-, Schnecken- oder Moirémuster.
Schon früh versuchte man, das echte Marmorpapier zu imitieren. So findet sich z. B. in der Musterkarte des Augsburger Verlegers Georg Christoph Stoy von 1730 die Bezeichnung ‚marmoriert gestempeltes Papir' neben vielen anderen Papiersorten, unter denen auch ‚Türckisch marmoriertes Papir' zu finden ist. Im 19. Jh. versuchte man durch neue Verfahren andere Effekte als die bis dahin bekannten zu erzielen. Es entstanden Papiermuster, die u. a. mit Sonnenmarmor und Griechischer Marmor bezeichnet wurden.
Marmorpapiere wurden als Bucheinbände, Umschläge, Vorsatzpapier in Büchern, Rückseiten von Spielkarten, zum Beziehen von Alben und Kästchen, als Schrankpapier und Umrandung von Bildtapete verwendet. Marmorierte Textilien oder andere Gegenstände waren selten. Meistens waren sie, wie auch die späteren Papiere, mit einem Marmormuster bedruckt. Die schöne, jedoch umständliche Kunst des Marmorierens geriet allmählich in Vergessenheit.
Nur wenige Handwerker, meistens Buchbinder, präparierten ihre Papiere mit Alaun, um sie dann in durch Ochsengalle vertriebene Farbadern und -ornamente, die auf einem gallertartigen Sud aus Caragheemoos schwammen, zu tauchen. Abgeleitet von dieser Färbetechnik nannte man solche Papiere auch Tunk- oder Tauchpapier.
Heute ist der Weg zum Marmorpapier weniger umständlich: der gallertartige Grund besteht aus Tapetenkleister, die Farben kommen aus der Tube und schwimmen, mit Dicköl verflüssigt, auf dem Kleistergrund. Das auf den Kleister-Farbspiegel aufgelegte Papier saugt Farben und Kleister an. Der Kleister läßt sich unter fließendem Wasser abspülen, die Farben verbleiben als Muster auf dem Papier, das nur noch zu trocknen braucht.

Man kann nicht nur Papier marmorieren, wie häufig angenommen wird. Hier wurden zu Ostern Eier marmoriert. Sie werden auf dem Kleistergrund abgerollt.

Durch Bekleben mit Marmorpapier werden einfache Kartons zu schönen Ordnungskästen für allerlei Kleinkram.

Arbeitsmittel

Nur wenige Arbeitsgeräte, Hilfsmittel und Chemikalien sind zum Marmorieren von Papier nötig:
Papier
Beizmittel
Marmoriergrund
Wasserenthärter
Marmorierfarben
Farbwanne, Schüssel
Holzstäbchen, Trinkhalme
Geräte zur Musterbildung
Abtropfplatte
Zeitungen.

Papier Grundsätzlich kann man alle Papiere marmorieren, am besten eignen sich jedoch rauhe Papiersorten, z. B. Ingrespapier oder dünnes Aquarellpapier. Auch handgeschöpftes Recycling-Papier läßt sich gut verwenden.

Beizmittel Das Beizmittel, mit dem das Papier vorbehandelt werden muß, sorgt für bessere Haftfähigkeit der Farben. Man kann Alaun oder Aluminiumsulfat nehmen, das in heißem Wasser gelöst werden muß. Man bekommt es in Drogerien, Apotheken oder Farbenhandlungen.

Marmoriergrund Ursprünglich bestand der Schleimgrund aus

Caraghee-Moos (Irisch Moos) aus der Apotheke oder Drogerie. Man versetzte 150 g Moos mit 10 l Wasser und fügte 15 g Borax und 25 g Formalin bei. Einfacher geht es mit Tapetenkleister in Pulverform oder mit einem speziellen Marmoriergrund aus dem Hobbyhandel, anzurühren in Wasser.

Wasserenthärter Am besten arbeitet man mit Regenwasser oder weichem Leitungswasser. Ist das Wasser sehr hart (kalkhaltig), sollte man Wasserenthärter zusetzen, wie man ihn in kleineren Packungen zum Entkalken von elektrischen Haushaltsgeräten kaufen kann.

Marmorierfarben Neben den speziell für den Hobbybereich entwickelten Marmorierfarben eignen sich zum Bearbeiten von Papier am besten Künstler-Ölfarben, die man mit reinem Terpentinöl verdünnt. Stoffdruckfarben in verdünnter Form sind ebenfalls geeignet.

Farbwanne Zur Aufnahme von Schleimgrund und Farbe braucht man ein flaches Gefäß, das etwas größer als das zu marmorierende Papierformat sein sollte. Eine emaillierte Bratwanne aus dem Küchenherd, eine Foto-Entwicklerschale aus Plastik oder eine Spülschüssel mit nicht zu hoher Wandung sind geeignete Behälter.

Schüssel Zum Ansetzen des Schleimgrundes (Mischen von Pulver und Wasser) braucht man eine große Schüssel aus Porzellan, Glas oder Plastik.

Holzstäbchen, Trinkhalme Um die Farbe aus dem Näpfchen oder Glas tropfenweise auf den Schleimgrund bringen zu können, benutzt man entweder kleine Holzstäbchen (von Eis oder Dauerlutschern) oder vorn abgeschrägte Trinkhalme. Für jede Farbe braucht man ein eigenes Hilfsgerät.

Geräte zur Musterbildung Die auf dem Schleimgrund schwimmenden Farben müssen zu Mustern verzogen werden. Dazu kann man entweder die für den Farbauftrag benutzten Stäbchen oder Trinkhalme verwenden. Man kann auch einen Tuschpinsel, einen weitzinkigen Kamm oder eine Gabel nehmen. Aus zwei Schichten Wellpappe und Stecknadeln läßt sich eine Art Zinkenrakel herstellen. Im Foto unten liegt so ein Zinkenrakel rechts.

Abtropfplatte Das aus dem Farbbad kommende empfindliche Papier wird zum Abspülen des Schleimgrundes auf eine Platte gelegt, die mindestens dem Papierformat entspricht. Sie kann aus Metall, Glas, Kunststoff oder Holz sein. Ein Backblech, ein Tablett oder ein Stück Fensterglas sind gut geeignet. Verwendet man Glas, so muß man vorsichtig mit den scharfen Kanten umgehen. Man kann auch ein kräftiges Stück Pappe nehmen, das man mit Plastik- oder Alufolie umkleidet hat.

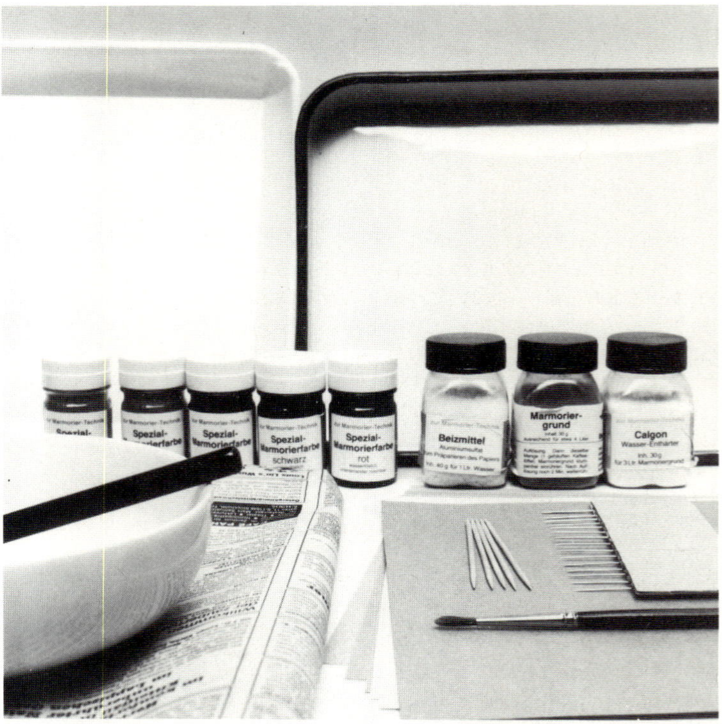

Papier, Beize, Marmoriergrund und -farben, Gefäße, Rührstäbchen und Geräte zur Musterbildung, mehr braucht man nicht zum Marmorieren.

Arbeitsweise

Der Arbeitsplatz sollte in unmittelbarer Nähe eines Wasserhahns und Abflusses sein, also in der Küche oder im Badezimmer. Die Farbwanne mit Schleimgrund und Farben muß genau waagerecht stehen, um eine gleichmäßige Einfärbung der Papierbogen zu gewährleisten. Zum Auslegen feuchter Papierbogen (notfalls auf dem Fußboden) sollte ausreichend Platz vorhanden sein.
Bevor man mit dem Marmorieren beginnen kann, müssen einige Vorbereitungen getroffen werden: man muß den Schleimgrund ansetzen und das Papier beizen. Beides sollte am Tag vorher geschehen.
Zunächst enthärtet man, falls nötig, das Wasser. Auf einen Liter Wasser kommt ein gehäufter Kaffeelöffel voll Enthärter. Hat man den Enthärter in kaltem Wasser so verrührt, daß er vollständig aufgelöst ist, gibt man Tapetenkleister dazu, der locker eingestreut und klumpenfrei verrührt werden muß. Man rechnet auf einen Liter Wasser einen gehäuften Kaffeelöffel voll, das sind ca. zehn Gramm Pulver. Es ist besser, den Schleimgrund zunächst etwas zu dick anzusetzen und ihn später nach dem Ausquellen mit Wasser zu verdünnen als umgekehrt. Arbeitet man mit fertig käuflichem Marmoriergrund, setzt man ihn der Gebrauchsanweisung entsprechend an. Aber Vorsicht: Das Granulat quillt sehr stark auf, also nicht zuviel davon nehmen.
Hat man trotz allem zuviel Schleimgrund angesetzt, kann man ihn in eine gut verschließbare Flasche füllen und mit Einmachhilfe konservieren. Unkonservierter Schleimgrund verdirbt leicht.
Nach sechs Stunden (bei schnell löslichem Tapetenkleister nach einer halben Stunde) ist der Schleimgrund gebrauchsfertig. Während man den Schleimgrund quellen läßt, kann man das zum Marmorieren vorgesehene Papier präparieren. Dazu löst man zehn Gramm Alaun oder Aluminiumsulfat in einem viertel Liter heißem (nicht kochendem!) Wasser auf. Diese Beize schüttet man in die noch leere Farbwanne und zieht das Papier Blatt für Blatt hindurch. Man legt es zunächst zum Trocknen auf Zeitungen aus, die man mit einem unbedruckten Stück Papier abgedeckt hat. Sind die Bogen nur noch etwas feucht, legt man sie zu einem Stapel zusammen, bedeckt sie mit einem neutralen Blatt und einigen Lagen Zeitungspapier und beschwert alles mit Büchern (Telefonbücher) oder anderen Gewichten. Dieser Preßvorgang ist nötig, damit das Papier später im Farbbad plan aufliegt und überall Farbe annehmen kann.
Vor dem Umschütten vom Rührgefäß in die Farbwanne muß der Schleimgrund noch einmal kräftig durchgerührt, besser noch mit einem Schneebesen durchgeschlagen werden. Er soll zähflüssig, aber nicht so fest wie ein Pudding sein. Durch das Umfüllen oder Rühren entstandene Luftblasen an der Oberfläche werden mit einer Nadel aufgestochen.
Vor dem Auftragen der Farben müssen diese die richtige Konsistenz und außerdem die gleiche Temperatur haben wie der Schleimgrund. Temperaturgleichheit erreicht man, indem man alles Material im gleichen Raum (am besten über Nacht) stehen läßt. Spezialfarben zum Marmorieren, wie sie der Hobbyhandel anbietet, sind gebrauchsfertig. Künstler-Ölfarben oder Stoffdruckfarben (nicht Stoffmalfarben) müssen mit reinem Terpentinöl verdünnt werden, damit sie leichter als der Schleimgrund sind und nicht absinken. Da man nur wenig Farbe braucht, kann man die benötigte Menge in Flaschen-Schraubverschlüssen, Deckeln von Konservengläsern oder aus Alufolie geformten Mulden anrühren.
Mit einem Holzstäbchen oder Trinkhalm überträgt man nun tropfenweise Farbe auf den Schleimgrund. Die Tropfen müssen schwimmen und sich ausbreiten. Sinken sie ab, ist der Schleimgrund zu dünn, breiten sie sich nur langsam aus, ist der Grund zu dick angesetzt. Hat man die Tropfen einer Farbe auf der Oberfläche des Schleimgrundes verteilt, kann man eine weitere auf oder zwischen die ersten Tropfen setzen und danach noch mehrere Farben aufträufeln. Erfahrungen sammelt man jedoch am besten, wenn man sich zu Beginn mit einem Farbauftrag begnügt. Mit einer Gabel, einem Pinsel, einer Zinkenrakel oder einem anderen Hilfsgerät kann man nun die sich ausbreitende Farbe zu einem Muster, das sich jedoch ständig verändert, verziehen. Man sollte sich dabei nicht zu lange Zeit lassen, denn es bildet sich auf der Oberfläche des Marmoriergrundes rasch eine dünne Haut.
Sind die Farben zur Zufriedenheit verteilt, wird das erste gebeizte Blatt Papier aufgelegt. Dazu faßt man es an beiden Schmalseiten, hebt diese so an, daß sich ein weicher Mittelbruch ergibt, und setzt das Papier mit dem Bruch (besser: mit der Wölbung) auf den Farb-Schleimspiegel. Langsam senkt man die

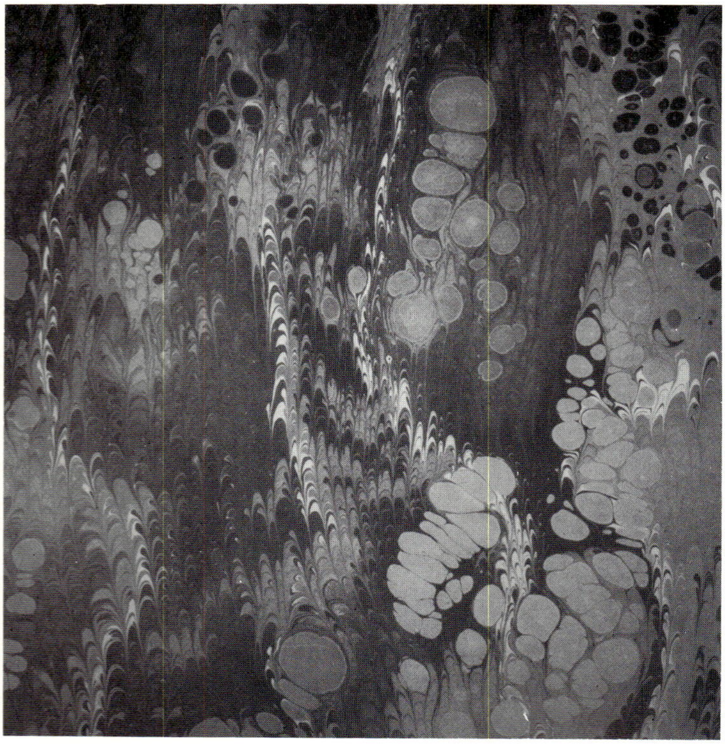

restlichen Flächen ab, bis das Papier ganz auf dem Gemisch schwimmt. Durch die beschriebene Art des Auflegens verhindert man, daß sich unter dem Papier Luftblasen bilden, die später Farblöcher verursachen. Man kann das Papier auch zuerst an einer der Schmalseiten auflegen und allmählich von einem Ende zum anderen absenken, was jedoch etwas schwieriger ist.
Gleich nachdem das Papier über die gesamte Fläche Kontakt mit dem Marmoriergrund hatte, wird es wieder zügig, jedoch ohne Hast abgehoben und mit der ungefärbten Seite auf die bereitgelegte Abtropfplatte gelegt. Dann nimmt man Platte und Papier und spült die Oberfläche des Papiers unter kräftigem Wasserstrahl ab, bis der Kleister restlos entfernt ist. Nachdem das Wasser etwas abgetropft ist, nimmt man das nasse Papier vorsichtig von der Abtropfplatte und legt es mit der Farbseite nach oben auf einige Zeitungslagen zum Trocknen. Damit das Papier rascher trocknet, kann man zwischendurch die feuchten Zeitungslagen wechseln. Auf keinen Fall sollte man den Trockenvorgang mit einem heißen Bügeleisen beschleunigen. Je langsamer der Farbauftrag trocknet, um so haltbarer verbindet er sich mit dem Untergrund. Um das Papier zu glätten, kann man es (wie zuvor beim Beizen) in feuchtem Zustand pressen.

Arbeitsergebnisse nach ersten Versuchen (oben).

Arbeitsergebnis nach vielen Experimenten: Ausgewogenheit von Farben (hier Blau-Grün-Töne) und Maserung.

Handwerklich hergestellte Marmorpapiere sind Unikate. Man kann ähnliche, jedoch niemals genau identische Muster erzielen.

Auf den vorbereiteten Kleistergrund werden mit einem Stäbchen Farbpunkte aufgetropft. Diese Tropfen werden anschließend zu waagerechten Linien verzogen.

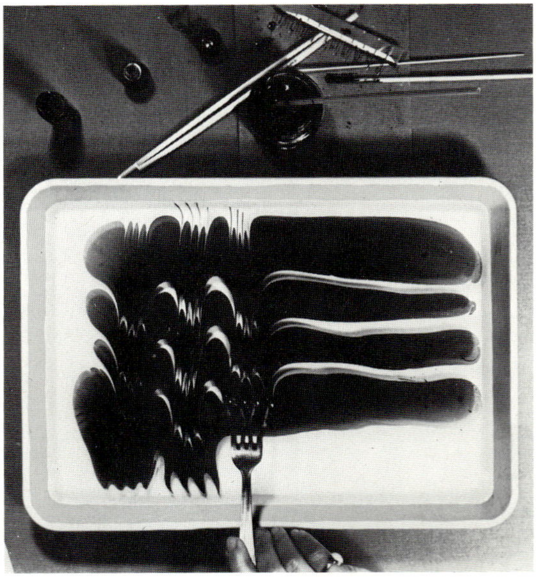

Mit einem Hilfsgerät werden die waagerechten Farblinien senkrecht durchzogen. Als Hilfsgerät kann man beispielsweise einfach eine Küchengabel verwenden.

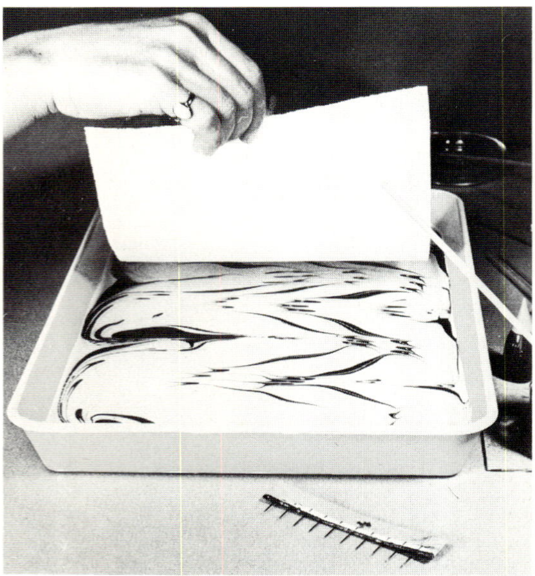

Bei diesem Marmoriergrund wurden die Farben mit einer selbst hergestellten Zinkenrakel verzogen. Das gebeizte Papier wird, an einer Schmalseite beginnend, vorsichtig auf den Kleistergrund gelegt.

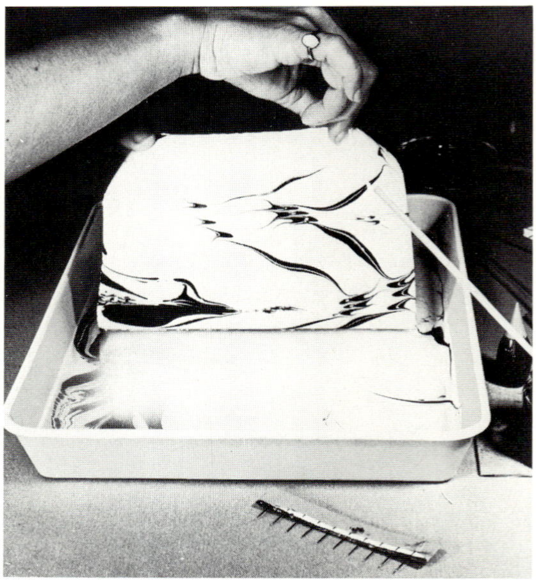

Das Papier wird vorsichtig wieder abgehoben. Farbe und Kleistergrund haften jetzt an der Unterseite. Der Kleister wird anschließend unter fließendem Wasser sorgfältig abgespült.

Vor dem Marmorieren des nächsten Bogens muß die restliche Farbe vom Schleimgrund abgezogen werden. Dazu schneidet man einen Streifen aus doppeltem Zeitungspapier, der so breit ist wie die Farbwanne. Man spannt ihn straff zwischen beiden Händen und fährt mit der Schnittkante über die Oberfläche des Farbgrundes. Dabei zieht man nicht nur die Farben ab sondern auch die sich bildende Haut. Jetzt kann man erneut Farbe aufträufeln und wie beschrieben verfahren.

Marmortextilien

Im Prinzip verfährt man wie bei der Arbeit mit Papier, verwendet jedoch Stoffdruckfarben. Der zu bearbeitende Stoff muß vor dem Auflegen auf den Marmoriergrund appreturfrei, d. h. gewaschen sein, sonst verbindet sich die Farbe nicht mit dem Stoff.

Marmor-Eier

Die Schalen von Eiern kann man ebenfalls mit Marmormustern versehen. Die fettfreien und mit Alaun gebeizten Schalen der ausgeblasenen Eier sollten an jedem Ende ein Loch haben. Aus dünnem Draht biegt man einen Haltebügel, dessen Enden in die Schalenlöcher eingeführt werden (siehe Zeichnung). Mit diesem Gerät rollt man die Eierschale leicht über den vorbereiteten Marmoriergrund, der sie wie ein Mantel umschließt. Das fertig marmorierte Ei wird unter kaltem Wasser abgespült und auf ein Stück Zellstoffpapier zum Trocknen gelegt. Nach etwa zehn Stunden ist die Farbe angetrocknet.

Verläuft die Farbe beim Abrollen zu stark auf dem Ei, hat man sie zu satt eingeträufelt. Man kann sie abziehen, indem man zuvor ein Blatt Papier marmoriert.

Mit verschiedenen Marmorpapieren bezogene Bucheinbände. In der Mitte ein klassisches Federmuster.

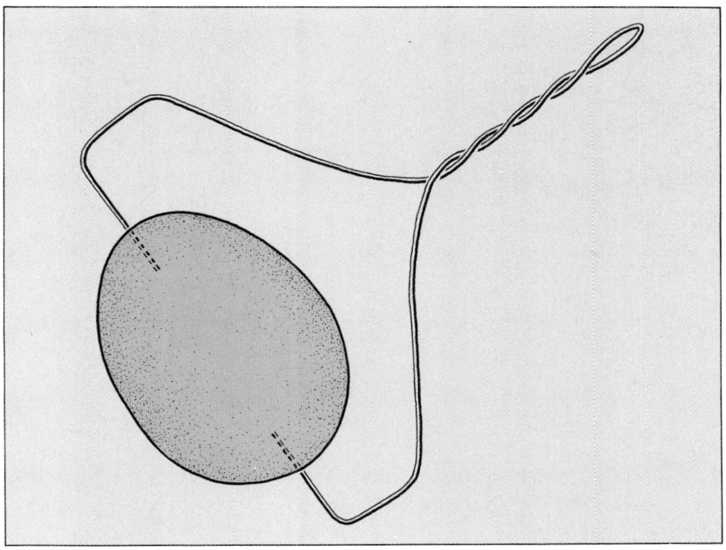

Hilfsgerät zum Marmorieren von Eiern.

Textilien, die marmoriert werden sollen, müssen durch sorgfältiges Waschen gründlich appreturfrei gemacht werden.

Fehler, Ursachen, Abhilfe

Fehler: Farbe schwimmt nicht auf dem Kleistergrund, sondern sie sinkt ein.
Ursache: Kleistergrund zu dünn.
Abhilfe: Geringe Menge dicken Schleimgrund anrühren und nach dem Quellen portionsweise zusetzen. Alles gut verrühren.

Fehler: Das Papier hat stellenweise die Farbe nicht richtig angenommen.
Ursache: Papier lag nicht überall auf dem Farbgrund auf oder: zwischen Marmoriergrund und Papier haben sich Luftblasen gebildet.
Abhilfe: Luftblasen auf dem Schleim-Farb-Gemisch mit einer Nadel aufstechen. Papier langsam auf den Farbspiegel absenken, entweder von der Mitte aus zu den Seiten oder von einer Schmalseite aus zur anderen. Sich aufbiegende Ecken müssen mit den Fingern heruntergedrückt werden.

Fehler: Farbe breitet sich nicht oder nur geringfügig auf dem Schleimgrund aus.
Ursache: Schleimgrund oder Farbauftrag zu dick.
Abhilfe: Farben mit einem Streifen Papier abziehen. Kleistergrund verdünnen, Farben sparsamer auftragen oder besser verdünnen.

Fehler: Farben breiten sich zu rasch aus und lassen sich nicht gezielt verziehen.
Ursache: Der Schleimgrund ist zu dünn.
Abhilfe: Kleinere Menge dick angesetzten und ausgequollenen Grund zugeben und gut verrühren.

Fehler: Farben platzen beim Abspülen des Kleistergrundes ab.
Ursache: Das Papier ist mangelhaft oder gar nicht gebeizt oder: Papier zu feucht oder: Papier hat eine wesentlich höhere Temperatur als der Marmoriergrund.
Abhilfe: Papier nachbeizen, trocknen lassen oder dem Farb-Kleister-Gemisch entsprechend besser temperieren.

Fehler: Die Farben haften nach dem Trocknen nicht richtig auf dem Papier.
Ursache: Das Papier wurde zu stark gebeizt oder: ungelöste Kristalle der Beize können sich auf dem Papier abgesetzt haben.
Abhilfe: Beizlösung verdünnen, so lange rühren, bis alle Kristalle aufgelöst sind.

Lampenschirm aus mit Marmorpapier kaschiertem Karton. Beim Nacharbeiten ist folgendes zu beachten: Hat man das Papier mit Tapetenkleister auf den Karton geklebt, müssen Karton und Papier in noch feuchtem Zustand locker gerollt werden (Papierseite außen), damit das Papier bei der Faltung des Schirms an den Außenfalzen nicht reißen kann.

Experimente

Mit zunehmenden Erfahrungen ist man in der Lage, die bisher zufällig entstandenen Muster so zu beeinflussen, daß sie zumindest annähernd bestimmten Vorstellungen entsprechen. Bei der Mustergestaltung sind viele Faktoren ausschlaggebend: Konsistenz und Temperatur von Farben und Schleimgrund, Reihenfolge und Dichte des Farbauftrags, Zeitpunkt des Auflegens (Eintunkens) von Papier, Textil oder anderem Material, Art und Weise des Verziehens, Beeinflussung der Farbe durch Auftropfen von winzigen Mengen Terpentinöl oder verdünntem Geschirrspülmittel und vieles mehr.

Bereits die Manipulation der Farbverläufe mit einem Holzstäbchen bietet eine Fülle von Möglichkeiten. Trägt man z. B. Farben in Tropfen reihenweise auf den Schleimgrund, breiten sich diese je nach Dosierung und Bewegung des Grundes zu unregelmäßigen Punkten oder Ovalen aus. Zieht man nun das Stäbchen waagerecht in einer Richtung durch die Punktreihen, verbinden sich diese zu ineinandergreifenden Blätterpaaren (Fotos rechts). Durchzieht man die Reihen abwechselnd von links nach rechts und umgekehrt, entsteht ein gegenläufiges Blattmuster (Foto unten).

Ein Federmuster wie auf dem Foto (S. 227, oben) entsteht, wenn man nach dem wechselseitigen senkrechten Verziehen in der gleichen Weise und mit gleichen Abständen in waagerechter Richtung verfährt.

Trägt man die Farbe auf den Schleimgrund nicht in Punkten, sondern in Streifen auf, indem man ein Stäbchen in Farbe taucht und leicht über den Kleistergrund zieht, kann man durch senkrechtes Verziehen mit einer Zinkenrakel ein Muster wie auf dem Foto (S. 227, unten) erzielen. Die Abbildung (S. 227, Mitte) zeigt ein Muster, das mit einer Zinkenrakel verzogen wurde.

Trotz aller technischen Kenntnisse und Raffinessen bleibt immer noch ein Stück Unberechenbarkeit, das dieses Hobby so faszinierend macht.

Eine gute Hilfe zum Einhalten gleicher Abstände beim Auftragen der Farben auf den Kleistergrund sind Markierungen, die man mit wasserfestem Faserschreiber vor Einfüllen des Grundes auf dem Wannenboden gemacht hat. Markierungen am Wannenrand sind vorteilhaft, wenn man beim Verziehen der Farben anstelle von Kamm oder Zinkenrakel nur Stäbchen benutzt.

Aufgetragene Farbtropfen, reihenweise senkrecht verzogen.

Aufgetragene Farbtropfen, reihenweise senkrecht gegenläufig verzogen.

Ein Federmuster entsteht, wenn man in Reihen aufgetragene Farbstreifen zunächst reihenweise senkrecht in gegenläufiger Richtung verzieht und anschließend waagerecht in der gleichen Weise verfährt. Man kann feinere Effekte mit einem weitzinkigen Kamm erzielen.

Beim Pfauenmuster werden zwei oder mehr Kontrastfarben in gleichmäßigen Abständen streifenweise aufgetragen. Dann setzt man Kamm oder Zinkenrakel auf und verzieht die Farben über die ganze Fläche von unten nach oben. Anschließend wird der Kamm seitlich etwas versetzt noch einmal durchgezogen, so daß kleinere Bogenformen entstehen.

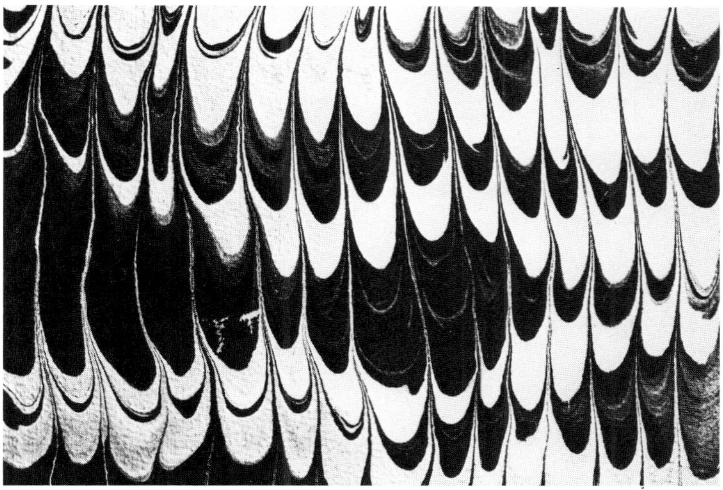

Bei diesem Fantasiemuster in mehreren Farben wurde der Marmoriergrund nach senkrechtem Durchziehen mit einer Zinkenrakel durch Bewegen der Wanne in leichte Rotation versetzt und danach noch einmal teilweise waagerecht durchzogen.

Emaillieren

Der Ursprung der Emailkunst ist nicht belegt. Bekannt ist, daß es bereits vor dreitausend Jahren auf Zypern und Kreta emaillierte Kult- und Schmuckgegenstände gegeben hat. Auch aus Ägypten sind Emailarbeiten aus dieser Zeit bekannt, bei denen das Email in durch aufgesetzte Drahtstäbe unterteilte Zellen auf Gold aufgeschmolzen ist. Keltische Kunsthandwerker im vorchristlichen 3. Jt. begannen zu dieser Zeit erstmals anstelle der sonst verwendeten Korallen oder Steine Glasmasse in die Furchen und Gruben von Bronzegegenständen zu bringen.

Im Prinzip verfuhr man bereits damals ähnlich wie heute. Zuerst wurden die Hauptbestandteile (Sand, Soda) gemischt und in flachen Gefäßen bis 750 Grad Celsius erhitzt. Dadurch fritteten (backten) sie zusammen. Die ausgekühlte Masse wurde zu Pulver gemahlen und in kleinen Tiegeln bei etwa 1100 Grad geschmolzen. Das so entstandene flüssige Glas goß man in die vorbereiteten Vertiefungen der erhitzten Metallgegenstände. Glas und Metall verbanden sich miteinander.

Über das byzantinische Kaiserreich breitete sich die Emailkunst bis nach China und Japan aus. In europäischen Klöstern verwendeten die Mönche des 11. und 12. Jh. Email als Schmuckelement bei der Herstellung sakraler Gegenstände.

Im 14. Jh. wurde die Emailtechnik in Europa populär, und im 15. Jh. entstanden zahlreiche Werkstätten, besonders in Frankreich, das bald eine beherrschende Stellung auf diesem Gebiet einnahm. Noch heute werden die unterschiedlichen Emailtechniken in Kunsthandwerkerkreisen mit französischen Namen bezeichnet: Champlevé = Grubenschmelz, Cloisonné = Zellenschmelz, auch Stegemail genannt, Grisaille = in Schwarz- und Weißtönen zu Grau abgestufte Malerei, Limoges (nach der französi-

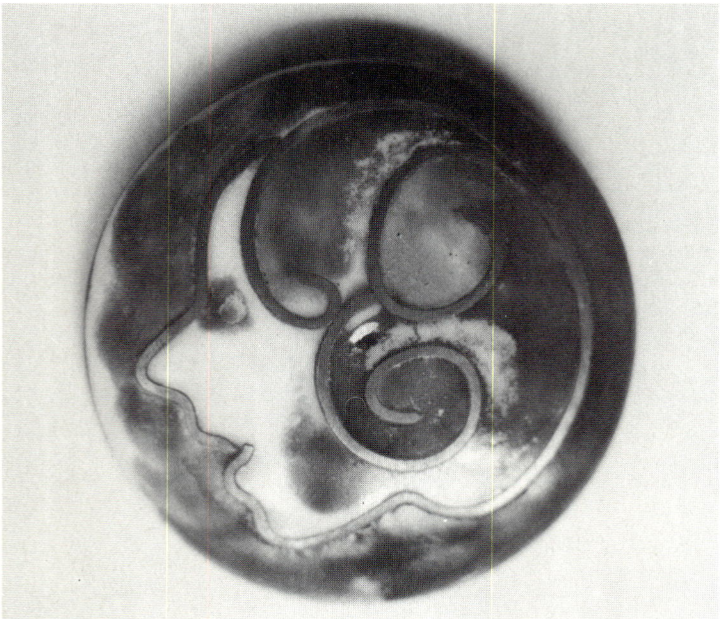

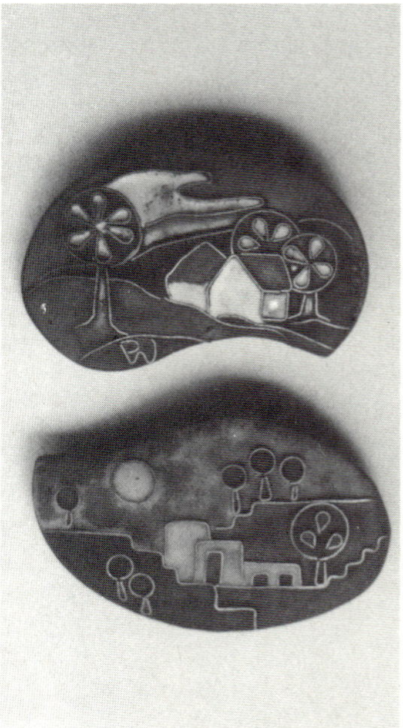

***Links:* Runde Brosche in Maler-Email mit Kupferstegen. *Rechts:* Broschen aus gesägten Kupferformen, bearbeitet mit Emailsorten in verschiedenen Härtegraden, mattiert, kombiniert mit Kupferstegen.**

Detail einer Millefiori-Emailarbeit. Die Plättchen wurden auf eine bestäubte Emailschicht gelegt und eingebrannt.

schen Porzellanstadt) = Maleremail, Plique-à-jour = Fensteremail. Besonders die französischen Cloisonné-Arbeiten waren vollendet ausgeführt, trotzdem reicht ihre Berühmtheit und Wertschätzung nicht an die chinesischen Emailgefäße heran. Mit dem ausgehenden 15. Jh. wurde das Emaillieren nicht nur als Schmucktechnik angewendet. Es entstanden, ermöglicht durch ein spezielles Tauch-Schmelzverfahren, Gefäße und Haushaltsgegenstände aus Eisen, die einen Emailüberzug hatten, wie man sie heute noch kennt. Kunsthandwerker, vor allem Gold- und Silberschmiede, pflegten die Emailkunst jedoch weiter, bis Industrie und Handel durch ein großes Sortiment an Rohmaterialien und vereinfachten Arbeitsgeräten diese Technik auch Laien zugänglich machten. Der Vorgang des Emaillierens ist einfach: Emailpulver wird auf gereinigtes Metall – meistens Kupfer – gestreut und in einem Spezialofen bei 850–900 Grad Celsius aufgeschmolzen, so daß es sich mit dem Emailträger verbindet.

Arbeitsmittel

Das Materialfoto zeigt eine komplette Ausrüstung für Hobby-Emailleure, jedoch muß man nicht alles auf einmal anschaffen. Man braucht:
Emailträger
Emailpulver
Streusieb
Schmirgelstein, Essig, Salz
Karborundumfeile
Haftgrund
Feuerfeste Ablage
Feuerfesten Handschuh
Ofenschieber
Brenneinsätze
Muffelofen
Pinzette.
Später kommen noch für andere Emailtechniken hinzu:
Pinsel
Ziehhaken
Kupferdraht
Kleine Flachzange mit Seitenschneider
Silberfolie
Salpetersäure, Soda
Asphaltlack, Farbverdünner
Stahlwolle, Mattiersalz
Glasfiberbürste oder -pinsel
Glimmscheibe
Juweliersäge
Emailmalfarben.
Selbstverständlich braucht man auch hier nicht alles Zubehör,

sondern nur jeweils das für eine bestimmte Technik erforderliche. Sämtliches Material mit Ausnahme der Chemikalien (Drogerie) bekommt man im Hobbyhandel.

Emailträger Sogenannte Rohlinge oder Platinen, meistens aus Kupfer oder Tombak, bilden den Untergrund, auf den das Emailpulver aufgeschmolzen wird. Man kann auch jedes andere Metall nehmen, dessen Schmelzpunkt über 900 Grad Celsius liegt. Emailträger gibt es in vielen Zuschnitten und als kleine Platten zu kaufen. Größere Platten kauft man im Eisenwarenhandel.

Emailpulver Email zum Aufschmelzen gibt es als Pulver in den Härtegraden weich, mittel und streng. Weiches Email hat einen niedrigeren Schmelzpunkt als mittleres und strenges. Außerdem unterscheidet man Emailpulver noch nach seiner Durchsichtigkeit. Es gibt transparentes, opales (halbtransparentes) und opakes (undurchsichtiges) Email in vielen Farben. Farbloses transparentes Email nennt man Fondant. Emailpulver schmilzt hochglänzend (übliche Sorten) oder matt (Spezialsorte). Glanzschmelz kann man durch Behandlung von Mattiersalz stumpf machen.
Außer in Pulverform wird Email noch in Stücken (Brocken), Granulat, Kugeln und Fäden sowie in mehrfarbigen runden Plättchen, sog. Tausendblümchen, gehandelt. Fadenemail kann man selbst herstellen, indem man einen Ziehhaken in verflüssigtes Email taucht und ihn rasch hochzieht, so daß feine Stäbchen entstehen. Anstelle des Hakens kann man auch eine Pinzette oder eine Metallstricknadel nehmen.
Flimmeremail ist eine Sorte, die winzige Metallteilchen enthält. Nach dem Brennen wird die erkaltete Schmelzfläche mit einer Glasfiberbürste bearbeitet, bis die Metallteilchen glänzen.

Streusieb Feines Haarsieb, mit dessen Hilfe man das Emailpulver gleichmäßig auf den Emailträger aufstreut. Man sollte mehrere Siebe haben, zumindest ein separates Sieb für weißes Emailpulver. Vor dem Einfüllen einer neuen Farbe sollte das Sieb sorgfältig ausgeklopft werden, damit die vorherige Farbe den neuen Auftrag nicht verunreinigt. (Emailpulver verschiedener Farben sind nicht zu einer neuen Farbe mischbar.)

Schmirgelstein Jedes Metall, ganz gleich ob es der Emailträger oder ein mit einzuschmelzender Draht ist, muß vor dem Bestreuen bzw. Auflegen gereinigt werden. Dazu dient ein Schmirgelstein. Essig und Salz (⅛ l Essig, 1 Eßlöffel Salz) werden zu einem Bad gemischt, in dem das gereinigte Metall anschließend gebeizt und danach unter klarem Wasser abgewaschen wird.

Karborundumfeile (Karborundstein). Durch das Brennen werden die Schnittkanten des Metalls schwarzgrau. Diesen Belag nennt man Zunder. Er wird mit der harten Karborundumfeile entfernt. Ebenso bearbeitet man angezunderte Drahtstege und andere eingearbeitete Metallteile damit.

Haftgrund Damit das Emailpulver an steilwandigen Gegenständen haftet, muß man Haftgrund auftragen, das ist ein Gemisch aus Tragantpulver und destilliertem Wasser. Bessere Eigenschaften hat jedoch Haftfluid. Man kann es fertig gemischt kaufen. Bei Gegenständen mit leicht steigenden Wandungen genügt es, wenn man das Emailpulver anfeuchtet und direkt aufträgt.

Feuerfeste Ablage Eine Schamotteplatte, eine Kachel, ein Mauerstein o. ä. wird benötigt zum Absetzen des aus dem Ofen kommenden heißen Werkstücks.

Feuerfester Handschuh Ein Grillhandschuh oder ein Spezialhandschuh (Geschäft für Berufsbekleidung) ist wichtig für Arbeiten in unmittelbarer Ofennähe. Ein Topflappen bietet keinen ausreichenden Schutz.

Ofenschieber Metallplatte an einem langen Griff, mit deren Hilfe man das Werkstück direkt oder auf einem Brenneinsatz liegend in den aufgeheizten Brennraum stellt und später wieder herausnimmt. Beim Kauf darauf achten, daß der lange Griff so stabil ist, daß er nicht federt, sonst rinnt beim Transport vom Arbeitsplatz zum Brennofen das aufgestreute Emailpulver vom Emailträger.

Brenneinsätze Kleine Gestelle aus Metall oder Schamotte, auf denen das mit Emailpulver bestreute oder mit anderen Schmelzlingen belegte Werkstück liegt. Es gibt Einsätze, die aus Lochplatten mit Standfüßen bestehen. Sie eignen sich nur zum einseitigen Emaillieren einer Platte. Besser sind sogenannte Flügeleinsätze, Schwarzblechgestelle, zwischen deren flügelartig aufgebogenen Halterungen das

◄ ***Broschen in Steg-Email (links). Collage aus emaillierten Vögeln und einem aus Kupferblech geschnittenen Baum, auf Holz geklebt (rechts).***

Werkstück frei ruht. Man sollte mindestens zwei Einsätze in verschiedenen Größen haben.

Muffelofen Elektrisch betriebenes Gerät zum Aufschmelzen von Email. Es gibt verschiedene Typen in unterschiedlichen Größen, Leistungen und Preisen. Ratsam ist die Anschaffung eines Muffelofens, dessen Brennkammer auch für größere Werkstücke (und andere Techniken als Emailarbeiten) ausreicht und der eine Brenntemperatur von 1200 Grad Celsius erreicht. In ihm kann man außer Email auch Töpferarbeiten sowie Keramik- und Porzellanmalereien brennen. Wichtig ist, daß der Ofen einen Temperaturregler hat.

Pinzette Zum Auflegen von Email- oder Metallstückchen auf die emaillierte oder bestäubte Schicht, zum Ziehen von Faden-Email und für viele andere Arbeiten braucht man eine mittelgroße Pinzette.

Pinsel Man braucht einen einfachen Haarpinsel, einen Borsten-Flachpinsel und einen feineren Pinsel aus Rotmarderhaar für verschiedene Arbeiten. Der Borstenpinsel sollte 10 mm breit sein.

Ziehhaken Langer, an der Spitze rechtwinklig gebogener Metallstab zum Ziehen von Fadenemail, aber auch zum Verschieben von Brenneinsätzen und Werkstücken in der heißen Brennkammer.

Kupferdraht Millimeterstarker Flachdraht aus Kupfer, aus dessen Abschnitten die Begrenzungen der Felder beim Stegemail geformt werden.

Kleine Zange Rund- oder Flachzange mit Seitenschneider zum Abteilen von Formen des Kupferdrahtes bei Stegemailarbeiten.

Silberfolie Hauchdünne Folie aus Feinsilber (1000/000), die zwischen zwei transparenten Emailschichten eingebrannt werden kann.

Salpetersäure Flüssigkeit zum Ätzen der für Grubenschmelz erforderlichen Vertiefungen im Metall. Achtung: Salpetersäure ist giftig und entwickelt schädli-

che Dämpfe! Schutzbrille tragen, nicht direkt einatmen!

Soda (Natriumkarbonat) neutralisiert Salpetersäure, so daß man sie nach Gebrauch wegschütten kann.

Asphaltlack, Farbverdünner Zum Abdecken nicht zu ätzender Flächen im Metall bei Vorbereitung zum Grubenschmelz braucht man Asphaltlack. Zum Entfernen des Asphaltlacks wird Farbverdünner aufgetragen (Nitroverdünnung). Vorsicht: giftige Dämpfe, feuergefährlich!

Mattiersalz Spezialmittel zum Mattieren hochglänzend emaillierter Flächen bzw. Teilflächen.

Glasfiberbürste oder -pinsel Bei Verwendung von metallhaltigem Flimmeremail wird die gebrannte Schicht nach dem Erkalten gebürstet, um die Metallsplitter auf Hochglanz zu bringen.

Glimmscheibe Bei dem sehr komplizierten Fensteremail, dessen Öffnungen durch Glasfluß zu schließen sind, wird eine Glimmscheibe unter die Aussparungen im Metall gelegt.

Juweliersäge Bügelsäge mit verstellbarem Sägeblatt für Feinmetall. Mit ihr werden Teile aus Metall ausgesägt, die später mit transparenten Emailbrocken ausgefüllt und zugeschmolzen werden (Fensteremail). Anstelle der Juweliersäge kann man auch eine Laubsäge mit entsprechendem Sägeblatt nehmen.

Stahlwolle (oder Abrazzo). Zum Entfernen des Asphaltlacks bzw. zum Reinigen der Metallplatte danach.

Emailmalfarben Spezialfarben zum Malen auf einer emaillierten Grundfläche, die anschließend eingebrannt werden. Einige Porzellanmalfarben (siehe „Porzellanmalerei", S. 77–93) eignen sich ebenfalls für diesen Zweck, wenn ihr Schmelzpunkt niedriger ist als der des Emails.

Arbeitsweise

Beim Emaillieren geht man von einer Grundtechnik aus, auf der fast alle anderen Emailtechniken basieren. Der Arbeitsplatz sollte hell und zugfrei sein. In der Nähe des Brennofens dürfen sich keine leicht entzündlichen Gegenstände befinden. Der Brennofen muß auf einer feuerfesten Unterlage stehen, die wesentlich größer als die Stellfläche des Ofens ist. Zwar sind Brennöfen isoliert, jedoch könnte bei ungeschicktem Hantieren ein heißes Werkstück vom Ofenschieber fallen und einen Brand verursachen. Der Arbeitstisch wird mit mehreren Zeitungen bedeckt und außerdem mit einem sauberen Blatt Schreibpapier, mit dem man überschüssiges Emailpulver auffangen und zurückschütten kann. Das zu emaillierende Kupferplättchen – bei dem hier gezeigten Beispiel ein kleiner Vogel – wird auf beiden Seiten mit dem Schmirgelstein gut gereinigt, bis das Metall glänzend ist. Danach beizt man es in einem Bad aus ⅛ l Essig und 1 Eßlöffel Kochsalz und spült es unter klarem Wasser ab. Nachdem man es abgetrocknet hat, darf die zu emaillierende Fläche nicht mehr mit den Fingern berührt werden. Man faßt es entweder an den Kanten an oder benutzt zum Transport den Ofenschieber. Das Emailpulver wird aus dem Glas- oder Kunststoffnäpfchen in das Streusieb geschüttet. Dazu stellt man das Sieb auf den umgedrehten Gefäßdeckel, damit er durchgeronnenes Emailpulver auffängt. Der gereinigte Kupferrohling wird auf eine kleine Leiste o. ä. gelegt (auf den Fotos rechts ist es eine Karborundumfeile), damit man ihn später leicht mit dem Ofenschieber abheben kann. Er muß genau waagerecht liegen, während er mit Emailpulver bestreut wird. Damit sich das Pulver gleichmäßig verteilt, klopft man mit dem Zeigefinger fortlaufend leicht gegen den Siebrand, während man zugleich das Sieb langsam kreisend führt.
Mit einzuschmelzende Teile aus Emailstücken oder, wie hier, ein gereinigtes Kupferplättchen, werden vorsichtig in das Emailpulver gelegt. Hat man das Teilchen nicht exakt plaziert, entfernt man es, indem man einen Haarpinsel mit Speichel anfeuchtet, ihn auf das Teil setzt und es abhebt. Damit das Emailpulver an der eingedrückten Stelle wieder zusammenrinnt, klopft man mit einem Holzstäbchen leicht gegen die Kante des Metalls. Notfalls muß man die Stelle noch einmal mit Pulver nachstreuen oder das Pulver abschütten und neu beginnen. Das vorbereitete Werkstück wird vorsichtig mit Spachtel oder Ofenschieber von der Streufläche auf einen Brenneinsatz gelegt und zusammen mit diesem in den inzwischen auf 850–900 Grad Celsius vorgeheizten Brennofen gesetzt. Durch das Fenster in der Ofentür kann man beobachten, wie das Email nach wenigen Minuten zu schmelzen beginnt und dann zu einer geschlossenen Fläche zusammenfließt. Das Werkstück sieht rotglühend aus, und die Farben sind nicht erkennbar. Zu diesem Zeitpunkt nimmt man die Arbeit aus dem Ofen und stellt sie zum Auskühlen auf die feuerfeste Unterlage. Nach einiger Zeit kann man das Stück vom Brenneinsatz herunterschieben, so daß es direkt auf der Unterlage liegt. Es soll frei von Zugluft vollständig auskühlen. Zum Schluß werden die angezunderten Kanten mit dem Karborundumstein gereinigt.
Die Platte auf S. 233 wurde aus einfach emaillierten Vögeln zusammengestellt. Der Baum wurde aus Kupferfolie ausgeschnitten und auf eine weiß grundierte Holzplatte geklebt. Die Vögel sind ebenfalls aufgeklebt.
Nur bei kleinformatigen Arbeiten, die nicht beansprucht werden, kommt man mit einer einseitigen Emailschicht aus. Alle anderen Arbeiten müssen beidseitig emailliert werden, wobei man das Gegenemail der Rückseite zuerst aufbringt. Für das Gegenemail kann man verunreinigtes Emailpulver (Reste verschiedener Farben) nehmen. Es sollte die strenge Qualität mit

Arbeitsablauf: Emaillieren eines einfachen Kupferplättchens in Vogelform.

Broschen mit Emailmalerei.

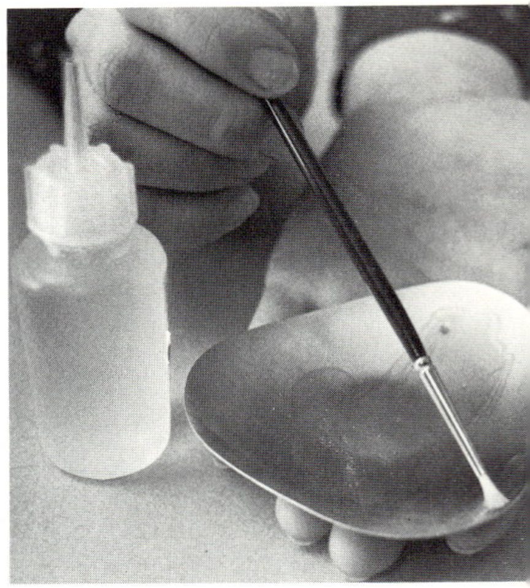

dem höchsten Schmelzpunkt sein, damit das Gegenemail nicht wieder schmilzt, wenn die Vorderseite dekoriert wird. Für den Gegenbrand auf der Vorderseite ist es erforderlich, daß das rückseitig emaillierte Werkstück auf einem Flügel-Brenneinsatz liegt, damit es auf der Unterseite nicht festschmilzt.
Bei Gegenständen mit steigenden oder abfallenden Wandungen haftet das Emailpulver nicht. Sind die Wandungen nur wenig steil, genügt es, sie mit Emailbrei zu beschichten, den man aus Emailpulver und Wasser angerührt hat. Bevor das Werkstück in den Brennraum kommt, muß das Wasser völlig verdunstet sein. Man beschleunigt den Vorgang, indem man das Werkstück in Ofennähe stellt. Gegenstände mit steileren Wandungen müssen mit Haftmittel eingestrichen werden, an dem das Emailpulver klebt. Man kann dazu entweder Tragantpulver in destilliertem Wasser oder Regenwasser anrühren (Sie sollten kein Leitungswasser nehmen!) und den Brei auftragen, oder man verwendet ein käufliches, fertig gemischtes Haftfluid. Bei Verwendung von Tragantbrei muß das darin enthaltene Wasser vor dem Brand verdunsten. Bei Haftfluid entfällt diese Maßnahme.

Mehrfarbiges Email

Aufgetragenes Emailpulver fließt zwar beim Schmelzen zusammen, jedoch sind einzelne Farben untereinander nicht zu einer neuen Farbe mischbar. Mehrfarbiges Email entsteht nur durch Aufbringen verschiedener Farben neben- oder übereinander. Man unterscheidet die Sgraffito-, Schablonen- und Auflegetechnik.

Sgraffito Ein rückseitig emaillierter Kupferrohling wird auf der Schauseite hell einfarbig emailliert. Danach wird dunkles Emailpulver über die ganze Fläche gestreut, aus der mit einem Haarpinsel stellenweise wieder Emailpulver entfernt wird, so daß ein Muster in heller Zeichnung entsteht. Das Werkstück wird vorsichtig transportiert und gebrannt (Foto links unten).

Schablonentechnik Wie beim Sgraffito, so wird auch hier eine einfarbige Grundschicht aufgeschmolzen. Aus Papier schneidet man eine Schablone aus, die man an entsprechender Stelle auf die Emailfläche legt. Die erste Emailschicht wird mit einer Kontrastfarbe überstreut. Dann hebt man vorsichtig die Schablone mit einer Pinzette ab und brennt das Werkstück (Fotos S. 238/239).

Gewölbte Gegenstände werden zuerst mit Haftmittel bestrichen, dann bestreut (links, oben und Mitte). Sgraffito: Auf eine emaillierte Fläche wird Pulver gestreut, danach mit dem Pinsel ein Motiv gemalt (links). Platte mit Stücken- und Flimmer-Email (rechts).

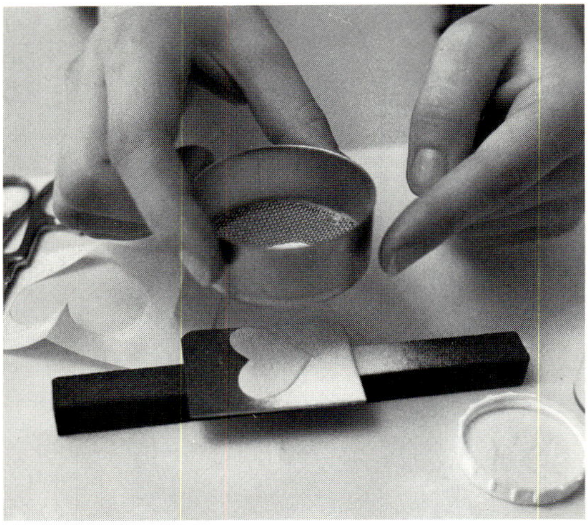

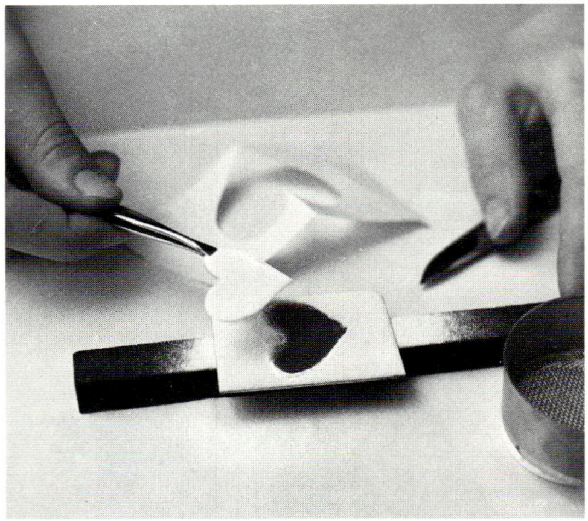

Schablonentechnik: Auf eine einfarbig emaillierte Grundschicht wird eine Papierschablone – hier ein Herz – gelegt, dann wird das Stück flächig mit Pulver in einer Kontrastfarbe überstreut und gebrannt (obere Reihe von links nach rechts, auf der nächsten Seite).

Auflegetechnik: In eine einfarbig aufgestreute Pulverschicht werden mit einer Pinzette Emailteilchen – hier Tausendblümchen – eingelegt (links).

Dann brennt man alles in einem Arbeitsgang (untere Reihe).

Auflegetechnik Eine gereinigte und mit Gegenemail versehene Kupferplatte wird mit Emailpulver in einer Farbe, die später den Untergrund für die Auflagen bildet, bestreut. In diesen Pulverauftrag legt man vorsichtig Emailstücke ein. Das können Tausendblümchen, wie auf den Fotos, Brocken, Fäden oder Kugeln sein. Pulver und Auflagen werden in einem Arbeitsgang gebrannt und eventuell später noch einmal mit Fondant (farblosem Transparentemail) überfangen. Man kann auch wie bei den zuvor beschriebenen Techniken zunächst eine Grundschicht aufbrennen, jedoch würden sich die aufzubrennenden Teile, die erst beim Schmelzen teilweise oder ganz in die Grundschicht einsinken, nicht so exakt auf der glatten Fläche plazieren lassen.

Stegemail

Zu den mehrfarbigen Arbeiten gehört ebenfalls das Stegemail, das jedoch eine Sonderstellung einnimmt. Beim Stegemail wird eine Fläche durch aufgelegte Drahtabschnitte, die mit eingebrannt werden, unterteilt. Man kann sie ein- oder mehrfarbig gestalten. Eine mit Gegenemail versehene Metallplatte wird mit Emailpulver in einer Grundfarbe bestreut. Aus gereinigtem und in Salz-Essig-Lösung gebeiztem Kupferdraht werden mit einer Flach- oder Rundzange Formen gebogen, die entweder in sich geschlossen sind oder gemeinsam eine abgegrenzte Fläche bzw. mehrere abgegrenzte Felder ergeben. Die Drahtstege werden in das Pulver gelegt und eingebrannt. Dabei ist zu beachten, daß kein Pulver auf die Stege gerät, sonst brennt es dort fest und ist nur schwer zu entfernen. Nach dem Einbrennen sind die Stege in die Grundschicht eingesunken. Man reinigt sie wie die Kanten des Emailträgers mit der Karborundumfeile, wobei man nur das Metall und nicht die Emailoberfläche bearbeiten sollte. Hat man die Emailschicht trotz aller Vorsicht verkratzt, legt man das Werkstück noch einmal in den Brennofen und schmilzt es an, bis es glänzt.
Der Reiz von Stegemailarbeiten liegt im Zusammenspiel von Formen und Farben. Für mehrfarbige Arbeiten wird die mit Gegenemail versehene Grundplatte nur so dünn mit Fondant bestreut, daß die aufgelegten Stege aus Draht gerade haften bleiben, also nicht ganz einsinken. Nach dem Brennen und Erkalten werden die durch die Metallstege begrenzten Felder mit verschiedenen Emailpulvern bestreut, wobei man die Nachbarfelder anderer Farben abdeckt. Man kann auch Emailpulver naß anrühren, als Brei mit einem Pinsel auftragen und das Wasser vor dem Brennen verdunsten lassen. Durch den Einsatz verschiedener Emailfarben und -arten sowie die Kombination von Hochglanz- und Mattemail, transparenten, opalen und opaken Sorten ergeben sich viele künstlerische Gestaltungsmöglichkeiten, von denen die Fotos nur einige zeigen.

Transferdekor

Wie Emailmalerei sehen Arbeiten aus, bei denen Dekorbilder aufgebrannt wurden. Die Technik ist einfach. Auf einen Papierträger aufgezogene Dekore – es gibt zahlreiche Motive im Hobbyhandel – werden einige Minuten in lauwarmem Wasser eingeweicht, auf eine einfarbig emaillierte Platte gelegt und vom Trägerpapier heruntergeschoben. Mit einem Zellstofftuch drückt man das Dekormotiv vorsichtig überall gut an. Es dürfen sich keine Blasen bilden, und auf der Emailplatte darf keine Feuchtigkeit stehen, wenn man die vorbereitete Arbeit nun in den vorgeheizten Brennofen schiebt. Sobald die Emailschicht schmilzt (zu glänzen beginnt), hat sich die Spezialfarbe des Dekorbildes mit dem Untergrund verbunden, und das Werkstück kann zum Abkühlen aus dem Brennraum genommen werden (Fotos S. 241).

Grubenschmelz

Für den Grubenschmelz, bei dem das Emailpulver in Vertiefungen aufgetragen wird, muß das Metall vorbereitet werden. Man zeichnet mit Bleistift oder Faserschreiber jene Stellen auf, die vertieft und später mit Emailpulver ausgefüllt werden sollen. Das Metall muß jedoch, wie in allen Fällen, vorher mit dem Schmirgelstein geschliffen und gebeizt werden. Anschließend bestreicht man das Metall unter Aussparung der markierten Felder dünn, aber gut deckend mit Asphaltlack, und zwar auf der Schauseite, der Rückseite und an den Kanten. In ein Glas- oder Porzellangefäß, das später nicht mehr für Lebensmittel verwendet werden darf (alter Suppenteller, Konservenglas o. ä.), füllt man ein Gemisch aus 3 Teilen Wasser und 1 Teil Salpetersäure, wobei man die Säure ins Wasser gibt, niemals umgekehrt! Am besten mißt man die Mengen mit einem Eßlöffel ab. Das lackierte Metall, dessen Lackauftrag zehn Stunden lang ausgehärtet sein muß (am besten über Nacht), wird vorsichtig in das Säurebad gelegt (Fenster öffnen) und beobachtet. Entstehende kleine Gasblasen vertreibt man mit einem Papierfächer oder einer Hühnerfeder. Nach etwa 15 Minuten kontrolliert man mit dem Holzstiel eines Pinsels, wie weit die Ätzung fortgeschritten ist. Sind die Gruben tief genug, nimmt man das Metall aus dem Bad und wäscht es in Sodawasser ab. Der Ätzsäure wird Soda zugesetzt. Sobald

Emailbild, entstanden durch Einbrennen eines Dekorbildes auf weißen Grund (oben). Brosche mit Kugelemail in Auflegetechnik (links).

sich keine Blasen mehr bilden, kann man sie wegschütten. Mit Farbverdünner und Stahlwolle wird der Asphaltlack entfernt und das Metall so lange geschliffen, bis es blank und ohne Rückstände ist. Danach bereitet man das Metall wie üblich zum Brennen vor, mischt Emailpulver mit Wasser und bringt den Brei in die dafür vorgesehenen geätzten Vertiefungen. Nachdem das Wasser aus dem Emailbrei verdunstet ist, kann das Werkstück gebrannt werden. Ist die Emailschicht zu flach, so daß sie Vertiefungen bildet, muß noch einmal Email aufgetragen werden. Email und Metall sollen eine geschlossene Oberfläche bilden. Vor dem erneuten Brand muß das Metall mit dem Schmirgelstein von Zunder gereinigt werden, weil sonst beim erneuten Erhitzen Metallteilchen abspringen und auf dem Email festbrennen könnten.

Fensteremail

Diese Technik ist etwas für fortgeschrittene Emailleure, die ausreichend technische Erfahrungen haben. Einem vorgezeichneten Motiv folgend werden mit einer Bügelsäge mit Spezialsägeblatt für Feinmetall (Juweliersäge) Teile aus einer Metallplatte ausgesägt. Die Schnittkanten werden mit einer Eisenfeile mit feinem Hieb oder mit einer Karborundumfeile trichterförmig abgeschrägt. Dann wird das Metall vorbereitet wie für alle Emailarbeiten (reinigen, beizen). Auf die Schamotteplatte des Brennofens wird eine Glimmscheibe gelegt, darauf kommt das Metall, dessen Öffnungen vollständig mit der Glimmscheibe unterlegt sein müssen. Mit dünnem Draht werden Metall und Glimmscheibe so auf der Schamotteplatte be-

Transfer-Dekor: Das handelsübliche Dekorbild wird in warmem Wasser eingeweicht, bis es sich vom Trägerpapier zu lösen beginnt. Dann schiebt man es vom Papier auf ein bereitliegendes emailliertes Plättchen und drückt es mit einem Zellstofftuch sorgfältig an. Das Bild muß glatt und blasenfrei aufliegen. Wenn alle Feuchtigkeit auf dem Werkstück verdunstet ist, kann es gebrannt werden. Sobald das Dekorbild im Ofen glänzend wird, verbindet es sich mit dem Untergrund. Die Arbeit muß nur noch abkühlen.

festigt, daß sie unverrückbar aufeinander liegen. Nun legt man in die ausgesägten Fenster transparente Emailbrocken ein und stellt alles zum Brennen in den vorgeheizten Ofen. Nach dem Brand legt man noch einmal Emailbrocken ein und wiederholt diesen Vorgang so lange, bis die ausgesägten Fenster mit Glasfluß gefüllt sind. Dann löst man das ausgekühlte Werkstück von der Unterlage und bearbeitet es auf beiden Seiten mit Karborundumfeile und Schmirgelstein.

Platte in Grisailletechnik.

Tips

Fehler: Rauhe, unebene Oberfläche.
Ursache: Temperatur zu niedrig oder Arbeit zu früh aus dem Brennraum genommen.
Nachbesserung: Nachbrennen, bis die Oberfläche glänzend zerfließt.

Fehler: Die Emailschicht hat Sprünge.
Ursache: Der Emailauftrag war dicker als der Emailträger.
Nachbesserung: Falls noch nicht geschehen, Gegenemail aufbringen und Vorderseite nachbrennen. Sonst ebenfalls noch einmal nachbrennen und das Werkstück in Ofennähe langsam abkühlen lassen. Zugluft vermeiden.

Fehler: Schwarze Löcher und Ränder.
Ursache: Emailpulver stellenweise zu dünn aufgetragen oder Email zu lange bzw. bei zu hoher Temperatur gebrannt (durchgebrannt).
Nachbesserung: Größere Löcher mit Glasfiberbürste reinigen. Löcher und Ränder mit Emailpulver nachstreuen und außerdem die ganze Fläche dünn überstreuen und brennen.

Fehler: Metallteilchen sind auf der Emailfläche eingebrannt (sog. Zundersprung).
Ursache: Metallteile, z. B. Stege, wurden nach dem Erstbrand nicht gereinigt, oder die Flügel des Metall-Brenneinsatzes waren nicht sauber.
Nachbesserung: Brenneinsatz und in das Werkstück eingeschmolzene Metallteile mit der Karborundumfeile reinigen. Ebenso die verunreinigten Zunderstellen auf dem Email. Dünn mit Emailpulver überpudern und erneut brennen.

Fehler: Drahtstege lösen sich teilweise.
Ursache: Zu wenig Emailpulver vor dem Auflegen der Stege aufgestreut.
Nachbesserung: Emailpulver nachstreuen, dabei Pulver, das auf das Metall gefallen ist, mit einem Haarpinsel abfegen. Nachbrennen.

Fehler: Drahtstege sind vollständig versunken.
Ursache: Aufgetragene Pulverschicht war zu dick.
Nachbesserung: Keine. Sind die Stege nur stellenweise mit Email überdeckt, kann man sie mit einer feinen Eisenfeile freilegen, den Schleifstaub sauber abwaschen, das Werkstück trocknen und nachbrennen.

Durchbrenntechnik
Die Durchbrenntechnik ist ein relativ einfaches Verfahren, bei dem auf eine Grundschicht aus strengem Email weichere Emailsorten in Kontrastfarben oder feinen Farbabstufungen aufgebrannt werden. Durch Wiederholung des Schmelzvorgangs sinken die weicheren Emailsorten teilweise in die strenge Grundschicht ein und bilden mit dieser eine Farbmischung, die auf anderem Weg nicht erreichbar ist. Führt man die Durchbrenntechnik in Schwarz- und Weißtönen aus, entsteht das Grisaille, eine malerisch wirkende Arbeit in Graustufen (Foto links).

Maleremail
Medaillons, Dosen und Uhrenschilder früherer Zeiten waren oft in Maleremail ausgeführt. Bei dieser Technik wird ein mit Gegenemail versehenes Werkstück einfarbig hochglänzend emailliert. Diese Grundplatte bildet zugleich den Hintergrund für die Malerei, die mit in Wasser angerührtem Emailbrei ausgeführt wird. Das bei uns handelsübliche Emailpulver ist meistens sehr grob (60maschig), so daß es keine feinen Zeichnungen zuläßt. Die früheren Emails waren bis zu 600maschig gemahlen und ergaben verdünnt eine gut ausmalbare Farbe. (Die Feinheit wird nach der Dichte der Siebmaschen, durch die das Email hindurchfällt, bezeichnet.)
Der bemalte Emailgegenstand muß so lange stehen bleiben, bis das Wasser aus dem Auftrag verdunstet ist, dann brennt man ihn bei einer Temperatur von 850 Grad. Ist der Brennraum zu heiß, zerfließt das Email zu stark, und die Zeichnung wird verschwommen.

Emailmalerei
Auch bei dieser Technik wird zuerst eine einfarbige Grundschicht aus strengem Email (mit hohem Schmelzpunkt) aufgebrannt. Danach bemalt man die Fläche, die nicht mehr mit den Fingern berührt werden darf, mit speziellen Emailmalfarben oder mit Porzellanmalfarben, deren Schmelzpunkt unter dem des Emails liegt. Das fertig bemalte Werkstück wird bei ca. 850 Grad gebrannt (Temperaturangaben des Herstellers beachten).

Mattemail
Die hochglänzende Oberfläche einer Emailarbeit kann man mit Mattiersalz behandeln (naß anrühren, auftragen, Wasser verdunsten lassen) und noch einmal bei niedrigerer Temperatur (800–820 Grad) brennen. Diese Möglichkeit ist besonders interessant bei Teilflächen innerhalb einer Komposition.
Ganzflächig kann man mattschmelzendes Emailpulver, ein mit Säure aufbereitetes Email, verwenden. Die Schmelztemperatur liegt zwischen 800 und 820 Grad, hat also nur eine kurze Toleranzzeit. Überschreitet man diese, wird die Oberfläche teilweise oder ganz hochglänzend. Unterschreitet man die Temperatur, wird die Fläche uneben und grobporig. Auch bei richtigem Brand sind mattgebrannte Emails porös und empfindlich. Man behandelt sie deshalb mit Wachs nach, das man in die Oberfläche einreibt. Es entsteht ein schöner steinmatter Glanz. Das Wachsen muß nach einiger Zeit wiederholt werden. In matter Ausführung gibt es nur opake Emails.

Grubenschmelztechnik:* *In das Metall wurden Vertiefungen geätzt und mit Pulver ausgestreut.

Brandmalerei

Die Pyrogravur, wie die Brandmalerei ursprünglich hieß, hat sich aus den Brandzeichen entwickelt, mit denen Viehzüchter ihre Tiere kenntlich machten. Glühende Metallstempel verschiedener Formen –später gegossene Buchstaben oder Zahlen – wurden dem Vieh auf Hufe, Hörner oder ins Fell gebrannt. Farmer nutzten diese Technik an langen Wintertagen, um ihre einfachen Möbel mit eingebrannten Mustern zu verzieren. Dazu faßten sie feinere Metallstifte mit einer Zange und brachten sie über offenem Feuer zum Glühen. Dann wurden die Stifte oder Nagelköpfe in das Holz gedrückt. Bald lernten sie, durch unterschiedliche Hitzegrade und Dauer des Abdrucks die Intensität der Braunfärbung zu steuern.
Populär wurde die Brandmalerei um 1890, als der Kgl. Hoflieferant Gustav Fritzsche in Leipzig einen handlichen Brennapparat erfand. Das in einem Blechkasten untergebrachte Gerät wurde mit Brennspiritus beheizt und hatte zwei Schläuche. Am Ende des einen Schlauchs saß eine Art Blasebalg, ähnlich wie ein Parfümzerstäuber früherer Jahre. Am anderen Schlauch saß ein Hohlstift, dessen Spitze sich erhitzte. Mit Hilfe dieses Gerätes konnte man Brandmalereien auf Holz und Leder ausführen.
Seit elektrische Spezialbrennstäbe entwickelt wurden, ist es für jeden Laien problemlos, in dieser Technik zu arbeiten.

Arbeitsmittel

Man braucht nur wenige Hilfsmittel zur Ausführung der Brandmalerei:
Brennstab
Brennstifte
Drahtbürste oder Schmirgelstein
Schraubenzieher, Zange
Holz
Schleifpapier
Brennunterlage.

Brennstab Speziell für Brandmalerei wurde ein elektrisch aufheizbarer Brennstab entwickelt, der 30 Watt leistet (220 Volt, VDE-Prüfsiegel). Die separate Spitze ist auswechselbar. Man kann das Brenngerät einzeln oder als Set mit verschiedenen Stiften in Geschäften für Hobbybedarf kaufen.

Brennstifte Stifte mit verschiedenen Ornamentprofilen, die sich in jeden Brennstab einsetzen lassen, gibt es in großer Auswahl im Hobbyhandel zu kaufen. Man sollte mindestens einen Stift mit feiner Spitze für dünne Linien haben, einen dickeren für breitere Linien, einen abgeflachten in Schraubenzieherform, einen mit stumpfer runder Spitze für Punkte und einen mit stumpf-ovaler Spitze für ovale Formen, z. B. Blättchen und Blütenteile. Man kann auch die Köpfe von dicken Nägeln oder andere Metallstifte zum Brennen verwenden. Brennstifte gibt es im Hobbyhandel.

Drahtbürste, Schmirgelstein Um exakte Linien oder Konturen zu brennen, muß der Brennstift von Zeit zu Zeit gereinigt werden. Das macht man mit einer Drahtbürste oder einem Schmir-

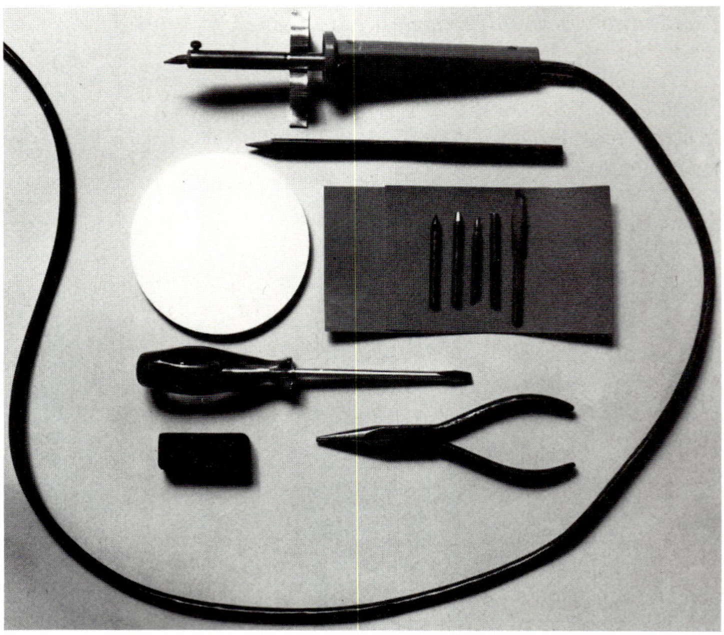

gelstein (Eisenwarenhandel, Heimwerker- oder Hobbybedarfsgeschäft).

Schraubenzieher, Zange Zum Wechseln der Brennstifte löst man mit dem Schraubenzieher die Schraube an der Spitze des Brennstabs, nimmt den einen Stift heraus, schiebt den neuen hinein und zieht die Schraube wieder fest. Wechselt man die Stifte während der Arbeit, muß man den heißen benutzten Brennstift mit einer Flachzange fassen und ihn auf einer unbrennbaren Unterlage (Dosendeckel aus Metall) ablegen.

Holz Jedes trockene Holz läßt sich zum Einbrennen von Mustern verwenden, jedoch trägt die Holzart viel zum guten Ergebnis einer Arbeit bei. Das Holz sollte vor allem hell und feinfaserig sein. Nadelhölzer mit stark sichtbaren Jahresringen eignen sich nicht so gut für diese Technik. Zum Brennen besonders geeignet sind Ahorn, Buche, Eiche, Linde und Pappel. Das Einbrennen in Ahorn dauert länger als bei anderen Hölzern, jedoch wird die Brandmalerei hierauf besonders exakt. Buche braucht ebenfalls eine längere Einbrenndauer als Eiche, Linde oder Pappel, weil sie härter ist. Eiche läßt sich leicht brennen, aber die Konturen wirken auf dieser Holzart etwas zittrig. Linden- und Pappelholz lassen sich sehr leicht brennen, jedoch erfordern beide Arten rasches Arbeiten. Leicht brennbare Hölzer haben den Nachteil, daß sie an den Brandlinien kurz weiterkohlen und ungenaue Konturen verursachen.
Im Hobbybedarfshandel gibt es eine Vielzahl von Holzzuschnitten und -gegenständen, die für die Brandmalerei geeignet sind.

Wie ein Gemälde wirkt die meisterliche Brandmalerei von 1890.

Schleifpapier Feinkörniges Schleifpapier (120) wird benötigt, um die zu bearbeitende Holzfläche glatt und faserfrei zu machen. (Eisenwaren- oder Tapetenhandel, bei Hobby- und Heimwerkermärkten).

Brennunterlage Zum Abdecken des Arbeitsplatzes nimmt man am besten einen Abschnitt von einer Hartfaser- oder Kunststoffplatte (kein Plastik).

Arbeitsweise

Zunächst sollte man als Anfänger Versuche auf Abfallholz machen. Man kann so die Reaktion des Holzes auf die heiße Brennspitze beobachten und bekommt erste Anhaltspunkte über die Möglichkeiten mehr oder weniger intensiver Bräunung im Zusammenhang mit der Brenndauer. Der Brennstab wird wie ein Bleistift gehalten, jedoch

weiter oben am Kunststoffgriff angefaßt. (Bei Berührung mit dem Metallschaft verbrennt man sich die Finger.)
Man führt den Brennstift gleichmäßig ohne jeglichen Druck langsam über das Holz. Je nach Neigung des Brennstabes zeichnet sich eine feine oder breitere dunkle Linie auf dem Holz ab. Je steiler man die Brennspitze aufsetzt, um so dünner wird die eingebrannte Linie. Exakte Linien, die im rechten Winkel zur Holzmaserung stehen, sind schwieriger zu brennen als solche, die mit der Maserung verlaufen. Nach einigen Vorübungen kann man mit der ersten kleinen Arbeit, z. B. einem Untersetzer beginnen. Am einfachsten ist der Stempelbrand auszuführen. Hierbei wird eine mit einer Mustergravur versehene Brennspitze in den Brennstab eingesetzt, aufgeheizt und bei senkrecht gehaltenem Brenngerät auf dem Holz abgedrückt. Durch Reihung oder andere musterbildende Anordnung solcher Stempelmotive kann man eine Holzfläche auf einfache Weise beleben. Interessanter ist jedoch die tatsächliche Malerei mit spitzen oder abgestumpften Brenneinsätzen. Zunächst zeichnet man das vorgesehene Motiv mit einem Bleistift auf das Holz, nachdem man das Holz mit Schleifpapier geglättet hat. Für den Anfang sollte das Motiv nicht zu kompliziert sein. Mit dem spitzen Einsatz des Brennstabes werden zuerst alle Linien nachgefahren. Dabei hält man den Brennstab leicht schräg, etwa wie beim Schreiben. Anschließend arbeitet man die Details heraus. Geschlossene Flächen erzielt man z. B. durch dicht nebeneinander gesetzte Punkte (Brennstift senkrecht aufsetzen) oder dadurch, daß man die entsprechende Partie mit dem fast waagerecht gehaltenen Brennstab gleichmäßig bestreicht. Dazu muß man mit Hilfe von Schraubenzieher und Flachzange die Brennspitze etwas weiter aus der Halterung ziehen. Auch mit einer abgeflachten Schraubenzieher-Brennspitze kann man flächig, jedoch nicht gleichmäßig bräunen.
Um die fertige Arbeit vor Verunreinigung zu schützen, kann man das Holz entweder gut einwachsen und anschließend blank reiben oder mit farblosem Lack behandeln.

So wird Brandmalerei ausgeführt. Arbeitsstufen am Beispiel eines Untersetzers.

Farbige Brandmalerei Farben können eine Brandmalerei beleben und ergänzen, wenn sie sparsam eingesetzt werden. Am besten eignen sich lasierende Farben, die die Holzstruktur auch nach der Bemalung noch erkennen lassen. Man kann dazu verdünnte Dispersionsfarbe, Wasserfarbe aus einem Schulmalkasten oder andere wasserverdünnbare Farbe nehmen. Warme Farbtöne, die sich mit dem Holzton und den Brandlinien gut vertragen, sind am vorteilhaftesten.

Brennen auf Leder Helles glattes Rindleder eignet sich am besten für die Brandmalerei. Man arbeitet wie auf Holz, jedoch muß die Brennspitze vorsichtiger aufgesetzt werden, weil sie bei jedem Druck sofort in das Leder einsinkt und einen Brandfleck verursacht. Übungen an einem Abfallstück sollten der Arbeit auf teurem Leder vorausgehen. Nach dem Brennen kann man das Leder mit einer Spezialfarbe färben oder bemalen. Abschließend behandelt man die Arbeit mit Lederlack (Hobbybedarfsgeschäft, Lederwarenhandlung, Western-Shops).

Brennen auf Kork Brandmalerei auf Kork unterscheidet sich wenig von der Arbeit auf Holz, jedoch ist Kork nicht so leicht brennbar. Der Vorgang dauert entsprechend länger. Durchgehende Linien lassen sich nur schwer auf Kork ausführen. Man behilft sich, indem man kleine Punkte so dicht nebeneinander setzt, daß sie wie ein Strich wirken. Die zu bearbeitende Fläche sollte nicht zu grobporig sein.

Tips

Weiche Hölzer kohlen nach der Berührung mit dem heißen Brennstift leicht nach und verursachen ungleich starke Linien. Man behilft sich, indem man das Holz mit Wasser etwas anfeuchtet.

Brennfehler sind schwer zu korrigieren. Sehr schwache Linien kann man mit Sandpapier abschleifen.

Anstelle käuflicher Brennspitzen kann man auch dicke Nägel, Haken, Schraubösen oder andere Metallteile einspannen.

Holzbrettchen und Untersetzer sehen vollständiger aus, wenn man auch die Schnittkanten verziert.

Stickschablonen aus Metall eignen sich gut zum Einbrennen von Buchstaben auf Holz. Man befestigt sie mit Klebstreifen und fährt die ausgestanzten Zwischenräume nach.

Brandmalereien auf Buchen-, Linden-, Pappelholz und auf Kork.

Wachsarbeiten

Es gibt kein von Tieren produziertes Werkmaterial, das so schön anzusehen und duftend, so glatt und geschmeidig ist wie das Bienenwachs. Man gewinnt es durch Ausschmelzen der Honigwaben. Das frische Wachs, Jungfernwachs genannt, ist weißlich. Je länger es im Bienenstock bleibt, um so dunkler wird es.
Der erste nachweisbare Gegenstand aus Wachs ist eine Kerze aus dem 1. Jh. nach Chr. Sie wird in Vaison la Romaine aufbewahrt. Historiker vermuten jedoch, daß die Verwendung von Wachs als Leuchtmaterial schon im 6. Jh. v. Chr. bekannt gewesen sein muß. Um 1100 n. Chr. benutzte man Wachsplatten als Schreibtafeln, in die mit einem erwärmten Metallgriffel Zeichen geritzt wurden.
Anfang des 16. Jh. kamen Wachssiegel auf, mit deren Hilfe die Heftfäden von Urkunden zusammengehalten wurden.
Wachs fand in seiner reinen Form vor allem Verwendung als Kerzenmaterial. Die Kerze als Licht des Lebens wurde das Sinnbild Christi. Im frühen Mittelalter wurden Kerzen für den religiösen Gebrauch ausschließlich in Klöstern hergestellt. Dem hellen (oder gebleichten) Jungfernwachs – Symbol der Unbeflecktheit – durfte kein Talg oder anderes brennbares Material zugesetzt werden, so schrieb es die Liturgie vor.
Im 11. Jh. wurde es Laien erlaubt, Kerzen gewerblich herzustellen. Wachsdreher und -zieher versorgten nun die Gotteshäuser mit Kerzen. Die Dreher formten das zu Tafeln breitgewalzte Wachs um einen Docht aus Werg. Die Wachszieher tauchten einen Docht so oft in erhitztes Wachs, bis genügend daran hängenblieb und die Kerze dick genug war. Ähnlich verfuhr man bei der Herstellung von aus dünnen Rollen bestehenden Wachsstöcken. Hierzu wurde ein langer Docht zwischen zwei Trommeln befestigt und so lange durch ein Wachsbad gezogen, bis die gewünschte Stärke erreicht war. Das so vorbereitete Wachsmaterial wurde zu Spiralen oder in dichten Windungen zu Tafeln verarbeitet.
Um 1300 schlossen sich die ersten Kerzenmacher gemeinsam mit Seifensiedern und Ölmüllern zu einer Zunft zusammen. Auch die Lebzelter, Hersteller von Honigkuchen, befaßten sich mit dem Kerzenmachen.
Nachdem Sir Brez in Frankreich im 15. Jh. das Kerzengießen erfunden hatte, waren auch die Schnitzer an der Kerzenherstellung beteiligt, indem sie die für diese Technik erforderlichen Hohlformen aus Holz herstellten, die ein Einfüllrohr aus Metall hatten und teilbar waren. Einfachere Formen stellten die Kerzengießer selbst her.
Aber nicht nur die Kerzen wurden gegossen. Es entstanden auch Reliefs und vollplastische Figuren. Waren es zunächst kleine Engel oder Darstellungen des Jesuskindes – meistens in Glaskästen aufbewahrt –, so wurden die Figuren immer größer. Die Wachsmacher Montanari und Pierotti erlangten internationale Anerkennung mit ihren gegossenen Puppenköpfen, und Madame Tussaud kam mit ihren lebensgroßen Wachsnachbildungen von Personen und Persönlichkeiten zu Weltruhm.
An den Herstellungsmethoden von Wachsarbeiten im handwerklichen Bereich hat sich bis heute wenig geändert. Wachsgemische machen die Arbeit für Laien billiger, käufliche Gießformen, Hilfsmittel und Zusatzmaterialien vielseitiger und zugleich einfacher.

Arbeitsmittel

Wachsarbeit ist ein Sammelbegriff für alle aus Wachs, Wachsgemisch und wachsähnlichem Material hergestellten Dinge. Welches Material man wählen sollte, hängt von der Arbeit ab, die man machen möchte. Reines Bienenwachs ist teuer und nicht für jede Arbeit erforderlich. Die nachstehenden Materialbeschreibungen machen die Wahl leichter.

Wachs Reines Bienenwachs. Schmelzpunkt bei 60 Grad Celsius. Naturfarben von Goldgelb bis Ocker. Duftend, geschmeidig.
Handelsformen: Dünne Tafeln, glatt oder mit Wabenprägung, 5–10 mm dicke Platten, Blöcke, meistens in Kastenformen aus Aluminiumfolie gegossen. Außerdem gibt es Wachsbrok-

Zierkerzen aus weißem Stearin mit Applikationen.

ken in ungereinigtem Zustand (Bruchwaben) beim Imker.
Eignung: Kerzendrehen, Kerzenziehen, Kerzengießen, Reliefguß, vollplastischer Wachsguß, Wachsschnitt.
Bezugsquellen: Hobbybedarfshandel, Drogerien, Geschäfte für Imkerbedarf.

Paraffin Abfallprodukt aus der Erdöldestillation, nach Ausscheiden des Paraffinöls.
Schmelzpunkt 30–45 Grad Celsius (Weich-Paraffin), 45–50 Grad (Mittel-Paraffin), 50–60 Grad (Hart-Paraffin). Die handelsübliche Sorte ist ein Paraffingemisch, das bei etwa 55 Grad schmilzt. Es ist weißlich, halbtransparent und spröder als Wachs.
Handelsformen: Flocken, Linsen, Perlen (Sammelbegriff Granulat), neutral oder eingefärbt, Platten, Blöcke, Brocken, meistens ungefärbt.
Eignung: Kerzen- oder Reliefguß, als Tauchbad zum Färben. Paraffin läßt sich gut mit wasserlöslichen Dispersions- oder Kaseinfarben bemalen.
Bezugsquellen: Hobbybedarfshandel, Drogerien.

Stearin Aus Fettsäuren bestehendes wachsartiges Produkt. Schmelzpunkt, Handelsformen, Eignung und Bezugsquellen wie Paraffin.

Wachsgemisch Gemisch aus Paraffin und Stearin mit geringem Wachsanteil (meistens 10%). Schmelzpunkt je nach Fabrikat (Zusammensetzung) unterschiedlich zwischen 50 und

Handelsübliches Sortiment des Grundmaterials für Wachsarbeiten (oben). Formen zum Wachsgießen (rechts).

60 Grad Celsius. Spröder als Wachs, jedoch geschmeidiger als reines Paraffin oder Stearin. Halbtransparent, milchig-weiß oder eingefärbt. Viele Farben erhältlich. Dunkle Töne sind kaum noch transparent.
Handelsformen: Wie Paraffin.
Eignung: Alle Wachsarbeiten. Zum Kerzendrehen und zum Modellieren größerer Objekte kann das Material durch Beimischung von reinem Bienenwachs (50:50) geschmeidiger gemacht werden.
Bezugsquellen: Hobbybedarfshandel, seltener Drogerien.

Kerzenreste Billige Haushaltskerzen bestehen meistens aus Stearin, Paraffin oder einem Gemisch aus beidem, teure aus Bienenwachs oder Wachsgemisch. Der Schmelzpunkt ist unterschiedlich.
Eignung: In gereinigtem Zustand (schwarze Dochtspitzen vor dem Einschmelzen abschneiden, Dochtreste mit Zange oder Pinzette aus dem flüssigen Gemisch entfernen) gutes Grundmaterial für Gießarbeiten. Möglichst nach Farben sortiert einschmelzen oder den Gießling später durch ein Tauchbad überfärben.

Modellierwachs (auch Knetwachs genannt) Paraffin-Stearin-Wachsgemisch mit höherem Wachsanteil als das übliche Gemisch. Verschiedene Farben.
Handelsformen: Kleine Tafeln oder daumendicke Rollen von 15 cm Länge.
Eignung: Modellieren halb- oder vollplastischer Teile wie Blüten, Früchte, Figuren (klein). Zum Formen größerer Objekte zu teuer. Hier lieber auf ein selbst hergestelltes Gemisch zurückgreifen (siehe Wachsgemisch).
Bezugsquellen: Hobbybedarfshandel, seltener Drogerien und Spielwarenhandel.

Klebwachs Zähes Wachsgemisch mit Zusatz eines Haftmittels, milchweiß bis gelblich.
Handelsformen: Kleine Tafeln oder Blöcke.
Eignung: Klebverbindung einzelner Modellteile bei der Herstellung mehrteiliger größerer Arbeiten (z. B. Blütenstöcke, Kränze).
Bezugsquelle: Hobbybedarfshandel.

Wachsfarbe Auf Paraffinbasis hergestelltes Färbemittel.
Handelsformen: Tabletten, 2 cm lange Vierkantstäbchen, flüssig in kleinen Flaschen.
Eignung: Für durchgefärbte Arbeiten oder als Tauchbad zum Überfärben heller oder weißer Wachsarbeiten. Die Farbe wird dem flüssigen Wachsgemisch zugesetzt und löst sich darin auf.

Zierwachs Meistens reines Bienenwachs oder Gemisch mit hohem Wachsanteil.
Handelsform: Hauchdünne Folienabschnitte in vielen Farben.
Eignung: Zum Applizieren auf Arbeiten aus Wachs oder Wachsgemisch. Mit Messer oder Schere schneidbar. Klebt auf allen wachsartigen Untergründen ohne zusätzliches Haftmittel.
Bezugsquellen: Hobbybedarfshandel, seltener Drogerien.

Dekorwachs Aus dünner Wachsfolie ausgestanzte oder aus Wachsgemisch gegossene Ziermotive in zahlreichen Formen. Die gestanzten Teile sind durchgefärbt, die gegossenen bemalt.
Eignung: Verzierung von Arbeiten aus Wachs oder Wachsgemisch. Selbsthaftend. Hauptsächlicher Anwendungsbereich: Schmuckkerzen für besondere Anlässe.

Außer Wachs oder Wachsgemisch braucht man folgende Standardausrüstung:
Kochtopf, mindestens 1 Liter fassend
Kochplatte oder -herd
Metallgefäß, in den Topf passend
Leere Blechdosen
Große Zange oder Pinzette
Holzstab (Kochlöffelstiel)
Untersetzer
Topflappen
Speiseöl und Pinsel (oder Silikonspray)
Schere
Kreppapier
Zeitungen
Terpentinersatz (oder Nitroverdünnung).

Kochtopf Bestimmt für das Wasserbad, in dem das Wachsmaterial erwärmt wird.

Kochplatte, Kochherd Wärmequelle zum Erhitzen und Warmhalten des Wasserbads im Kochtopf.

Metallgefäß Behälter zum Schmelzen des Wachsmaterials, der in den mit Wasser gefüllten Topf gestellt wird. Das kann eine leere saubere Konservendose o. ä. sein. Jedenfalls sollte man nicht seinen besten Kochtopf nehmen.

Leere Blechdosen Weitere Behälter zum Schmelzen, Nachfüllen, Teilen und Abmessen von Wachsmaterial. Getränkedosen (Bier, Cola, Limonade) eignen sich sehr gut wegen ihrer hohen schmalen Form.

Große Zange oder Pinzette Benötigt zum Herausfischen von Unreinheiten und Dochtenden bei Verwendung von Kerzenresten. Eine alte Keks- oder größere Zuckerzange ist ein gutes Hilfsgerät. Man kann auch eine Greifzange aus einem Aluminiumstreifen biegen.

Holzstab Ein Stück Rundholz oder ein hölzerner Kochlöffelstiel wird benötigt zum Umrühren des Wachsmaterials und zum Abstreifen von Tropfen beim Gießen und Umfüllen.

Untersetzer Der Untersetzer zum Absetzen und Transportieren des aus dem heißen Wasserbad kommenden Flüssigwachses sollte rutschfest und hitzebeständig sein.

Topflappen Zum Anfassen des heißen Behälters mit dem Flüssigwachs braucht man einen gut isolierenden, jedoch nicht zu starren Topflappen.

Speiseöl und Pinsel Trennmittel zwischen Gießform und Wachs ist Speiseöl, das mit dem Pinsel in die Form gestrichen wird. Silikonspray, ebenfalls ein (teures) Trennmittel, wird direkt in die Form gesprüht. Man braucht hier also keinen Pinsel. Präpariert man die Formen vor dem Einguß nicht, läßt sich der Wachsgießling kaum herauslösen.

Kreppapier Zum Entfernen von Verunreinigungen und zum Abtupfen von Wachstropfen sollte Kreppapier in ausreichender Menge bereitliegen.

Zeitungen Ein dicker Packen alter Zeitungen ist bei Wachsarbeiten die beste Abdeckung für den Arbeitsplatz. Plastikfolie ist weniger geeignet, weil sie sich durch Hitzeeinwirkung verzieht (heruntertropfendes Wachsgemisch).

Terpentinersatz oder Nitroverdünnung Nach beendeter Arbeit werden alle Gießformen zunächst mit heißem Wasser gereinigt. Letzte Rückstände entfernt man mit Terpentinersatz oder Nitroverdünnung. (Vorsicht: feuergefährlich, giftige Dämpfe. Arbeit bei offenem Fenster, nicht rauchen, Kochstelle löschen!)

Arbeitsweise

Wachsmaterial kann man zu Kerzen drehen, ziehen, gießen und formen. Außer Kerzen kann man jedoch auch andere Dinge aus Wachs herstellen. Hier bieten sich besonders die Techniken Gießen und Modellieren an. Zuvor jedoch einige Grundregeln, die stets zu beachten sind:
Wachsmaterial wird grundsätzlich in einem Wasserbad erhitzt und geschmolzen, niemals direkt auf einer Kochstelle.
Wachs darf nicht zu heiß werden. Wenn es zu rauchen beginnt, ist es zu spät, es wird dann schaumig (bildet Luftblasen) und verfärbt sich.
Die Wachstemperatur muß beim Gießen dem Material der Gießform angepaßt sein. Formen aus dünnem Kunststoffmaterial (z. B. Plastikeinsätze von Konfektschachteln) müssen mit Wachsgemisch ausgegossen werden, das gerade seinen Schmelzpunkt erreicht hat.
Es sollte immer genügend flüssiges Wachsmaterial bereit stehen, um den beim Abkühlen absinkenden Wachsspiegel in einer Form auffüllen zu können.
Die Dochtstärke bei Kerzen richtet sich nach dem Kerzendurchmesser. Es gibt für dünne Kerzen gedrehte, für dickere geflochtene Dochte in verschiedenen Stärken im Hobbyhandel. Je größer der Kerzendurchmesser ist, um so dicker muß auch der Docht sein. Ausgehend von einer gekauften Haushaltskerze, kann man das Größenverhältnis auf andere Kerzen- und Dochtstärken leicht übertragen. Bei Arbeiten mit ungewöhnlich großem Durchmesser (z. B. das Kissen auf Seite 262), flicht man mehrere dünne Dochte zu einem dicken Docht zusammen.

Kerzendrehen
Die einfachste Form der Kerzenherstellung ist das Drehen. Man braucht dazu weiter nichts als dünne Wachstafeln, Dochte, entsprechend der Kerzenstärke, die 5 cm länger als die vorgesehene Kerze sind, ein scharfes Küchenmesser, ein Lineal oder eine Leiste, ein Schneidbrett aus Holz oder Kunststoff.
Die Zeichnungen (rechts) zeigen den Vorgang: Eine Wachstafel wird zugeschnitten. An einer der Schmalseiten wird der Docht so angelegt, daß er mit der späteren Unterkante der Kerze bündig abschließt. Der Docht wird in gleichmäßigen festen Windungen in die Wachstafel eingerollt. Die Schnittkante am Ende wird über die ganze Kerzenlänge gut angedrückt. Schneidet man die Wachstafel schräg zu, so ergibt sich eine Kerze mit spiralenartig verlaufender Oberkante.
Man kann die Wachstafel auch vor dem Eindrehen des Dochts am oberen Rand kammartig einschneiden und später an der fertigen Kerze die einzelnen Streifen nach außen biegen.
Ein Windlicht entsteht, wenn

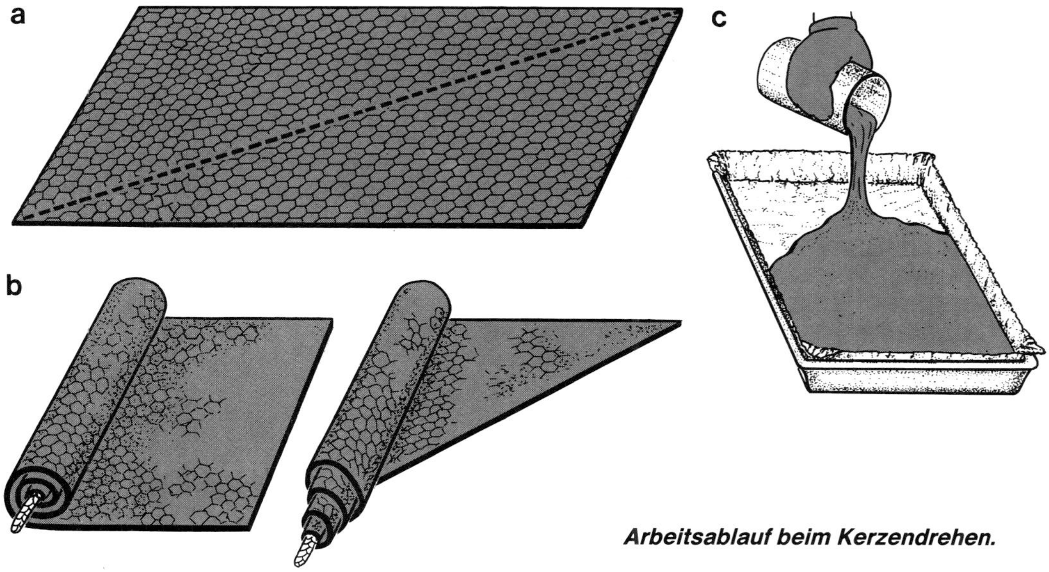

Arbeitsablauf beim Kerzendrehen.

Variationen gedrehter Kerzen.

man aus einem Wachstafelstreifen eine dicke Kerze dreht und zum Schluß einen Wachsmantel in doppelter Kerzenhöhe darum windet. Die Oberkante des Mantels biegt man vorsichtig nach außen. Es ist wichtig, die Kerze so dick zu drehen, daß die Flamme den Kerzenmantel nicht anschmilzt.
Möchte man Kerzen aus selbsthergestellten Wachsgemischtafeln machen, so braucht man außer der unter „Arbeitsmittel" aufgeführten Standardausrüstung:
Ein Backblech, eckiges Tablett o.ä.,
Aluminium-Haushaltsfolie, die rundherum 3–4 cm größer ist als Backblech oder Tablett.

Im Wasserbad wird Wachs oder Wachsgemisch erwärmt, bis es flüssig ist. Inzwischen bereitet man die Gießform vor: Das Backblech oder Tablett wird glatt mit Alufolie ausgelegt, die Folienkanten werden aufwärts gebogen und nach außen umgeschlagen. Die gesamte Folienauskleidung wird mit Speiseöl sorgfältig und dünn bestrichen. Das geht am besten mit einem breiten Flachborstenpinsel. Danach gießt man vorsichtig das flüssige Wachsmaterial ein. Backblech oder Tablett müssen dabei auf einer ebenen geraden Fläche stehen, damit die Gußschicht überall gleich dick wird. Sie soll ca. 3–5 mm stark sein. Nach dem Abkühlen – etwa 30 Minuten – hebt man die Folie mit der Gußplatte heraus und löst die Alufolie vorsichtig ab. In noch handwarmem Zustand lassen sich Wachsgußplatten am besten zu Kerzen drehen.

Kerzenziehen
Das Kerzenziehen ist eine der ältesten Techniken der Kerzenherstellung. Man braucht dazu außer der Standardausrüstung:
Wachs oder Wachsgemisch,
ein hohes Metallgefäß (Getränkedose),
einen Docht in anderthalbfacher Länge der vorgesehenen Kerze,
einen Holzstab (Bleistift),
eine Glasperle oder Schraubenmutter,
zwei Stützen (Telefonbücher o.ä.).
Die Zeichnungen (unten) zeigen den Vorgang: Das obere Ende des Dochts wird um die Bleistiftmitte geknotet, das untere knotet man in die Perle oder Schraubenmutter. Das Gewicht am Dochtende verhindert, daß sich der Docht beim Eintauchen in das heiße Wachsmaterial

Kerzenziehen

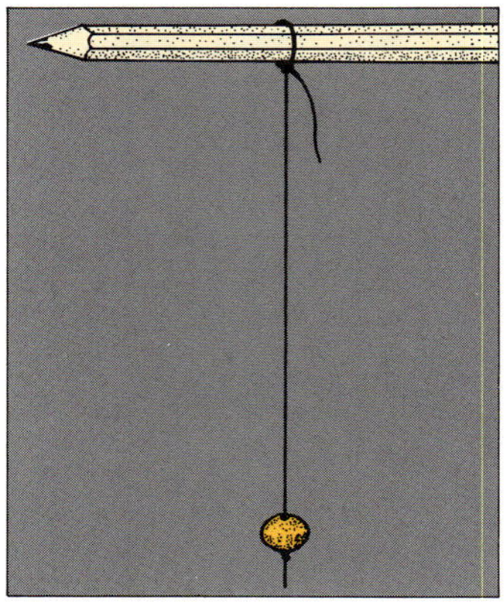

Der mit einer Perle verknotete Docht hängt an einem Stab.

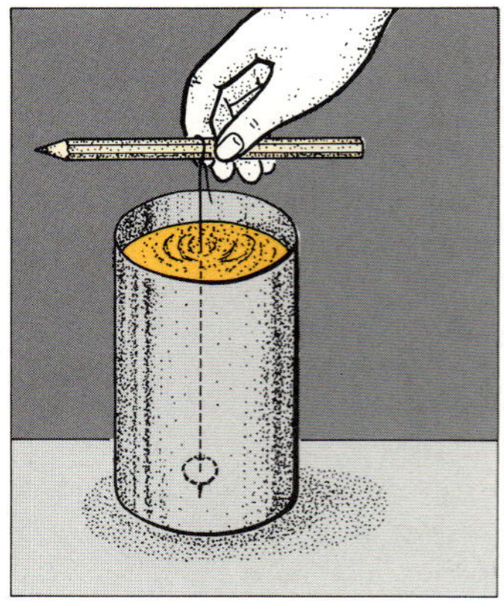

Der Docht wird in eine hohe Dose mit flüssigem Wachs abgesenkt.

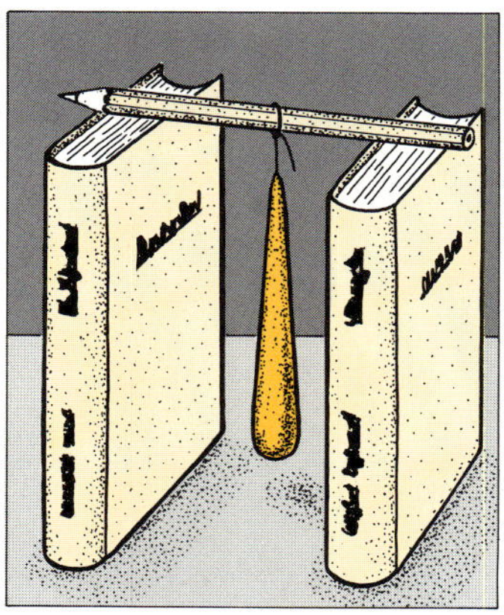

Zwischen zwei Stützen hängt man Docht und Wachs zum Erstarren auf.

Man wiederholt den Tauchvorgang und füllt den Wachsspiegel auf.

krümmt. Im Wasserbad wird so viel Wachs oder Wachsgemisch geschmolzen, daß der Wachsspiegel im Schmelzgefäß der Höhe der vorgesehenen Kerze entspricht. Der Docht mit der anhängenden Perle wird in das Schmelzbad gesenkt und langsam senkrecht wieder herausgezogen. Der erste Wachsauftrag haftet nun am Docht. Zum Abtropfen und Erstarren wird der Bleistift mit dem Wachsdocht so auf zwei Stützen gelegt, daß der Docht frei hängen kann.
Ist das Wachs starr, taucht man den Docht mit dem Wachsauftrag erneut in das Schmelzbad und läßt ihn anschließend abkühlen. Diesen Vorgang wiederholt man so lange, bis die Kerze die gewünschte Stärke erreicht hat. Dabei muß man von Zeit zu Zeit Wachs in das Schmelzgefäß nachfüllen, damit der Wachsspiegel immer so hoch ist, daß man die ganze Kerze eintauchen kann. Zum Schluß wird der Docht auf Brennlänge abgeschnitten.

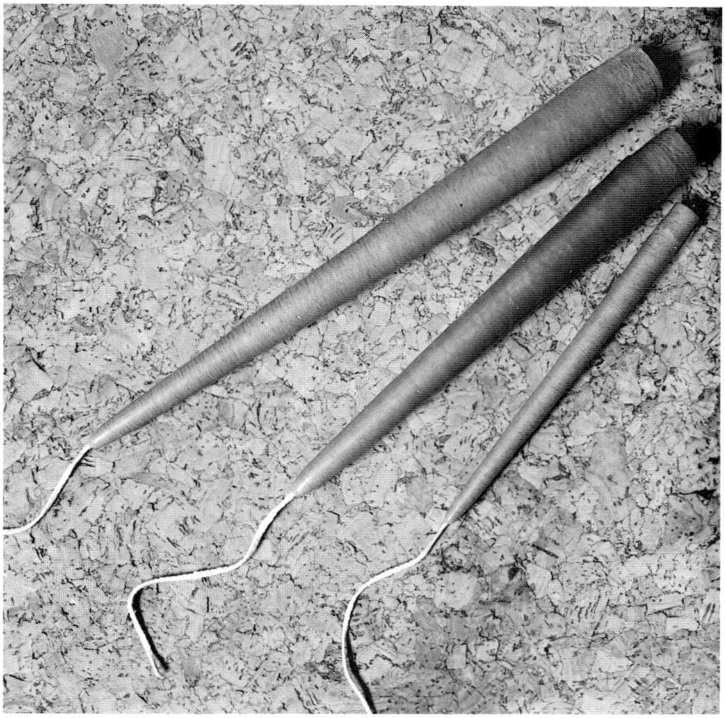

Entstehungsphasen einer gezogenen Wachskerze.

Wachsguß

Der Wachsguß, allgemein mit Wachsgemisch ausgeführt, bietet von allen Wachsarbeiten die meisten Gestaltungsmöglichkeiten. Platten, Reliefs, Kerzen in unzähligen Formen und vollplastische Teile lassen sich in dieser Technik herstellen. Man unterscheidet den Wachsguß in offenen und geschlossenen Formen. Bei einer offenen Form wird der Gießling aus der Form genommen. Bei einer geschlossenen wird die Form vom Gießling abgenommen. Hierbei handelt es sich in vielen Fällen um Einmalformen, die zerstört werden müssen, um den Gießling freizulegen (z. B. Glühlampen, Flaschen o. ä.).
Außer der unter „Arbeitsmittel" erwähnten Standardausrüstung braucht man zum Wachsgießen:
Wachs, Stearin, Paraffin oder Wachsgemisch,
Gießformen.
Speziell zum Kerzengießen braucht man noch:
Dochte,
Perlen oder Schraubenmuttern,
einen Holzstab (Bleistift o. ä.),
eine lange Metallstricknadel.

Gießformen Als offene Gießformen kann man alle hitzebeständigen Gefäße nehmen, die oben offen sind und gerade oder schräg nach außen verlaufende Wandungen haben, so daß sich der erhärtete Gießling herausdrücken oder -stürzen läßt. Das Foto auf S. 250 (unten) zeigt einige von vielen Möglichkeiten. Auch Ausstechformen kann man benutzen, wenn man sie auf Alu-Haushaltsfolie stellt, die den Boden bildet.
Als geschlossene Gießformen eignen sich Gebrauchsgegenstände, die wertlos sind, so daß man sie zum Entnehmen des Gießlings zerstören kann, oder geschlossene Formen mit einem Einfüll-Loch, die sich öffnen lassen (z. B. teilbare Christbaumkugel, Schokoladengußmodel).

Dochte Man unterscheidet Flach- und Runddochte. Flachdochte sind meistens sehr dünn und nur für dünne Kerzen bis

10 mm Durchmesser geeignet. Für dickere Kerzen nimmt man die handelsüblichen geflochtenen Runddochte in den Stärken dünn, mittel, stark oder superstark. Für große Kerzen flicht man, wie erwähnt, mehrere dünne Dochte zu einem dicken Docht zusammen.

Perle, Schraubenmutter Hiermit wird der Docht beschwert, damit er auf dem Grund der Gießform nicht wegschwimmt, sofern er mit eingegossen werden soll.

Holzstab, Bleistift Ein Stab sorgt oberhalb der Form dafür, daß der Docht beim Gießen in der Mitte bleibt.

Metallstricknadel Eine Stricknadel braucht man, um in das noch warme Wachsmaterial einen Durchgang für den Docht zu stechen, falls dieser nicht gleich mit eingegossen wird.

Einfache Kerze in offener Form Während man im Wasserbad Wachsgemisch zum Schmelzen vorbereitet, stellt man die Gießform auf eine glatte, genau waagerecht verlaufende Unterlage. An ein Dochtende knotet man die Perle oder Schraubenmutter, an das andere den Holzstab. Die Dochtlänge zwischen Perle und Holzstab muß genau der Höhe der Gießform entsprechen. Die Gießform wird mit Speiseöl dünn ausgestrichen. Bei separatem Boden (Alufolie) muß dieser selbstverständlich auch mit Öl bestrichen

Für Wachsgüsse gut geeignet: Plastikmodel, Formen für Kleingebäck (oben) oder Einlagen aus Konfektpackungen (Bild unten).

So wird eine Kerze gegossen: Docht mit Perle o. ä. am Ende in die Mitte einer Form senken (Querhölzchen als Halterung), Form randvoll mit Wachs gießen, Kerze entformen, Docht kürzen.

werden. Nun hängt man den Holzstab mit dem Docht so über die Formkanten, daß die Perle den Boden berührt und der Docht genau in der Mitte verläuft. Das Schmelzgefäß mit dem flüssigen Wachsmaterial wird aus dem Wasserbad genommen, das Wachs in die Gießform gefüllt. Nach dem vollständigen Erstarren wird der Gießling, der nicht mehr warm sein darf, aus der Form gedrückt (bodenlose Form) oder gestürzt (Form mit Boden). Zum Schluß wird der Docht auf Brennlänge gekürzt. (siehe Fotos oben).

Schichtkerze Der Wachsguß in mehrfarbigen Schichten ist einfach auszuführen. Man stellt dazu mehrere Behälter mit Wachsbrocken oder -granulat in verschiedenen Farben bereit. Nachdem man die erste Wachsschicht in die Form gegossen hat, stellt man sie so lange zum Abkühlen beiseite, bis die obere Schicht einem Druck mit der Fingerkuppe standhält. Erst dann wird die nächste geschmolzene Farbschicht und nach deren Erstarren eine weitere aufgegossen. Das Wachs sollte beim Schichtguß nur gerade bis zu seinem unteren Schmelzpunkt erhitzt werden. Ist es zu heiß, löst es die bereits gegossene Schicht wieder an, und die Farben mischen sich. Wünscht man fließende Farbübergänge, gießt man eine neue Farbschicht nach, bevor die untere ganz erstarrt ist. Sie darf jedoch nicht mehr so flüssig sein, daß sich der neue Aufguß mit dem vorherigen mischt und eine meistens nicht sehr schöne Mischfarbe ergibt.
Sollen die Farbfelder schräg verlaufen, stellt man die Gießform, die hoch und schmal sein sollte (Getränkedose o. ä.), bereits beim Eingießen der Grundschicht schräg. Dazu kleidet man am besten ein größeres Gefäß der gewünschten Lage entsprechend mit Zeitungspapier aus und stellt die Gießform hinein.
Eine Art Fischgrätmuster entsteht, wenn man die Schräglage nach jedem Farbguß seitlich wechselt. Wichtig ist hier besonders, daß die untere Farbschicht vor dem nächsten Wachsguß erhärtet ist, da das Gewicht der nachgefüllten Schichten sie sonst eindrückt.

Bunte Kerzen Kerzen mit bunten Wachsstücken lassen sich besonders gut aus Resten farbiger Kerzen herstellen. Dazu werden die Kerzenreste, die nicht nur mit einer Farbschicht versehen, sondern durchgefärbt sein sollten, in den Kühlschrank gelegt, besser noch kurzzeitig in ein Gefrierfach. Farbloses Stearin oder Paraffin wird im Wasserbad geschmolzen. Die Gießform mit dem vorbereiteten Docht wird bereitgestellt. Nun nimmt man die gekühlten Kerzenreste heraus, legt sie zwischen Papierlagen und zerklopft sie mit einem Hammer. Die Dochtreste werden herausgesammelt und

Beispiel für Wachsguß in Vollformen. Hier wurden Eierschalen als Form verwendet.

Diagonale Schichten entstehen durch Schräglage beim Gießen.

die Farbbrocken in die Gießform gefüllt. Dabei sollte der Docht möglichst nicht verschoben werden. Das Stearin oder Paraffin, das gerade seinen Schmelzpunkt erreicht hat, also nicht zu heiß sein darf, wird langsam in die Gießform gefüllt. Nach einer Weile hat sich das Stearin oder Paraffin verteilt, und der Spiegel in der Gießform sinkt ab. Nun gießt man noch einmal Flüssigmaterial nach. Die erkaltete entformte Kerze zeigt eine zartbunte Musterung.

Kerzen mit Farbmänteln Für diese Gießtechnik braucht man verschiedene Formen, die ineinander passen und alle die gleiche Höhe haben. Man kann sie selbst aus Streifen von Milchtüten herstellen. Als Formboden dient Alufolie, auf die die zu Formrändern zusammengeklebten Streifen gestellt werden. Man beginnt mit der kleinsten Innenform, die einfarbig mit Wachsmaterial ausgegossen wird und in der Mitte einen Docht hat. Nach dem Erstarren wird der Gießling aus der Form genommen und in die Mitte der nächstgrößeren Form gestellt. Der Zwischenraum wird mit Wachsmaterial in einer anderen Farbe ausgegossen. Dabei darf das Wachsgemisch nicht zu heiß sein, sonst schmilzt es den fertigen Gießling wieder an, und die Farbübergänge mischen sich. Ist der zweite Guß erkaltet, kann man ihn entformen und in eine noch größere Form stellen. So kann man beliebig fortfahren. Vor der Arbeit sollte man sich jedoch über den Durchmesser der fertigen Kerze klar sein, weil davon die Dochtstärke abhängt.

Schwimmkerzen Zunächst einmal dies: Alle kleinen flachen Kerzen schwimmen. Größere

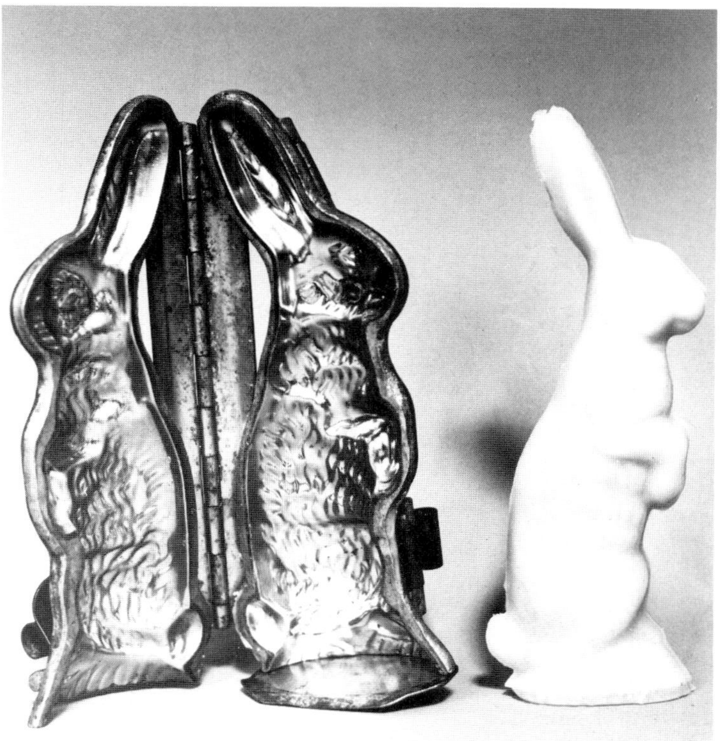

Kerzen schwimmen, wenn man das flüssige Wachsmaterial (am besten Stearin oder Paraffin) mit dem Schneebesen etwas schaumig schlägt, bevor man es in die Form gießt. Außerdem kann man kleine Schwimmkerzen herstellen, indem man das Wachsmaterial in halbe Walnußschalen gießt, in das noch warme Wachs ein Loch sticht und einen kleinen Docht einführt. Kerzenreste eignen sich gut für diese Arbeit.

Vollplastische Kerzen Vollplastische Kerzen werden in geschlossenen Formen gegossen, und zwar ohne Docht. Geschlossene Formen können Schokoladen-Gießmodel sein, wie sie für Christbaumschmuck und Schokoladenfiguren verwendet wurden. Man bekommt sie auf Flohmärkten und im Antiquitätenhandel. Sie müssen gut verschließbar sein, damit das Wachs nicht durch die Ritzen tropft. (Siehe Foto links.)
Aber auch einfachere Formen sind für den vollplastischen Wachsguß geeignet. Die auf den Fotos S. 258 und S. 261 abgebildeten Ei- und Birnenkerzen entstanden in Formen, die es in jedem Haushalt gibt.

Eiform Ein ausgeblasenes Hühner- oder Gänse-Ei wird an der Spitze mit einer Schere oder den Fingern so weit ausgebrochen, daß ein genügend großes Gießloch entsteht. Die innen mit Wasser gereinigte und gut ausgetrocknete Eischale wird so mit Speiseöl ausgeschwenkt, daß die ganze Innenwandung

Vollformen für Schokolade eignen sich gut für Wachsgüsse. Man stellt sie zum Füllen in ein entsprechend hohes Gefäß.

Eiform

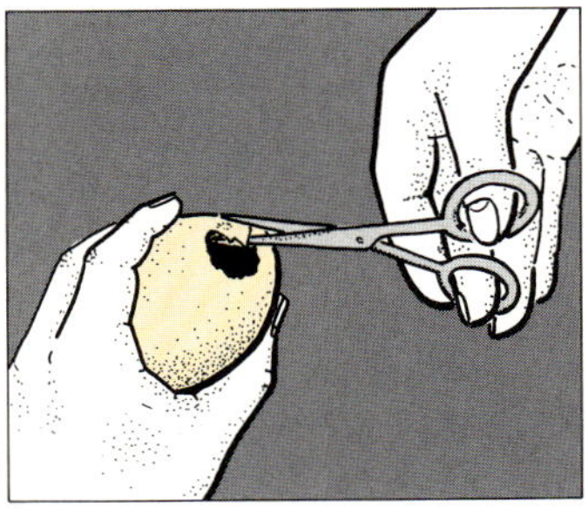
1

2

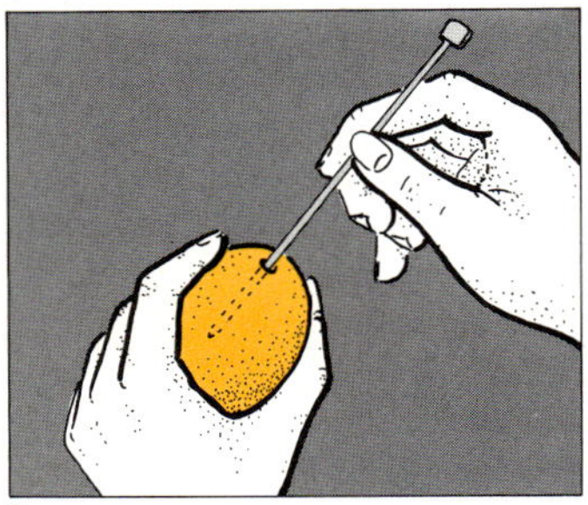
3

4

So wird eine Kerze in einer Eierschale gegossen. (Beschreibung: siehe Text rechts.) Der Docht wird zum Schluß eingeschoben. Benutzt man eine teilbare Christbaumkugel als Gießform, muß diese zuvor an der Nahtstelle mit Klebstreifen umwickelt werden. Auch hier wird der Docht nach dem Entformen des Gießlings eingeführt.

5

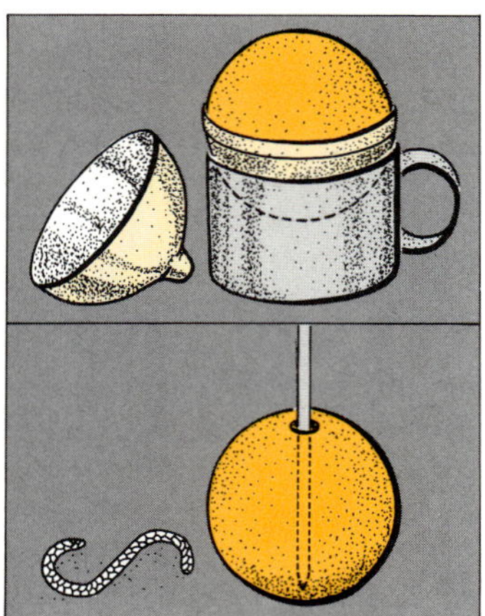
6

benetzt ist. Die vorbereitete Eischale stellt man in einen Eierkarton oder Eierbecher, größere Eier in eine Tasse. Das im Wasserbad erhitzte flüssige Wachsmaterial wird langsam in die Schale gegossen. Während des Abkühlens sinkt der Wachsspiegel etwas ab und bildet durch seinen glatten Abschluß eine gute Standfläche für die spätere Kerze. Ist der Gießling erhärtet (bei kleinen Eiformen nach frühestens einer Stunde), pellt man die Eischale vorsichtig ab. Mit dem erwärmten Ende einer Metallstricknadel bohrt man von der Spitze zur Standfläche einen Durchgang für den Docht. Damit der Docht sich leichter einschieben läßt, zieht man ihn einmal durch flüssiges Wachsgemisch und hängt ihn dann zum Erstarren auf.
Das Wachsbad sollte ziemlich heiß sein, sonst bleibt zuviel Flüssigkeit am Docht hängen und er wird zu dick. Nach dem Einführen des Dochts wird vorsichtig etwas Wachs in die Bohrung gegossen, um den Docht zu fixieren. (Zeichnungen links oben.)

Kugelform Eine aus zwei Hälften bestehende teilbare Christbaumkugel ist eine ideale Gießform. Nachdem man den Aufhänger entfernt hat, öffnet man sie, bestreicht sie innen mit Speiseöl und schließt sie wieder. Zum besseren Halt stellt man die Kugel in eine Tasse oder ein Glas. Durch die Öffnung wird flüssiges Wachsmaterial eingegossen. Nach dem Erkalten des Gießlings wird die Kugel auseinandergenommen. Zum Schluß zieht man, wie bei der Eiform, den Docht ein. (Zeichnungen links.) Anstelle einer Christbaumkugel kann man auch einen Plastikball nehmen. Man

Kerzen, die in Glühlampen gegossen wurden.

schneidet ihn in zwei Hälften, bohrt in eine der Hälften in die Mitte ein Gießloch und bestreicht die Formhälften mit Speiseöl. Danach setzt man die Form wieder zusammen und überklebt die Schnittstelle mit Klebstreifen. Weiter verfährt man wie bei der Christbaumkugel beschrieben.

Birnenform Aus einer alten Glühlampe, die als Gießform dient, entfernt man Metallfassung und Leuchtwendel (Zeichnungen unten). Weiter verfährt man wie bei der Eiform beschrieben.
Auch eine Dekorationsobst-Birne aus Plastik kann als Gießform dienen. In diesem Fall verfährt man wie bei der Kugelform. Weitere Möglichkeiten ergeben sich aus dem vorhandenen Leergut. Die Fotos rechts zeigen den Wachsguß in einer Flasche, wobei der Docht mit eingegossen wurde.

Birnenform

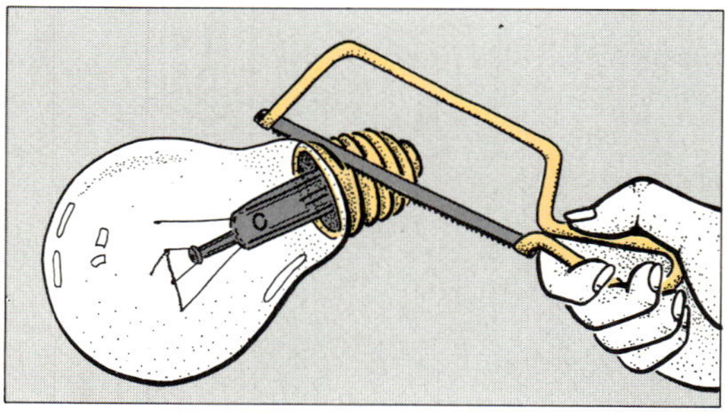

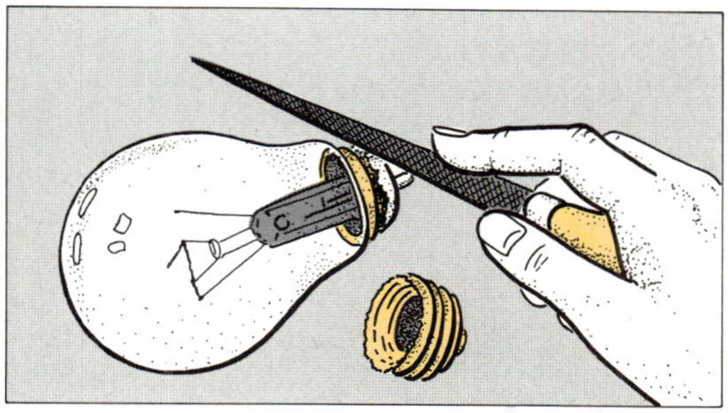

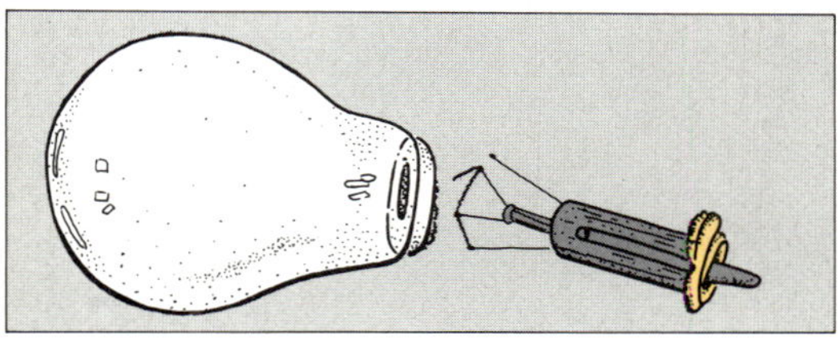

Vorbereitung einer Glühlampe, die als Gießform dienen soll: Mit einer Feinsäge sägt man rundherum die Metallfassung durch und zieht sie ab. Die Halterung des Glaskolbens wird mit einer Feile durchtrennt. Danach kann man Glaskolben und Leuchtwendel herausnehmen.

Kleine Flaschen sind kostenlose Gießformen. Ist das Wachs erstarrt, wird das Glas zwischen Zeitungslagen zerschlagen.

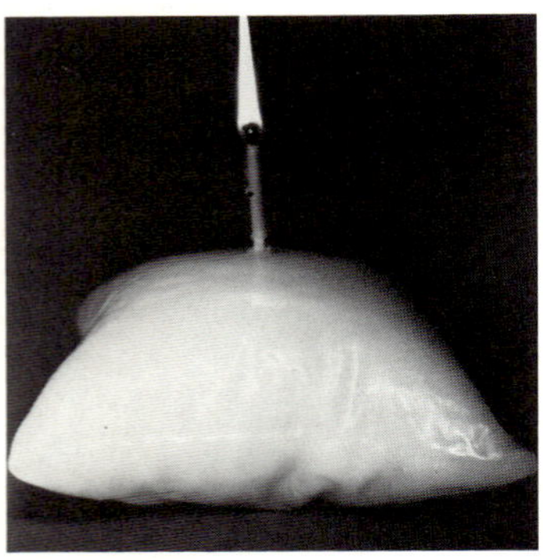

Wachskissen. Gießform: Plastiktüte.

Das Kissen auf dem Foto rechts unten, Originalgröße 20 × 20 cm, hat eine Brenndauer von ca. 30 Stunden und einen Docht, der aus vier mittelstarken Dochten zusammengeflochten wurde. Es ist nur zum Abbrennen im Freien zu empfehlen und muß auf einer ausreichend großen feuerfesten Unterlage liegen. Es entstand auf verblüffend einfache Weise:
Schmelzgranulat, prall in eine Plastiktüte eingeschweißt, wurde mit der Verpackung in heißem Wasser geschmolzen und anschließend zum Abkühlen auf eine ebene Fläche gelegt. In lauwarmem modellierfähigem Zustand des Wachsgemischs wurde die Plastiktüte an einer Seite aufgeschnitten, so daß die Luft entweichen konnte. Der Kantenüberstand wurde umgeschlagen und mit Klebstreifen so befestigt, daß die Tüte sich prall um den Wachskuchen spannte. Der Wachskuchen wurde mit den Händen in Kissenform gedrückt und zum Erstarren 24 Stunden auf die Seite gestellt. Mit der über einer Flamme erhitzten Spitze eines mittelstarken Schraubenziehers wurde nach dem Herauslösen des Wachskissens aus der Plastikhülle ein Loch für den vierfachen, in Wachsgemisch getauchten Docht gebohrt.

Eisguß Aus der Tatsache, daß Wasser und Wachsmaterial nicht mischbar sind, ergibt sich für die Kerzenherstellung eine interessante Möglichkeit: der Eisguß. Man braucht außer der erwähnten Standardausrüstung folgendes:
Stearin, Paraffin oder ein Gemisch aus beidem,
Eiswürfel,
einen Hammer,
eine dünne Stearinkerze,
Gefäß und Löffel für Eisbrokken,
eine Gießform, mindestens so hoch wie die Kerze und nicht zu schmal.
In die mit Speiseöl dünn ausgestrichene Gießform wird in die Mitte die Kerze gestellt und mit flüssigem Wachsmaterial so umgossen, daß sie nicht umfällt (Bodenschicht etwa 2 cm dick).

Das Eis wird aus der Würfelschale auf einige Zeitungslagen gestürzt, mit weiteren Zeitungen bedeckt und mit dem Hammer in kleinere Stücke zerschlagen, die man in eine Schüssel füllt. Während man weiteres Stearin oder -gemisch für den Guß erhitzt (auf etwa 80 Grad Celsius), füllt man rund um die dünne Kerze Eisbrocken bis zur halben Höhe ein. Dann gießt man langsam heißes Stearingemisch ebenfalls bis zur halben Höhe ein. Nachdem der Einguß erstarrt ist, wiederholt man den Vorgang: Eis auffüllen, Wachsmaterial nachgießen. Ist die fertig gegossene Kerze vollständig ausgekühlt, nimmt man sie über einer Plastikschüssel oder einem Spülbecken aus der Form. (Zeichnungen rechts.) Durch das geschmolzene Eis haben sich unregelmäßige Durchbrüche in der Kerze gebildet.

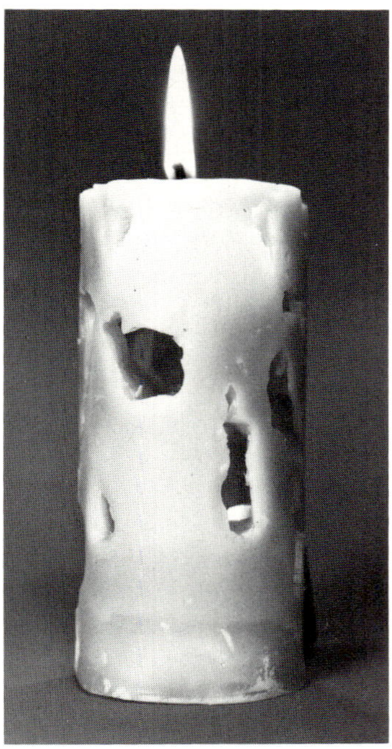

Eisgußkerze.

Eisguß

Für den Eisguß Eisbrocken mit dem Hammer zerschlagen.

Stearinkerze in ein hohes Gefäß stellen, halb mit Eis auffüllen.

Heißes Wachs bis zur Hälfte eingießen. Nach Erstarren wiederholen.

Die nach dem letzten Guß abgekühlte Kerze über Gefäß entformen.

Sandguß Beim Sandguß unterscheidet man die direkte und die indirekte Methode. Bei der direkten Methode hat die fertige Kerze eine feste Sandkruste, die man nach der Wachsverbrennung wieder als Gießform benutzen kann, bei der indirekten ist sie frei von Sand, zeigt jedoch Knitterspuren der für den Guß verwendeten Alufolie. Außer der Standardausrüstung braucht man:

Einen kleinen Plastikeimer oder einen großen Blumen-Übertopf oder ein ähnliches großes Sandgefäß,
feuchten (nicht nassen) Bausand,
eine Gießform (Blechdose o. ä.),
einen Docht,
eine Stricknadel aus Metall,
Wachsgemisch in beliebiger Zusammensetzung,
ein großes Stück Alufolie (nur für indirekten Sandguß).

Sandguß

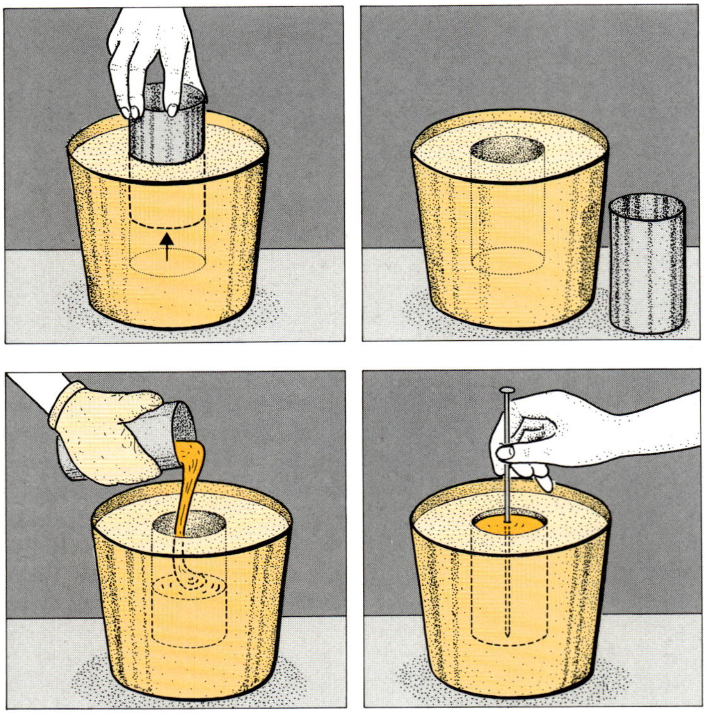

Arbeitsablauf beim Sandguß: Form mit geraden Wandungen in größeres mit feuchtem Sand gefülltes Gefäß drücken.

Form vorsichtig wieder herausziehen ohne es zu verkanten.

Flüssiggemachtes Wachsgemisch in Sandmulde eingießen. Vorgang nach Absinken des Wachsspiegels im Sand wiederholen.

Mit erhitzter Stricknadel o. ä. in den noch warmen Gießling ein Loch für den Docht stechen und zuvor durch heißes Wachs gezogenen und erstarrten Docht einschieben. Eventuell Wachs in den Dochtdurchgang gießen. Danach den Gießling entformen.

Direkter Sandguß Das große Gefäß wird etwa 3–4 cm hoch mit dem feuchten Bausand gefüllt. Darauf setzt man die Gießform so, daß sie genau in der Mitte steht. Um die Gießform herum füllt man weitere feuchte Sandlagen bis knapp zum Rand. Dabei muß der Sand rundherum, besonders an der Formwandung, mit den Fäusten gut angestampft werden. Anschließend zieht man mit einer leichten Drehbewegung die Form vorsichtig und genau senkrecht aus dem Sand. In die entstandene Sandform wird langsam flüssi-

Sandgußkerzen, im Direktverfahren hergestellt.

Regenbogenkerze, in einem abgeteilten runden Dosendeckel gegossen, bemalt und überlackiert.

ges Wachsmaterial, das nicht zu dünn (zu heiß) sein sollte, eingegossen. Durch die Verbindung des Wachsmaterials mit dem Sand sinkt der Wachsspiegel nach einigen Minuten ab und muß wieder aufgefüllt werden. Während der Gießling abkühlt, zieht man einen ausreichend langen Docht durch ein Wachsbad und hängt ihn zum Erstarren auf. Nach etwa einer Stunde ist der Gießling so weit abgekühlt, daß man mit einer Stricknadel ein Loch für den Docht einstechen und den Docht einführen kann. In die Dochtbohrung wird vorsichtig flüssiges Wachsmaterial nachgegossen. (Zeichnungen links.) Ist der Gießling völlig erstarrt, gräbt man ihn aus und entfernt den locker sitzenden Sand mit einer harten Bürste. Die dicke Sandkruste der Kerze kann man später, wenn die Kerze abgebrannt ist, erneut als Gießform verwenden.
Auch ohne den Abdruck einer vorgegebenen Form kann man

einen Sandguß machen, indem man mit der Faust eine Grube in den feuchten Sand drückt und diese dann ausgießt. Füße bekommt die Kerze, wenn man am Boden der Sandgrube mit den Fingern Löcher in den Sand drückt.

Indirekter Sandguß Man verfährt im Prinzip wie beim direkten Sandguß, jedoch drückt man hier zunächst mit der Faust eine Grube in den Sand und kleidet diese dann mit Aluminium-Haushaltsfolie aus. Das Wachsgemisch wird in die Folienform gegossen, die nach dem Erstarren des Gießlings abgelöst wird.

Reliefguß in selbstgefertigten Model Bei dieser Technik steht die Herstellung der Reliefplatte, von der der Abguß erfolgen soll, im Vordergrund. Außer der genannten Standardausrüstung (siehe „Arbeitsmittel") braucht man dazu:
Ein Stück Linoleum,
einen Schreiber, der auf Linoleum sichtbare Linien markiert, (oder Zeichenvorlage und Graphitpapier),
drei Linolschnittmesser (ein spitzes V-Messer, ein flaches Geradmesser und ein U-Messer),
ein Stück Alu-Haushaltsfolie, 6 cm länger und breiter als die Linolplatte,
Stearingemisch,
Malfarben (Dispersions- oder Kaseinfarben),
einen Malpinsel.
Das vorgesehene Motiv wird entweder direkt auf das Linol oder auf Zeichenpapier gezeichnet und anschließend mit Graphitpapier auf das Linol übertragen. Dann hebt man die Linien und Flächen, die später erhaben im Abguß erscheinen sollen, mit den dafür geeigneten Linol-

Zeichnung auf das als Model dienende Linoleum übertragen. Linolschnitt ausführen. Fertige Gießmodel auf Alu-Folie legen, Kanten so hochschlagen, daß ein Kasten entsteht. Linolfläche mit Speiseöl bestreichen. Wachs oder -gemisch im Wasserbad schmelzen. Gleichmäßige Schicht auf die Linolplatte gießen. Nach dem Auskühlen Gießling von der Platte trennen und bemalen.

Ergebnis der links in einzelnen Phasen gezeigten Arbeit.

schnittmessern aus. Nach vollendetem Linolschnitt wird die Platte mit Spülmittelwasser abgewaschen, abgetrocknet und mit Speiseöl dünn bestrichen. Man legt sie nun so auf die Alufolie, die auf einer glatten, waagerechten Platte liegen sollte, daß diese überall gleich breit übersteht. Die Überstände werden aufwärts zu einer Kante gebogen und an den Ecken gut zusammengedrückt, so daß eine Art Rahmen entsteht. Das Stearingemisch wird im Wasserbad geschmolzen und anschließend vorsichtig in einer 6–8 mm dicken Schicht auf die Linolschnittplatte gegossen. Nach etwa 20 Minuten ist der Wachsguß erstarrt. Man dreht die Arbeit um und löst, an einer Schmalkante beginnend, das Linoleum vom Abguß. Läßt es sich nicht trennen, muß man den Abguß weiter auskühlen lassen.

Das fertige Relief wird abschließend bemalt. (Fotos rechts.) Für kleine Platten sticht man mit einer vorgewärmten Stopfnadel zwei Löcher für eine Aufhängekordel ein. Größere Platten sollte man mit einer Pappe auf der Rückseite versteifen und daran einen Aufhänger anbringen.

Reliefschnitt Für den Reliefschnitt, der auf einer glatten, zuvor gegossenen Wachsgemischplatte ausgeführt wird, braucht man nichts weiter als einige Linolschnittmesser und einen weichen Pinsel.
Die Platte wird im Prinzip hergestellt, wie beim Reliefguß beschrieben, mit dem Unterschied, daß hier ein mit Alufolie bedecktes Tablett, Backblech oder Brett als Gießform dient. Mit einem spitzen Gegenstand ritzt man die Linien des Motivs in die erstarrte Gußplatte. Danach arbeitet man Konturen und Flächen mit den verschiedenen Linolschnittmessern heraus. Die abfallenden Wachsbrocken werden mit einem weichen Pinsel entfernt (Zeichnungen S. 270).
Auf die beschriebene Weise kann man auch kleinere Platten herstellen, mit denen man eine dicke Kerze ummantelt. Die gegossenen Platten werden nach dem Erstarren in heißes Wasser getaucht, um die Kerze gelegt und gut angedrückt.

Modellieren

Zum Modellieren kleiner vollplastischer Teile, aus denen man ein größeres Objekt zusammenstellen kann, verwendet man spezielles Modellierwachs, das es in vielen Farben gibt. Das Material wird durch die Handwärme

Einfache Stearinkerzen, in Wachsfarbbäder getaucht und mit Rosetten aus Modellierwachs verziert (oben).

Schichtkerzen und Kerzen mit Farbmänteln (links).

Wachsobjekt „Eisbecher“, aus mehreren einzeln modellierten Teilen zusammengesetzt. Die Mattierung entstand durch Aufstreichen von Flüssigwachs mit dem Pinsel auf eine glatte Fläche (rechts).

Für einen Reliefschnitt wie auf dem Foto rechts gezeigt, braucht man eine gleichmäßig gegossene Platte aus Wachs. Nach einem schwach vorgeritzten Muster oder aus freier Hand bearbeitet man die Platte mit einem Linolschnittmesser und trägt Teilschichten ab. Die Wachsbrocken werden mit einem Pinsel entfernt.

leicht formbar und erhärtet. wenn es abkühlt. Die einzelnen Teile, die zu einem größeren Teil zusammengefügt werden sollen – etwa Blätter zu einer Blüte –, haften ohne Zusatz aneinander, wenn man sie gut andrückt. Größere Teilstücke fügt man mit Hilfe von Klebwachs zusammen. (Fotos rechts.)
Zum Formen von Kerzen ist Modellierwachs nicht geeignet, weil es zu weich und zu teuer ist. Am besten mischt man sich selbst Material aus Wachsgemisch (handelsübliches Granulat zum Kerzengießen) und Bienenwachs zu gleichen Teilen, schmilzt es im Wasserbad und läßt es, am besten als gegossene Platte, auf Handwärme abkühlen. Da nicht alle handelsüblichen Granulate die gleiche Zusammensetzung haben, kann das Rezept (½ Wachs, ½ Gemisch) nur als Faustregel gelten. Bei größerem Bedarf sollte man mit Teilmengen zunächst eine Probe machen, um so die richtige Geschmeidigkeit zu testen. Wichtig ist, daß das Gemisch nicht zu heiß wird, sonst entstehen Flocken und Trübungen. Arbeitet man mit warmen Händen in einem geheizten Raum oder in der Sonne, ist das Wachsmaterial gut modellierbar. Notfalls muß man die angefangene Arbeit in eine Plastiktüte stellen und in einem warmen (nicht heißen!) Wasserbad zwischendurch wieder geschmeidiger machen. Durch die Kombination von Wachsguß und -formung lassen sich originelle Ob-

jekte herstellen, besonders, wenn man sein Werk mit Wachsschaum krönt.

Dekorieren

Fertige Kerzen und Wachsobjekte kann man auf vielerlei Art verzieren. Nachstehend einige Beispiele.

Tauchfärbung Weiße oder helle Kerzen werden in ein mit Wachsfarben gefärbtes Stearin-, Paraffin- oder Wachsgemischbad getaucht und zum Auskühlen aufgehängt oder aufgestellt. Das Tauchgefäß sollte hoch und schmal sein. Für mehrere Kerzen in gleicher Farbe teilt man etwas vom vorbereiteten Farbbad ab und füllt damit den durch das Eintauchen der Kerzen sinkenden Farbbadspiegel laufend wieder auf. Vorsicht: Beim Ansetzen der Tauchbadmenge berechnen, daß die eingetauchte Kerze den Wachsgemischspiegel hebt und das Tauchbad bei zu niedrigem Gefäß überläuft!

Bemalung Kerzen mit geringem Wachsanteil lassen sich am besten bemalen. Man kann dazu spezielle Wachsmalfarben (nicht Wachsmalstifte für Kinder) nehmen oder mit Dispersions- oder Kaseinfarben arbeiten. Bemalte Wachsarbeiten lassen sich mit schnelltrocknendem Zaponlack auf Hochglanz bringen.
Der Regenbogen auf dem Foto S. 265 entstand auf folgende Weise:
In die Mitte einer größeren runden Blechform (Deckel einer runden Keksdose) wurde eine kleinere Dose gestellt. Der ringförmige Zwischenraum zwischen beiden Formen wurde mit Speiseöl ausgestrichen und durch zwei ebenfalls eingeölte

Zum Modellieren braucht man besonders geschmeidiges Wachsmaterial, das man fertig kaufen oder selbst mischen kann.

Für größere Objekte stellt man Teilstücke her und fügt diese später mit Klebwachs (in kleinen Platten zu kaufen) zu einem Arrangement zusammen.

Tips

Stets die Kerzengießform mit Speiseöl oder einem anderen Trennmittel (z. B. Silikonspray) vorbehandeln.

Dochte, die nachträglich eingeführt werden, versteift man, indem man sie kurz durch heißes Wachsgemisch zieht und zum Erstarren aufhängt oder flach hinlegt.

Beim Wachsgießen geschlossene Schuhe anziehen, damit man sich nicht durch heruntertropfendes heißes Material die Füße verbrennt.

Kerzen mit unregelmäßigen Luftbläschen erhält man, wenn man dem geschmolzenen Wachsgemisch etwas Öl (Speiseöl, Fahrradöl) zusetzt, bevor man es in die Form gießt. Mischungsverhältnis: auf 500 g Wachsgemisch vier Teelöffel Öl.

Um die spätere Farbe einer Mischung testen zu können, tropft man etwas davon auf eine weiße Porzellanuntertasse oder in ein mit wenig Wasser gefülltes kleines Gefäß. Das Wachs erstarrt rasch, und man erkennt den Farbton, der um so intensiver wird, je größer das Wachsobjekt ist.

Heißes, auf die Haut getropftes Wachs sofort unter fließendem Wasser abkühlen. Es läßt sich in Sekundenschnelle abheben. Stelle wie sonstige Brandwunde nachbehandeln.

Kartonstreifen (Milchtüte) in zwei Hälften geteilt. Die beiden Halbformen wurden mit nicht zu heißem flüssigem Stearin-Paraffin-Gemisch ausgegossen. Mit einem der Ringform entsprechend gebogenen Pappstreifen wurden in das noch handwarme Gemisch beider Hälften in gleichen Abständen je vier Rillen gedrückt. Die erkalteten Gießlinge wurden aus der Form gestürzt, mit je zwei Dochten versehen, bemalt und lackiert. Wer einen Regenbogen machen möchte, gießt nur eine Hälfte der Ringform aus.

Bekleben Aus Zierwachs, das es in vielen Farben als hauchdünne Folie gibt, kann man Schmuckornamente ausschneiden, die selbsttätig auf einer Kerze haften. Man kann auch Teile übereinanderkleben. Bereits ausgestanzte Verzierungen wie Blüten, Girlanden, Schleifen, Zahlen und vieles mehr kann man in kleinen Packungen kaufen. Handelsbezeichnung: Dekorwachs. Teile aus Dekorwachs haben meistens eine weiße Grundfarbe, die übermalt ist. Selbst ausgeschnittene Zierwachsteile dagegen sind durchgefärbt.

Patinieren Mit einer speziellen Wachspatina, die auf das Objekt aufgerieben wird, kann man Kerzen optisch altern.

Bronzieren Metallpulver zum Anreiben auf Wachs- oder Wachsgemisch gibt es in verschiedenen Metalltönungen.

Wachsfarbstäbchen für die Tauchfärbung weißer Kerzen.

Originelle Geburtstagskerzen, in Kuchenformen gegossen.

Flitterdekor Flitter kann man auf zweierlei Art auf die Wachsoberfläche bringen: Entweder man mischt farblosen schnelltrocknenden Lack damit und bestreicht das Objekt, oder man bestreut die Innenseite einer mit Öl ausgestrichenen Gießform mit den Flimmerplättchen, bevor man das heiße Wachs langsam einfüllt. Flitter gibt es in vielen Farben im Hobbybedarfshandel, in Drogerien und (zur Karnevals- bzw. Faschingszeit) in Warenhäusern.

Mattieren Eine rauhe unregelmäßige Oberfläche, wie sie z. B. bei einem Objekt wie dem Eisbecher auf dem Foto S. 269 erwünscht ist, erzielt man, indem man auf eine glatte Wachsfläche mit einem Pinsel flüssiges Stearingemisch aufstreicht.

Wachsschaum Flüssiges Wachsgemisch kann man wie Schlagsahne mit einem Schneebesen oder einem Küchenrührgerät schaumig schlagen. Dazu erhitzt man das Wachs sehr stark, nimmt es dann aus dem Wasserbad und läßt es wieder etwas abkühlen. Danach schlägt man es solange, bis sich auf der Oberfläche Schaum gebildet hat.

Sandobjekte

Sand, eines der ältesten Baumaterialien, hat im Bereich von Kunsthandwerk und Hobby kaum Bedeutung. Geologen unterscheiden das Mineral nach dem Weg, auf dem es transportiert wird: Fluß-, Schwemm- und Seesand (Wassertransport), Dünen-, Flug- und Wüstensand (Windtransport), während Bautechniker nach Körnung gruppieren: Fein-, Mittel- und Grobsand. Feinsand hat in vergangenen Jahrhunderten in Verbindung mit Stundengläsern (Sanduhren) als Meßeinheit eine Rolle gespielt. Eine Sanduhr aus Kleinasien aus dem Jahre 1751 zeigt vier Stundengläser, nebeneinander in einem geschmiedeten Eisenständer angeordnet, die mit unterschiedlichen Mengen weißen Sandes gefüllt sind und unterschiedlich weite Durchlauföffnungen haben.
Aus Südamerika kennt man als Souvenir hergestellte Objekte aus gefärbtem Quarzsand, der mit einem Blasrohr musterbildend schichtweise in Glasbehälter – meistens Flaschen – eingebracht wurde. Man findet darunter Szenerien, Landschaften und geometrische Muster. Einfachere Arbeiten, die nur eine Marmorierung zeigen, sind von Laien ohne Schwierigkeiten nachvollziehbar. Auch vom Prinzip der Stundengläser abgeleitete mobile Sandbilder, bei denen der Sand in getrennten Kammern untergebracht ist, lassen sich mit etwas Geschick leicht herstellen.

Arbeitsmittel

Nur wenige Hilfsmittel sind für die Anfertigung von Sandobjekten nötig. Man braucht für Marmorsand:
Feinsand
Haarsieb
Farben
Zylindrischen Glasbehälter
Verschluß für Behälter
Alleskleber (z. B. UHU extra)
Stricknadel o. ä.
Tasse, Konservenglas o. ä.

Für ein mobiles Sandbild:

Feinsand
Haarsieb
Holzleisten
Säge
Winkel
Holzleim (z. B. UHU coll)
Schleifpapier
Bohrer
Glasscheiben
Alleskleber.

Feinsand Vogelsand aus der Tierhandlung, Strandsand oder Bausand feinster Körnung sind die richtigen Sorten. Der Sand sollte möglichst hell sein, damit er sich gut einfärben läßt.

Haarsieb Zum Absieben zu grober Sandkörner und anderer Unreinheiten eignet sich ein

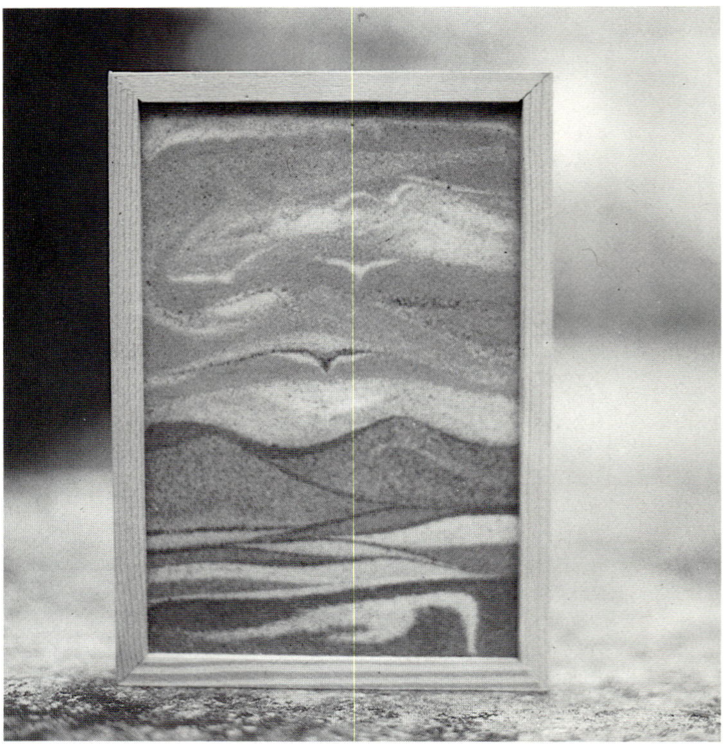

Einschichtiges Objekt in Sandmalerei.

Sandrieselkasten

So entsteht ein mobiles Sandobjekt: Auf einen Kastenrahmen – hier 26 x 20 cm groß – wird eine Art Bilderrahmen außenbündig, jedoch innen mit Kantenüberstand aufgeleimt.

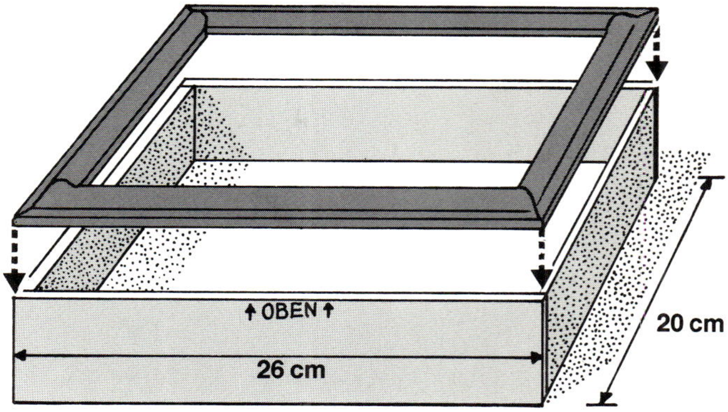

Der Kasten wird mit dem Rahmen nach unten auf den Arbeitstisch gelegt. In den Kasten klebt man gegen den Deckrahmenüberstand eine Glasscheibe, die dem Innenmaß des Kastens – hier 24 x 18 cm – entspricht.

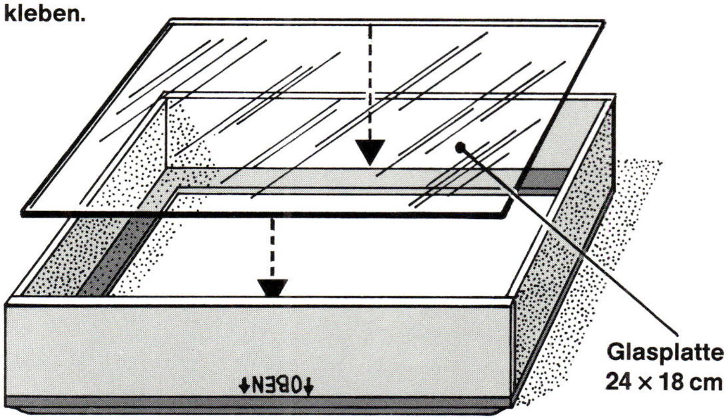

Gegen Glas und Innenkanten des Kastens werden 3 waagerechte und 4 senkrechte Leisten geleimt, die waagerechte Mittelleiste hat verschiedene Bohrungen. In die obere entstandene Kammer wird Sand gefüllt. Dann wird die zweite Glasplatte auf die Leisten geklebt. Aus weiteren Leisten und einer Glasplatte wird die nächste Sandkammer gebildet.

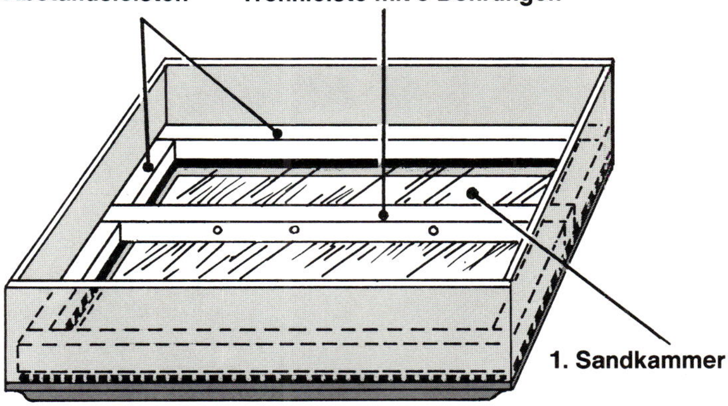

Der Sand dieses Objekts wurde mit einem Blasrohr eingebracht.

Sand kann man mit Wasserfarben färben. Nach dem Trocknen wird er gesiebt.

nicht zu feines Haarsieb, wie es z. B. für Emailarbeiten verwendet wird, am besten. (Hobbybedarfshandel.) Man kann auch ein Gewürzsieb nehmen, wie es bei der Zubereitung exotischer Speisen benutzt wird.

Farben Zum Färben von Sand kann man entweder wasserlösliche Malfarben oder Textilfarben nehmen.

Zylindrischer Glasbehälter Am schönsten sieht Marmorsand in einem Glassturz mit runder Kuppel aus. Man bekommt ihn im Hobbyhandel, in Uhren- oder Antiquitätengeschäften. Auch Geschäfte, die vorwiegend Taiwan-Importe führen, handeln häufig mit billigen Souveniren, die in Glasstürzen untergebracht sind. Diese Schaugläser lassen sich meistens leicht öffnen, der Sockel ist nur wenig verklebt.
Kann man keinen Glassturz auftreiben, nimmt man ein zylindrisches Glas oder eine entsprechende Flasche.

Verschluß für Behälter Glassturz oder Glas kann man mit einer runden Kork- oder Holzscheibe (Untersetzer aus dem Warenhaus) verschließen, deren Durchmesser 1–2 cm größer ist als der des Glases. Weithalsige Flaschen werden einfach verkorkt.

Alleskleber Damit der Sand nicht herausrinnt, muß der Verschluß fest mit dem Glasbehälter mit UHU extra verklebt werden.

Stricknadel o. ä. Um bei den eingefüllten Sandschichten einen Marmoreffekt zu erzielen, braucht man eine nicht zu dünne Stricknadel oder ein angespitztes dünnes Rundhölzchen (Stiel von Dauerlutscher).

Tasse, Konservenglas Verwendet man einen rundkuppeligen Glassturz, braucht man ein Gefäß, in den man ihn mit der Öffnung nach oben hineinstellen kann, ohne daß er seitlichen Spielraum hat. Ist kein passendes Haltegefäß vorhanden, baut man aus Büchern ein Stützgerüst.

Das Material für ein Sandbild sollte wie folgt beschaffen sein:
Feinsand Feiner Quarzsand, wie er bei der Kleintierhaltung verwendet wird (Zoohandlung), eignet sich sehr gut für mobile Objekte. Im Hobbyhandel gibt es in zarten Farbabstufungen getönten Quarzsand abgepackt zu kaufen.

Haarsieb Wie bereits beschrieben.

Holzleisten Für das auf S. 281 gezeigte Sandbild mit den Außenmaßen 26 × 20 cm braucht man 1 m Profilleiste (Bilderrahmenleiste), 20 mm breit, für den Deckrahmen, 1 m Kiefernholzleiste, 10 × 35 mm stark, für den Kasten, 2,30 m Kiefernholzleiste, 10 × 6 mm stark, als Abstandsleisten zwischen den Glasplatten an den Rahmenkanten und als Teilungsleisten zwischen den Sandkammern. 90 cm Abschlußleiste, 6 × 6 mm stark, ebenfalls aus Kiefernholz. Leisten gibt es auf Bau- und Heimwerkermärkten, im Holz- und Hobbyhandel.

Winkel Zum Bau des Kastens und des Rahmens braucht man ein Kontrollmaß für das recht-

Marmorsände ▶

winklige Ausrichten der Ecken beim Zusammenfügen. Dazu genügt ein einfacher Zeichenwinkel. Man kann auch einen flachen Fensterwinkel benutzen. Hat man keinen Winkel, richtet man die Leisten nach einem DIN-formatigen Stück Schreibpapier oder nach den zugeschnittenen Glasplatten aus.

Holzleim Die Rahmenleisten werden mit Weißleim (z. B. UHU coll) zusammengefügt, die Abstandsleisten verleimt man ebenfalls mit Weißleim. (Hobbyhandel, Heimwerkermarkt, Schreibwarengeschäft.)

Schleifpapier Da die maschinell gehobelten Holzleisten meistens sehr glatt sind, braucht man zum Nacharbeiten nur eine Sorte Schleifpapier, am besten in Körnung 100–120 (Heimwerkermarkt, Malerbedarfshandel, Tapetengeschäft, Hobbyhandel).

Bohrer Ein einfacher Drill- oder Spiralbohrer, wie man ihn bei Laubsägearbeiten verwendet, reicht aus zum Bohren der Löcher, durch die der Sand rinnen soll.

Glasscheiben Arbeitet man den Kasten für das Sandbild in den angegebenen Maßen und Leistenstärken, braucht man drei Glasscheiben in der Größe 18 × 24 cm und 2 mm stark, die man beim Glaser passend bestellen oder selbst zuschneiden kann (siehe auch Kap. Tiffany-Glastechnik S. 102–117).

Alleskleber Mit Alleskleber werden die Glasscheiben gegen die Rahmenkanten geklebt.

Arbeitsweise

Zunächst wird der Sand gesiebt. Bei reinem Quarzsand (Vogelsand) entfällt dieser Arbeitsgang. Zum Durchsieben muß der Sand ganz trocken sein, sonst rinnt er nicht gut durch die Löcher. Man trocknet den Sand entweder an der Sonne, in der Nähe eines Heizkörpers oder im Backofen. Anschließend kann man den Sand färben (vgl. Foto S. 276). Man löst die Farbe in Wasser, verrührt sie gut, und schüttet eine Teilmenge Sand in das Farbbad. Als Gefäß benutzt man am besten ein Konservenglas oder eine aufgeschnittene Getränkedose. Nachdem die Farbe in den Sand eingedrungen ist, gießt man sie ab und breitet den Sand auf einem Kuchenblech aus. Dann wird er wie beschrieben getrocknet und abermals gesiebt, damit beim Färben entstandene kleine Klumpen wieder aufgelöst werden. Beim Färben ist zu bedenken, daß die Farben nach dem Trocknen des Sandes wesentlich heller erscheinen als in feuchtem Zustand.

Marmorobjekt Zum Einfüllen des Sandes wird der Glassturz mit der Kuppel nach unten in ein Haltegefäß gestellt oder durch Bücherstapel so festgehalten, daß er nicht umfallen kann. Mit einem Löffel füllt man nun die verschiedenfarbigen Sandschichten ein, bis das Glas randvoll ist. Dann sticht man mit einer Stricknadel oder einem zugespitzten Holzstäbchen auf der Innenseite der Glaswandung entlang genau senkrecht in den Sand, und zwar hinunter bis zur ersten Schicht. Langsam zieht man den Stab anschließend wieder genau senkrecht heraus. Durch die sich bildende Gasse rinnt der Sand der einzelnen Schichten abwärts und mischt sich marmorartig mit den darunterliegenden Farbschichten. Diesen Vorgang wiederholt man in unregelmäßigen Abständen rund um das Glas. Zum Schluß reinigt man die Kante des Glasgefäßes sorgfältig und klebt die Verschlußplatte darauf.
Vorsicht beim Umdrehen des Objekts: Man faßt, nachdem der Kleber vollständig getrocknet ist, mit einer Hand unter die Verschlußplatte und stellt das Gefäß auf. Sichert man die Verschlußplatte nicht auf diese Weise, würde sie dem durch das Sandgewicht entstehenden Druck möglicherweise nicht standhalten und abfallen. Das ist vor allem zu befürchten, wenn der Kleber noch nicht vollständig durchgehärtet ist. Soll das Gefäß mit einem Korken verschlossen werden, muß man entsprechend weniger Sand einfüllen. Der Korken sollte durch Kleber gesichert werden.

Mobiles Sandbild Nachdem man den Sand getrocknet, gesiebt und gefärbt hat, (sofern man nicht Naturtöne vorzieht), baut man den Kasten. Aus den Kiefernholzleisten mit Querschnitt 10 × 35 mm sägt man zwei Abschnitte je 26 cm und zwei je 18 cm und baut daraus einen Rahmen, indem man die kurzen Leisten hochkant zwischen die ebenfalls hochkant stehenden langen Leisten leimt. Mit einem Winkel oder einem exakt rechtwinklig zugeschnittenen Stück Papier prüft man die Ecken. Man kann auch eine der 18 × 24 cm zugeschnittenen Glasplatten nehmen und den Rahmen darum herum bauen. Die Profilleisten für die vordere Abdeckung des Kastenrahmens bestehen aus zwei Abschnitten je 26 cm und zwei je 20 cm, die für die Eckverbindungen auf Gehrung gesägt werden. Unter Gehrung versteht man die rechtwinklige Verbindung zweier Leisten (oder Bretter), deren Stoßflächen im Winkel von 45 Grad nach innen verlaufend abgeschrägt wurden. Der Winkel des Gehrungsschnitts muß genau gearbeitet werden. Zum Anreißen der Sägelinie legt man die zu verbindenden Leisten mit den vorgesehenen Innenkanten des Rahmens nebeneinander und zeichnet an beiden einen Winkel von 45 Grad an, so daß sie später genau zusammenpassen. So arbeitet man für alle Ecken vor und sägt dann die Leisten der Markierung entsprechend zu. Dabei sägt man am besten knapp neben der Markierung auf dem abfallenden Stück. Man hat so die Möglichkeit, den Schnitt, falls er ungenau ausgefallen ist, mit Schleifpapier nachzuarbeiten. Die Rahmenleisten werden mit Weißleim (z. B. UHU coll) zusammengefügt und auf den Kastenrahmen geklebt, solange der Weißleim noch feucht ist. Dabei muß der Leistenrahmen an den Außenkanten bündig mit dem Kastenrahmen abschließen, während er innen übersteht. Für die Verbindung zwischen Kasten und Deckrahmen nimmt man ebenfalls UHU coll.

Während das Werkstück trocknet, belastet man es mit Bücherstapeln oder einem anderen schweren Gegenstand. Anschließend bearbeitet man Kanten und Fugen mit Schleifpapier.

Dann sägt man Abstands- und Teilungsleisten wie folgt zu: 6 Abschnitte je 24 cm und 8 Abschnitte je 7,5 cm. Zwei der längeren Leisten, die das Sandbild in obere und untere Kammern teilen sollen, werden in der Mitte in ungleichmäßigen Abständen durchbohrt. Die Löcher der vorderen und der hinteren Leiste sollen nach dem Zusammenbau versetzt angeordnet sein. Die Größe der Bohrlöcher hängt von der Körnung des Sandes und außerdem davon ab, ob man einen schnellen oder langsamen Durchlauf wünscht. Am interessantesten sind Bohrlöcher in verschiedenen Größen, so daß sich beim Durchlauf verschieden hohe Sandberge ergeben. Durch Probebohrungen in einem Stück Abfallholz kann man die günstigste Lochgrößen-Kombination ermitteln.

Die zugeschnittenen und mit Bohrungen versehenen Leisten werden mit Schleifpapier bearbeitet. Die Glasplatten müssen vor dem Zusammenbau des Objekts auf beiden Seiten sorgfältig mit Spiritus oder Fensterputzmittel gereinigt werden und dürfen danach nur noch an den Schnittkanten berührt werden.

Montage des Sandbildes: Am besten legt man den Kasten mit der Deckleiste nach unten waagerecht auf einen mit Zeitungen bedeckten Tisch. Eine der Glasplatten wird schmalkantig mit Alleskleber bestrichen und so in den Kasten gebracht, daß sie auf den Überständen des Deckrahmens aufliegt und festklebt. Zwei der längeren Abstandsleisten klebt man hochkant innen oben und unten gegen die waagerechten Rahmenleisten. Zwei der kurzen Abstandsleisten klebt man ebenfalls hochkant

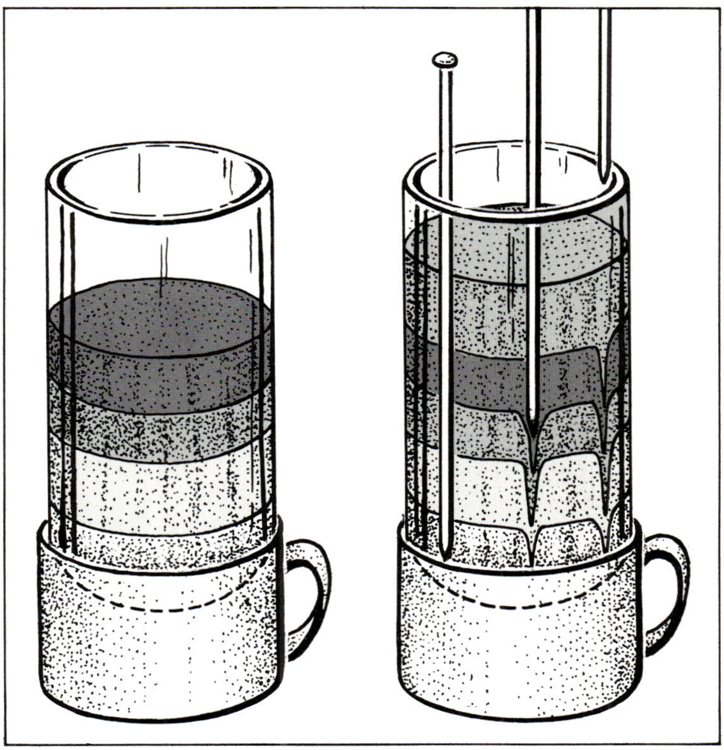

Marmorsand entsteht mit einer Stricknadel.

rechts und links so gegen den Rahmen, daß sie unten rechtwinklig auf die waagerechte Abstandsleiste treffen. Eine der durchbohrten Leisten wird waagerecht so eingeklebt, daß sie auf den Schnittkanten der zuvor eingeleimten senkrechten Leisten aufliegt. Zwei weitere kurze Abstandsleisten werden rechts und links zwischen die waagerechte Teilungsleiste und die waagerechte Abstandsleiste am oberen Kastenrahmen hochkant eingeleimt.
Alle eingebrachten Leisten müssen mit den unteren Schmalkanten stramm auf der Glasscheibe aufliegen. In die entstandene obere Kammer füllt man nun trockenen Sand ein, der dunkler ist, als der in der folgenden dahinterliegenden Kammer. Die Kammer sollte etwa halbvoll sein. Anschließend reinigt man alle Leistenkanten sorgfältig mit einem trockenen Pinsel. Wenn alle Sandkörnchen entfernt sind, bestreicht man die Kanten der zweiten Glasscheibe und die Schmalkante der Teilungsleiste dünn mit UHU Alleskleber. Der Kleber muß so sparsam aufgetragen werden, daß er nicht hervorquillt, wenn man die Glasscheibe mit der Klebseite nach unten auf die Leisten legt. Die Glasscheibe wird belastet, bis der Kleber ganz ausgehärtet ist.
Die nächsten Kammern, die zwischen der zweiten und dritten Glasplatte liegen, werden wie bei den ersten Kammern beschrieben gearbeitet. Hat man die dritte Glasplatte auf die Abstandsleisten geklebt, sichert man sie zusätzlich mit Leisten, die man aus dem 6 × 6 mm starken Leistenholz zuschneidet. Die waagerechten Leisten, die oben und unten gegen Glas und Rahmenkanten geklebt werden (Alleskleber), müssen jeweils 24 cm lang sein. Die seitlich anzubringenden Abschlußleisten sind 16,8 cm lang. Nachdem der Kleber gut durchgetrocknet ist (am besten über Nacht), kann man das Sandbild aufstellen und sofort beobachten, wie es sich in jeder Sekunde verändert. Ist der Sand von der oberen Kammer in die untere geronnen, dreht man das Objekt um.
Soll das Sandbild aufgehängt werden, muß man an der oberen und unteren Rahmenleiste jeweils zwei nicht zu schwache Aufhänger anbringen, die das Sandgewicht aushalten. In diesem Falle kann man anstelle der letzten Glasplatte eine naturbelassene oder gestrichene Rückwand aus Holz nehmen, die mit Weißleim (UHU coll) befestigt wird.

Sandmalerei: In den Zwischenraum zwischen Glas und Rückwand eines Kastenrahmens wird farbiger Sand geschüttet.

Sandmalerei Für diese Technik braucht man einen kleinen verglasten Holzrahmen mit einer Rückwand, die ca. 1 cm Abstand zum Glas hat (Hobbyhandel). Zwischen Glas und Rückwand wird farbiger Sand musterbildend eingestreut. Die zu diesem Zweck abgenommene obere Leiste wird wieder festgeleimt, sobald die Sandkammer voll ist.

Mobiles Sandbild. Die Anleitung finden Sie auf S. 275 ▶

Tips

Bei mobilen Sandbildern dürfen die Trennscheiben nicht aus Acrylglas sein. Das Material lädt sich statisch auf, so daß einzelne Sandkörner daran haften bleiben. Zudem rauht der ständig rinnende Sand das Acrylglas allmählich auf und macht es blind.

Einfache bewegliche Sandbilder, die nicht langlebig zu sein brauchen, kann man aus Karton und Klarsichtfolie herstellen. Voraussetzung dafür ist, daß sie kleinformatig sind und nur mit geringen Sandmengen gefüllt werden.

Als Gefäß für Marmorsand kann man einen Abschnitt von einem Acrylglasrohr verwenden und diesen an beiden Enden mit einer aufgeklebten Kork- oder Holzplatte verschließen.

Ein alter Bilderrahmen eignet sich gut zum Bau eines mobilen Sandbildes, indem man einfach einen entsprechend großen Kastenrahmen aus Leisten dahinter montiert.

Besondere Effekte bei der Sandmalerei kann man erzielen, wenn man die Konturen eingefüllter Teilmengen durch leichtes Schütteln oder Klopfen gegen den Rahmen verändert. Gassen entstehen, wenn man mit einer Nadel senkrecht in den Sand sticht (s. Marmorsand).

Register

UHU

Leistungsstark.
Zuverlässig.
Fortschrittlich.

Klebstoffe für jedes Material.

Styropor® = Reg. WZ der BASF
Bakelite® = Reg. WZ der Bakelite-Ges.
Resopal® = Reg. WZ der Fa. Römmler

Lesebeispiel: Foto auf Holz = 8 = UHU por

		Holz				Kunststoffe					harte Materialien			flexible Materialien			Papier		
		Holz-Furniere	Balsaholz	Holz, Sperrholz, Spanplatten	Kork	Resopal®, Bakelite®, Duroplast	Weich-Schaum (Schaumgummi, -stoff)	Hart-Schaum (Styropor®)	Weich-Kunststoffe (PVC, Plastik etc.)	Hart-Kunststoffe (Mixer, Fön, Polystyrol)	Metall	Stein, Beton, Keramik	Glas, Porzellan	Gummi	Leder	Textil, Filz	Fotos	Pappe, Karton	Papier
Papier	Papier	1	1	1	1	7	7	8	7	7	1	1	1	3	1	1	2	1	1/2
	Pappe, Karton	3	6	1	3	7	7	8	7	7	3	3	1	3	3	1	2	1	
	Fotos	8	8	8	2	7	7	8	7	7	8	8	8	8	8	8	2		
flexible Materialien	Textil, Filz	3	1	1	3	7	3/7	8	7	3	3	3	1	3	3	1			
	Leder	3	6	3/11	3	3/11	3/7	8	7	7/11	3/11	3	3/11	3/11	3/11				
	Gummi	3	3/11	3/11	3/11	3/10	3	8	11	10	3/10	3/11	3/10	3/10					
harte Materialien	Glas, Porzellan	3	4	4	3	4/9	3	8	7/11	9/11	4	4	4/10						
	Stein, Beton, Keramik	3	4	4	3	4	3	8	7/11	9	4	4							
	Metall	3	4	4	3	4/10	3	8	7/11	7/9	4								
Kunststoffe	Hart-Kunststoffe (Mixer, Fön, Polystyrol)	3	7	7/11	7/11	7	7	8	7/11	7									
	Weich-Kunststoffe (PVC, Plastik etc.)	7	7/11	7/11	7/11	7/11	7	–	7/11										
	Hart-Schaum (Styropor®)	8	8	8	8	8	8	8											
	Weich-Schaum (Schaumgummi, -stoff)	3	3	3	3	7	7												
	Resopal®, Bakelite® Duroplast	3	3	3	3/11	4/7													
Holz	Kork	3	6	3	5														
	Holz, Sperrholz, Spanplatten	5	6	5															
	Balsaholz	6	6/11																
	Holz-Furniere	5																	

① UHU Alleskleber*
UHU extra
UHU flinke flasche
② UHU stic
③ UHU greenit*
④ UHU plus
⑤ UHU coll express**
⑥ UHU hart
⑦ UHU allplast
UHU plast (für Polystyrol-Modellbau)
UHU a.b.s. (für Schiffs-Modellbau)
⑧ UHU por
⑨ UHU aktiv
⑩ UHU sekundenkleber***
⑪ UHU sekundenkleber spezial***

* Für große Flächen: UHU Sprühkleber
** Für Holzverzahnung, Holzverzapfung: UHU holzfest
*** Für kleine paßgenaue Flächen

Im Falle eines Falles – UHU

Bildschirmtext
* 55443 #

Dank

Wir danken folgenden Mitarbeitern und Firmen für die Überlassung von Modellen zur Veröffentlichung:

Adlercrantz, Stockholm/
Schweden
Töpferarbeit

Antikmarkt Mackens, Hamburg
Keramik- und Porzellan-
malereien

Petra Butzke, Dolldorf
Töpferarbeiten, Seidenmalerei

Christel Claudius, Versailles/
Frankreich
Papierschnitt, Wachsarbeiten

Walter Diem, Weingarten
Gießharzarbeiten

Margrit Gennis, Hamburg
Stoffdruck

Ulrich Heneka, Witzenhausen
Marmorpapiere

Luise und Herbert Janz,
Hamburg
Salzteigarbeiten

Katja Mackens-Hassler,
Hamburg
Textilmalerei

Joachim Rangnick, Ravensburg
Porzellanmalerei

Renate Riehn, Hamburg
Töpferarbeiten

Eva Maria Rodenburg, Hamburg
Papierschnitte

S-collection Kinkele,
Tremsbüttel
Sandmalerei

V. Schlüter-Stoll, Hamburg
Töpferarbeit

F. Senftleben, Hamburg
Salzteigarbeiten

Ursula Stüve, Hamburg
Seidenmalerei

Tiffany Glaswerkstatt E. Volk-
mann, Galleria Hamburg
Tiffany-Lampe

Irmintraut Westmüller, Wolfgang
Szillat, Rehberg-Loccum
Emailarbeiten

Fride Wirtl, Peiting
Hinterglasmalereien